DUMONT
Reise-Taschenbuch

kapstadt & kapprovinz

Dieter Losskarn

Senkrechtstarter

Wenn bei der Fahrt von A nach B sowohl A als auch B unbedeutend werden, sind Sie höchstwahrscheinlich auf der Kap-Halbinsel zwischen Noordhoek und Hout Bay unterwegs. Der Chapman's Peak Drive verbindet die beiden Küstenorte mit ihren weißen Sandstränden. Auf der einen Seite ragen steile rote Felswände in den meist blauen Himmel, auf der anderen donnert die Brandung des Atlantiks gegen gewaltige Granitbrocken. Und um diese 114 Bilderbuch-Kurven auch zu riechen, zu hören, zu schmecken und zu spüren, sollten Sie sich unbedingt ein Cabrio für den Tag gönnen!

Überflieger

Wo Rooibos, der Wundertee, wächst ...

Freiluftgalerie der Bushman-Graffiti

Lambert's Bay •

Clanwilliam •

Cederberge

Zwischen roten Felsen wandern

Wupperthal •

Ideal für Offroad-Abenteuer

Citrusdal •

Das Land der Zitrusfrüchte

Wind- und Kite-Surfer's Lieblinge

Viktorianische Wüstenoase

Seafood satt am Beach

Langebaan •

Matjiesfontein •

Coole City

Weinland

Total entspannt

Paarl •

Franschhoek •

Hübsch sind die kapholländischen Weingüter. Hier schaut man tief ins Glas.

Stellenbosch •

Kapstadt •

Tafelberg

Somerset West •

Barrydale •

Fish & Chips on the Rocks

Hout Bay •

Das Wahrzeichen!

Wo Blumen blühen

Simon's Town •

Kap der Guten Hoffnung

Wale, Weiße Haie, Pinguine und Paviane

Hermanus •

Walesichten

Wahnsinns-Küstenpanorama

Schöne Aussichten rund ums Kap

Cape Agulhas •

Afrikas südlichster Punkt

Kapstadt & Umgebung — vom Atlantik umbrandet! Mal eben drüberfliegen, von Ost nach West und von Süd nach Nord. Viel Meer, viel Strand, viel Relaxen!

Karoo!

Afrikas Sternenhimmel erleben ...

Geschottertes Pass-Abenteuer

Verschlafenes Städtchen

Prince Albert ●

● Swartberg Pass

Oudtshoorn ●

Strauße, Strauße und nochmals Strauße

Tor zum Indischen Ozean

● Knysna

● Tsitsikamma National Park

● Plettenberg Bay

Schöne, endlose Strände

Garden Route

Natur zwischen Bergen und Ozean hautnah erfahren

Die perfekte Symphonie aus Wald und Meer am Ende des Garden Route National Park

Querfeldein

Fundstücke — zwischen Atlantik und Indischem Ozean, Bergen und Wein, Klippschliefern und Pinguinen. In Kapstadt und Umgebung haben Besucher oft den Eindruck, dass Afrika nirgendwo ist.

Art déco satt

In Kapstadt finden sich einige attraktive Art-déco-Gebäude. Ein schönes Beispiel ist das alte Postamt *(General Post Office)* in der Darling Street. Gegenüber steht das in den 1930er-Jahren erbaute und an das berühmte Chrysler-Gebäude in New York erinnernde Old Mutual Building. Aufwendige Skulpturen stellen Geschichte, Flora, Fauna und Menschen Südafrikas dar. Für die Öffentlichkeit ist nur das Erdgeschoss zugänglich, das aber sehr reizvoll ist. Ein Schmuckstück der Art-déco-Architektur ist das Gebäude von Muller & Sons Optometrists mit seinen Chromelementen. Die größte Konzentration von Art-déco-Gebäuden am Kap findet sich am Greenmarket Square.

»Es ist wirklich wunderschön. Man könnte meinen, Gott besuche jeden Ort der Welt, aber tatsächlich leben würde er in Afrika.« (Will Smith)

Alles so schön bunt hier

In Kapstadts ältestem und farbenprächtigstem Stadtviertel Bo-Kaap leben Kap-Muslime, oft fälschlicherweise als Kap-Malaien bezeichnet. Sie sind alteingesessene Südafrikaner. Viele kamen als Sklaven nach Kapstadt, andere waren politische Gefangene oder Exilanten aus den ostindischen Kolonien der Holländer. Da die Handelssprache zwischen Indien und dem heutigen Indonesien damals Malaiisch war, kam es zu der Bezeichnung Kap-Malaien. Jedes Haus hat in Bo-Kaap eine andere Farbe, ein buntes Paradies für Fotografen.

Pinguine, Paviane & Meer

Die Kap-Runde ist definitiv der landschaftlich reizvollste Tagesausflug Südafrikas. Nach einer Weinprobe in Constantia, wo vor Jahrhunderten die ersten Trauben Südafrikas gekeltert wurden, geht es an der Küste der False Bay Richtung Süden. Baden Sie mit Pinguinen am Boulders Beach, knipsen Sie das Foto am hölzernen Kap-der-Guten-Hoffnung-Schild und nehmen Sie eine der schönsten Küstenstraßen der Welt unter die Räder.

American Way of Drive

Die Route 62 durch die semiaride, kleine Karoo ist die ruhige, abgelegene Alternativstrecke zur N 2. Als diese eröffnet wurde, geriet Südafrikas ›Route 66‹ in Vergessenheit. In den letzten Jahren erlebt sie eine Renaissance als Touristenattraktion – auch dank Highlights wie dem Diesel & Crème Roadhouse, Ronnie's Sex Shop oder dem Karoo Art Hotel.

Ein Ort made in Germany

Eine der schönsten von Deutschen gegründeten Missionsstädte ist Elim. Seit 1824 kaum verändert, reihen sich reetgedeckte, weiß verputzte Häuschen an der Straße auf, und die Uhr im Kirchturm funktioniert immer noch so korrekt wie 1764, als sie installiert wurde. Typisch ›made in Germany‹!

Robinson-Feeling

An der Westküste wurde das Fischessen direkt am Strand erfunden. Mit Muschelschalen als Besteck werden hier verschiedene Seafood-Gänge goutiert. Vorreiter waren ›Die Strandloper‹ in Langebaan und ›Muisbosskerm‹ in Lambert's Bay.

»Ich kann mich an keinen Morgen in Afrika erinnern, an dem ich aufgewacht bin und nicht glücklich war.« (Ernest Hemingway)

Vom Himmel in die Hölle

Der 1888 eröffnete Bergübergang Swartberg Pass gehört zu den schönsten Südafrikas. In engen Spitzkehren geht es an den akkurat aufgeschichteten Natursteinmauern vorbei nach oben. Da denkmalgeschützt, ist er auch heute noch ungeteert. Wer von der Passhöhe weiter nach Die Hel, also in ›die Hölle‹, will, muss verteufelt gut fahren – vor allem auf den letzten vier der 37 km langen Strecke nach Die Hel. Die steilen Kehren, die dort ohne Randbefestigung ins 1000 m tiefer liegende Tal hinunterstürzen, erfordern etwas Mut und Geschick.

Inhalt

2 *Senkrechtstarter*
4 *Überflieger*
6 *Querfeldein*

Vor Ort

Kapstadt 14

17 Kultur & Lifestyle
19 Historische City
26 *Tour Zu Besuch in einem ausgelöschten Stadtteil*
28 Bo-Kaap
30 *Tour Cape Town Underground*
33 Victoria & Alfred Waterfront
37 Townships
38 *Tour Smileys & Cappuccino*
41 Tafelberg
42 *Tour Mehr als nur ein Berg*
52 *Tour Gin-Tour durch Kapstadt*
62 *Tour Sax in the City*
67 *Zugabe The Lost Highway*

Graffiti-Art: Was einst Protest war, ist heute populäre Kunst. Vor allem in den Townships, wie hier in Langa.

Kap-Halbinsel 68

71 Von Kapstadt an die False Bay
73 *Lieblingsort Kirstenbosch Botanical Gardens*
76 *Tour Oben ohne wird das ein sinnlicher Trip*
79 Simon's Town
81 Boulders Beach
82 *Tour Schiffswracks am Kap der Stürme*
84 Cape of Good Hope Nature Reserve
85 *Lieblingsort Venuspool*
86 Cape Point und Kap der Guten Hoffnung
87 Noordhoek
89 Chapman's Peak Drive
89 Hout Bay
96 *Zugabe Yatis Kap-Hits*

Weinland 98

101 Weingüter rund um Constantia
104 Somerset West
108 *Tour Von Pool zu Pool*
110 Franschhoek
116 Stellenbosch
123 *Lieblingsort Babylonstoren*

124 Paarl
126 *Tour* *Über historische Pässe*
131 Tulbagh
133 *Zugabe* *This is your Captain speaking*

Westküste 134

137 Bloubergstrand
138 Mamre, Darling
139 Yzerfontein
139 West Coast National Park
140 *Tour* *Auf Evas Spuren*
142 Langebaan, Saldanha
142 Paternoster
143 *Lieblingsort* *Strandloper*
144 St. Helena Bay, Eland's Bay
145 Lambert's Bay, Vogelinsel
148 *Zugabe* *Flower-Power*

Cederberge 150

153 Ceres
154 *Tour* *Bizarre Felsen*
156 Citrusdal
157 Clanwilliam
158 Nach Wupperthal

159 *Lieblingsort* *Groenkol Rooibos Tea Estate*
161 Wupperthal
163 *Zugabe* *Supersized: Red Espresso*

Overberg-Region 164

167 Von der False Bay zur Walker Bay
169 Hermanus
172 Walker Bay
174 *Lieblingsort* *Stellar Overberg Traveller's Lodge*
177 Elim, Bredasdorp
178 Cape Agulhas
179 Waenhuiskrans
179 De Hoop Nature Reserve
180 *Tour* *Wal-Heimat*
183 Malgas, Swellendam
185 Greyton und Genadendal
187 *Zugabe* *Abgesoffenes Windrad*

Garden Route 188

191 Mossel Bay
192 *Tour* *Discovery Channel live*
197 George

199	Seven Passes Road und Wilderness
200	Knysna
202	*Lieblingsort Thesen Island*
206	*Tour Der Klassiker*
209	Plettenberg Bay
211	Tierreservate an der Garden Route
211	Nature's Valley
213	Tsitsikamma & Storms River Mouth
215	*Zugabe Familienangelegenheit: Mrs Ball's Chutney*

Karoo 216

219	Robertson
220	Montagu
221	Barrydale
222	Ladismith und Amalienstein
223	Calitzdorp
224	*Tour Die Anstrengung lohnt sich*
227	Oudtshoorn
229	Cango Caves
229	Swartberg Pass
230	*Lieblingsort Die Hel*
232	Prince Albert
234	Matjiesfontein
234	Über historische Passstraßen nach Oudtshoorn
235	*Zugabe Angenehmer Bustourismus*

Das Kleingedruckte

236	Reiseinfos von A bis Z
252	Sprachführer
254	Kulinarisches Lexikon

Das Magazin

258	*Botanische Cocktails*
262	*Wasser ist Leben*
264	*Kap-Fauna*
268	*Lachen jenseits der Hautfarbe*
270	*Kap-Kaffee-Kultur*
273	*Keine Aschenbottles mehr*
276	*Angst vor Enteignung*
278	*Kreative Stadt der Kunst*
282	*Wal-Heimat*
284	*Tatort Kap*
289	*Reise durch Zeit & Raum*
292	*Robben Island*
295	*Schwarzer Sommelier*
298	*Leckeres Kapstadt*
302	*Das zählt*

304	*Register*
307	*Autor & Impressum*
308	*Offene Fragen*

Vor

Adrenalinschub über der City: Abseiling vom Tafelberg

Kapstadt

Wo Afrika zu Ende ist — liegt seine aufregendste Metropole. Mitten in der Natur, am Fuß des über tausend Meter hohen Tafelbergs. Kapstadt, die relaxte Mother City, wo Beach wichtiger ist als Büro.

Seite 19
The Gardens

Der einstige Gemüsegarten der ersten Siedler am Kap ist heute ein romantischer Ruhepol mitten in der Stadt.

Capetonians gelten als relaxt. In Kapstadt wird einfach gelebt …

Seite 25
First Thursdays

Jeden ersten Donnerstag im Monat wird ein Großteil der City rund um Bree, Church, Long und Shortmarket Street zur belebten Fußgängerzone. Kneipen, Restaurants und Bars stellen Tische, Stühle und Sofas auf die Straße zum Essen, Trinken und Chillen. Galerien haben bis in die Puppen offen. Ein Hit bei Einheimischen – und Besuchern.

Seite 26
District Six

Zu Besuch in einem zerstörten Stadtteil. Kapstadts erstes multikulturelles Viertel war der einstigen Apartheidregierung ein Dorn im Auge und musste deshalb weichen. Ein geführter Rundgang erschließt heute den District Six.

Seite 33
Victoria & Alfred Waterfront ⭐

Das einst heruntergekommene Hafenviertel ist seit vielen Jahren Südafrikas Touristenattraktion Nummer eins und lohnt einen Besuch.

Eintauchen

Kapstadt 15

Seite 41
Tafelberg

Das Wahrzeichen der Mother City ragt über 1000 m hoch aus der Stadt. Der gleichnamige Nationalpark mit zahlreichen Wandermöglichkeiten beginnt somit direkt in der City.

Seite 41
Wandern auf den Löwenkopf

Der Aufstieg auf den charakteristischen Gipfel des Lion's Head bietet grandiose Ausblicke auf die Stadt.

Seite 44
Slave Lodge

Im zweitältesten Gebäude Kapstadts hausten früher die Sklaven der Kap-Kolonie. Heute befindet sich dort ein interessantes Kulturmuseum. Im Innenhof steht der rekonstruierte Grabstein von Jan van Riebeeck.

Seite 46
Grand Daddy Boutique Hotel

Auf dem Dach des Grand Daddy Boutique Hotel in der Long Street stehen sieben silberne, amerikanische Airstream-Wohnwagen, in denen aussichtsreich mit Blick auf den Tafelberg übernachtet werden kann.

Im Two Oceans Aquarium können Sie mit Rochen und Schildkröten tauchen!

Kapstädter wissen, dass sie in einer der schönsten Städte der Welt leben, was Nicht-Kapstädter, vor allem jene aus Johannesburg und Durban, oft als Arroganz und Blasiertheit missverstehen.

erleben

City of Cool

Kapstadt ist die einzige Millionenmetropole der Welt, die direkt in einem Nationalpark liegt. Naturnah sozusagen. Die Wanderung in die ›Wildnis‹ des Tafelbergmassivs beginnt mitten in der City. Während am **Table Mountain** ab und zu Menschen in Bergnot geraten und mit Hubschraubern gerettet werden müssen, schlürfen andere unten in der Stadt ihren Espresso oder nippen an einem Cocktail.

Die **älteste Stadt Südafrikas** gehört zu den schönsten und aufregendsten der Welt. Spötter sagen allerdings, Afrikas südlichste Metropole heiße deshalb **Mother City,** weil hier alles neun Monate in Anspruch nehmen würde. Eine durchaus treffende Beschreibung. Capetonians sind relaxt oder *laid-back,* wie man auf Englisch sagt. So laid-back, also ›zurückgelehnt‹, behaupten Kritiker, die meist aus der Industrieprovinz Gauteng mit den Großstädten Johannesburg und Pretoria kommen, dass sie fast horizontal seien.

In Gauteng im Norden wird gearbeitet, in Kapstadt wird gelebt. Die Stadt hat etwa vier Mio. Einwohner. Die wenigsten davon scheinen freitags bis 17 Uhr zu arbeiten. Der Rest hat sich nach einem langen, weinseligen Lunch bereits an einen der Strände abgesetzt. Manch

> ### ORIENTIERUNG ⓞ
>
> 📍 Karte 3
> **Infos:** Kapstadts enpfehlenswerte Touristen-Information befindet sich an der Ecke Burg & Castle Street in der City (www.capetown.travel).
> **Verkehr:** Zum schnellen Kennenlernen der Stadt bietet sich eine Tour im roten Cape Town City Sightseeing Bus an (s. auch S. 66).
> **Tipp:** Mit der vorbezahlten »iVenture Card« lassen sich die wichtigsten Sehenswürdigkeiten deutlich billiger erfahren (www.iventurecard.com).

ein überraschter Besucher wundert sich auch hin und wieder über Schilder an verschlossenen Läden, die eigentlich geöffnet sein sollten, auf denen steht: »Gone fishing«, die Umschreibung für ›keinen Bock mehr‹ auf Kapstädter Art. Südländische Siesta-Stimmung paart sich mit afrikanischem Zeitgefühl – mit dem Vorteil, dass es in Kapstadt trotzdem erstklassige Restaurants und Übernachtungsmöglichkeiten mit gutem Service gibt.

Wichtigstes soziales Ereignis des Tages ist der *Sundowner,* der obligatorische Sonnenuntergangsdrink, der möglichst aussichtsreich oder naturnah zelebriert wird: also entweder am Beach, am Berg oder auf dem Dach eines trendigen Hotels.

Kultur & Lifestyle

Die pulsierende Metropole ist Afrikas trendigste Stadt. Ein Tor zum gesamten Schwarzen Kontinent. Kapstädter wissen, dass sie in einer der attraktivsten Städte der Welt leben, was Nicht-Kapstädter oft als Blasiertheit oder Arroganz missverstehen. Hedonismus ist hier Lebensart, kein gefährlich-unsittlicher Zustand. Die Atmosphäre steckt an und wirkt ganz offensichtlich besonders infektiös auf mitteleuropäische Besucher. Diese finden trotz aller Exotik einen ähnlichen Kulturkreis, eine unglaubliche Lebensqualität, grandiose Landschaften und ein angenehmes subtropisch-mediterranes Klima. Kein Wunder, dass in den letzten Jahren Zehntausende von ihnen in der Mother City hängen geblieben sind und mit Engagement und Ideenreichtum zum kulturellen Mix der Stadt beitragen. Noch etwas zum südafrikanischen Zeitverständnis: *Just now* und *now now*, wörtlich übersetzt ›jetzt sofort‹ und ›augenblicklich‹, kann alles bedeuten: von zwei Stunden bis zu zwei Wochen. *In a minute* kann einen ganzen Tag heißen. Wenn also jemand sagt: »*He's just gone out for a minute*«, wird der Betroffene mit an Sicherheit grenzender Wahrscheinlichkeit erst am nächsten Tag wieder auftauchen. Trotz allem sind Südafrikaner bei Terminen erstaunlich pünktlich. Ausnahme: Dinnerpartys in Kapstadt.

Pünktlich ist uncool

Zum eingeladenen Zeitpunkt zu erscheinen, ist völlig uncool. Die Gastgeber sind meist noch in der Dusche, das Essen im Rohzustand. Die beliebtesten Gesprächsthemen beim Dinner sind Sport (wie schlecht die südafrikanischen Rugby- und Cricket-Teams abgeschnitten haben und wer daran schuld ist), Fernsehen (was ist in der letzten Folge von »Game of Thrones« oder »Survivor« passiert ist), Kriminalität (wie diese immer schlimmer wird), Sex (wer es mit wem, wie und wie oft tut), Politik (wer gerade

Das wahrscheinlich wichtigste soziale Ereignis des Tages: der Sundowner

Kapstadt

Kolonialarchitektur neben Wellblechhütten, quirlige Metropole inmitten atemberaubender Natur – Kapstadt lebt von seinen Gegensätzen.

wie viel Geld veruntreut hat), Korruption (viele Südafrikaner beschweren sich darüber und diskutieren im nächsten Augenblick, wie man Elektrizitätswerk, Kranken- und Diebstahlversicherung austricksen kann), Auswanderung (wer wohin abgehauen ist).

Rekordzahl an Feiertagen

Südafrika ist außerdem Weltspitzenreiter in der Anzahl von Feiertagen. Und damit auch wirklich keiner ›verloren‹ geht, gilt: Wenn ein Feiertag auf einen Samstag oder Sonntag fällt, ist der darauf folgende Montag frei. In Südafrika, aber ganz speziell in Kapstadt, wird der Mittwoch oft als ›kleiner Samstag‹ angesehen, was den Donnerstag zum ›kleinen Sonntag‹ werden lässt, der dann fast immer von heftigen Kopfschmerzen und Katerstimmung begleitet wird.

Gasthaus der Meere

Seit den Zeiten der ersten Erkundung des südlichen Afrika fieberten Seefahrer dem Anblick des mächtigen Tafelbergs entgegen. Für sie war er so etwas wie ein gigantisches Hinweisschild auf eine gastfreundliche Wirtschaft – und so kam Kapstadt zu einem seiner Namen: *Tavern of the seas* – Gasthaus der Meere. Auch für den heutigen Besucher stellt der einen Kilometer über die Stadt aufragende Tafelberg eine immer sichtbare Orientierungshilfe dar.

Chirurgen zu Weinbauern

Der erste Kap-Gouverneur **Jan van Riebeeck** landete 1652 nach 104 Tagen auf See mit den drei Schiffen Goede Hoop, Dromedaris und Reiger in der Tafelbucht. Im Tal am Fuß des Tafelbergs pflanzte er Gemüse, tauschte Vieh von den nomadisierenden Khoi ein, ließ ein Krankenhaus (er arbeitete in Holland als Chirurg!), die Fundamente der Festung und ein Dock zum Reparieren der Schiffe bauen – und er war der erste Weinbauer Südafrikas.

Aus dem kleinen Gemüsegarten entstand eine pulsierende Metropole: die

Mutterstadt – Mother City – Südafrikas. Wo früher Kraut und Rüben wuchsen, findet sich heute Kapstadts grüne Lunge, The Gardens – das historische Herz und ein guter Startpunkt für einen Rundgang durch die City, für den man sich, bei Besichtigung aller Museen und Ausstellungen, am besten eher zwei als einen Tag Zeit nehmen sollte.

Historische City

Entstanden aus Kraut und Rüben

Die **Gardens** ❶ sind etwas für Ruhesuchende. Nur einen Steinwurf von der verkehrsreichen Adderley Street entfernt singen hier Vögel, plätschern Springbrunnen, spenden mächtige Eichen Schatten und laden ausgedehnte Rasenflächen zu einer Rast ein. Die graubraunen, zahmen Eichhörnchen, die Besuchern gerne aus der Hand fressen, sind allerdings keine echten Südafrikaner. Cecil Rhodes, der einstige Kap-Premier, Geschäftsmann, Diamantenkönig und Visionär (er wollte die englischen Kolonien von Kapstadt bis Kairo ausdehnen), brachte in den 1890er-Jahren ein Pärchen der ursprünglich aus Amerika stammenden Nager aus England mit. Mittlerweile gehören die *grey squirrels* in den Wäldern rund um das Kap zu den angestammten Bewohnern. Manchmal schaut das eine oder andere auch mal zu Cecil hoch, dessen 1909 aufgestellte Bronzestatue im Gardens steht, den rechten Arm sehnsüchtig Richtung Norden ausgestreckt. Die Inschrift darunter sagt: »*Your hinterland lies there*«.

Zu van Riebeecks Zeiten hieß der Park **Company's Garden.** Ein kleiner Teil wird heute noch so genannt. Hier wurden von der Ostindisch-Niederländischen Handelskompanie (VOC) Gemüse und Obst angebaut für die an

Vitaminmangel leidenden Schiffsbesatzungen, die auf dem Weg nach Indien das Kap ansteuerten. Heutzutage gibt es statt Gurken und Karotten säuberlich geharkte Blumenbeete – ein kleiner botanischer Garten mitten in der Stadt. Ein fest angestellter Gärtner zog Setzlinge im Garten, die später an die ersten freien Bürger verteilt wurden, um sie auf ihre Grundstücke zu verpflanzen.

Art déco in Rosa

Auf der gegenüberliegenden Seite in der Orange Street ist die eindrucksvolle Einfahrt des über 100 Jahre alten **Belmond Mount Nelson Hotel** ❶ zu sehen, ein Portier in schneeweißem Anzug und Tropenhelm weist Gästen den Weg ins Innere der Art-déco-Nobelherberge, die ganz in Rosa aus dem grünen Buschwerk leuchtet.

Der Rundgang verlässt nun kurz den Park und folgt der Annandale Road und Hatfield Street in den Stadtteil **Gardens,** wo früher keine Häuser standen, sondern Salatköpfe und Spinat gediehen. Die Wandel Street führt in den alten Kern des Viertels mit seinen schönen, bunten viktorianischen Reihenhäuschen. Hier wurde in den letzten Jahren kräftig renoviert. Schicke Pubs, exklusive Restaurants und stilvolle *guest houses* öffneten ihre Pforten. Besonders gut ist die Revitalisierung des Dunkley Square gelungen: Einige hübsche Lokale und Hotels warten in dieser Oase der Ruhe mit südeuropäischem Flair auf entspannungswillige Gäste.

Nenn mich einfach Erz

Schräg gegenüber der Slave Lodge ragt die **St. George's Cathedral** ❷ auf. Im Innern des 1897 von dem bekannten südafrikanischen Architekten Herbert Baker entworfenen anglikanischen Gotteshauses fühlt man sich wie in einer europäischen Kathedrale. Bischofsgräber und kerzengeschmückte Altäre verstärken

Kapstadt

Ansehen

❶ Gardens
❷ St. George's Cathedral
❸ Groote Kerk
❹ City Hall
❺ Trafalgar Place
❻ Cape Town International Convention Centre
❼ St. Georges (Krotoa) Mall
❽ Bree Street
❾ Long Street
❿ Greenmarket Square
⓫ Church Street
⓬ Bo-Kaap
⓭ Auwal Mosque
⓮ De Tuynhuys
⓯ Houses of Parliament
⓰ Castle of Good Hope
⓱ Koopmans-De Wet House
⓲ – ㉘ s. Cityplan S. 34
㉙ S. A. Slave Church Museum
㉚ Iziko South African Museum und Planetarium
㉛ S. A. Jewish Museum und Great Synagogue
㉜ Cape Town Holocaust Centre
㉝ Iziko South African National Gallery
㉞ Slave Lodge
㉟ Bo-Kaap-Museum

Fortsetzung: S. 22

Kapstadt Fortsetzung von Seite 21

Schlafen
1. Mount Nelson
2. Onomo Hotel Inn on the Square
3. Hotel Verde
4. The Grand Daddy & Airstream Trailer Park
5. Dysart Boutique Hotel
6. Victoria Junction Hotel
7. Protea Hotel Fire & Ice
8. Daddy Long Legs Art Hotel
9. Urban Chic Boutique Hotel & Café
10. Fritz Hotel
11. Cape Victoria Guest House
12. 5 Camp Street
13. Cat & Moose Backpackers
14. Villa Verde
15. – 20. s. Cityplan S. 34

Essen
1. The Stack
2. Carne on Kloof
3. The Bombay Bicycle Club
4. Perseverance Tavern
5. Dog's Bollocks
6. Pizza Warehouse
7. Jerry's Burger Bar
8. Hartlief Deli
9. Sababa
10. Royale Eatery
11. Three Feathers Diner
12. 95 Keerom
13. Beerhouse on Long
14. Jason Bakery
15. Mama Africa Restaurant and Bar
16. Yours Truly
17. Bukhara
18. Café Mozart on Church
19. Fork
20. Thirty Ate
21. La Parada
22. Dapper
23. House of Machines
24. House of H
25. Gourmet Burger
26. Simply Asia
27. The Africa Café
28. Roast & Co
29. Coffee at the Vine
30. Biesmiellah
31. Sidewalk Café
32. The Test Kitchen
33. The Pot Luck Club & Gallery
34. – 39. s. Cityplan S. 34

Einkaufen
1. Pan African Market
2. Avoova
3. African Music Store
4. Canal Walk
5. – 7. s. Cityplan S. 34
8. Church Street Market
9. Neighbourgoods Market
10. Association for Visual Arts (AVA) Metropolitan Gallery
11. Worldart
12. The Cape Gallery

Bewegen
1. Gleitschirmfliegen
2. Abseiling
3. – 5. s. Cityplan S. 34

Ausgehen
1. The Waiting Room
2. The Dubliner
3. Cocoon
4. Grand West Casino
5. Club Fever

---

diesen Eindruck. Lediglich die eigenwillig geschnitzte, schwarze Holzmadonna stellt wieder den Bezug zu Afrika her – und natürlich die Tatsache, dass hier Erzbischof und Friedensnobelpreisträger Desmond Tutu zu Zeiten der Aprtheid massiv gegen diese Politik gepredigt hat. Unvergessen ist seine Nähe zur Gemeinde. Auf einem seiner T-Shirts, mit denen der stets humorvolle Geistliche in der Öffentlichkeit auftrat, war zu lesen »*Just call me Arch*«. Schwer vorstellbar, dass ein deutscher Erzbischof mit einem T-Shirt herumläuft, auf dem ›Nenn mich einfach Erz‹ steht. Kapstadts relaxtes Klima wirkt sich eben auch auf Geistliche aus.

5 Wale St., T 021 424 73 60, www.sgcathedral.co.za

Historische City **23**

Wo Sklaven versteigert wurden
Eine weitere bedeutende Kirche befindet sich unterhalb des Cultural History Museum. Die 1841 erbaute **Groote Kerk** ❸ ist das Mutterhaus der Holländisch-Reformierten Kirche und wurde von den Afrikanern einst die »moeder van ons almal« (Mutter von uns allen) genannt. Die Große Kirche ist das älteste Gotteshaus im Land. In ihrem jetzigen Erscheinungsbild wurde sie 1841 eingeweiht. Kirchturm und andere Elemente stammen allerdings noch von der 1704 erbauten Vorgängerkirche. Sehenswert im Innern sind die von dem deutschen Bildhauer Anton Anreith handgeschnitzte Kanzel mit ihren beeindruckenden Löwenskulpturen, die gewölbte Holzdecke und die Grabsteine, die als Bodenbelag dienen.

Auf dem Platz vor der Kirche, dem Church Square, wurden bis 1834 die Sklaven der gegenüberliegenden Lodge unter einem Baum versteigert. Ein kleines Denkmal markiert die Position des Baums.
43 Adderley St., T 021 422 05 69, www.grootekerk.org.za

Ort der Versöhnung
Westlich des Castle steht vor der grandiosen Kulisse des Tafelbergs die ebenfalls imposante **City Hall** ❹. Das 1905 erbaute Gebäude ist eine beeindruckende Mischung aus italienischer Renaissance und britisch-kolonialem Baustil. Sehr sehenswert ist der gewaltige Marmortreppenaufgang im Innern. In der City Hall ist die zentrale Bücherei untergebracht. Außerdem gibt das **Cape Town Symphonic Orchestra** donnerstags und sonntags Konzerte (T 021 462 12 50 u. 021 421 41 75).

Der große Parkplatz vor dem Gebäude, die **Grand Parade,** war einst der militärische Paradeplatz Kapstadts. Hier wurde Nelson Mandela 1990 direkt nach seiner Freilassung von einer unüberschaubaren, begeisterten Menschenmenge gefeiert. 2007 ließ sich an gleicher Stelle das nationale Springbok-Rugby-Team hochleben, nachdem es die Weltmeisterschaft in Frankreich gewonnen hatte.
Darling St., T 021 400 22 30

Flower-Power
Seit Generationen haben die Blumenverkäufer ihren Platz am intensiv nach Blüten duftenden **Trafalgar Place** ❺, ein enger Durchgang zur Adderley Street. In hässlichen Zementtrögen stehen die wunderschönen, bunten Blumen, die es in Kapstadt nirgendwo preisgünstiger gibt als hier. Laut schnatternd und charmant lächelnd schaffen es die *Coloureds,* fast jedem ein Sträußchen anzudrehen. Im **Golden Acre Shopping Centre,** einem großen, eher unattraktiven Einkaufskomplex in der Adderley Street,

City Hall: Hier rief einst Nelson Mandela nach seiner Freilassung zur Versöhnung auf.

DAS HOLLYWOOD SÜDAFRIKAS

H

Zwischen November und März wimmelt es in Kapstadt und Umgebung nur so von internationalen Produktionsgesellschaften. Werbefilme und Pressefotos von neuen Produkten, vor allem Mode und Autos, werden bevorzugt in der Western Cape Province in Szene gesetzt. Zwischen den Cape Flats und Stellenbosch an der N 2 entstanden moderne Filmstudios, deren Ausstattung sich vor Hollywood nicht verstecken muss. Das Licht am Kap ist ideal, die Luft fast immer transparent klar und die landschaftliche Vielfalt auf kleinstem Raum enorm. Außerdem scheint in Kapstadt fast immer die Sonne, wenn in Mitteleuropa der Winter regiert. Vor allem die City mit ihren steilen, stadtauswärts aus Bo-Kaap führenden Straßen wird oft zu New York oder San Francisco umfunktioniert. Da tappt dann schon mal Godzilla auf eine aus dem Big Apple eingeflogene Würstchenbude, oder ein gelbes New-York-Taxi schleudert mit quietschenden Reifen um eine Straßenecke. Beliebteste Location in der Innenstadt ist nach wie vor die historische Long Street mit ihren zahlreichen alten Gebäuden, Läden und den an New Orleans erinnernden Balkongeländern.
Ob Mercedes, Porsche, BMW oder Mini – in den Werbeprospekten und -filmen der großen Automobilhersteller tauchen oft Kap-Landschaften im Hintergrund auf. Doch nicht nur Werbung, auch Fernseh- und Kinofilm-Produzenten entdecken die Mother City und ihre Umgebung. Zahlreiche Hollywood-Blockbuster wurden bereits hier abgedreht.

lässt sich im Erdgeschoss hinter Glas die beim Bau freigelegte Ruine eines Trinkwasserreservoirs bestaunen. Der aus Dresden stammende Deutsche Zacharias Wagner, Nachfolger Jan van Riebeecks im Amt des Kap-Gouverneurs, hatte es 1663 erbauen lassen.

Die Riebeecks ganz in Bronze

Dort, wo die Adderley in die Heerengracht Street übergeht, stehen Jan van Riebeeck und seine Frau Maria in Bronze – angeblich genau da, wo van Riebeeck erstmals Fuß auf südafrikanischen Boden setzte. Das Land hinter seinem Rücken wurde erst in den 1930er- und 1940er-Jahren durch Aufschüttung gewonnen, wobei der alte Hafen mit seiner hübschen Promenade und ein kleiner Strand begraben wurden. In der fußgängerfreundlichen Mitte der palmenbepflanzten Heerengracht Street können Besucher bis zum Kongresszentrum, dem **Cape Town International Convention Centre** ❻, flanieren. Das Kongresszentrum ist das größte in der südlichen Hemisphäre. Es verfügt über 20 000 m² Ausstellungsfläche, einen Ballsaal von 2000 m² und Platz für 600–1500 Delegierte. Im Komplex befindet sich auch das Hotel The Westin Cape Town.
CTICC, 1 Lower Long St., T 021 410 50 00, www.cticc.co.za

Autofreie Zone

Von der Heerengracht geht es in entgegengesetzter Richtung über die stark befahrene Hans Strijdom Avenue (soll demnächst in Albert Luthuli Avenue umbenannt werden) in die Fußgängerzone der backsteingepflasterten **St. Georges (Krotoa) Mall** ❼, wo sich Straßenmusiker und Händler mit kleinen Ständen finden. Die alten Gebäude der großen südafrikanischen Banken sind hier ebenso zu finden wie kleine, gemütliche Cafés und Shopping Malls, in denen es alles gibt, was das Herz begehrt.

Kapstadts Fressmeile

Die Parallelstraße zur Long Street hat sich zur Ausgehmeile Kapstadts entwickelt. Hier kann man praktisch nicht falsch liegen. Und an jedem ersten Donnerstag im Monat (Infos unter: www.first-thursdays.co.za, Facebook: First Thursdays Cape Town) wird Kapstadts City hier so richtig lebendig, wenn Dutzende von Kunstgalerien bis spät in die Nacht geöffnet sind. In der **Bree Street** ❽ kann dann der Kunst- mit einem Gourmet-Genuss verbunden werden. Es empfiehlt sich allerdings, früh zu kommen, da sich am Abend Tausende von Besuchern hier einfinden.

Fühlt sich an wie New Orleans

Die über 300 Jahre alte **Long Street** ❾, Kapstadts älteste Straße, ist in ihrer gesamten Länge eine Sehenswürdigkeit. In den größtenteils restaurierten viktorianischen Häusern mit den an New Orleans erinnernden, schmiedeeisernen Balkongeländern sind Antiquitäten-, Trödelläden und Antiquariate, Restaurants, Pubs, *guest houses,* Backpacker-Unterkünfte und Boutiquehotels untergebracht. Am besten geht man im Zickzack durch die Straße, um so möglichst viele der hübschen Hausfassaden aus verschiedenen Perspektiven bewundern zu können. Die meisten der wunderbaren historischen Gebäude strahlen nach einer Renovierung wieder in alter Pracht.

Von Kitsch zu Kunst

Der kopfsteingepflasterte **Greenmarket Square** ❿ ist einer der schönsten Plätze der Stadt und zugleich ihr ältester. 1834 wurde hier die Abschaffung der Sklaverei verkündet. Außer sonntags ist immer Kunsthandwerksmarkt. Neben ›Airport Art‹, also billig gemachten Massensouvenirs, finden sich auch immer wieder schöne Stücke. Alt-Hippies verkaufen in wehenden Gewändern und Sandalen selbst gemachten Schmuck, Schwarze bieten aus Draht gebogene Autos und Motorräder an. Es riecht nach Räucherstäbchen und *dagga*, dem südafrikanischen Marihuana, bevorzugt konsumiert von Kapstadts Rasta-Gemeinde.

Die Parkplätze hier sind wie überall in der City gebührenpflichtig und zudem nicht ganz einfach zu ergattern. Sobald es dann geklappt hat und der Wagen steht, kommt auch gleich ein uniformierter Parkwächter, der abkassiert, je nachdem, wie lange man parken möchte. Das Kennzeichen notiert sie/er in einem Handcomputer.

Auch die *bergies,* Kapstadts Penner, lieben den Platz. Sie sind an ihren Einkaufswagen zu erkennen, in denen sie ihre wenigen Habseligkeiten aufbewahren. In ihrer Gemeinschaft gibt es keine Hautfarbenunterschiede, am unteren Rand der Gesellschaft leben Weiße, Coloureds und Schwarze scheinbar harmonisch zusammen.

Architektonisch reizvoll ist das Gebäude der ehemaligen Polizeistation, das leider nicht mehr für die Öffentlichkeit zugängliche, 1755 erbaute **Old Town House.** Auch Kapstadts schönste, reich verzierte Art-déco-Gebäude lassen sich von dem Platz aus bewundern. Besonders prachtvoll ist das eindrucksvolle **Shell-Haus** (10 Greenmarket Square) mit seinen klassischen Elementen, das in zwei Phasen (1929–41) fertiggestellt wurde – heute ist hier das **Onomo Hotel Inn on the Square** untergebracht. Schräg gegenüber steht das **Namaqua Building** (Ecke Burg/Shortmarket St.), ein schön restauriertes Eckhaus mit zartrosa-beiger Außenfassade.

Durch die ›Antiquitäten‹-Straße Kapstadts, die **Church Street** ⓫, geht es zurück zur Long Street, die beim alten, restaurierten türkischen Dampfbad endet. Von hier aus ist es nicht mehr weit zu den Gardens, dem Ausgangspunkt des Stadtrundgangs.

TOUR
Zu Besuch in einem ausgelöschten Stadtteil

Unterwegs im District Six

Im Gegensatz zum historischen Viertel Bo-Kaap wurde Kapstadts sechster Distrikt, östlich der Innenstadt, zu Apartheidzeiten dem Erdboden gleichgemacht. Im Stadtteil **Woodstock,** der direkt daneben lag, lässt sich heute noch anhand einiger alter Gebäude erahnen, wie es im District Six einst ausgesehen hat.

Lässt sich die Erinnerung an sein ehemaliges Zuhause dadurch auslöschen, dass man alle Straßenschilder abschraubt und ins Meer wirft? Ein Mann war zu Apartheidzeiten tatsächlich damit beauftragt, alle Schilder im Atlantik zu versenken. 20 Jahre lang hat er sie in seinem Haus versteckt gehalten. Heute sind sie ein beeindruckendes Mahnmal im **District Six Museum.**

Ein Zuhause verschwindet nicht dadurch, dass man die Straßenschilder abschraubt.

Seit 1867 existierte das erste Multikulti-Viertel Kapstadts, ursprünglich eine lebendige, bunte Gemeinschaft von befreiten Sklaven, Kaufleuten, Handwerkern, Arbeitern und Immigranten.

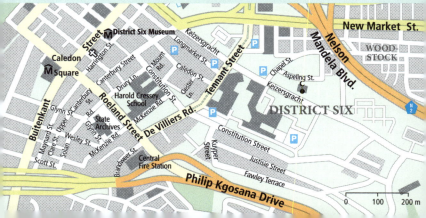

Infos

📍 Karte 3, G/H 4

Dauer: Museum ca. 30 Min., geführte Tour durch das Viertel 2,5 Std.

Planung: District Six Museum, 25a Buitenkant St., T 021 466 72 00, www. districtsix.co.za, Mo 9–14, Di–Sa 9–16 Uhr, So nach Voranmeldung

Kosten: Eintritt 40 Rand

Von ehemaligen Bewohnern des Viertels geführte Touren, meistens So, müssen rechtzeitig gebucht werden. Mindestteilnehmerzahl 5 Personen, 150 Rand/Person

Treffpunkt District Six Museum

Das ehemalige Stadtviertel wird im District Six Museum wieder lebendig, das 1994 ursprünglich nur als vorübergehende Ausstellung gedacht war. Jetzt ist es eines der interessantesten Museen der Stadt. Es ist ein Ort, an dem die Vergangenheit wieder präsent wird. Ehemalige Bewohner sollen Erinnerungen an ihre Häuser und deren Umgebung aufschreiben und in einem großen Stadtplan, der auf dem Boden ausgebreitet ist, eintragen.

Zu Fuß durch District Six

Vielleicht treffen Sie im Museum den schlanken, fast zierlichen Mann mit dem weißen Fez, der hier arbeitet. Er hat die Zwangsumsiedlungen am eigenen Leib erfahren und darüber ein im Shop erhältliches Buch geschrieben: »Noor's Story«. Noor Ebrahim ist Muslim, er wurde 1944 in der **Caledon Street** 247 in District Six geboren. Im Gegensatz zu vielen anderen Vertriebenen hatte seine Familie genug Geld, um sich 1975 im citynahen Athlone ein Haus zu kaufen, anstatt in die windgepeitschten, trostlosen Cape Flats ausweichen zu müssen.

Der Guide zeigt auf Orte, die sich in nichts aufgelöst haben: das ehemalige Entbindungsheim, die an weiße Südafrikaner verkauften Wohnblöcke von Bloemhof und Blöcke, die abgerissen wurden, um Platz für Garagen und einen Swimmingpool zu schaffen. Dann folgt Brachland. Endlose offene Flächen, innenstadtnahes wertvolles Bauland. Doch die von der damaligen Regierung erwarteten weißen Landkäufer blieben aus.

Hier und dort ragen Vortreppen oder Reste von Terrassen aus dem Grün. Eine mächtige Palme steht einsam im grasüberwucherten Schutt. 1948 brachten Mekkapilger den Samen mit, aus dem sie vor ihrem Haus die Palme sprießen ließen. Das Haus ist verschwunden, die Palme ist heute ein Mahnmal. Die kopfsteingepflasterte Richmond Street zieht sich steil nach oben, Richtung Tafelberg. Ein altes Schwarz-Weiß-Foto im Museum zeigt sie von kleinen, hübschen Häuschen gesäumt, mit auf und ab flanierenden Menschen. Heutzutage steht kein Gebäude mehr. Zwischen den Pflastersteinen wuchert Unkraut. Endzeitstimmung. Kirchen und Moscheen wurden nie geschlossen und die Menschen finden sich damals wie heute zum Gottesdienst ein. Besucher sind willkommen.

Bo-Kaap ♀ Karte 3, E/F 3/4

Bo-Kaap *(Top Cape)* ⑫ erstreckt sich hoch über der City zwischen Signal Hill und der Buitengracht Street. Eines nach dem anderen werden die alten, farbenprächtigen Gebäude an der Straße restauriert oder aufwendig und stilvoll neu gebaut.

Ein paar Schritte weiter hat der Besucher das Gefühl, in die Anfangstage Kapstadts zurückversetzt worden zu sein. Steile, enge und kopfsteingepflasterte Straßen und Gassen führen durch das muslimische Viertel. Wie das zerstörte Stadtviertel District Six war den weißen Machthabern während der Apartheid auch Bo-Kaap ein Dorn im Auge. Glücklicherweise setzte sich das Denkmalschutzamt für seinen Erhalt ein. So blieb das älteste Wohngebiet Kapstadts – 1780 begann die Besiedlung Bo-Kaaps – mit seinen hübschen kleinen Häuschen und den Moscheen bis heute relativ original erhalten. Das erste Haus wurde 1794 von einem freigelassenen Sklaven gekauft. Ein nettes Fotomotiv ist das bunte **Rose Corner Café**, ein alter Laden gegenüber dem Bo-Kaap Museum.

Wenn der Muezzin ruft, Frauen mit Kopftuch und Männer mit Fez herumlaufen, hat man das Gefühl, irgendwo in Nordafrika zu sein. Aus offenen Fenstern dringt der Geruch von Räucherstäbchen und mischt sich mit einem starken Mokka-Aroma, das aus einer anderen Richtung herüberduftet. Ein paar Männer liegen unter ihren aufgebockten Autos und reparieren sie. Die Menschen sind freundlich, die meisten Haustüren stehen offen, Nachbarn unterhalten sich, das Leben spielt sich auf der Straße ab.

Seit einiger Zeit ist es auch für Weiße *en vogue,* im charmanten, traditionsreichen Stadtviertel Bo-Kaap zu leben; die zunehmende ›Yuppifizierung‹ begann bereits vor ein paar Jahren alteingesessene Bewohner zu beunruhigen. Die Preise für die kleinen Häuschen schossen rasant nach oben. In Bo-Kaap, wie in den Townships am Stadtrand, empfiehlt sich eine geführte Tour, die man in der Touristeninformation in der Burg Street buchen kann. Die **Auwal Mosque** ⑬ in der Dorp Street ist die älteste Moschee Südafrikas.

Relaxt in Kapstadt regieren

Der südafrikanische Präsident residiert die Hälfte des Jahres in Kapstadt, im wunderschön restaurierten **De Tuynhuys** ⑭, das 1680 als Lodge für Besucher, die das Castle nicht betreten durften, gebaut worden war. Sein jetziges Erscheinungsbild bekam es 1795. Die benachbarten **Houses of Parliament** ⑮ stehen auch Besuchern offen. Ausländische Touristen müssen jedoch ihren Pass vorlegen. Die organisierten, kostenlosen Touren durch die Parlamentsgebäude finden das ganze Jahr über statt.

90 Plein St., Besuchereingang Parliament St., T 021 403 22 66 oder 021 403 33 41, www.parliament.gov.za, organisierte Touren: Mo–Fr 9–12 Uhr (Beginn zur vollen Std.), Eintritt frei, Buchung eine Woche im Voraus, Reisepass mitbringen

Steinaltes Bauwerk

Wir bleiben bei den Anfängen Kapstadts. Das **Castle of Good Hope** ⑯ ist Südafrikas ältestes Gebäude. Jan van Riebeecks erstes Fort stand allerdings etwas weiter westlich von der heutigen Steinkonstruktion, die von 1666 bis 1679 errichtet wurde. Die beeindruckende Festung musste niemals in ihrer langen Geschichte einen Angriff abwehren, obwohl sie gut dafür gerüstet gewesen wäre. Die Pentagon-Konstruktion mit Bastionen an jeder der fünf Ecken war typisch für holländische Befestigungsanlagen des 17. Jh. Die Soldaten konnten so jeden Meter der Außenmauer einsehen. Die Wachtürme wurden nach den Besitztümern des Prinzen Wilhelm von

Bo-Kaap **29**

Oranien benannt: Nassau, Oranje, Leerdam, Buren und Catzenellbogen. Kurz nach der Fertigstellung ließ Gouverneur Simon van der Stel den Eingang zum Meer hin schließen, da die Frühlingsspringfluten immer wieder ins Innere plätscherten. Als neuer Zugang entstand das noch heute benutzte Seitenportal.

Im Innern der Festung sind drei Museen untergebracht. Die Good Hope Gallery präsentiert zeitgenössische südafrikanische Kunst. Im Military Museum kommen Waffen- und Uniformfreunde auf ihre Kosten. Die William Fehr Collection ist eine öffentlich zugängliche Kunstsammlung. Die Kollektion stammt von dem Geschäftsmann William Fehr (1892–1967) und umfasst Möbel, Keramik, Metallwaren, Glas aus der Zeit zwischen dem 17. und 19. Jh. und chinesisches Porzellan aus dem 17. und 18. Jh. Die Gemälde und Grafiken sind berühmt für ihre Darstellung der Anfänge Kapstadts und lassen die Lebensweise der ersten Siedler lebendig werden. Der Besuch dieser Museen und Ausstellungen ist im Eintrittspreis zum Castle enthalten, sie können unabhängig von der Festungsführung besichtigt werden (T 021 469 11 60, 021 462 37 51).

Das Castle ist heute Hauptquartier des Armeekommandos der Western Cape Province. Die sehenswerte Wachablösung *(Changing of the Guards)* in Uniformen, die der historischen Zeremonie nachempfunden ist, findet Mo–Fr um 12 Uhr statt, die Castle-Schlüsselübergabe *(Key Ceremony)* werktags um 10 und 12 Uhr. Ecke Darling/Castle St., T 021 787 12 49, tgl. 9–16, geführte Touren Mo–Sa 11, 12, 14 Uhr, 30 Rand, 5–16 Jahre 15 Rand

Einst direkt mit Meerblick
In der Strand Street, die vor der Landgewinnung tatsächlich am Meer entlangführte, ist, eingequetscht zwischen modernen Gebäuden, ein bauliches Highlight erhalten geblieben: das 1701 errichtete **Koopmans-De Wet House** ❼ mit einer der elegantesten Fassaden der

Anderswo muss vielleicht die Handtasche farblich zu den Schuhen passen – in Bo-Kaap orientiert man sich da eher an der Farbe der Hausfassade!

TOUR
Cape Town Underground

Im Bauch der Mother City

Infos

📍 Karte 3, F/G 4

Startpunkt: Castle of Good Hope

Dauer: etwa 2 Std.

Ausrüstung: festes Schuhwerk, bei Wasser im Tunnel werden Gummistiefel gestellt

Kontakt: Good Hope Adventures, Matt Weisse, T 082 482 40 06, www.goodhopeadventures.com

Unterhalb Kapstadts findet sich ein ganzes Netz von Tunneln, die teilweise Jahrhunderte alt sind. Camissa – Platz des süßen Wassers – nannten die San den Wasserlauf, der einst in aller Offenheit vom Tafelberg in die Tafelbucht floss.

Kanäle gegen Heimweh

Das Erste, was seefahrende Holländer bauten, wenn sie mit ihren Schiffen irgendwo ankamen, waren Kanäle oder Grachten, wie diese in den Niederlanden heißen. Wie zu Hause in Amsterdam. Am Kap war das 1652 nicht anders. Die ersten Straßen Kapstadts liegen parallel und in rechten Winkeln zu den Frischwasserläufen, die vom Tafelberg zum Meer sprudelten. All diese Bäche wurden schließlich zu Grachten.

Was sich heute noch in manchen Straßennamen widerspiegelt: Die **Heerengracht** war die erste Hauptstraße der Siedlung, sie folgte, flankiert von Grachten mit kleinen Brücken, dem Verlauf des Fresh River zum Fort.

Sie zog sich durch das Zentrum der Stadt und war eine Verlängerung der Achse durch die Company Gardens. Rechts und links standen Stadthäuser der Bürger mit ihren Verandas und ganz unten am Meer befand sich der hölzerne Anlegesteg. Im Jahre 1767 war aus der Straße eine attraktive Promenade geworden. Ein Reisender beschrieb sie 1778 als ›die schönste Straße, gesäumt von Eichen, an der die attraktivsten Häuser der Stadt gebaut wurden‹.

Underworld: Entdecken Sie Kapstadt von ganz unten!

Leider bezog sich das nur auf das Aussehen. Der Rest war äußerst stinkhaft. Wenn der ablandige Wind in die Tafelbucht wehte, merkten ankommende Schiffspassagiere sofort, dass in Kapstadt die Kacke am Dampfen war. Die Grachten wurden für alles benutzt, was weggespült werden konnte. Daraufhin begann die Stadtverwaltung 1838 mit dem Überbauen der Kanäle. Der Charakter des alten Kapstadt veränderte sich total. Aber es roch besser. Ende der 1850er-Jahre war das letzte Stückchen der Heerengracht bedeckt und die darüber verlaufende Straße wurde **Adderley Street** genannt. Als die Beulenpest 1901 in Kapstadt ausbrach, wurden die letzten noch existierenden Grachten in District Six zugemacht. Die Straßen **Buitengracht** und **Keizersgracht** erinnern heute an die stinkhaften Anfänge der Mother City.

Ab nach unten

Das kleine Loch am **Castle of Good Hope** mit dem Gullydeckel obendrauf führt zu Kapstadts mysteriöser Unterwelt. Und in eine andere Welt. In lange vergessene **Kanäle,** die sich unter der Stadt entlangschlängeln und permanent frisches Trinkwasser vom Tafelberg ins Meer transportieren. Kapstadt verdankt seine Existenz den im Tafelberg entspringenden Frischwasserquellen. Als die ersten Europäer ans Kap kamen, zählten sie vier Flüsse und 36 Quellen, alle fließen heute unterirdisch und enden ungenutzt im Atlantik.

Backsteine per Schiff von England

Hier unten hört man noch dumpf die Geräusche der Stadt. Motorräder knattern und Lastwagen und Züge lassen die Wände leicht zittern. Wenn sie einen der schmiedeeisernen **Kanaldeckel von 1895** treffen, hallt es durch den Tunnel. Jeder einzelne der viktorianischen Backsteine im oberen Tunnelbereich kam per Schiff aus England hierher. Damals gab es am Kap noch keinen Brennofen, der 1000 Grad erreichen konnte, was notwendig war, um Tonziegel zu brennen. Die untere Hälfte, die ehemalige gemauerte **Gracht,** bestand aus lokalen Backsteinen. Die frühesten Tunnel sind aus Schiefer, der auf Robben Island gebrochen wurde.

Es ist schwül-warm hier unten und es riecht modrig. Die Taschenlampen der im Gänsemarsch gehenden Gruppe stochern ins Dunkel. Immer mal wieder fällt Licht aus einem Seitentunnel in die **Hauptröhre.** Anfangs sind die Kanäle nur etwa 1,5 Meter hoch, man läuft gebückt, nach etwa 20 Minuten sind sie dann hoch genug, um aufrecht zu gehen.

Matt Weisse, der Tunnel-Guide, unternimmt die Touren seit Jahren. Und er spricht aufgrund seiner Vorfahren auch Deutsch. Er sagt den Teilnehmern, genau auf den Tunnelboden zu sehen. Über die Jahre hat er viele Relikte der Vergangenheit hier entdeckt, Knöpfe von Seemannsuniformen oder alte Münzen, die irgendwann einmal in die Kanalisation gefallen sind. Die permanenten Tunnelbewohner sind weniger erfreulich, recht große Kakerlaken, die schabend über die Wände kratzend flüchten, wenn das Licht der Taschenlampen auf sie trifft.

Frühe Bunker

Aufgrund der heftigen Dürre und des Wassermangels gelangten 2018 leider Abwässer in die Tunnel, die daher eine Zeit lang zu stinkig waren, um durchzulaufen. Wann immer das passiert oder nach Regenfällen der Wasserstand zu hoch sein sollte, weicht Matt auf die ebenfalls abenteuerlichen Tunnel und Bunker in der Nähe der Waterfront aus, die militärischen Ursprungs sind und ab 1795 angelegt wurden.

Stadt. Das von außen recht klein wirkende Gebäude ist innen erstaunlich geräumig. Die großen Räume mit hohen Decken sind im Stil des späten 18. Jh. eingerichtet. So lebten reiche, modebewusste Städter in den letzten Jahren der holländischen Regierung, damals noch mit unverbautem Meerblick. Es gibt hier Porträts und Ansichten von Kapstadt, europäische und Kap-Möbel *(stink- und yellowwood)*, deutsches und holländisches Glas sowie seltenes Porzellan zu bewundern. In dem Haus wohnte Maria Koopmans-De Wet (1838–1906), eine führende Angehörige der feinen Gesellschaft, Kunstmäzenin, Afrikaner-Nationalistin und eine herausragende politische Persönlichkeit: Sie wurde unter Hausarrest gestellt, als sie gegen die von den Engländern eingerichteten Konzentrationslager protestierte, in denen während des Burenkriegs Tausende von Afrikanerfrauen und -kinder ums Leben kamen.

35 Strand St., T 021 481 39 35, www.iziko.org.za/museums/koopmans-de-wet-house, Mo–Fr 10–17 Uhr, 20 Rand, 6–18 Jahre 10 Rand

Victoria & Alfred Waterfront

 Karte 3, F/G 1–2

Entgegen der landläufigen Meinung war die Tafelbucht kein idealer Hafen. Sie bot zwar teilweise Schutz vor den sommerlichen Südostwinden, in den winterlichen Nordwestern havarierten aber Hunderte von Schiffen, wobei viele Menschen ums Leben kamen. Es gab keinen Kai, wo Güter entladen werden konnten, sie mussten mit kleineren Booten gelöscht und von Trägern, schultertief im eisigen Wasser,

Südafrikas Besuchermagnet Nr. 1: die Victoria & Alfred Waterfront

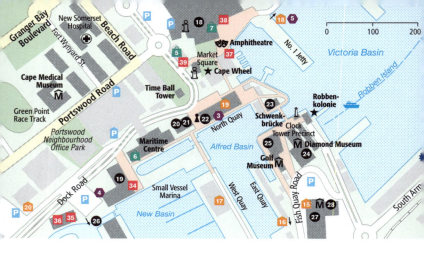

Victoria & Alfred Waterfront

Ansehen
1 – 17 s. Cityplan S. 21
18 Victoria Wharf Shopping Centre
19 Two Oceans Aquarium
20 Dock Road Complex
21 V&A Market on the Wharf
22 Nobel Square
23 Port Captain's Building
24 Clocktower Precinct
25 Chavonnes Battery
26 Roggebaai Canal
27 Silo District
28 Zeitz Museum of Contemporary Art Africa (MOCAA)
29 – 35 s. Cityplan S. 21

Schlafen
1 – 14 s. Cityplan S. 21
15 Silo Hotel
16 Radisson Red
17 Cape Grace Hotel
18 The Table Bay at the Waterfront
19 The Victoria and Alfred Hotel
20 The Breakwater Lodge

Essen
1 – 33 s. Cityplan S. 21
34 Vista Marina
35 Reuben's at One & Only
36 Nobu at One & Only
37 Harbour House
38 Balducci's Victoria Wharf
39 Ferryman's Tavern

Einkaufen
1 – 4 s. Cityplan S. 21
5 Vaughan Johnson's Wine & Cigar Shop
6 Imagenius
7 Carrol Boyes Functional Art

Bewegen
1 – 2 s. Cityplan S. 21
3 Tafelbucht-Trip
4 Canal Cruise
5 Heliport

Ausgehen
1 – 5 s. Cityplan S. 21
6 Shimmy Beach Club and Restaurant

---

mühsam an Land geschleppt werden. Die Landungsbrücke, die van Riebeeck bauen ließ, wurde bis weit ins 19. Jh. benutzt.

Erst 1860 legte Prinz Alfred, der zweite Sohn Königin Victorias, den Grundstein für die über einen Kilometer lange Wellenbrechermauer. Ein Teil von ihr ist heute rechts und links des opulenten Eingangsbereichs zum Luxushotel The Table Bay at the Waterfront zu sehen. Das 1870 fertiggestellte, erste geschützte Hafenbecken wurde zu Ehren des Prinzen Alfred Basin genannt. Seine Mutter kam aber auch nicht zu kurz, sie war nur etwas später dran: Das 1905 vollendete zweite Becken bekam den Namen Victoria Basin.

Weiter westlich liegt hinter dem New Basin Südafrikas erstes 6-Sterne-Hotel, das **One & Only** von Sol Kerzner, dessen wunderbares Wellnesszentrum auf einer künstlichen Insel im gefluteten Kanal liegt, der mit dem Victoria Basin verbunden ist. Hier befinden sich auch die beiden Spitzenrestaurants **Reuben's at One & Only** 35 und **Nobu** 36.

Auf der anderen Seite, im Osten der historischen Becken, wartet mit den Shops und Geschäften des **Victoria Wharf Shopping Centre** 18 die mit Abstand meistbesuchte Touristenattraktion Südafrikas. Das Werftviertel ist weltweit eine der erfolgreichsten Revitalisierungen eines alten Hafens. Jedes Wochenende parken hier Tausende von Autos. Auf den Piers und Kais wimmelt es von Menschen. Die Gebäude sind bis ins kleinste Detail restauriert oder im alten Stil neu gebaut worden. Die Waterfront hat sich in den letzten Jahren immer weiter Richtung Mouille Point, Sea Point und City ausgedehnt, neue Hotel- und Restaurantprojekte kamen hinzu. Es gibt nun praktisch keinen Platz mehr für neue Bauprojekte.

Die Waterfront ist allerdings ganz und gar kein steriles Kunstgebilde: Fischerboote und auch Dampfer laufen nach wie vor im Hafen ein und kreieren so den einzigartigen Charme. In einem gigantischen Trockendock, direkt neben dem berühmten **Cape Grace Hotel,** werden Schiffe neu gestrichen und gewartet. Seit der Fußball-WM 2010 ist die Waterfront direkt mit dem Stadion in Green Point verbunden. Damit besteht seither wieder eine direkte Verbindung zwischen der City Kapstadts und dem Meer.

Besucher tauchen ab

Das **Two Oceans Aquarium** 19 auf rund 4000 m² Fläche lockt mit rund 3000 Meeresbewohnern aus dem Indischen und Atlantischen Ozean – vom Seepferdchen bis zum Pinguin. Im Predator Exhibit leben die Räuber der Meere, u. a. *ragged tooth sharks* und einige Mantarochen. Die Haie werden jeden Sonntag um 15 Uhr gefüttert. Das **I&J Ocean Exhibit,** mit 2 Mio. l Wasser der größte Tank im Komplex (mit 28 cm hat er auch die dicksten Acrylscheiben) können Besucher selbst abtauchen (s. S. 64). Interessant zu beobachten sind auch die wirklich gigantischen *giant spider crabs* aus Japan, ein Elefantenfisch von der südafrikanischen Westküste und das – für Feinschmecker verlockende – Felshummer-(Langusten-)Aquarium.

Victoria & Alfred Waterfront, Dock Rd., T 021 418 38 23, www.aquarium.co.za, tgl. 9.30–18 Uhr; bei Online-Buchung (spart Geld und Schlangestehen am Ticketschalter) 175 Rand, 14–17 Jahre 130 Rand, 4–13 Jahre 85 Rand; Fütterungszeiten: Haie So 15 Uhr, Pinguine tgl. 11.45, 14.30 Uhr

Lernen Sie kochen

Im **Dock Road Complex** 20 begann einst die Industrialisierung Kapstadts, denn ein Teil davon war Elektrizitätswerk und Lichtstation. Von hier aus wurden 1882 die ersten elektrischen Lichter Südafrikas angeknipst. Die Diamantenstadt Kimberley in der Free State Province folgte vier Monate später. Das Elektrizitätswerk sollte ursprünglich nur die Kais und Lagerhäuser erhellen, später erleuchtete es auch das Parlament und das Somerset Hospital. Heute findet sich hier auf zwei Stockwerken der **V&A Market on the Wharf** 21. Neben vielen verschiedenen Essensständen gibt es schöne Souvenirs Made in South Africa, keine Massenware. Interessant für Besucher sind die regelmäßig angebotenen, mehrstündigen Kochkurse in der Demo Kitchen. Ein aktueller Veranstaltungskalender findet sich ebenso auf der Website wie eine Liste und genaue Beschreibung aller Stände.

T 021 418 16 05, www.marketonthewharf. co.za, www.waterfrontfoodmarket.com, Juni–Okt. tgl. 10–17.30, Nov.–28. April tgl. 10–19 Uhr, 29. April–Mai Mo/Di geschl.

Dickliche Nobelpreisträger

Der Platz zwischen dem V&A Market on the Wharf und dem Victoria & Alfred Hotel heißt seit dem 16. Dezember 2005 **Nobel Square** ㉒. Hier stehen Südafrikas vier berühmte Friedensnobelpreisträger als etwas comichaft, dicklich wirkende Bronzestatuen. Trotzdem fotografieren sich Besucher gerne mit den Abbildern des Zulu-Führers Albert Luthuli (1960), des coolen Erzbischofs Desmond Tutu (1984) und der beiden Ex-Präsidenten Frederik de Klerk und Nelson Mandela, die den Preis in Oslo 1993 zusammen verliehen bekamen.

Robben im Hafen

Das imposante hellblaue **Port Captain's Building** ㉓, das auf den meisten Waterfront-Fotos zu sehen ist, beherbergte einst das Büro des Hafenkapitäns. Das hübsche Haus mit den zwei Giebeln wurde 1904 errichtet, als sich der Hafen in rasantem Tempo weiterentwickelte. Heute ist hier die Victoria & Alfred Waterfront Company untergebracht, eine private Gesellschaft, die für sämtliche Entwicklungen in der Waterfront verantwortlich ist.

Die **Penny Ferry** transportiert seit über 100 Jahren Seeleute – heute natürlich hauptsächlich Touristen – in vier Minuten vom Pierhead zum South Quay, wo sich der Ablegeplatz der Tragflächenboote befindet, die Touristen nach Robben Island schippern. Wer nicht mit der Fähre fahren möchte, geht über die 24 Stunden besetzte Schwebebrücke, die den Kanal überspannt. Direkt an der Anlegestelle lebt eine Kolonie Pelzrobben, sodass man die Tiere gut aus der Nähe beobachten kann.

Waterfront-Wahrzeichen

Der **Clocktower Precinct** ㉔ ist eine stilvolle Erweiterung der Waterfront mit Restaurants, Bars und Geschäften sowie dem eindrucksvollen Nelson Mandela Gateway. Von hier aus legen die Touristenboote zur Überfahrt nach Robben Island ab. Es gibt außerdem ein Museum, das den Besuchern das Leben auf der Insel in vergangenen Zeiten anschaulich vermittelt.

Das Zentrum des Precinct bildet seit 2001 der achteckige, im gotischen Stil erbaute Clock Tower, der zu den ältesten Gebäuden im Hafen gehört. Vor dem Umzug ins Captain's Building war hier das Büro des Hafenkapitäns untergebracht. Das Bauwerk wurde 1882 vollendet und 1997 gerade noch vor dem Verfall gerettet, indem es endlich wunderschön restauriert wurde.

Wiederentdeckte Kanonen

Bei den Bauarbeiten am Clocktower Precinct wurden 1999 die Kanonen der **Chavonnes Battery** ㉕ entdeckt, die einen Teil der Militäreinrichtung der Holländer aus dem Jahr 1715 darstellen. Die geborgenen Kanonen sind nun an Ort und Stelle in einem Museum zu bewundern.

www.chavonnesbattery.co.za, T 0 21 416 62 30, tgl. 9–16 Uhr, 50 Rand, 10–18 Jahre 35 Rand

Kapstadts Monaco

Gegenüber dem auf drei Seiten von Wasser umgebenen **Cape Grace Hotel** befindet sich das exklusive Wohngebiet der Waterfront Marina mit Penthouse-Preisen um die 12 Mio. €. Von den privaten Anlegestellen geht es entweder ins Meer oder mit Taxibooten auf dem **Roggebaai Canal** ㉖ Richtung Cape Town International Convention Centre. *Roggebaai* ist übrigens Holländisch und bedeutet übersetzt Rochenbucht, was den künstlichen Wasserlauf zum Rochenbucht-Kanal

Townships

♀ Karte 2, B/C 2/3

Typischer Straßenverkauf in der Township Khayelitsha

Eine Tour von Kapstadts Innenstadt in Richtung der **Cape Flats**, in die Wohngebiete der Coloureds und Schwarzen, ist eine Exkursion von der Ersten in die Dritte Welt. Um die Ambivalenz Südafrikas praktisch und hautnah zu erfahren, ist ein Besuch der ›anderen Seite‹ unabdingbar. Nach wie vor sollte sie jedoch nicht ohne die Begleitung eines professionellen Führers unternommen werden. Guides können über die Touristeninformation gebucht werden.

Restauriertes Viertel
Nach Inkrafttreten des Group Areas Act im Jahr 1950 und der Zerstörung von Kapstadts Viertel District Six avancierte **Athlone** zur ersten Coloured Area und zu einem wichtigen Geschäftszentrum. 1985 wurde die Township zum Synonym für bürgerkriegsähnliche Zustände.

Heute sieht man davon nichts mehr. Durch *labour of love*, unentgeltliche Nachbarschaftshilfe, wurden alte Gebäude restauriert. Die Bewohner haben jetzt Vertrauen in die Zukunft und sind sicher, dass sie bleiben können. Hier, im früher West London genannten Stadtteil, engagieren sich seit der Aufhebung aller Apartheidgesetze weiße Firmen, angelockt von der Kaufkraft der farbigen Mittelschicht.

Tempel & Moscheen
In **Rylands** haben sich hauptsächlich Inder mit ihren kleinen Geschäften niedergelassen. Hier leben Hindus und Muslime friedlich nebeneinander. Ein Tempel steht direkt neben einer Moschee. Eine Gruppe von Muslimen diskutiert im Schatten des Tempels. Die kleinen Gewürzläden könnten auch irgendwo in Indien oder Malaysia sein.

macht. So nannten die ersten holländischen Seefahrer die Bucht nach dieser damals sehr häufig dort anzutreffenden Fischart. Der Name Tafelbucht wurde erst später populär.

Trendigstes Viertel
Mit 57 m Höhe war der Getreidesilo nach drei Jahren Bauzeit bei seiner Eröffnung 1924 das höchste Gebäude südlich der Sahara. Nach fast 80 Jahren im industriellen Herzen Kapstadts wurde er geschlossen. Und jetzt ist er Kern des aufregenden neuen **Silo District** ㉗ an der Waterfront (www.siloblog.co.za).

Oberhalb des im September 2017 eröffneten **Zeitz Museum of Contemporary Art Africa (MOCAA)** ㉘ befindet sich auf sechs Stockwerken das Silo Hotel. Mit 28 Zimmern und einem spektakulären Penthouse ist es eines der coolsten (und leider teuersten) Hotels Südafrikas.

TOUR
Smileys & Cappuccino

Township-Tour

Smileys sind der Zenit im kulinarischen Angebot der Townships und werden dort fast überall im Freien auf Holztischen angeboten. Es sind gegrillte und anderweitig (zum Beispiel mit glühenden Blattfederelementen vom Schrottplatz) gegarte **Schafsköpfe**. Mit zunehmender Erhitzung ziehen sich die Lippen zurück, entblößen die Zähne und erwecken den Eindruck eines (unfreiwilligen) Grinsens. Daher der Name: Smiley. Was? Sie wollen auch noch eine Township-Vorspeise? Kein Problem. Wie wäre es mit gerösteten Walkie-Talkies? Ahnen Sie es? Ja, das sind tatsächlich Hühnerköpfe und -füße, die gerne vor dem Essen geknabbert werden. Hinuntergespült wird das Ganze mit dickflüssigem, sämigem Maisbier.

Kiff Kombi Tours, T 072 213 38 88, www.kiffkombitours.co.za

Alternative: **Bonani Our Pride Tours,** T 021 531 42 91, www.bonanitours.co.za

Eine Township-Tour sollte definitiv zum Kapstadt-Besuchsprogramm gehören. Abseits der Glitzerwelt der Waterfront schlägt hier das afrikanische Herz der Stadt. Auf alle Fälle nur organisiert im Minibus und mit ortskundigem Führer, der in den Townships lebt oder aufgewachsen ist. Nicht auf eigene Faust!

Die meisten Kapstadt-Touristen wollen sich aber nicht wie Zoobesucher rein- und wieder rausfahren lassen, sondern suchen ein authentisches Tourangebot. Deshalb am besten mit Leuten buchen, die vor Ort leben und die lokalen Projekte kennen und unterstützen.

Wie **Thulani,** der diesmal unser Xhosa-Guide für den

Infos

📍 Karte 2, B/C 2/3

Startpunkt: Kiff Kombi Tours Büro in Kloof Street oder an Ihrem Hotel/Guest House

Dauer: etwa 3,5 Std.

Hinweis: Bitte vorher fragen, wenn Sie in den Townships Fotos machen. Und keinen Schmuck offen tragen.

Übrigens: Das Kap-Slang-Wort ›Kiff‹ bedeutet ›extrem cool‹, ›außergewöhnlich‹ usw. Und aufgrund seines alten VW-Kombis bekam Drew immer Komplimente: »That Kombi is so kiff man!« Der Firmenname war geboren.

Kiff Kombi Tours gehört mittlerweile zu den »Top 10 Tours in Cape Town«.

Trip ins afrikanische Herz Kapstadts ist. Wir verlassen die dunkle, verräucherte **Blechhütte**, in der das traditionelle Maisbier hergestellt wird. Es sieht aus wie Müsli und wird von Frauen gebraut. Und von Männern getrunken. Glücklicherweise muss ich weder Smileys noch das Bier selbst probieren. Thulani holt seine Gäste an deren Hotels oder Gästehäusern ab.

Art in Africa

In **Langa** sind in der letzten Zeit sehr viele Graffiti entstanden, von lokalen und internationalen Spray-Künstlern. Auffällig sind die Elefanten von Falko. Pflichtstopp ist das bereits 1926 etablierte **Guga S'Thebe Arts and Culture Centre,** ein Kunst- und Kulturzentrum in Langa, einem der ältesten Townships Südafrikas. Hier wird Kunsthandwerk hergestellt und verkauft.

Es geht weiter durch enge Straßen, die mit Blechverschlägen gesäumt sind. In den **Shacks** finden sich alle möglichen Mini-Läden, vom Barbier bis zum Reifenflicker, vom Lebensmittelladen bis zum Tischler. Schafe und Hühner werden lebend verkauft. Wir halten an einem ausrangierten Container, dessen dunkles Inneres vollgestopft ist mit Tierfellen, Hörnern, Pavianpfoten, Pythonhäuten, Stachelschweinstacheln und unzähligen Fläschchen und Gläsern mit recht eigenartig aussehenden Inhalten: die Praxis des lokalen Naturheilers. »Bis auf Aids kann er alles heilen«, sagt Thulani. »Aids ist zu neu für traditionelle Sangomas.«

Cappuccino im Township

Absolutes Kontrastprogramm ist dann das **Department of Coffee,** der erste trendige Kaffee-Laden im Township, mit Cappuccino, Latte usw., serviert allerdings hinter dicken Eisengittern. Drei arbeitslose Jugendliche haben diesen seit einigen Jahren sehr erfolgreichen Coffee Shop am Bahnhof von Khayelitsha etabliert. Zuvor haben sie Autos gewaschen.

Department of Coffee: 158 Ntlazane St., T 073 300 95 19, Facebook: Department of Coffee

Innovative Projekte sind der Schwerpunkt von James' Township-Touren unter dem Namen **Uthando,** was auf Xhosa ›Liebe‹ bedeutet (www.uthandosa.org). Zusammen mit seinem schwarzen Partner Xolani bringt er Besuchern Fair-Trade-Projekte näher.

Elefanten sind das Markenzeichen des Graffiti-Künstlers Falko One. Er selbst wuchs in Kapstadts Township Mitchells Plain auf.

Unser Stolz

In **Gugulethu** leben hauptsächlich Xhosa, die aus den ehemaligen Homelands Transkei und Ciskei nach Kapstadt gekommen sind, um dort Arbeit zu finden. Der Name Gugulethu kommt aus ihrer Sprache und bedeutet ›Unser Stolz‹. Ihre Traditionen haben die Bewohner zum größten Teil beibehalten, was manchmal fast unglaubliche Szenen hervorbringt – z. B. wenn junge männliche Xhosa nach ihrer Beschneidungszeremonie, nur mit einem Lendenschurz bekleidet, den ganzen Körper weiß bemalt, die stark befahrene Autobahn N 2 in der Nähe ihrer Townships entlanglaufen. Ein Überbleibsel aus der Apartheidzeit sind die Straßenbezeichnungen NY 1, NY 2, NY 3 usw., wobei NY für Native Yard steht, was so viel wie ›Eingeborenenbereich‹ bedeutet.

Hier hat das Haus- und Wohnungsbauprogramm der Regierung bereits Früchte getragen. Massive Steinhäuser für die schwarze Mittelschicht sind entstanden. Die früher illegalen, privaten Bierschwemmen, *shebeens* genannt, sind nun lizenziert und heißen *taverns*.

Auslands-Investment

Das Township **Crossroads** war einst mit 500 000 in Verschlägen ohne Wasser, Strom und Kanalisation untergebrachten Menschen ein gewaltiges Slumgebiet. Immer noch gibt es Tausende von Buden aus Wellblech, alten Straßenschildern, Holzplanken und Kartons, die, eng aneinandergebaut, den heißen Sommern und feuchtkalten Wintern der Cape Flats trotzen. Jedoch sind mittlerweile viele Straßen geteert, es gibt Busverbindungen, Müllabfuhr, Wasser und Strom. Auch ausländische Firmen engagieren sich hier mit Hausbauprogrammen.

Millionensiedlung

Khayelitsha ist das farbige Pendant zum schwarzen Crossroads. Auch hier werden neben den zugigen Wellblechverschlägen feste Steinhäuser gebaut. Einst für 30 000 Menschen geplant, wohnen dort heute weit über eine Million Menschen.

Tafelberg

♀ Karte 2, A/B 2/3

Das Wahrzeichen der Stadt ragt über 1000 m aus ihr heraus. Eines der beiden schönsten Fotos vom Tafelberg macht man vom Bloubergstrand aus. Mit über 300 Routen nach oben ist der Berg ein Wanderparadies. Man erreicht das Tafelberg-Plateau aber auch per Seilbahn und kann oben einem Rundwanderweg folgen.

Table Mountain Aerial Cable Way, Lower Cableway Station, Tafelberg Rd., www.tablemountain.net, Zeiten variieren je nach Saison, wetterbedingt wird der Betrieb u. U. eingestellt, erste Fahrt bergauf tgl. 8 Uhr, Mai–15. Sept. 8.30 Uhr, letzte Fahrt bergab zwischen 18 und 21.30 Uhr (s. Website), einfache Fahrt 190 Rand, 4–17 Jahre 165 (90) Rand, Hin- und Rückfahrt 330 Rand, 4–17 Jahre 125 Rand

Lion's Head und Signal Hill

Gegenüber dem Tafelberg liegen **Lion's Head** – der Löwenkopf – und **Signal Hill.** Eine wunderschöne Wanderung führt auf den Gipfel des Lion's Head, von dem Sie eine Superaussicht haben. Auch der Blick vom Signal Hill ist den Weg wert, von der Kloof Nek gelangen Sie über eine Straße auf den 350 m hohen Gipfel, der Ihnen das Panorama über die City, die Waterfront, Robben Island und den Tafelberg eröffnet.

Museen

Spielen Sie einfach mal die Orgel

❷⓽ **S. A. Slave Church Museum:** Die Missionskirche aus dem Jahr 1802, in der das Museum untergebracht ist, gilt als ältestes unverändert erhalten gebliebenes Gotteshaus Kapstadts. Das Innere ist prunkvoll ausstaffiert, mit *yellowwood-* und *stinkwood-*Galerien, die auf ionischen Säulen ruhen, einer herrlichen chinesischen Chippendale-Kanzel, einer deutschen Ladegast-Orgel von 1903 (Besucher, die Orgel spielen können, sind willkommen, das auf diesem einzigen in Südafrika erhaltenen Exemplar zu tun), Eichenbänken und Teakbalkonen. Die beiden Säulen im Eingangsbereich sind aus einem Schiffsmast gefertigt. Eine Kopie des alten holländischen Kaufvertrags hängt an der rechten Säule. Der Boden der Kirche ist mit dem letzten Schiefer bedeckt, der im Steinbruch von Robben Island gebrochen wurde. Interessierte Besucher erfahren viel über die Missionsgeschichte der Kapprovinz.

40 Long St., T 021 423 67 55, Mo–Fr 9–16 Uhr, Eintritt frei

Walgesang und Sterne

❸⓪ **Iziko South African Museum und Planetarium:** Südafrikas ältestes Museum sollten auch Besichtigungsmuffel nicht auslassen. Beeindruckend sind die vier Stockwerke hoch hängenden Walskelette und die dazu über große Boxen abgespielten Walgesänge.

In einem Nebengebäude ist das **Planetarium** untergebracht, das u. a. den Sternenhimmel der südlichen Hemisphäre in beeindruckenden Shows erläutert.

25 Queen Victoria St., T 021 481 38 00, www.iziko.org.za/museums/south-african-museum, tgl. 10–17 Uhr, 30 Rand, 6–18 Jahre 15 Rand, an einigen Feiertagen Eintritt frei
Planetarium: T 021 481 39 00, www.iziko.org.za/museums/planetarium, 40/20 Rand, tgl. Shows

Synagoge statt Kino

❸① **S. A. Jewish Museum und Great Synagogue:** Südafrikas erste und älteste Synagoge wurde 1863 erbaut, wo 1958 das ursprüngliche Jewish Museum untergebracht war. Seit 1996 gehört dieser alte Teil des Museums zum neuen, im Jahr 2000 eröffneten South African Jewish Museum. Der 1905 errichteten Great Synagogue wäre um ein Haar ein wenig geistliches Schicksal beschieden gewesen. Nachdem es Schwierigkeiten gab, die Hypothek für das reich verzierte Gebäude zu zahlen,

TOUR
Mehr als nur ein Berg

Wanderung auf den Tafelberg

Bei den Khoi, den ursprünglichen Kap-Bewohnern, hieß das riesige flache Sandsteinmonument, das dramatisch über der Tafelbucht aufragt, Hoeri 'Kwaggo – Meeresberg. 1503 nannte ihn der portugiesische Admiral und Seefahrer Antonio de Saldanha dann **Taboa do Cabo**. Und so heißt das Wahrzeichen Kapstadts bis heute: **Table Mountain, Tafelberg**. Also nichts wie hinauf!

De Saldanha musste sich bei der ›Erstbesteigung‹ des Tafelbergs noch mühsam einen Weg nach oben suchen. Heute stehen über **300 Routen** auf den 1087 m hohen Gipfel zur Auswahl – von der anstrengenden Wanderung bis zur anspruchsvollen Klettertour.

Gefährlich unterschätzt?
Die Nähe zur Stadt sollte nicht dazu verleiten, die Tafelberg-Wanderung für ein leichtes Spiel zu halten. Immer wieder kommen Leichtsinnige bei plötzlichen Wetterumschwüngen um. Und das trotz einer perfekt funktionierenden Bergrettung, der nur aus Freiwilligen bestehenden Wilderness Search and Rescue (WSAR,

Der bequemste Weg auf den Gipfel: mit der 1929 installierten Seilbahn, die seither gut 20 Mio. Passagiere nach oben und wieder zurück transportiert hat.

Vorsicht: ›Citynah‹ bedeutet noch lange nicht ›anspruchslos‹!

Infos

📍 Karte 2, A/B 2

Startpunkt: Trailhead kurz nach dem Eingang zur Tafelberg-Seilbahn

Dauer: 1 bis 3 Std., je nach Fitness

Ausrüstung: festes Schuhwerk, Windjacke, genug Wasser, Essen sowie eine gute Taschenlampe

Karte: Table Mountain, 165 Rand, www.slingsbymaps.com

Achtung: besser in kleinen Gruppen wandern, um das Überfallrisiko zu minimieren

Infos zu Wetter, Café/Bistro usw. unter T 021 424 81 81, www.tablemountain.net

www.wsar.co.za). Bei plötzlichem Nebel sollte man daher unbedingt warten, bis er sich verzieht.

Plattekloof-Gorge-Wanderung
Die direkteste Route auf den Tafelberg ist gleichzeitig auch die beliebteste – und eine der anstrengendsten, obwohl Einheimische sie aufgrund ihrer Popularität gerne als Adderley Street (eine belebte Straße in der City) bezeichnen. Die Strecke ist nur 3 km lang, doch das heißt nichts. Wer fit ist, schafft sie in einer Stunde, ›Sesselhocker‹ in etwa drei Stunden.

Der Pfad selbst ist gut ausgebaut, mit Natursteintreppen und mit Felsbrocken gefüllten Drahtgeflechten, die Erosionsprozesse verhindern sollen. Um den Startpunkt der Wanderung zu erreichen, stellt man das Auto am bewachten **Parkplatz** 1,5 km hinter der unteren **Tafelbergstation** ab. Sie können von der Touristeninfo in der Burg Street auch mit dem Bus hierherfahren. Der Pfad beginnt moderat, führt an ein paar Bäumen und einem Bach vorbei, der sich nach Regen in einen reißenden Fluss verwandeln kann. Nach 10–20 Min. ist der **Breakfast Rock** (Frühstücksfelsen) erreicht, an der Kreuzung zum ausgeschilderten Contour Path. Im Sommer hat man hier die letzte Chance auf etwas Schatten, bevor es nach oben geht.

Zunächst geht es links den **Contour Path** entlang, etwa 100 m auf sehr steinigem Untergrund. Dann an der nächsten Kreuzung rechts (klare Markierung vorhanden). Von nun an geht es sehr, sehr steil nach oben. Kurze Verschnaufpausen lohnen sich schon wegen der fantastischen Aussicht auf die City und die Tafelbucht dahinter.

Der Pfad führt im Zickzack bergan. Sobald die Schlucht enger wird, bekommt man das Gefühl, es bald geschafft zu haben. Kurz darauf sind die mächtigen Sandsteinfelsen erreicht, die das Ende des Anstiegs markieren. Noch ein paar Natursteintreppen und das Plateau ist am **War Memorial** erreicht. Das letzte Stückchen durch die dramatische Schlucht ist das schönste der Tour.

44 Kapstadt

wollten die Kreditgeber ein Kino daraus machen. Das Geld wurde schließlich doch noch aufgebracht, und heute dient die Synagoge mit ihrer gewaltigen zentralen Kuppel Kapstadts jüdischer Gemeinde als Gebetsort.

88 Hatfield Rd., T 021 465 15 46, www. sajewishmuseum.co.za, So–Do 10–17, Fr 10–14 Uhr, 40 Rand, Schüler unter 16 Jahre 25 Rand

Ausflug in die Geschichte

㉜ Cape Town Holocaust Centre: In unmittelbarer Nachbarschaft zur alten Synagoge und der neueren Great Synagogue liegt das interaktive Hi-tech-Holocaust-Zentrum. Es gehört zu den eindrucksvollsten Museen im Land. Es zeigt die Geschichte der südafrikanischen Juden, die hauptsächlich aus Litauen kamen. Im Erdgeschoss steht der Nachbau eines jüdischen Stetls, eines litauischen Dorfes.

Albow Centre, 88 Hatfield Rd., T 021 462 55 53, www.ctholocaust.co.za, So–Do 10–17, Fr 10–13 Uhr, Eintritt frei

Erfrischende Township-Kunst

㉝ Iziko South African National Gallery: In der Galerie haben seit dem Ende der Apartheid auch Werke schwarzer und farbiger Künstler einen Platz gefunden. Schwermütig stimmende Ölgemälde finden sich so neben erfrischender Recycling-Kunst aus den Townships. Die farbenprächtigen Malereien der Ndebele werden ebenso präsentiert wie die Werke von Xhosa, Zulu und anderen südafrikanischen Völkern. Regelmäßig finden auch Fotoausstellungen statt. Im netten Gallery Café gibt es Getränke und kleinere Gerichte. Der Gallery Shop verkauft Postkarten und Drucke von den Exponaten sowie Township Art und andere interessante Souvenirs.

Government Av., T 021 467 44 60, www.iziko. org.za/museums/south-african-national-gallery, tgl. 10–17 Uhr, 30 Rand, 6–18 Jahre 15 Rand

Ehemalige Sklavenunterkunft

㉞ Slave Lodge: Das nach dem Castle zweitälteste Gebäude Kapstadts, 1679 errichtet, diente der Niederländisch-Ostindischen Kompanie (Vereenigde Oostindische Compagnie = VOC) einst als Sklavenquartier. Zwischen 1679 und 1811 beherbergte das Haus bis zu 1000 Sklaven. Die Lebensverhältnisse waren katastrophal, und etwa 20 % der Menschen starben pro Jahr. Ein Teil der Kap-Geschichte wird heute in dem früher Cultural History Museum genannten Gebäude anhand zahlreicher Exponate illustriert. Besonders interessant sind die frühen Poststeine (postal stones), unter denen die ersten Seefahrer in öltgetränktem Tuch ihre Briefe für nachfolgende Schiffe hinterließen. Oben auf den Steinen war meist der Name des Schiffes, die geplante Route, Ankunfts- und Abfahrtsdatum sowie der Name des Kapitäns eingraviert.

Eine weitere Ausstellung zeigt die Geschichte der südafrikanischen Währung und des Postsystems einschließlich einer Briefmarkensammlung. Antike Möbel, Glas, Keramik, Waffen aus aller Welt, Musikinstrumente und Spielzeug aus den vielen Ländern, deren Menschen in der Kapprovinz vertreten sind, füllen weitere Räume. Eine archäologische Abteilung zeigt ägyptische, griechische und römische Objekte, der Japan-Raum einen voll ausstaffierten Samurai-Kämpfer. Im ersten Stock lassen sich in speziell klimatisierten Räumen historische Gewänder bewundern. Im Hof steht schließlich der rekonstruierte Grabstein Jan van Riebeecks.

Ecke Adderley/Wale St., T 021 467 72 29, www.iziko.org.za/museums/slave-lodge, Mo–Sa 10–17 Uhr, 30 Rand, 6–18 Jahre 15 Rand

In Kapstadts ältestem Stadtteil

㉟ Bo-Kaap-Museum: Ein Rundgang durch das Bo-Kaap-Viertel beginnt mit einem Besuch des gleichnamigen Museums. Das Haus wurde im 18. Jh. erbaut

und zeigt das Heim einer wohlhabenden muslimischen Familie des 19. Jh. Einige Quellen behaupten zwar, dass das Haus einst dem türkischen Lehrer Abu Bakr Effendi gehörte, der ans Kap kam, um einen Streit in der muslimischen Gemeinde zu schlichten. Er besaß zwar einige Häuser, dieses gehörte aber nicht dazu. Der runde Tisch im Wohnzimmer zählte allerdings zu seinen Besitztümern, und an ihm sitzend soll er das erste Buch in Afrikaans geschrieben haben. Typisch für das Zimmer ist das Fehlen von Gemälden und Bildern an den Wänden, da der Islam keine Abbildungen von Menschen und Tieren erlaubt. In einem v-förmigen Holzständer, dem *koersie,* liegt ein ledergebundener Koran. Das Schlafzimmer zeigt eine Brautkammer. Die traditionelle Kopfbedeckung einer muslimischen Braut ist die *medora,* die aus einem weißen Stoff besteht, der reich mit Gold und Silber bestickt ist und oft wie ein Turban gefaltet wird. Unter dem Bett steht ein Paar traditioneller Holzsandalen, *kaparrangs* genannt.
71 Wale St., T 021 481 39 39, www.iziko. org.za/museums/bo-kaap-museum, Mo–Sa 10–17 Uhr, 30 Rand, 6–18 Jahre 15 Rand

Schlafen

Kapstadt bietet neben den klassischen Luxushotels auch gemütliche, günstige Gästehäuser bzw. Bed-&-Breakfast-Unterkünfte in Privatbesitz, oft in historischen Mauern. Die Besitzer sind meist selbst anwesend, können viel zur Stadt und zum Land erzählen und servieren leckeres Frühstück. Ein besonderer Tipp in Kapstadt sind Boutiquehotels, in denen aufgrund der ausgefallenen Deko die Übernachtung selbst zum Sightseeing wird.

Die große, alte Dame
1 Mount Nelson: Das ›Nellie‹ ist Kapstadts bekanntestes, über 100 Jahre altes Nobelhotel, im Art-déco-Stil, sehr englisches, sprich schweres Interieur. Website auch auf Deutsch.
76 Orange St., Gardens, T 021 483 10 00, www.mountnelson.co.za, DZ mit Frühstück ab 5150 Rand

Direkt am Marktplatz
2 Onomo Hotel Inn on the Square: Sehr kreative Hotelkette mit Herbergen in ganz Afrika. Designer vom gesamten Kontinent gestalten diese 3-Sterne-Hotels, die sich nach mindestens einem Stern mehr anfühlen, innen in einer holistischen Art und Weise – der Grund, warum man dort gleich ankommt. Die Übernachtungspreise sind trotz des hohen Komforts überraschend günstig. Die Lage des Inn on the Square mitten in der City könnte nicht besser sein. 165 Zimmer mit freiem WLAN, Onomo-Taste-Restaurant im Haus.
10 Greenmarket Sq., T 021 423 20 50, www. onomohotel.com/en/hotel/6/onomo-hotel-ca pe-town-inn-on-the-square, DZ mit Frühstück ab 1200 Rand

Die Lage des Onomo Hotels am Greenmarket Square ist fast nicht zu toppen.

Grüner geht's nicht

3 Hotel Verde: Kein Kapstadtbesucher käme auf die Idee, in der Nähe des Flughafens zu nächtigen. Es sei denn, er hat vom Hotel Verde gehört, dem ökofreundlichsten auf dem Kontinent. Die grünste Übernachtungsmöglichkeit Afrikas hat bereits mehrere internationale Preise gewonnen. Und es sieht nicht nach Bio aus, sondern eher öko-schick. Detailverliebtes Dekor aus wiederverwendeten Materialien. Der herrliche Pool findet sich neben einem natürlichen Schilfdickicht. Unglaublich, dass der Flugplatz nur 8 Minuten zu Fuß entfernt liegt. Das Essen ist genauso prima wie der Service. 145 Zimmer, freies WLAN.
Cape Town International Airport, 15 Michigan St., T 021 380 55 00, www.hotelverde.co.za, DZ mit Frühstück ab 1435 Rand (Website Specials beachten)

Stilecht

4 The Grand Daddy & Airstream Trailer Park: Das Boutiquehotel startete vor einigen Jahren einen Trend. Dann haben es die kreativen Besitzer des Daddy Long Legs, ebenfalls in der Long Street, übernommen, auf Grand Daddy umgetauft und umgestylt. Ergebnis: 25 supertrendige Zimmer. Der Gag: Übernachtung in 7 historischen Airstream-Wohnwagen, die per Kran aufs Dach des Hotels gehievt wurden, von wo man einen unglaublichen Blick auf den Tafelberg genießt. Die chromglänzenden, amerikanischen Caravans wurden 2014 komplett renoviert.
38 Long St., City, T 021 424 72 47, www.granddaddy.co.za, DZ mit Frühstück 1610–2875 Rand, Wohnwagen 2880–3790 Rand

Geschmackvoll & elegant

5 Dysart Boutique Hotel: Wunderbares Guesthouse in Seh- und Gehweite zum Cape Town Stadium, zur City und Waterfront. Flatscreen und WLAN sind selbstverständlich. Das ganze Haus sowie das rechts angrenzende Gebäude sind mit geschmackvoller Kunst dekoriert. Bettwäsche und Matratzen sind vom Feinsten und dazu 24-Std.-Service. Dysart fühlt sich tatsächlich mehr wie ein Boutiquehotel denn wie ein *guest house* an.
17 Dysart Rd., Green Point, T 021 439 28 32, www.dysart.de, DZ mit Frühstück ab 1480 Rand

Sunset Watching mal anders: im Daddy Long Legs Art Hotel

Manhattan-Ambiente

6 Victoria Junction Hotel: Designhotel im kühlen Manhattan-Stil. Loft-Apartments mit Selbstversorgerküchen, alle Zimmer mit CD-Spieler.
Ecke Somerset/Ebenezer St., Green Point, T 021 418 12 34, www.marriott.com (bei Destination ›Cape Town‹ eingeben. DZ mit Frühstück ab 1450 Rand

Cool & relaxt

7 Protea Hotel Fire & Ice: 189 Hightech-Zimmer im trendigen Design und 12 Suiten. Relaxtes, cooles Hotel mit recht kleinen, für die zentrale Lage aber recht günstigen Zimmern. Im Restaurant gibt es leckere Burger und Milkshakes. Gutes Preis-Leistungs-Verhältnis.

New Church St., Tamboerskloof, T 021 488 25 55, www.marriott.com (bei Destination ›Cape Town‹ eingeben). DZ ab 1700 Rand

Absolut trendy

8 Daddy Long Legs Art Hotel: Jedes einzelne der 13 Art Rooms (Kunstzimmer) ist von einem anderen Kapstädter Künstler, Musiker oder Poeten gestylt worden, daher ist jedes eine kleine Sehenswürdigkeit für sich. Untergebracht in einem schönen, vierstöckigen viktorianischen Haus von 1903.

134 Long St., City, T 021 422 30 74, www. daddylonglegs.co.za, DZ ohne Frühstück ab 700 Rand. Frühstücksplätze gibt es in der Long Street genug

Zentral & trendig

9 Urban Chic Boutique Hotel & Café: Recht günstiges, cooles und komfortables Boutique-Hotel mit 20 hellen, freundlichen Zimmern, mitten in der Long Street, wo nachts der Bär abgeht. Sicheres Parken, freies WLAN. 4-Sterne-Haus mit 5-Sterne-Service.

172 Long St., Ecke Long/Pepper St., City, T 021 426 61 19, www.urbanchic.co.za, DZ mit Frühstück ab 980 Rand

Citynah

10 Fritz Hotel: Hübsches, kleines Hotel mit 13 Zimmern; gelungene Mischung aus Art déco und Moderne. Satellitenfernsehen mit deutschen Programmen. Von einigen Zimmern Blick auf Tafelberg und Lion's Head, citynah und trotzdem ruhig.

1 Faure St., Gardens, T 021 480 90 00, www.fritzhotel.co.za, DZ mit Frühstück 800–1560 Rand

Viktorianisch

11 Cape Victoria Guest House: Zu Füßen des Signal Hill, stilvoll restauriert, neun luxuriös ausgestattete Zimmer. Keine Kinder unter zwölf Jahren.

Ecke Wigtown/Torbay Rd., Green Point, T 021 439 77 21, www.capevictoria.co.za/wp, DZ mit Frühstück 750–1500 Rand

Garten-Suiten für Selbstversorger

12 5 Camp Street: Die Ferienwohnungen in Kapstadts Stadtteil Gardens bieten gemütliche Zimmer in zentraler und sicherer Lage (Nähe Kloof St.). Man kann von dort auf den Tafelberg wandern oder tagsüber zu Fuß in die Innenstadt gehen. Das Personal ist sehr nett und im Sommer kann man sich in einem kleinen Pool abkühlen.

5 Camp St., Gardens, T 021 423 82 61, www.5campstreet.co.za, große Garden Suiten (die tgl. gereinigt werden), mit Pool, Kitchenette, WLAN, Kühlschrank, TV, Geschirrspüler, Grill, ab 2090 Rand

Günstig und zentral

13 Cat & Moose Backpackers: Einfache, aber sehr günstige Backpacker-Unterkunft in der quirligen Long Street. Neben Schlafräumen gibt es auch Doppelzimmer. Vom Balkon aus lässt sich das Geschehen in der Straße gut beobachten.

305 Long St., City, T 021 423 76 38, www. catandmoose.co.za, DZ ab 440 Rand

Im grünen Bereich

14 Villa Verde: Ein historisches, viktorianisches Haus von 1889 des berühmten Architekten C. R. Macintosh, aufgrund dessen Herkunft mit schottischen Einflüssen. Geführt von dem relaxten, deutschen Weltenbummler-Pärchen Ray und Stefan. Fünf Apartments mit Küchenecke für Selbstversorger.

2 Molteno Rd., Oranjezicht, T 079 849 99 69, www.villaverdecapetown.co.za, DZ ohne Frühstück ab 735 Rand

Beton-Kathedrale

15 Silo Hotel: Eines der ungewöhnlichsten Hotels Südafrikas mit nur 28 Zimmern, jedes individuell eingerichtet. Die rostigen Schächte des ehemaligen Getreidesilos

wurden stilvoll in das Interieur integriert und schaffen dieses einzigartige Industrie-Ambiente. Die Fenster sind nach außen gewölbte Schmuckstücke, die das Gebäude nachts magisch strahlen lassen. Wenn nicht von Gästen komplett gebucht, ist die Rooftop-Bar auch von Nichtgästen buchbar. Ein Sundowner hier bietet eine einzigartige Aussicht auf Stadt und Hafen.
Silo Sq., V&A Waterfront, T 021 670 05 00, www.theroyalportfolio.com/thesilo, DZ mit Frühstück ab 13 500 Rand

Im roten Bereich
16 **Radisson Red:** Absolut cooles Hip-Hotel, direkt gegenüber dem Silo Hotel. Von der Dachterrasse lassen sich die besten Fotos von diesem schießen, vor allem kurz nach dem Sundowner, wenn die Silofenster leuchten. Vorherrschende Farbe im Hotel ist, Sie ahnen es bereits, Rot. Hier vereinen sich Kunst, Musik und Mode. Ein echt aufregender Platz. Prima Frühstück mit viel Auswahl an frischen Sachen. Etwas mehr Zeit dafür einplanen.
Silo 6, Silo Sq., T 087 086 15 78, www.radissonred.com/cape-town, DZ mit Frühstück ab 1800 Rand

Relaxter Luxus
17 **Cape Grace Hotel:** Sehr stilvoll in das viktorianische Ambiente der Waterfront integriert. Kapstadts relaxtes Lu-

---

UNTERWEGS IN DEN TOWNSHIPS

Grundsätzlich sollten alle Township-Besuche organisiert und nicht auf eigene Faust unternommen werden. Die Gefahr sich zu verfahren und das Überfall- bzw. Entführungsrisiko sind zu groß. Transfers erfolgen auch zu den in den Townships gelegenen Restaurants. Infos gibt es bei Cape Town Tourism.

---

xushotel, ausgezeichneter Service, die Zimmer verfügen entweder über eine schöne Aussicht auf den Tafelberg oder über die Tafelbucht.
West Quay Rd., T 021 410 71 00, www.capegrace.com, DZ mit großem Frühstücksbüfett ab 11 600 Rand

Bombastisch
18 **The Table Bay at the Waterfront:** Kapstadts luxuriöse Sun-Hotel-Antwort auf das Palace Hotel in Sun City bei Johannesburg. Der sehr schöne Wellnessbereich ist auch für Nicht-Gäste zugänglich.
Quay Six, T 021 406 50 00, www.suninternational.com/table-bay, DZ mit Frühstück 6560 Rand

Hafenblick
19 **The Victoria and Alfred Hotel:** Im viktorianischen Stil erbautes Hotel im restaurierten Hafenviertel. Frühstück mit Blick auf den Hafen; 68 Zimmer.
The Pierhead, Dock Rd., T 021 419 66 77, www.vahotel.co.za, DZ mit Frühstück ab 3000 Rand

Günstiges Knastambiente
20 **The Breakwater Lodge:** Das preiswerteste Hotel in der Victoria & Alfred Waterfront gehört zur Protea-Gruppe; die 191 kleinen, aber sauberen Zimmer sind in einem ehemaligen Gefängnis untergebracht. Service: TV, Radio, Telefon, 24-Std.-Rezeption.
Portswood Rd., T 021 406 19 11, www.breakwaterlodge.co.za, DZ mit Frühstück ab 1750 Rand

Wo Afrikas Herz klopf
Majoro's, Kopanong & Lungi's: Diese drei Bed&Breakfast-Unterkünfte finden sich alle im Township Khayelithsa und sind einfach, dafür aber blitzsauber. Die Gastgeber bei Majoro, Kopanong und Lungi sind extrem nett und wirklich sehr zuvorkommend. Kontakt mit Einheimischen ist hier garantiert.

Majoro's B & B, Khayelithsa, 69 Helena Crescent, Graceland, T 021 794 16 19, www.mycapetownstay.com/MajorosBB, DZ 900 Rand
Kopanong, Khayelitsha, C329 Velani Crescent, T 021 361 20 84 o. 082 476 12 78, www.kopanong-township.co.za, DZ ab 900 Rand
Lungi's B & B, Khayelitsha, 42426 Sivivane Street, T 071 005 88 17, www.lungis.co.za, DZ 1100 Rand, Lunch/Dinner 100 Rand p.P., geführte Tour zu Fuß 170 Rand

Essen

Französische Brasserie

1 The Stack: Dem angejahrten Cape Town Club in dem über 160 Jahre alten Leinster Hall-Gebäude wurde mit der originalen Brasserie ›The Stack‹ neues Leben eingehaucht. Kurz bevor das Restaurant eröffnete, fackelte der Club fast komplett ab. Wahrscheinlich um zu unterstreichen, dass sich hier nun ein neuer Gourmet-Hotspot befindet. Unverkünstelte, klassische, französische Bistro-Küche. Die Pommes sind legendär, das Steak dazu aber auch. Und vorher in die Bar zu einem Cocktail. Exzellenter Service.

Leinster Hall, 7 Weltevreden St., Gardens, T 021 286 01 87, www.thestack.co.za, Mo–Fr 8–23, Sa 10–23, So 11–17 Uhr, Hauptgericht um 180 Rand

Steakparadies

2 Carne on Kloof: Der italienische Promikoch Giorgio Nava verwendet nur Fleisch von seinen eigenen Freiland-Tieren, die er in der Karoo auf seiner Farm züchtet. Tipp: Carpaccio, gefolgt von Steak. An den Wänden hängen traditionelle *Yellowwood*-Wassertröge, die Giorgio auf Auktionen erworben hat. Schwester-Restaurant ›Carne SA‹ in der City (70 Keerom St., T 021 424 34 60).

153 Kloof St., Gardens, T 021 426 55 66, www.carne-sa.com, Mo–Sa 18.30–22 Uhr, Hauptgericht um 180 Rand

Burger-Paradies: Dog's Bollocks

Bollywood-Ambiente

3 The Bombay Bicycle Club: Total abgefahrenes Dekor. Hinter so viel Fantasie stecken die Macher von Madame Zingara (www.madamezingara.com), die bereits so einigen, im Lauf der Zeit müde gewordenen Lokalitäten in Kapstadt, wie Café Paradiso oder Café Mozart, neues Leben eingehaucht haben. Erlebnisgastronomie vom Feinsten.

158 Kloof St., Gardens, T 021 423 68 05, www.thebombay.co.za, Hauptgericht 90–250 Rand

Ältester Pub

4 Perseverance Tavern: Ältester Pub Kapstadts (1808 eröffnet), 60er-Jahre-Musik, gute *pub lunches*. Unter der Woche ist eine Reservierung ratsam, am Wochenende zwingend.

83 Buitenkant St., Gardens, T 021 461 24 40, www.perseverancetavern.co.za, Mo–Sa 12–22 Uhr, Hauptgericht um 95 Rand

50 Kapstadt

Nicht wörtlich nehmen

5 Dog's Bollocks: Der direkt übersetzte Name bedeutet ›Hundehoden‹, hat aber zum Glück nichts mit diesen zu tun. Es ist vielmehr eine typisch englische Bezeichnung für etwas ganz Großes. In diesem Fall die substanziellen Hamburger. Man bestellt und schreibt seinen Namen auf eine Schiefertafel. Der Burger wird handgemacht und der Name ausgerufen, sobald der Klops im Brötchen fertig ist.

Yard 6, Roodehek St., Gardens, T 082 885 57 19, Facebook: The Dog's Bollocks, Hauptgericht um 85 Rand

Killer-Pizza

6 Pizza Warehouse: Um die Ecke von Dog's Bollocks in den gleichen Räumlichkeiten werden Pizzen regelrecht zelebriert. Und stilecht serviert. Es gibt vier verschiedene Pizza-Stile zur Auswahl: Neapolitanisch: die traditionelle Neapel-Pizza, Romanisch: eine eckige, volumige, krustige Pizza, New York: massiv mit verschiedenen Auflagen, und California: mit ganz dünner Kruste. Der Teig für jede Pizza ist sorgfältig handgemacht und ruht mindestens 24 Stunden für besten Geschmack. Jede Pizza wird frisch zubereitet. Die Zutaten sind alle farmfrisch und aus biologischem Anbau. Es gibt verschiedene Standard-Pizzen, man kann aber auch seine eigene zusammenstellen. Serviert werden sie auf einem Tablett mit Zutaten wie Oliven, getrocknetem und frischem Chilli, frischem Basilikum und Rucola sowie gehacktem Knoblauch. Fazit: Lust auf richtig gute Pizza, dann hierherkommen.

Yard 6, Roodehek St., Gardens, T 021 461 81 34, Facebook: Pizza Warehouse, Pizza um 95 Rand

Relaxte Burger-Kette

7 Jerry's Burger Bar: Prima Burger in coolem Ambiente. Auch die Ribs sind nicht zu verachten.

5 Park Rd., Gardens, T 021 422 44 15, www.jerrysburgerbar.co.za, tgl. 8–0 Uhr, Hauptgericht um 80 Rand

Man isst Deutsch

8 Hartlief Deli: Die frisch gebackenen Laugenstangen mit Tatar sind der Hammer, dazu ein Paulaner Weißbier vom Fass – und eventuelle Entzugserscheinungen sind wie weggefegt.

Shop No 38, Gardens Centre, Mill St., Gardens, T 021 465 27 29, www.hartlief.co.za/gardens-deli, Mo–Fr 8–19, Sa 8–17, So & Fei 9–14 Uhr, Hauptgericht um 70 Rand

Leckerbissen aus dem Orient

9 Sababa: Idealer Lunch-Platz: absolut leckere, kleine Gerichte, viele aus der arabischen Küche. Schmackhafte Salate, spinat- oder käsegefüllte Teigtaschen, sesambedeckte Schnitzel. Ein Gedicht – und für den Autor eine Sucht – ist der Kirschkuchen (cherry and frangipane tart). Viele Angestellte der Umgebung lieben das Restaurant mit dem freundlichen Service.

Shop 14, Piazza St. John, 395 Main Rd., Sea Point, T 021 433 05 70, www.sababa.co.za, Mo–Do 9–16.30, Fr 9–16, Sa 9–14 Uhr, Hauptgericht ab 65 Rand

Burger satt

10 Royale Eatery: Vor einigen Jahren kürte Hollywoodstar Salma Hayek während Filmaufnahmen in Kapstadt die Royale Eatery zum »besten Hamburger-Platz der Welt«. Und tatsächlich: Die über 50 verschiedenen, in einem ausgefallen dekorierten, historischen Haus servierten Gourmetburger sind wirklich prima.

273 Long St., City, T 021 422 45 36, www.royaleeatery.com, Mo–Sa 12–23.30 Uhr, Hauptgericht um 120 Rand

Burger-Meister

11 Three Feathers Diner: Im trendigen Woodstock gelegen und im amerikanischen Diner-Stil dekoriert, sprich Amischlitten und Motorräder. Die 11 großen Burger im Angebot tragen alle US-amerikanische Autonamen.

78 Bromwell St., Woodstock, T 021 448 66 06, Facebook: Three Feathers Diner, tgl. 9.30–17, Mi–Fr 18 Uhr bis spät, Burger um 80 Rand

Top-Italiener

12 95 Keerom: Klassischer und einer der besten Italiener der Stadt, untergebracht in einem renovierten, historischen Gebäude, gelungene Symbiose aus 300 Jahre alten Ziegelmauern und extrem modernem Dekor. Exzellente und einfallsreiche Küche.

Gardens, 95 Keerom St., parallel zur Long St., City, T 021 422 07 65, www.95keerom.com, Mo–Sa 18.30–22 Uhr, Lunch Do, Fr, reservieren, Hauptgericht um 190 Rand

Bierisch gut

13 Beerhouse on Long: Die größte Bierauswahl in der Mother City: 25 vom Fass und 99 aus der Flasche, sowohl von lokalen als auch von internationalen Brauereien, ausgefallen und bekannt, günstig und teuer. Dazu werden kleine herzhafte Gerichte gereicht, wie Flammkuchen aus Bierteig. Das knallgelbe Restaurant mit großem Balkon im ersten Stock ist in der Long Street nicht zu übersehen. Absolut cooles Innendekor, mit Kronleuchtern, natürlich aus leeren Bierflaschen hergestellt. Die 99 Flaschenbiere sind mit jeweiliger Bestellnummer beleuchtet hinter der Theke ausgestellt.

223 Long St., City, T 021 424 33 70, www.beerhouse.co.za, Facebook: BeerhouseSA, tgl. 11–2 Uhr, Lunch ab 70 Rand (mit 350 ml Bier)

Der Biker-Bäcker

14 Jason Bakery: Der Schein trügt. Jason mit seinen Tätowierungen, Muskelshirt und schwarzer Harley vor dem Laden sieht einfach so gar nicht aus wie der begnadete Bäcker, der er ist. Seine Sauerteig-Brote sind in Kapstadt und Umgebung bekannt und Fans fahren viele Kilometer, um in ihren Genuss zu kommen. Der neue Laden wurde genial von Skull Gear (www.skullgear.co.za) umgebaut. Gerichte wie Pizza, Sandwiches, Suppen,

Peepshow à la Jason Bakery

TOUR
Gin-Tour durch Kapstadt

The Gin Jol

Wenn Kapstädter zum Ausdruck bringen wollen, dass sie eine gute Zeit haben, dann benutzen sie das Wort ›jol‹. Im Kontext klingt das dann so: ›*I am having a jol*‹. Ein garantierter Jol ist eine Gin-Tour durch Kapstadt. Wie wäre es zum Beispiel damit, nach diversen Gin-Proben ihren G/T-Favoriten in einem ehemaligen Leichenschauhaus oder einem historischen Sklavengefängnis serviert zu bekommen?

Männer lieben Rosa?
Wir treffen die rosa Dame am historischen **Heritage Square**, mitten in Kapstadt. Sie ist die neueste Kreation der **Cape Town Gin Company** (www.capetowngincompany.com). Nach deren traditionellen, trockenen Wacholder-Gins (Classic Dry Gin) und dem danach mit Rooibostee für 12 Stunden mazerierten Rooibos-Gin komplettiert nun die *Pink Lady* das Gin-Trio. Die zarte

Infos

Startpunkt: Kiff Kombi Tours Büro in der Kloof Street oder am jeweiligen Hotel/ Guest House der Teilnehmer

Dauer: 2 ½ Std.

Kosten: 800 Rand p.P.

Achtung: Aufgrund der garantierten Feuchtfröhlichkeit dieser Tour vorher gut essen und danach nicht mehr in den Mietwagen steigen!

Kontakt: Kiff Kombi Tours, 8 Kloof St., 7. Stock, T 072 213 38 88, www.kiffkombi tours.co.za/cape-town-gin-tour

---

Rötung kommt von den Rosen- und Hibiskusblättern, denen der pure Gin etwa sechs Stunden lang ausgesetzt wurde. Entgegen allen Erwartungen mögen Männer das rosa Getränk ganz besonders gerne. Probieren Sie ihn im **Cape Town Hidden Door Tasting Room.**

Die nächste Station ist das Trendviertel **Woodstock,** wo die dort ansässige Gin-Destille dessen Namen trägt. Die **Woodstock Gin Company** (www.woodstockgin co.co.za) destilliert vier verschiedene Gins, quasi in einem Nebenzimmer, in relaxter Hobby-Atmosphäre: die beiden *Inception*-Kreationen basieren zum einen auf Wein, zum anderen auf Bier. Dann gibt es noch den *High Tea Gin* mit Rooibos- und Honigbusch-Pflanzenbestandteilen versetzt und den in amerikanischen Eichenholzfässern maturierten Cask Aged Gin. Zu jeder Probe gibt es einen passenden Snack, von Biltong über Käse und Oliven, bis zu bitterer Schokolade – was interessante Geschmackskombinationen zur Folge hat.

Von Arschlöchern und Idioten

Der Hinterhof-Eingang zu **Pienaar & Son Distilling Company** (www.pienaarandson.co.za) ist unscheinbar. Doch drinnen erwartet den Besucher eine Hightech-Destillationsanlage aus blinkendem Edelstahl – und Andre, der Sohnteil und Gründer von Pienaar & Son. »Die Technologie hat sich überall weiterentwickelt, warum soll ich dann noch wie vor 200 Jahren destillieren?«

Die Ginproben bei Andre sind so relaxt wie er selbst. Er gibt nichts vor, lässt seine Besucher den Geschmack selbst erleben. »Mich haben diese arroganten Weinproben immer genervt, wo ein Arschloch (Weinkenner) dem Idioten (mir) den Wein erklärt. Deshalb geht es bei uns betont relaxt zu. Das Produkt spricht für sich.«

Single ist ein Doppelter

Es gibt zwei erstklassige Gins, den traditionellen *Empire* und den deutlich kräftigeren *Orient*. Während ›normaler‹ Gin etwa 43 % Alkoholgehalt aufweist, haben Pienaar & Son auch eine *Drought Edition* (Dürre-Edition) im Angebot. Das Motto des 80 %igen, wassersparenden Gins ist: ›*If you want a double, pour a single*‹ – Wenn du einen Doppelten möchtest, schenk dir einen Einfachen ein.

Adressen

The Gin Bar: 64A Wale St., T 071 241 22 77, www.theginbar.co.za, Mo–Do 17–0, Fr/Sa 15–18.30 Uhr

Cause & Effect: 2A Park Rd., MLT House, Gardens, T 072 917 11 83, Facebook: Cause Effect Cocktail Kitchen, Di–Fr 12–1.30, Sa 20–1.30 Uhr

The Drinkery: Heritage Sq., 100 Shortmarket St., T 071 191 50 34, www.newheritagegallery.com, Mo–Fr 17–23.30, Sa 18–23.30 Uhr

The Botanical Bar: 60 Long Marklet St., T 064 686 41 64, www.thebotanicalbar.co.za, Di–Do 16–0.30, Fr/Sa 16–1.30 Uhr

Und was wird die Zukunft bringen? »Whiskey«, sagt Andre und zeigt auf zwei gerade befüllte Fässer aus amerikanischer Eiche. »Die werden in etwa drei Jahren wieder geöffnet. Dann haben wir einen Whiskey-Trend am Kap. Und ich bin bereit. Wenn nicht, dann trinken wir ihn selber.« Ein guter Grund, um mal wieder bei Pienaar & Son vorbeizuschauen.

Gruftiger Gin

Nach so viel Probieren fehlt zum perfekten Abschluss des *Gin Jols* nur noch eine passende, stilvolle Gin-Bar, wo es zur Abwechslung mal einen kompletten Gin & Tonic gibt und nicht nur ein kleines Schlückchen. Eine der coolsten und skurrilsten von ihnen – **The Gin Bar** – befindet sich in einem ehemaligen Leichenschauhaus. Der gruftige Raum mit seinen uralten und rohen Backsteinmauern (siehe unten Foto) ist nur zu erreichen, indem man einen Boutique-Schokoladen-Laden und einen verträumten Mini-Innenhof durchquert. Na dann, cheers! Die hier offerierten Gin-Cocktails wecken selbst Tote auf. Oder vielleicht auch besser nicht.

In Deutschland erhältlich

Bei **The Cape House** (www.capehouse.eu) in Mainz gibt es eine ganze Reihe südafrikanischer Gins direkt zu kaufen.

Pies und Kuchen. Meine persönlichen Favoriten sind die Speckcroissants und die Sesam-Bagels mit Lachs.

185 Bree St., City, T 021 424 56 44, www.jasonbakery.co.za, Mo–Fr 7 bis 15.30, Sa 8–14 Uhr, Gericht um 60 Rand

Grelles Dekor
15 Mama Africa Restaurant and Bar: Skurrile Einrichtung, gute südafrikanische Küche, Straußensteak probieren! 20 Rand Eintritt, wenn eine Band spielt, was oft vorkommt.

178 Long St., City, T 021 426 10 17, www.mamaafricarestaurant.co.za, Di–Fr 12–15, 18.30 bis spät, Mo, Sa nur ab 18.30, Bar Mo–Sa 18 Uhr bis spät, Hauptgericht um 180 Rand

Lifestyle Künstlertreff
16 Yours Truly: Die Wände sind mit erbauenden Sprüchen in großen schwarzen und weißen Buchstaben beschrieben. Es gibt Kaffee, Essen und Kunst in diesem einfach-stilvollen Restaurant. Jeden Monat stellt ein anderer lokaler Künstler seine Werke vor. Gereicht werden Gebäck, Pizza, Wraps und sehr gute Sandwiches. Draußen vor der Tür steht ein antiker Barbierstuhl.

175 Long St., City, T 021 422 37 88, www.yourstrulycafe.co.za, Mo/Di 6–21, Mi–Fr 6–2, Sa 8–2 Uhr, Gericht um 90 Rand

Bester Inder
17 Bukhara: Nordindische Küche, einer der besten Inder Südafrikas, alle Gewürze und Zutaten werden aus Indien importiert, die Soßen sind legendär, unbedingt reservieren und Butter Chicken probieren.

33 Church St., City, T 021 424 00 00, www.bukhara.com, tgl. 12–15, 18–23 Uhr, Hauptgericht 90–380 Rand

Funky-historisch
18 Café Mozart on Church: Vom extrem kreativen Madame Zingara aufgepeppter Klassiker in einem historischen Haus, wo günstige und ausgefallene Gerichte serviert werden. Tische im Freien mit Blick auf den Church-Street-Antikmarkt.

37 Church St., City, T 021 422 17 65, www.mozartonchurch.com, Mo–Sa 9–17 Uhr, Hauptgericht um 80 Rand

Tapas-Vielfalt
19 Fork: Kleine Tapas-Gerichte, mit jeweils vier Bissen auf dem Teller. Ideal zum Teilen, um möglichst viele verschiedene Geschmacksrichtungen zu probieren. Der frittierte Ziegenkäse ist genauso verführerisch wie die marokkanischen Fleischbällchen.

84 Long St., City, T 021 424 63 34, www.fork-restaurants.co.za, Mo–Sa 12–23 Uhr, Tapas 60–85 Rand

Cooles Interieur
20 Thirty Ate: Die Küche mixt geschickt europäische und afrikanische Einflüsse, mit Schwerpunkt auf den exzellenten Fleischsorten, die Südafrika zu bieten hat. Neben Steaks, die auf der Zunge zergehen, gibt es Meze, Calamari, Gourmetburger und dekadente Nachspeisen. Außerdem günstige Tagesgerichte.

The Grand Daddy, 38 Long St., City, T 021 424 72 47, www.granddaddy.co.za, Mo–Fr 6.30–22, Sa/So 7.30–22 Uhr, Pasta um 120 Rand, Hauptgericht um 200 Rand

Tapas in coolem Ambiente
21 La Parada: Im La Parada gibt sich Kapstadt spanisch. Es gibt Wein im Glas und in der Flasche sowie ein ausführliches Tapas-Menü. Köche bereiten die Happen frisch zu, von *patatas bravas* (Kartoffeln in atemberaubender Tomatensauce) bis zu mit Schinken oder Garnelen gefüllten Kroketten. Der spanische, direkt von der Keule geschnittene, luftgetrocknete Schinken ist legendär. Im Sommer ist die Front des Lokals zur belebten Bree Street hin offen. Man kann draußen in Sesseln, auf Ledersofas oder Barstühlen snacken. Je voller, desto mehr leiden Service und Freundlichkeit der Bedienungen.

56 Kapstadt

107 Bree St., City, T 021 426 03 30, www.laparada.co.za, tgl. 12–22 Uhr, Tapas um die 70 Rand

Cars & Coffee
22 Dapper: Hervorragende Frühstücke und leichte Lunches mit einer Kulisse, die das Herz jedes Oldtimer-Fans schneller schlagen lässt. Der Coffee Shop befindet sich in den gleichen Räumen wie der Klassiker-Händler Club 9 Showroom (www.club9.co.za).
Ecke Bree & Strand St., T 021 001 25 60, www.dappercoffeeco.co.za, Mo–Fr 7–17, Sa 8–15 Uhr, Hauptgericht um 40 Rand

Nicht nur Kaffeemaschine
23 House of Machines: Neben prima Kaffee, leckeren, kleinen Gerichten, Craft-Bieren, coolen Männerklamotten und Livemusik gibt es in dieser hippen Bar auch einen Custom-Motorrad-Shop, der durch eine Glaspartition vom Rest des Lokals getrennt ist. Prädikat cool.

84 Shortmarket St., T 021 426 14 00, www.thehouseofmachines.com, Facebook: The House of Machines, Mo–Fr 7–0, Sa 9–0 Uhr, Hauptgericht um 60 Rand

Im Parkhaus
24 House of H: In einem alten Parkhaus wurde dieses skurrile, fleischbetonte Restaurant eingerichtet. Das Bier wird aus der Vorderseite eines alten VW Bulli gezapft, das Fleisch auf offenem Feuer gegrillt und die Stühle, Tische und Bänke sind alle verschieden. Viel Trödel dekoriert die Location, die Böden sind so belassen, wie sie waren, d.h. die alten, teilweise verwitterten gelben Parkplatzmarkierungen sind noch überall zu sehen. Die Fleischqualität ist sehr gut. Dafür sorgt der heftig tätowierte Besitzer Heinrich, dem seine Portionen ganz offensichtlich selbst prima schmecken.
112 Loop St., T 076 699 61 46, www.houseofh.co.za, Mo–Sa 7–23 Uhr, Ribs 220 Rand, Burger & Beer 105 Rand

Burger-Meister
25 Gourmet Burger: Richtig cooles Interieur in kräftigem Rot, Weiß und Schwarz. Das ideale Ambiente für prima Burger, mit vielen verschiedenen Toppings, dazu ein traditioneller Milkshake.
98 Shortmarket St., City, T 021 424 60 99, www.gourmetburger.co.za, Mo–Sa 11.30–22.30 Uhr, Hauptgericht um 100 Rand

Günstiges Thai-Essen
26 Simply Asia: Im historischen Heritage Square untergebracht, mit Tischen im Freien. Leckeres und günstiges Thai-Essen mit allen Klassikern wie Ente, Hühnchen, Nudeln und viel Vegetarischem.
96 Shortmarket St., City, T 021 426 43 47, www.simplyasia.co.za, Mo–Fr 11–22, Sa/So 11.30–22 Uhr, Hauptgericht um 100 Rand

Kulinarische Afrikareise
27 The Africa Café: Das ethnisch-afrikanisch dekorierte Restaurant ist in einem restaurierten Häuserblock untergebracht

Im House of H wird das Bier aus einem alten VW Bulli gezapft.

und bietet ein reichhaltiges Menü mit 16 verschiedenen afrikanischen Gerichten vom gesamten Kontinent. Man kann zu einem Festpreis von dem, was einem besonders gut geschmeckt hat, so viel nachbestellen, wie man möchte.

108 Shortmarket St., Heritage Square, City, T 021 422 02 21, www.africacafe.co.za, Mo–Sa Gesundheitsfrühstück 9–16, Communal Feast (gemeinschaftliches Festmahl) 18–23 Uhr, Menü 280 Rand

Himmlisches Freiland-Hühnchen

28 Roast & Co: Hühnchen ist das einzige Hauptgericht in diesem attraktiven Restaurant. Es stammt aus Freilandhaltung in Elgin. Und ja, es ist mit Sicherheit das Beste der Stadt. Draußen sitzen Gäste in einem der schönsten Innenhöfe Kapstadts mit Blick auf den ältesten (noch immer tragenden) Weinstock der Stadt, der 1771 dort gepflanzt wurde. Im Restaurant-Innern ist das Ambiente cool-elegant, mit Naturholz, Backsteinwänden und Glas. Das Restaurant könnte so auch ohne Weiteres ein Trend-Esstempel in New York sein.

98 Shortmarket St., T 021 424 63 72, www.roastandco.co.za, Mo–Sa 12–0 Uhr, gegrilltes Freiland-Hühnchen 222 Rand, ½ 118 Rand, ¼ 68 Rand

Kaffee und Kuchen

29 Coffee at the Vine: Direkt neben dem ältesten Weinstock der Südhalbkugel in dem herrlichen Innenhof des Heritage Square Kaffee und frisch gebackene Kuchen genießen. Es gibt auch kleinere Gerichte, aber zum Frühstücken ist das kleine Cafe am besten. So klein, dass es nur draußen ein paar Tische gibt.

96 Shortmarket St., T 082 789 25 71, Facebook: Coffee at the Vine, Gericht um 40 Rand

Alkoholfrei

30 Biesmiellah: Kapmalaiisches Lokal mit vielen traditionellen Gerichten wie Breyani mit Huhn und Hammel sowie diversen Currys, kein Alkoholausschank.

2 Upper Wale St., Bo-Kaap, T 021 423 08 50, www.biesmiellah.co.za, Hauptgericht um 100 Rand

Favorit bei den Einheimischen

31 Sidewalk Café: Etwas außerhalb der City, am Hang, deshalb mit prima Aussicht auf die Stadt. Ausgefallenes Dekor und gutes Essen locken sehr viele Einheimische in dieses gemütliche Lokal. Es gibt leckere Gourmetburger, Risotto und prima Salate. Ideal auch für ein gutes Frühstück. Außerdem freies WLAN.

33 Derry St., Vredehoek, T 021 461 28 39, www.sidewalk.co.za, Mo–Sa 8–22.30, So 9–18 Uhr, Hauptgericht um 150 Rand

Südafrikas Top-Chefkoch

32 The Test Kitchen: Der britische Erfolgskoch Luke Dale-Roberts hat sich 2010 mit The Test Kitchen selbstständig gemacht. Seither kocht er, was er will – mit Erfolg. Seine Bude ist nicht nur auf Monate hinaus ausgebucht, sie wurde auch die letzten Jahre hinweg zum Restaurant des Jahres gewählt. In der Rangliste der weltbesten Restaurants liegt Test Kitchen derzeit in den Top 50, in Afrika auf Platz 2. Das Ambiente des Restaurants in der alten Keksfabrik in Woodstock ist alt-industriell und die Atmosphäre trotz Gourmetqualität des Essens und des Lokals relaxt. Man nimmt entweder an der Theke Platz und schaut den Köchen und ihm direkt zu oder an kleinen Tischen. Am besten so bald wie möglich vor Ihrer Ankunft in Kapstadt online reservieren, sonst haben Sie keine Chance auf einen Tisch.

Unit 104A, Old Biscuit Mill, 375 Albert Rd., Woodstock, T 021 447 23 37, www.thetestkitchen.co.za, Di–Sa 12.30 bis 14, 19–21.30 Uhr, Gourmetmenü mit 10 Gängen 1600 Rand, mit Weinpaarung 2250 Rand, mit Teepaarung 2000 Rand

Schwein gehabt

33 The Pot Luck Club & Gallery: Das Restaurant mit der besten nächtlichen Aus-

58 Kapstadt

sicht auf Tafelberg, City und die Tafelbucht. Der Glas-Stahl-Bau wurde direkt auf das Dach eines riesigen, alten Getreidesilos gesetzt, hoch über der Biscuit Mill, wo sich dieses weitere Lokal von Promikoch Luke Dale-Roberts befindet. Gäste gelangen mit einem gläsernen Aufzug nach oben. Der knusprige Schweinebauch mit Lukes XO-Dressing ist ein Gedicht, ebenso wie die Enten-Frühlingsrollen und die Gänseleber mit Champagnerchutney. Aber Vorsicht, nach ein paar kleinen Gerichten und ein bisschen Wein sind zu zweit schnell 800–900 Rand weg, was den Preis aber wert ist.

Old Biscuit Mill, 375 Albert Rd., Woodstock, T 021 447 08 04, www.thepotluckclub.co.za, Mo–Sa 12–14, 18–22 Uhr

Tolle Waterfront-Aussicht

34 Vista Marina: Idealer Stopp nach dem Aquariumbesuch, schöner Blick auf Victoria Jetty, von der Terrasse auf Tafelberg und Signal Hill. Mediterran inspirierte Küche in elegantem Ambiente.

Two Oceans Aquarium, 40 Dock Rd., T 021 814 45 10, www.vistamarina.co.za, tgl. 8–18 Uhr, Hauptgericht um 140 Rand

Local Hero

35 Reuben's at One & Only: Es ist zwar schon ein paar Jahre her, die Story wird aber immer noch gerne erzählt. 2011 verdrängte der in Franschhoek geborene farbige Reuben Riffel mit Tellerwäscher-Karriere und Erfolg Gordon Ramsays Flop-Restaurant ›Maze‹ aus dem One & Only Hotel. Seither brummt der Laden, dank kreativer, mit lokalen Zutaten zubereiteter Landküche. Im dreistöckigen Lokal ist es allerdings nicht sehr intim. Hierfür empfiehlt sich dann eher Reubens Stammrestaurant im Weinort Franschhoek.

One & Only Hotel, Dock Rd., T 021 431 58 88, www.reubens.co.za, www.oneandonlyresorts.com/one-and-only-cape-town-south-africa/cuisine, tgl. 12–15 Uhr Lunch, 18.30–23 Uhr Dinner, Hauptgericht 145–290 Rand

Bester Japaner im Land

36 Nobu at One & Only: Preisgekröntes, japanisches Restaurant, das zu den Eat Out Top Ten Südafrikas gehört. Die sehr umfangreiche Karte beinhaltet alles, was die japanische Küche international berühmt gemacht hat: Sashimi, Tempura, Teriyaki, Kushiyaki, auch Ceviche und Austern. Von der Zubereitungsart bis hin zu den Zutaten (Gemüse, Meeresfrüchte, Fleisch) suchen hier alles die Gäste aus. In Holzöfen wird z. B. leckerer Schweinebauch (pork belly) zubereitet. Das Essen bietet phänomenale Geschmackserlebnisse, sehr gute Weinauswahl. Einziger Nachteil: Das Ambiente ist, aufgrund der Größe über zwei Stockwerke, alles andere als gemütlich.

One & Only Hotel, Dock Rd., T 021 431 52 61, www.noburestaurants.com/capetown/home, www.oneandonlyresorts.com/one-and-only-cape-town-south-africa/cuisine, tgl. 18–22.30 Uhr, Hauptgericht 95–580 Rand (Wagyu-Beef 950 Rand), Menüs zwischen 1100 und 1900 Rand

Ableger in der Waterfront

37 Harbour House: Das berühmte Fischlokal in Kalk Bay (an der Kap-Halbinsel) hat ein Schwester-Restaurant in der Waterfront eröffnet. Lichtes, luftiges IKEA-Ambiente mit viel hellem Holz und Glas, wo der frische Fisch aus dem Hafenstädtchen auf den Tisch kommt, hier wie dort mit Blick auf das Geschehen im Hafen. Ideal für Sundowner-Cocktails vor dem Essen auf der Terrasse im ersten Stock. Super Sushi-Bar.

Quay 4, T 021 418 47 44/418 47 48, www.harbourhouse.co.za, tgl. 12–16, 18–22 Uhr, Hauptgericht um 160 Rand

Cool & schick

38 Balducci's Victoria Wharf: Coolschickes Restaurant mit Bar, sehr gute und freundliche Bedienungen, seit vielen Jahren ist das Essen von gleichbleibend hoher Qualität.

Shop 6162, T 021 421 60 02, 021 21 60 03, www.balduccis.co.za, tgl. 9–23 Uhr,

Pizza/Pasta ab 80 Rand, Burger ab 110 Rand, Hauptgericht um 180 Rand

Ältester Hafenpub
39 **Ferryman's Tavern:** Gut besuchter Pub, in dem frisch gebrautes Bier ausgeschenkt wird; gemütliche Atmosphäre mit vielen Holzbalken und Steinwänden über zwei Stockwerke. Ein echtes Original.
East Pier Rd., T 021 419 77 48, www.ferrymans.co.za, Facebook: Ferrymans Restaurant and Bar, tgl. 11–2 Uhr, Pubgerichte ab 70 Rand

Die afrikanische Seite der Stadt
Wer in der **Township** essen möchte, sollte das mit einer Township-Tour kombinieren, das ist sicherer und außerdem sind dann die meist traditionellen Gerichte im Preis enthalten. Für ein typisches Township-Essen empfehlen sich **Mzoli's** in Gugulethu (s. Tippkasten) und **Igugu Le Africa** in Khayelitsha (T 021 421 86 66). In Langa betreibt eine Kochschule das Restaurant **Eziko** (T 021 694 04 34, www.ezikorestaurant.co.za), in dem Jungköche ihr Talent beweisen.

Einkaufen

Afrika auf drei Etagen
1 **Pan African Market:** Kunsthandwerk aus ganz Afrika auf drei Etagen in einem historischen viktorianischen Haus; außerdem Essensstände und Musik süd- und westafrikanischer Interpreten.
76 Long St., City, T 082 747 23 08, Sommer Mo–Fr 8.30–17.30, Sa 8.30–15.30, Winter Mo–Fr 9–17, Sa 9–15.30 Uhr

Kunst aus Straußeneier-Schalen
2 **Avoova:** Zu den stilvollsten Südafrika-Souvenirs gehören die Kreationen von Avoova, die aus Straußeneier-Schalen gefertigt werden. Die kleinen Scherben werden zu versiegelten Mosaiken zusammengesetzt. Diese finden sich in Möbeln, Dekostücken, Modeschmuck und Alltags-

THE REAL TOWNSHIP EXPERIENCE

Bei **Mzoli's** dreht sich alles um Fleisch – in rohen Mengen – und das Grillen desselben auf acht großen Holzfeuern. Das Fleisch wird im Rohzustand in der ›Metzgerei‹ ausgesucht, auf Blechteller gehäuft und dann ›ge-braait‹. Dazu ein Bier im Freiluftlokal, wo meist Livebands spielen. Hier finden sich am Wochenende mehrere Hundert Menschen aller Hautfarben ein. Mzoli's wurde 2003 von Mzoli Ngcawuzele eröffnet. Er bekam damals als schwarzer Unternehmer einen zinslosen Kredit der Entwicklungsbank von Südafrika, in deren Bestrebung, Geschäfte von schwarzen Afrikanern zu unterstützen. Was mit Fleischverkauf in der Garage begann, ist heute eines der beliebtesten Lokale Kapstadts. Mzoli's: Shop 3, NY115, Gugulethu (Abfahrt Modderdam Rd. von der N 2 stadtauswärts, an der Klipfontein Rd. links abbiegen, die Bahngleise überqueren, an der Tankstelle auf der linken Seite vorbei, aber weiter auf der Klipfontein Rd., nach der Kreuzung in die zweite Straße links abbiegen, Mzoli's liegt dann gleich links), T 021 638 13 55, Facebook: Mzoli's Meat, Gugulethu, tgl. 9–18 Uhr, Hauptgericht etwa 70 Rand.

---

gegenständen wie Kerzenständern, Schalen und Tellern wieder.
97 Bree St., T 021 422 16 20, www.avoova.com, Mo–Fr 9–17, Sa 9–13 Uhr

Musik aus Afrika
3 **African Music Store:** Musik vom gesamten Schwarzen Kontinent, kleiner

Schönheit liegt ja bekanntlich im Auge des Betrachters. Auf dem Church Street Market findet man sowohl Kitsch als auch Kunst.

Laden, kompetente Verkäufer, natürlich ist Probehören möglich.
62 Lower Main Rd., Observatory, T 084 308 38 20, Facebook: The African Music Store Lite, Mo–Fr 10.30–17.30, Sa 10.30–17 Uhr

Das Größte
4 Canal Walk: Afrikas größtes Einkaufszentrum, direkt an der N 1.
Century Blvd., Century City, T 021 529 96 99, www.canalwalk.co.za, tgl. 9–21 Uhr

Shoppen in allen Facetten
In der **Long Street 9,** der längsten und ältesten Straße Kapstadts, findet sich eine vielseitige Fülle alter Läden mit Trödel, antiquarischen Büchern, alten Comics, Vintage-Klamotten und vielem mehr.

Shopping im Hafen
Kapstadts meistbesuchte Attraktion, das **Victoria Wharf Shopping Centre 18,** bietet Einkaufen und Vergnügen im restaurierten Hafenviertel. Tipp: stilvolles Kunsthandwerk bei Out of this World.
T 021 408 76 00, www.waterfront.co.za, Mo–Sa 9–21, So 10–21 Uhr

Feine Tropfen
5 Vaughan Johnson's Wine & Cigar Shop: Eine enorme Auswahl an Weinen, kenntnisreicher Service und zuverlässiger, weltweiter Versand. Vaughan gibt Besuchern auch gerne Tipps für den Weinland-Trip.
Dock Rd., Waterfront, T 021 419 21 21, www.vaughanjohnson.co.za, Mo–Sa 8.30–19, So 10–17 Uhr

Künstlerisch
6 Imagenius: Aufwendig dekorierter Laden mit ausgefallenen Geschenkideen, die allesamt von südafrikanischen Designern und Künstlern entworfen und hergestellt wurden.
Shop B7 Watershed, V&A Waterfront, T 060 962 28 70, Facebook: Imagenius Cape Town, tgl. 10–18 Uhr

Original südafrikanisch
7 Carrol Boyes Functional Art: Eine der bekanntesten südafrikanischen Künstlerinnen. Die funktionale, greifbare, handschmeichelnde Kunst, bestehend aus Bestecken, Vasen, Türgriffen, Seifenhaltern usw., gefertigt aus Zinn, Aluminium und Edelstahl, wird auch weltweit in exklusiven Shops angeboten. Die sinnlichen Kreationen gehören zu den schönsten Made-in-South-Africa-Souvenirs. Carrol Boyes hat im Lower Level des Victoria Wharf Shopping Centre einen eigenen Laden, weitere Shops finden sich in Cavendish, im Canal Walk sowie in Paarden Eiland.
Shop No 6180, V&A Waterfront, T 021 418 05 95, www.carrolboyes.com

Antik
8 Church Street Market: Die Antikläden der Straße offerieren Teile ihres Angebots auch unter freiem Himmel.

Zwischen Burg und Long St., City, Mo–Sa 8–16 Uhr

Schöner shoppen
Der Markt auf Kapstadts schönstem Platz – dem **Greenmarket Square ❿** – ist eine Institution: T-Shirts, Kleidung, Kunsthandwerk, Antikes.
City, Mo–Fr 8–17, Sa 8–14 Uhr

Wochenendmarkt
❾ **Neighbourgoods Market:** Eine historische, abbruchreife Keksfabrik wurde hier vor über zehn Jahren im trendigen Stadtteil Woodstock mit Restaurants und Geschäften stilvoll restauriert. Samstags findet ein Markt statt, der Organic Neighbour Goods Market, für Freunde guten Essens und Trinkens. In einer Art Markthalle sind dann Dutzende von Ständen mit allen Arten von kulinarischen, biologisch und natürlich hergestellten Genüssen aufgebaut.
Old Biscuit Mill, Woodstock, 373–375 Albert Rd., T 021 448 14 38, www.neighbourgoods market.co.za, Sa 9–15 Uhr

Mediale Kunst
❿ **Association for Visual Arts (AVA) Metropolitan Gallery:** Zeitgenössische südafrikanische Kunst aller Medien, weltweiter Versand der Kunstobjekte, nicht profitorientiert.
35 Church St., T 021 424 74 36, www.ava.co.za, Mo–Fr 10–17, Sa 10–13 Uhr

Pop Art & funky
⓫ **Worldart:** Pop Art und andere, coole zeitgenössische Kunst hängt in dieser Galerie in Kapstadts Antikmeile. Das Ambiente ist lebendig und jung.
54 Church St., T 021 423 30 75, www.worldart.co.za, Mo–Fr 10–17, Sa 10–13 Uhr

Naturstudien
⓬ **The Cape Gallery:** In einem schön restaurierten, historischen Haus untergebracht, spezialisiert auf Studien von Pflanzen, Tieren, vor allem Vögel von südafrikanischen Künstlern.
60 Church St., T 021 423 53 09, www.capegallery.co.za, Mo–Fr 9.30–17, Sa 10–14 Uhr

Bewegen

Über den Wolken
❶ **Hoch hinaus:** Mit einem Tandem-Gleitschirmflug vom Lion's Head oder Signal Hill aus Kapstadt aus der Vogelperspektive erleben (ab 1200 Rand).
Hi5 Tandem Paragliding, T 082 825 11 11, www.hi5paragliding.co.za
Para-Pax, T 082 881 47 24, www.parapax.com
Wallendair, T 021 762 24 41, www.wallendair.com

Luftige Höhen
❷ **Abseiling vom Tafelberg:** Aus adrenalinfördernder Höhe wird abgeseilt – inklusive eines unvergleichlichen Ausblicks. Abseiling oder Gipfelwanderungen.
Abseil Africa: 297 Long St., T 021 424 47 60, www.abseilafrica.co.za, 995 Rand

Schöne Aussichten
❸ **Tafelbucht-Trip:** Das Segelschiff Spirit of Victoria legt an der Waterfront ab; auch *sunset* und *champagne cruises* sind möglich.

EISLAUFEN

Attraktion im Olympiaformat für große und kleine Kinder ist die Eisbahn The Ice Station. Schlittschuhe können vor Ort ausgeliehen werden. Es finden auch regelmäßig Eisrevuen mit Kunsteisläufern aus aller Welt statt.
Ein aktueller Veranstaltungsplan findet sich auf der ausführlichen Website www.icerink.co.za.

TOUR
Sax in the City

Jazz-Tour durch die Mother City

Jazz ist in Südafrika mehr als eine Musikrichtung unter anderen. Er repräsentierte nach dem Ende des Zweiten Weltkriegs ein Stück urbaner Kultiviertheit – und war Ausdruck des Protestes gegen die Apartheid. Auf einer Tour durch Kapstadts Jazz-Szene lässt sich daher nicht nur hervorragende Musik, sondern auch viel Geschichte entdecken.

Infos zu Jazzkonzerten: In Top of the Times (Beilage der Cape Times), im Argus sowie im Magazin Cape etc. Im Internet: www.capetowntoday.co.za & www.capetownmagazine.com/jazz

Sonntag ist Jazz-Tag

Auch wenn es zunächst verwunderlich klingen mag: Kein Tag eignet sich besser für eine Jazz-Tour durch die Mother City als der Sonntag. Schon vormittags können Sie im Hotel **Winchester Mansions** in **Sea Point** mit einem Live-Jazz-Brunch starten, der bei schönem Wetter im lauschigen Innenhof stattfindet. Dort erwarten Sie nicht nur ein Glas Sekt und ein kostenloses Exemplar der Sonntagszeitung, sondern auch verschiedene Eiergerichte, Sushi und Nachspeisen am Büfett. Sollten Sie danach immer noch nicht genug (von Jazz und/oder Essen) haben, geht es weiter zum Lunch in das herrlich opulent dekorierte **Kloof Street House** mit seinem schönen Garten. Jeden Sonntag gibt es dort von 13 bis 15 Uhr Jazz live im Garten.

Erinnerung an den District Six

Der dritte und letzte Stopp unserer Tour liegt etwas außerhalb der Stadt. Im stilvollen **Hanover Street Jazz Club** im **Grand-West-Casino-Komplex** treten regelmäßig afrikanische Größen wie Jimmy Dludlu und Mama Kaap auf. Der Name des Clubs erinnert an die einstige Hano-

Live-Jazz unter freiem Himmel an der Waterfront

ver Street (heute Darling Street), die eine der bekanntesten Straßen im multikulturellen District Six war, der in der Zeit der Apartheid dem Erdboden gleichgemacht wurde. Die Verbindung zwischen Jazz und Apartheid kommt nicht von ungefähr: In den 1960er-Jahren fielen die neuen Klänge der schwarzen Musikbewegung aus Amerika in Südafrikas Townships auf fruchtbaren Boden, sie standen für eine schwarze amerikanische Kultur, die sich nicht nur in der Musik, sondern auch in Mode und Sprache widerspiegelte und als modern und erstrebenswert galt – im krassen Gegensatz zu dem Lifestyle, den die südafrikanische Regierung propagierte.

Jazz am Kap

Der Cape Jazz kombinierte amerikanische Traditionen mit lokalen Klängen, also mit den Einflüssen zugewanderter Bevölkerungsgruppen, der Kirchenchöre und Township-Bands. Einflüsse, die deutlich bei den international bekannten Interpreten **Abdullah Ibrahim** (sein ehemaliger Künstlername ist Dollar Brand), **Basil Coetsee** oder **Robbie Jansen** zu hören sind. Nach dem Ende der Apartheid waren es ausländische Musiker, allen voran Paul Simon, die auf Südafrikas Jazz-Talente aufmerksam machten. Seither expandiert die Kapstädter Jazz-Szene ständig. Exilanten kehrten zurück, internationale Stars reisen zu Auftritten an und das öffentliche Interesse an Jazz-Konzerten ist groß. »Breakfast Included«, »Straight and Narrow«, Dan Shout – wer gern Jazz hört, sollte im aktuellen Livemusik-Programm auf diese Namen achtgeben. Und wenn Jimmy Dludlu spielt – nicht lange überlegen, unbedingt sofort buchen!

Infos

Grand West Casino: 1 Vanguard Drive, Goodwood, T 021 505 77 77, www.grandwest.co.za

Kloof Street House: 30 Kloof St., City, T 021 423 44 13, www.kloofstreethouse.co.za

Winchester Mansions: 221 Beach Rd., Sea Point, T 021 434 23 51, www.winchester.co.za, Live-Jazz-Brunch So 11–14 Uhr, 345–395 Rand/Person

T 021 418 32 34, www.waterfrontadv.co.za/
gallery/spirit-of-victoria.html

Wassertaxi
④ **Canal Cruise:** Lernen Sie die Waterfront vom Roggebaai-Kanal aus im Taxiboot
kennen. Es gibt vier Stopps, an denen be-
liebig ein- und ausgestiegen werden darf:
One & Only Hotel, City Lodge, Harbour
Bridge und Cape Town International Convention Centre, wo sich auch eine Haltestelle des Cape-Town-Sightseeing-Busses
befindet. Bus und Taxiboot lassen sich gut
kombinieren.
City-Sightseeing-Kiosk, Dock Rd., T 0861 733
287, www.citysightseeing.co.za/cape-town/
products/cape-town-boat-cruises, Tickets ab
75 Rand sind online, direkt auf dem Boot oder
am Ticketkiosk vor dem Aquarium erhältlich

Rundflug über Kapstadt
⑤ **Heliport:** Von der Waterfront aus zur
Kap-Halbinsel oder ins Weinland.
Infos: Cape Town Tourism, T 021 408 76 00

Ab in den Canyon
Bei **Xtreme Adventures** kann man neben einigen anderen Abenteuersportarten
auch einen Kloofingtrip durch die **Suicide
Gorge** buchen.
www.extremescene.co.za

Afrikanisches Herz der Stadt
Organisierte Township-Touren am
besten im Kapstädter Tourismusbüro oder
über das Hotel/B&B, in dem übernachtet
wird, buchen. Auch direkt bei den folgenden Anbietern:
Cape Rainbow Tours, T 021 551 54 65,
www.caperainbow.com
Bonani Our Pride Tours, T 021 531 42 91,
www.bonanitours.co.za, Halbtagestour 3–4
Std. 490 Rand, ganztags mit Robben Island
690 Rand
Andulela, T 021 461 13 23, Mobil 083 305
25 99, www.andulela.com. Veranstaltet
ungewöhnliche Township-Touren, u. a. Gospel
Tours an Sonntagen (halber Tag etwa 875
Rand/Person)

DA TAUCHT WAS   **T**

Im sechs Meter tiefen Tank des
I&J Ocean Exhibit im **Two Oceans
Aquarium** tauchen nicht nur
Seeschildkröten, Rochen, schwarze
Muschelnacker mit menschenähnli-
chen Gesichtern, sondern auch Sie,
wenn Sie Lust haben. Angehörige
oder Freunde können Sie dann
von außen im Tank fotografieren.
Dieses Unterwasser-Abenteuer ist
in natürlicher Umgebung, also freier,
mariner Wildbahn nicht so wieder-
holbar. Voraussetzung ist eine PADI
Open Water Tauch-Qualifikation.
Wer noch nie vorher getaucht ist,
kann den eintägigen Scuba-Kurs
mit dem Divemaster Iain Robertson
buchen. Seine Tauchschule findet
sich seit über zehn Jahren im Aquarium. Dieser Kurs kostet 750 Rand,
der Abenteuer-Tauchgang selbst
870 Rand (mit Leihgerät).

Ausgehen

Wartezimmer
✹ **The Waiting Room:** Was ursprünglich als ›Wartezimmer‹ für das darunterlie-
gende Royale-Eatery-Restaurant gedacht
war, ist nun ein funkiger Club mit Blick auf
die Long Street. Di ist immer Livemusik
und Mi–Sa sorgen DJs für Stimmung.
273 Long St., T 021 422 45 36, Facebook:
The Waiting Room, Mo–Sa 17–2 Uhr (Sommer), Di–Sa 18–2 Uhr (Winter)

Guinness vom Fass
✹ **The Dubliner:** In dem typisch irischen
Pub, untergebracht in einem historischen
Haus, gibt es neben Guinness vom Fass
auch Pubgerichte und abends (Mo–Sa)
Livemusik. Laut und ab 22 Uhr immer gute
Stimmung.

251 Long St., City, T 021 424 12 12, www.dubliner.co.za

Club mit Aussicht
☼ **Cocoon:** Kann mit seinem eleganten Innendekor mit den besten Clubs der Welt konkurrieren und hebt sich schon deshalb deutlich von anderen Bars ab, da sie im 31. Stock liegt, mit grandioser 180-Grad-Aussicht über das nächtliche Kapstadt. Der 840 m² große Club wurde 2017 für mehr als 10 Mio. Rand renoviert.
31. Stock, ABSA Centre, 2 Riebeeck St., City, T 021 421 05 81, www.cocooncapetown.com, Fr–Sa 22 Uhr bis spät

Kapstadt im Kleinen
☼ **Grand West Casino:** Die Kasinogebäude sind Kopien berühmter historischer Gebäude Kapstadts wie des Postamts, der Bahnhofsstation, der Tivoli Music Hall und des berühmten Grand Hotel, das einst in der Adderley Street stand und in dem sich Gäste stilvoll aufs Ohr legen können. Die Grand-West-Interpretation sieht allerdings nur von außen aus wie das abgerissene, historische Hotel. Neben Blackjack und Einarmigen Banditen gibt es viel Show- und Musikentertainment im Roxy und Hanover Street Night Club. Der Restaurantkomplex mit ständigem Dämmerhimmel ist im Stil eines alten Kapstädter Viertels The District genannt.
1 Vanguard Drive, Goodwood, T 021 505 77 77, www.grandwest.co.za

Bigger is better
☼ **Club Fever:** Dieser Club ist der größte der Stadt und fasst bis zu 1500 Leute. Er besitzt drei Bars und vier VIP-Zonen, dazu noch ein Restaurant. Hightech-Lichteffekte und Killer-Sound-System. Hier spielen die besten DJs der Stadt. Die Bühne verfügt über diverse Plasma-Screens und Riesenbildschirme. Da die Gegend ein bisschen abgelegen ist, empfiehlt es sich, hin und zurück ein Taxi zu nehmen.
Ecke Castor/Pollux Rd., Lansdowne, T 083 593 17 11, Facebook: Club Fever, Mi, Fr–Sa 21–4 Uhr

Angesagt
☼ **Shimmy Beach Club and Restaurant:** Cooler geht es kaum, allein der transparente Pool ist einen Besuch wert. Hier trifft sich das trendige Kapstadt zum Essen und Cocktailtrinken, zum im-Liegestuhl-Liegen und die-Füße-in-den-Sand-Stecken. Tolle Konzerte, s. Website.
12 South Arm Rd., V&A Waterfront, T 021 200 77 78, www.shimmybeachclub.com, tgl. 11–2, Küche 11–16, 18–3 Uhr, rollstuhlfreundlich

Feiern

• **Cape Minstrel Carnival (auch Coon Carnival genannt):** ca. 3 Wochen ab 2. Januar, Tweedenuwejaar. Tausende von Coloureds ziehen an Karneval in ihren farbenprächtigen Satinkostümen singend und tanzend durch die Straßen zum Stadion von Green Point,

Lassen Sie sich mitreißen vom chaotischen Coon Carnival!

wo ein großer Sängerwettbewerb stattfindet (www.capetown-minstrels.co.za).
- **Cape Town Cycle Tour:** Anfang bis Mitte März. Eine Woche nach der Fahrradmesse Lifecycle Week in der Waterfront folgt das größte Radrennen der Welt, die Cape Argus Pick n Pay Momentum Cycle Tour (www.capetowncycletour.com).
- **Two Oceans Marathon:** Kapstadts berühmter Oster-Marathon, wo es 56 km rund um die Kap-Halbinsel geht (www.twooceansmarathon.org.za).
- **Nedbank Summer Concerts:** Nov.–Feb., immer sonntags, an der Josephine Mill in Newslands. Die dargebotenen Musikrichtungen sind unterschiedlich: Klassik, Jazz, Folk, Swing und Chormusik.
- **Cape Town Festival:** Mitte/Ende März, »One City, Many Cultures« – Veranstaltungsorte in City, Vororten und Townships (www.capetownfestival.co.za).
- **MCQP Mother City Queer Project:** Großes Schwulenfestival mit spektakulärer Parade in der City (www.mcqp.co.za).
- **Encounters – South African International Documentary:** Film Festival, Dokumentarfilme mit afrikanischem Fokus. NuMetro Cinema, V&A Waterfront, T 021 465 46 86, www.encounters.co.za

---

Infos

- **Cape Town Tourism:** Touristeninformation, die Unterkünfte und Mietwagen reservieren kann und Infos über Stadt und Umgebung bereithält, Internetcafé, Souvenirshop, Buchungen für Nationalparks. City Centre Visitor Centre, The Pinnacle, Ecke Burg/Castle St., T 086 132 22 23, www.capetown.travel, im Sommer (Okt.–März) Mo–Fr 8–18, Sa 8.30–14, So 9–13 Uhr, im Winter (April–Sept.) Mo–Fr 8–17.30, Sa 8.30–13, So 9–13 Uhr

- **Anfahrt und Herumkommen:** Um von Kapstadt in andere größere Städte des Landes zu gelangen, empfiehlt sich als Verkehrsmittel das Flugzeug. Günstiger, dafür deutlich langsamer, sind die komfortablen Überlandbusse und Züge (nur erste Klasse empfehlenswert). In Kapstadt kann man auf das neue Busnetz von MyCiti (www.myciti.org.za) zurückgreifen; Fahrten mit der Bahn sind hingegen nicht zu empfehlen, da das Überfallrisiko zu hoch ist. Bei den recht günstigen Mietwagentarifen empfiehlt es sich, ein Auto zu mieten.

- **Township Informationszentrum:** Viele Informationen und eine Fülle an Township-Kunsthandwerk. Sivuyile Tourism Centre, Gugulethu, Ecke NY 1 und NY 4, T 021 637 84 49

S

BESONDERE STADTRUNDFAHRTEN

Die informative, zweistündige Stadtrundfahrt mit **City Sightseeing Cape Town** (Tickets ab 180 Rand bei Online-Buchung unter www.citysightseeing.co.za, T 021 511 60 00) bietet einen guten ersten Überblick über das, was es in Kapstadt zu sehen und zu unternehmen gibt. Gefahren wird in doppelstöckigen, oben offenen Bussen. Man kann die Tour am Stück fahren oder an den einzelnen Stationen (Waterfront, Clock Tower, Cape Town Tourism, Iziko S. A. Museum, Castle, Gold Museum, Jewel Africa, Cableway, Camps Bay, Sea Point) aussteigen und später weiterfahren. Die Stadtrundfahrt kann auch telefonisch gebucht werden. Neben der roten gibt es auch die blaue Route (je 17 Stopps), die in die Vororte und die Kap-Halbinsel entlang bis Hout Bay führt.

Rikkis unterhält u.a. eine Flotte von geräumigen Original-London-Taxis, die telefonisch gebucht werden können. (T 086 174 55 47, www.rikkis.co.za)

Zugabe
The Lost Highway

Perfekte Filmkulisse

Mitten in Kapstadt steht seit den 1970er-Jahren eine Überführung, die im Nichts endet: die Foreshore Freeway Bridge. Das Mahnmal für Misswirtschaft ist ein sehr beliebtes, internationales Film- und Fotomotiv. Etliche Fahrzeuge sind nach Hollywood-typischen Autojagden hier bereits fotogen in die Tiefe gestürzt und – natürlich – explodiert. Das bei Retrorentals (www.retrorentals.co.za) gemietete Mercedes SL-Cabrio zum Glück nicht. ∎

Kap-Halbinsel

Südafrikas schönster Tagestrip — auf der Kaprunde, zwischen False Bay und Atlantik, gibt es Wildlife pur: Pinguine, Paviane, Wale und Weiße Haie. Höhepunkt ist die spektakuläre Küstenstraße Chapman's Peak Drive.

Seite 73
Kirstenbosch Botanical Gardens

Der botanische Garten von Kapstadt gehört mit Recht zu den schönsten der Welt. Und die sommerlichen Picknick-Konzerte sind ein Muss.

Seite 75
Fischessen in der Gischt

Aussichtsreicher lassen sich Meeresfrüchte wohl nirgendwo auf der Kap-Halbinsel genießen. Die Brandung spritzt direkt gegen die riesigen Glasfenster des Live-Bait-Restaurants in Kalk Bay.

Essen Kap-Paviane Meeresfrüchte am Strand?

Eintauchen

Seite 81
Boulders Beach ✪

Hier lebt eine Festlandkolonie von Brillenpinguinen, die von Holzstegen aus nächster Nähe beobachtet und – am besten frühmorgens – fotografiert werden können. Das Reservat gehört zum Table Mountain National Park.

Seite 84
Schwimmen am Kap

Auf dem Weg zum Cape Point bieten sich die relativ angenehm temperierten Gezeitenpools in Bordjiesdrif und Buffels Bay zu einem erfrischenden Bad an.

Seite 86
Cape Point und Kap der Guten Hoffnung

Das sagenumwobene Kap gehört einfach zu einem Kapstadt-Besuch dazu. Folgen Sie auch den wunderbaren, weniger besuchten Nebenstrecken im Park – sie führen zu einsamen Gezeitenpools, in denen es sich brandungsgeschützt und menschlicher temperiert baden lässt, sowie zu einigen schönen Wanderwegen. Foto am berühmten Kap-Schild nicht vergessen!

Seite 90
Cab of Good Hope

Mit dem Autor dieses Buches in seinem Original New York Checkertaxi, dem einzigen in Afrika, um die Kap-Halbinsel, zu Pinguinen und Pavianen, wahlweise mit Weinprobe oder Austern-Schlürfen.

Seite 96
Yatis Kap-Hits

Nkosiyati ›Yati‹ Khumalo, der Chefredakteur von GQ South Africa, verrät im persönlichen Gespräch seine Lieblings-Locations und was man darüber hinaus am Kap auf keinen Fall verpassen sollte.

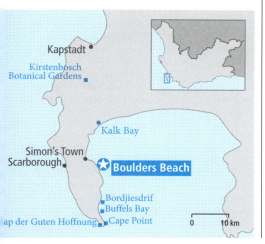

Südafrikas bester Koch, Luke Dale-Roberts, serviert seine Köstlichkeiten bei bester Aussicht. *(Seite 94)*

Affengeil: Die Paviane am Kap mopsen unachtsamen Besuchern nicht nur deren Sandwiches, sie öffnen mittlerweile auch unverschlossene Autotüren. Wann klaut einer der Primaten den ersten Mietwagen?

Schöne Aussichten rund ums Kap

Auf dem Weg zum berühmt-berüchtigten Kap der Guten Hoffnung gibt es einiges zu sehen und zu erleben. Erster Halt sind definitiv die **Kirstenbosch Botanical Gardens**, die zu den schönsten botanischen Gärten der Welt gehören. Entweder gemütlich durch die verschiedenen Vegetationszonen bummeln oder schweißtreibend die **Skeleton Gorge** (Skelettschlucht) zum Tafelberg hochkraxeln.

Erfrischender wird es dann in **Muizenberg**, an der False Bay, einem der beliebtesten Surferstrände Kapstadts. Hier ritt einst die berühmte Krimiautorin Agatha Christie die Wellen. Im pittoresken Hafenstädtchen **Kalk Bay** ankern nicht nur fotogen-bunte Boote, es gibt auch einige prima Fischrestaurants, direkt dort wo die Wellen auf die Felsen branden. Und Wühlmäuse kommen in diversen Trödelläden auf ihre Kosten.

Die sehr englisch wirkende, historische Marinestadt **Simon's Town** ist ebenso sehenswert wie die Pinguin-Festlandkolonie am Boulders Beach.

Jenseits von Simon's Town ist die Strecke dann so holprig und eng wie früher überall an der Kap-Halbinsel. Von **Smitwinkels Bay,** einem nur über einen steilen Fußpfad nach unten erreichbaren, kleinen Ort, ist es nicht mehr weit bis zum Eingang zum **Cape of Good Hope Nature Reserve** auf der linken Seite. Meistbesuchte Highlights im Park sind Cape Point und das Kap selbst mit dem meistfotografierten Schild Südafrikas.

Nach dem Kap der Guten Hoffnung folgt auf der wilderen Atlantikseite der permanent von Steinschlag gefährdete, 1922 eröffnete **Chapman's Peak Drive**, eine der spektakulärsten Küstenstraßen der Welt. Er verbindet **Noordhoek** mit **Hout Bay** über Dutzende von atemberaubenden Kurven. Einheimische nennen ihn liebevoll ›Chappies‹.

Den Abschluss der Kap-Runde bilden die Strandorte **Hout Bay, Camps Bay** und **Clifton** – allesamt ideale Sundowner-Locations.

> **ORIENTIERUNG**
>
> **Infos:** Ein Großteil der Kap-Halbinsel gehört zum Table Mountain National Park. Alle Infos finden sich auf der hervorragend gemachten Website der Nationalparkbehörde: www.sanparks.org.
> **Ankommen:** Die Fahrt in das Cape of Good Hope Nature Reserve ist mit dem eigenen Auto möglich. Eintritt: 303/152 Rand Erw./Kinder.

Von Kapstadt an die False Bay

♀ Karte 2, B 2–4

Am Anfang der Tour kommen die Botaniker unter den Reisenden voll auf ihre Kosten. Die **Kirstenbosch Botanical Gardens** wurden 1913 an den Südosthängen des Tafelbergs angelegt. Überragt vom mächtigen Castle Rock wachsen hier nahezu 6000 einheimische Pflanzen des südlichen Afrikas, vom riesigen *yellowwood tree* bis zu den kleinen Frühlingsblumen des Namaqualandes. Der 528 ha große Garten wird ausgiebig zur Umwelterziehung genutzt, und vormittags sind meist Gruppen von Schulkindern anzutreffen. Ein Gebiet von 36 ha ist mit Fußpfaden durchzogen, die zwischen Rasenflächen, Erika- und Proteen-Beeten verlaufen. Ein Teil der Bittermandelhecke, die der erste Kap-Gouverneur Jan van Riebeeck 1660 gepflanzt hatte, um die Kap-Kolonie vor angreifenden Buschmännern zu schützen, steht heute noch. Im Souvenirshop können Pflanzen für den heimischen Garten gekauft werden.

Eine Attraktion ist der **Centenary Tree Canopy Walk,** auch *The Boomslang* (Die Baumschlange) genannt, der 2014 zum 100. Geburtstag des Botanischen Gartens gebaut wurde. Eine 130 m lange Stahl- und Holzbrücke führt vom Waldboden durch die Bäume und deren Wipfel nach oben. Die 360-Grad-Aussichten auf die umliegenden Berge, den Garten und die Cape Flats ist grandios. Der Skyway verschwindet praktisch in den Bäumen, hat also einen kaum spürbaren Effekt auf die Umwelt. Er ist rollstuhlfreundlich und kostenfrei.

Rhodes Drive, T 021 799 88 99, www.sanbi. org/gardens/kirstenbosch, Facebook: Kirstenbosch National Botanical Garden, April–Aug. tgl. 8–18, Sept.–März tgl. 8–19 Uhr, 65 Rand, unter 6 Jahre Eintritt frei; Sunset Concerts, Dez.–April So ab 17.30 Uhr, s. Lieblingsort S. 73

Um das hundertjährige Bestehen der Botanical Gardens zu zelebrieren, wurde dort 2014 ein spektakulärer Baumwipfel-Wandersteg errichtet.

»Two Oceans« ist Quatsch

Seit der Landung der ersten holländischen Schiffe in der Tafelbucht kam es immer wieder vor allem im dichten Nebel zu Fehlnavigationen. Seefahrer verloren die Orientierung und dachten, sie wären bereits angekommen; die riesige Bucht war allerdings die falsche, daher der Name **False Bay**. Im Vergleich zu den Atlantikstränden auf der Westseite der Kap-Halbinsel ist hier das Meer immer ein paar Grad wärmer. Viele Besucher glauben, das liege daran, dass auf der Ostseite der Indische Ozean auf den Sand brandet, was allerdings nicht stimmt: Atlantischer und Indischer Ozean treffen nicht am Kap der Guten Hoffnung, sondern erst etwa 300 km weiter südöstlich am Cape Agulhas, Afrikas südlichstem Punkt, aufeinander. Trotzdem wird der Begriff Two Oceans oft auf der Kap-Halbinsel gebraucht. Es klingt einfach so gut.

Muizenberg ist der erste Strandort der False Bay. Das bereits um die Wende zum 20. Jh. populäre Seebad Muizenberg, in dem einst Südafrikas Geldadel, von Rhodes bis Oppenheimer, fürstlich residierte, war ein bisschen heruntergekommen, da und dort bröckelte der Putz. Nachdem der Ort jahrelang im Schatten der Atlantikküste lag, wurden und werden die alten Häuser der Art déco und Edwardischen Beachfront nun nach und nach restauriert. Die bunten, viktorianischen Umkleidekabinen am Strand aus dem 19. Jh. sind leider immer für die gesamte Saison vermietet, können also nicht tageweise genutzt werden.

Bei den Einheimischen wird der Vorort liebevoll ›Muizies‹ genannt. Kapstädter neigen dazu, lange Namen abzukürzen. Der Stadtteil Observatory wird da zu ›Obs‹, Gugulethu zu ›Gugs‹ und der edle Rotwein Cabernet Sauvignon wenig respektvoll zu ›Cab‹.

Hier surfte Agatha Christie

Der Ort begann mit einem kleinen, weiß verputzten Cottage. 1742 errichtete die Holländisch-Ostindische Kompanie hier ein Zollhaus, um die lokalen Farmer abzukassieren, die ihre Produkte an die Besatzungen der anlegenden Schiffe verkaufen wollten. Einer der ersten Offiziellen war ein Sergeant Muys, daher der

---

ACHTUNG: HAI-SOCIETY

Die False Bay ist ein beliebter Aufenthaltsort für Weiße Haie. Grund ist die kleine Robbeninsel in der Bucht, wo sich deren Leibspeise in großer Zahl tummelt. Weil paddelnde Surfer von unten aussehen wie verletzt zappelnde Kap-Pelzrobben, kommt es immer wieder zu Angriffen – manche enden tödlich. Deshalb gibt es offizielle Hai-Beobachter entlang der False Bay. Gesponsert vom World Wild Life Fund (WWF) und ausgestattet mit polarisierten Sonnenbrillen, Ferngläsern und Funkgeräten, suchen sie das Wasser nach den Räubern der Meere ab. Ein Spotter sitzt oben am Boyes Drive, hoch über der Küste, der andere unten am Strand. Sobald sie etwas sehen, wird eine Sirene angeschaltet. Ein Flaggensystem dient als zusätzliche Warnung:
Schwarze Flagge: schlechte Sicht; kein Hai zu sehen.
Grüne Flagge: gute Sicht; kein Hai zu sehen.
Rote Flagge: Ein Hai wurde in der Gegend gesehen, ist aber wieder verschwunden, Vorsicht ist angeraten.
Weiße Flagge mit einer schwarzen Hai-Silhouette: Hai in Sicht; sofort raus aus dem Wasser!
In der Saison werden so Dutzende von Haien gesichtet und rechtzeitig gemeldet – das System funktioniert.

Lieblingsort

Rock & Klassik auf dem Rasen

In den **Kirstenbosch Botanical Gardens** (♥ Karte 2, B 2) kann ich mich immer gut entspannen, doch auf die sonntäglichen Konzerte dort freue ich mich jedes Jahr wieder ganz besonders. Mit weinseligem Picknick auf der grünen Hangwiese sitzen und der Musik vor der Tafelbergkulisse zu lauschen ist ein Traum. Manchmal spielt bei den Sunset Concerts (Nov./Dez.–April) das Cape Town Symphony Orchestra, ein andermal Bryan Adams oder eine angesagte lokale Band. Die Konzerte beginnen um 17.30 Uhr (Einlass 16 Uhr, Tickets je nach Konzert 120–200, 6–18/21 Jahre 100–160 Rand). An den Wochenenden vor Weihnachten erklingen die »Carols by Candlelight«: Am Eingang erhalten die Besucher dann eine Kerze. Wenn es dunkel wird, werden diese angezündet und Hunderte von Menschen singen zusammen Weihnachtslieder.
Rhodes Drive, Newlands, T 021 799 88 99, Information Office: T 021 799 87 83 (werktags), aktuelles Programm unter ›Events‹ auf www.sanbi.org, Tickets am Eingang oder online unter www.webtickets.co.za.

Auch unter ›Edwardian Beach Houses‹ bekannt: die bunten Holz-Badehäuschen von Muizenberg

Name Muis Zijn Bergh, ›dem Muis sein Berg‹. Noch heute ist der Beach Surfzentrum. Zu viktorianischen Zeiten ritten hier Krimi-Autorin Agatha Christie und der irische Dramatiker George Bernard Shaw die Wellen.

Jaws – der Weiße Hai
Da in der False Bay Mini-U-Boot-große Weiße Haie leben, checken Shark Spotter hoch oben am **Boyes Drive**, der von Muizenberg pittoresk am Berg nach Kalk Bay führt, das klare Wasser. Sehen sie die charakteristischen Schatten in Strandnähe, lösen sie eine Sirene aus und entsprechende Warnflaggen werden am Beach gehisst. Nichtsurfer sagen, dass Surfen in Muizenberg nur noch mit Skateboard-Fahren im Krüger Park vergleichbar ist. Die Haie haben es allerdings nicht bewusst auf Menschen abgesehen. Von unten sieht das Board eines Surfers für einen Hai aus wie eine Robbe, und wenn der Reiter auch noch paddelt, ähnelt das einer verletzten Robbe und der Hai attackiert – mit meist fatalen Folgen.

Hippos am Kap
Nordöstlich von Muizenberg liegt das **Rondevlei Nature Reserve,** wo die einzigen Flusspferde der Kap-Halbinsel leben. Dort lassen sich von speziellen Hütten aus auch Wasservögel beobachten.

Der Badeort **St. James** ist ebenfalls bekannt für bunte, viktorianische Holz-Umkleidekabinen. Ein Gezeitenpool lädt zum sicheren Baden ein.

Berühmt für seine Antik- und Trödelläden ist der historische Ort **Kalk Bay,** hier kann man stundenlang stöbern. Auch der kleine Hafen ist einen Besuch wert, besonders dann, wenn die Fischer ihren Fang direkt am Kai verkaufen.

Die Alternative zur Küstenstraße M4 ist der **Boyes Drive** an den Hängen der Muizenberg- und Kalk-Bay-Berge, der fantastische Blicke auf die False Bay bietet. Die Strecke beginnt kurz vor Muizenberg und endet in Kalk Bay. Der nächste Ort an der False Bay ist **Fish Hoek.**

Essen

Leckere Ribs
Tigers Milk: Relaxtes Lokal mit cooler Einrichtung, wie z. B. einem Motorrad an der Wand, und Blick auf den Surfstrand von Muizenberg. Das Lokal gehört den gleichen Besitzern wie La Parada und Harbour House, was gutes Essen garantiert. Die Ribs sind allein schon einen Besuch wert.
Muizenberg, Ecke Beach & Sidmouth Rd., T 021 788 18 69, www.tigersmilk.co.za/muizenberg, Hauptgericht um 100 Rand

Relaxte Surfer-Atmosphäre
Live Bait: Schwester-Restaurant zum Live Bait in Kalk Bay, wo Essen und Service allerdings besser sind als hier. Dafür

ist das marine Interieur sehr gut gelungen und die Aussicht auf den Beach genial. Muizenberg, 70 Beach Rd., T 021 788 27 05, www.livebait.co.za, Hauptgericht 100–150 Rand

Seafood mit Aussicht

Harbour House Restaurant: Fangfrischer Fisch, am Meer serviert – im Restaurant hat man fast das Gefühl, mitten in den Wellen zu speisen. Schwester-Restaurants in der Waterfront und am Constantia Nek, wobei Letzteres aufgrund seiner Entfernung zum Meer im November 2018 in »The Restaurant @ the Nek« umgetauft wurde. Beim Fischessen am Kap muss man einfach aufs Meer oder einen Hafen gucken können. Kalk Bay Harbour, hinter Main Rd., Kalk Bay, T 021 788 41 36, www.harbourhouse.co.za, tgl. 12–16, 18–22 Uhr, Hauptgericht um 180 Rand

Lässig

Live Bait: Die günstigere und weniger vornehme Fischrestaurant-Alternative zum Harbour House im Hafen von Kalk Bay. Vor allem im Winter, wenn die Gischt heftig gegen die großen Scheiben spritzt. Kalk Bay Harbour, Kalk Bay, T 021 788 57 55, www.livebait.co.za, tgl. Lunch, Dinner (12–22 Uhr), Hauptgericht um 130 Rand

Relaxt

The Brass Bell: Schmackhaftes Seafood und tolle Aussicht auf die False Bay in einem lockeren Ambiente. Kalk Bay Station, Main Rd., Kalk Bay, T 021 788 54 55, www.brassbell.co.za, Hauptgericht um 150 Rand

Alternativ

Olympia Café & Deli: Nettes alternatives Restaurant mit leckeren, frischen Backwaren, sehr gutem Cappuccino, importierter Pasta; schöner Blick auf den Hafen von Kalk Bay. 134 Main Rd., Kalk Bay, T 021 788 63 96, tgl. 7–21 Uhr, Hauptgericht um 90 Rand

Einkaufen

Porzellanladen

The Whatnot: Unglaublich große Auswahl an altem Porzellangeschirr. Vorsicht: Im Laden ist es sehr eng, und Sie wollen bestimmt nicht zum Elefanten werden. 70 Main Rd., Kalk Bay, T 021 788 18 23, Sommer tgl. 9.30–17.30, Winter tgl. 9.45–17 Uhr

Für Bibliophile

Quagga Art & Books: Wertvolle, alte Bücher, darunter einige exzellente Afrikana-Bände, einschließlich alter Karten und Fotografien. Ein Paradies für Bücherwürmer. 84 Main Rd., Kalk Bay, T 021 788 27 52, Mo–Sa 9.30–1, So 10–17 Uhr

Trödelladen

Kalk Bay Trading Post: Der typische Trödelladen, in dem es von Spielzeugautos bis Schellackplatten alles gibt, befindet sich im ehemaligen Postamt. 71 Main Rd., Kalk Bay, T 021 788 95 71, tgl. 9.30–17.30 Uhr

Kunsthandwerk

Cape to Cairo: Für neuwertiges, aber geschmackvolles Kunsthandwerk sollte man hier vorbeischauen. 100 Main Rd., Kalk Bay, T 021 788 45 71, Winter tgl. 9.30–17, Sommer bis 17.30 Uhr

Bewegen

Surfspaß

Gary's Surf School: Der Strand von Muizenberg ist wegen der warmen Wassertemperaturen und der idealen Wellen ein absolutes Surfermekka. Einer der ältesten Hasen vor Ort ist Gary, bei dem auch Anfänger sehr gut aufgehoben sind. Sein Laden und die Surfschule befinden sich natürlich direkt am Strand. 34 Beach Rd., Muizenberg, T 021 788 98 39, www.garysurf.com

TOUR
Oben ohne wird das ein sinnlicher Trip

Mit der Cobra ums Kap

Infos

📍 Karte 2, A/B 2–6

Startpunkt: in Kapstadts City

Dauer: mindestens einen halben, besser einen ganzen Tag

Bekleidung: Da Sie oben ohne unterwegs sind, Kappe oder Beanie nicht vergessen. Und Sonnenschutz für die exponierten Hautregionen.

Achtung: Kein Essen in der Cobra lassen, sonst attackieren die Paviane.

Kosten: Miete/Tag ab 2850 Rand

Kontakt: Ross & Renee, T 083 321 91 93, www.cape cobrahire.com, oder David, T 083 376 03 76, www.cobraexpe rience.co.za

Besser eine Schlange als Auto als mit dem Auto in der Schlange. Mieten Sie doch eine in Kapstadt hergestellte Cobra und donnern Sie oben ohne um die Kap-Halbinsel.

Ungedämpft über Kopfsteinpflaster

Es brabbelt, grunzt und ballert aus den dicken, verchromten Sidepipes, dass es eine wahre Freude ist. Wellness für die Ohren von Menschen mit Benzin im Blut. Offen, ungedämpft und ganz nah an der Straße. Die ist momentan kopfsteingepflastert und so steil, als wäre sie irgendwo in San Francisco. Aber das hier ist Kapstadts ältestes Viertel, **Bo-Kaap,** die Oberstadt.

Kaum zu glauben, dass sich nur ein paar Minuten von hier, am In-Strand Camps Bay, Supermodels sonnen. In Bo-Kaap leben hauptsächlich Moslems, seit dem 18. Jh., Frauen sind oft verschleiert und die Männer tragen lange wallende Gewänder, wenn sie aus einer der kleinen Moscheen kommen. Beschauliche Szenen wie in Nordafrika – abgesehen von der Cobra, deren V8-Sound von den alten Hausmauern widerhallt.

Traumstraße mitten in der City

Ich spüre es, die heiser fauchende Cobra wird ungeduldig, sie will raus aus dem urbanen Umfeld, rüttelt und schüttelt sich im Leerlauf. Zum Glück ist Kapstadt eine der wenigen Millionen-Metropolen der Welt, die in einem Nationalpark liegt. Daher beginnt die erste Traumstraße direkt in der Stadt. Zunächst durch die **Long Street,** die älteste Straße der Stadt, wo nachts in den vielen Bars und Clubs der Bär los ist. Dann die steile **Kloofnek Road** nach oben, rechts ab und am Parkplatz zum **Lion's Head** vorbei. Hier gibt es

keine Häuser mehr, dafür wunderbare, einheimische Fynbos-Vegetation und eine fantastische Aussicht auf den gegenüberliegenden Tafelberg und die Stadt zu seinen Füßen.

Durch einige herrliche Kurven auf griffigem Asphalt, wo sich die Cobra erstmals ein bisschen freiblasen kann, geht es zum Parkplatz auf der anderen Seite, mit weiteren, großartigen Vistas: diesmal auf Hafen, Waterfront, das Cape Town Stadium, die Tafelbucht und Robben Island.

Ab ans Kap
Durch die südlichen Vororte **Woodstock**, **Rondebosch** und **Wynberg** schlängelt sich die Cobra Richtung Süden. Im viktorianischen Strandbad **Muizenberg,** wo um 1900 bereits Agatha Christie über die Wellen geritten ist, finden sich täglich Dutzende von Surfern ein. **Kalk Bay** ist ein Fischerhafen wie aus dem Bilderbuch, wo sich mit **Live Bait** (nomen est omen = Lebend-Köder) eines von mehreren prima Seafood-Restaurants befindet. Im Ort selber gibt es etliche Antik- und Trödelläden zum Shoppen und Stöbern. Und einen Eisladen, der herrliche selbstgemachte Icecream verkauft.

Simon's Town wirkt mit seinen historischen Häusern wie ein englisches Seebad im Süden der britischen Insel, einschließlich authentischer Fish & Chips. Am **Boulders Beach** haben Pinguine vor ein paar Jahren eine Kolonie gegründet, die nun Teil des Table Mountain National Park ist. Besucher können die watschelnden, flugunfähigen Halbmeter von Holzstegen aus beobachten und fotografieren.

Affengeil

Noch interessanter als die Pinguine sind die Paviane. Einige Clans leben frei auf der Kap-Halbinsel. Sie sind intelligent und lernfähig, geben ihre Fertigkeiten auch an ihre Kids weiter. Sie haben mittlerweile keine Probleme mehr damit, eine Autotür zu öffnen, um dann das Innere bei der Nahrungssuche zu verwüsten. Also Türen verschließen und Fenster zu. Im Falle der Obenohne-Cobra hilft nur kräftiges Gasgeben.

Hinter Simon's Town wird die Strecke enger und kurviger – ideales Cobra-Territorium. Links das Meer, vorne der brüllende V8 und darüber der blaue Himmel – Kapriolen vom Feinsten. Im **Cape of Good Hope Nature Reserve** darf dann das berühmte Bild mit dem Schild am Kap der Guten Hoffnung nicht fehlen. Zurück geht es auf der wilderen Atlantikseite der Cape Peninsula. Weniger Häuser und heftigere Brandung. Auch die Straße ist hier deutlich schmaler.

Mit der Cobra unter Afrikas Himmel – der pure Genuss

Höhepunkt des Trips ist eine der schönsten Küstenstraßen der Welt, der berühmte **Chapman's Peak Drive,** spektakulär in den nackten Fels gesprengt und mit über hundert Kurven. Hier entwickelt sich das V8-Konzert zum Donnerwetter. Im Halbtunnel kommt so richtig Freude auf, während die letzten Sonnenstrahlen die roten Sandsteinwände aufglühen lassen. **Hout Bay** bietet sich für einen Sundowner an, den obligatorischen, landestypischen Sonnenuntergangsdrink, am besten direkt am Beach im **Dunes Restaurant.**

Vorbei an der Bergkette der **12 Apostel,** die sich bis zum ikonischen Tafelberg ziehen, ballert die Cobra im letzten Licht des Tages nach **Camps Bay** und dort die Flaniermeile entlang. Sie macht hier selbst zwischen Lambos, Bentleys und Ferraris eine gute Figur. Ein prima Endpunkt zu diesem atemberaubenden Trip, der den Fahrer oder die Fahrerin garantiert mit einem breiten Grinsen auf dem Gesicht zurücklässt – geschüttelt und gerührt.

Simon's Town

♥ Karte 2, B 4

Die historische Stadt **Simon's Town** ist seit über zwei Jahrhunderten der wichtigste Marinestützpunkt des Landes. Benannt nach Kap-Gouverneur Simon van der Stel, war die Stadt im Winter Ankerplatz für die Schiffe der Niederländisch-Ostindischen Kompanie (VOC). Der Hafen liegt im Schatten des berüchtigten Nordwestwindes, der im Winter die Schiffe in der Tafelbucht schon mal versenken konnte. Die Engländer bauten Simon's Town 1814 zur Marinebasis aus. Die Geschütze stammen meist aus der Zeit des Zweiten Weltkriegs, als Südafrika einen deutschen U-Boot-Angriff in der False Bay befürchtete.

Die Hauptstraße wird auch *Historical Mile* genannt, da ein historisches Haus neben dem anderen steht – die meisten von ihnen sind mehr als 150 Jahre alt.

Insel-Turm

Am Hafeneingang von Simon's Town steht einer der interessantesten Leuchttürme des Landes, **Roman Rock.** Der runde, gusseiserne Turm wurde 1861 in ungewöhnlicher Lage errichtet. Er erhebt sich auf einem Felsen im Wasser, der nur bei Ebbe sichtbar wird. Bei Flut scheint der Turm aus dem Meer zu wachsen. Es dauerte vier Jahre, bis das in England vorgefertigte Werk auf dem Felsen endlich seinen endgültigen Platz gefunden hatte. Das Licht reicht 16 Seemeilen weit, der Turm steht 17 m über dem Meeresspiegel.

Museen

Was für ein Hundeleben

Simon's Town Museum: Das Museum ist in der Old Residency untergebracht, der 1777 erbauten Winterresidenz des Gouverneurs. Seither diente das Gebäude verschiedenen Zwecken: Es war Gericht, Sklavenunterkunft, Gefängnis, Seefahrer-Krankenhaus, Zollhaus und Regierungsbüro. Heute können Besucher eine Fülle von Ausstellungsgegenständen bewundern: Uniformen, Logbücher und ein nachgebautes Pub, wie es zu Zeiten des Zweiten Weltkriegs aussah, sowie Erinnerungen an **Just Nuisance** – dies war eine Dänische Dogge, die britischen Soldaten während des Zweiten Weltkriegs als Maskottchen diente. Der riesige Hund wurde nach seinem Ableben 1944 mit militärischen Ehren bestattet. Eine weiße Flagge bedeckte seinen Sarg, und 200 Offiziere und Soldaten standen Spalier, als zu seinen Ehren Salut geschossen wurde. Eine Bronzestatue des beliebten

---

DAS BOOT

Die deutschen U-Boot-Crews Wolf und Eisbär waren abkommandiert rund um Kapstadt, der Hauptschifffahrtslinie zwischen Ost und West, Öltanker, Truppen-, Versorgungs- und Munitionsschiffe zu zerstören. Zwischen September und Oktober 1942 versenkten sie so gut 100 000 Tonnen an Schiffen. U 172 saß zwischen Robben Island und Green Point und torpedierte in die Tafelbucht einlaufende Schiffe.
Am 3. Oktober versenkten drei deutsche U-Boote 33 000 Tonnen Schiffe an der Kap-Halbinsel. Die Südafrikaner gerieten in Panik und ihre Air Force schickte die Ventura Kampfbomber aufs Meer. Am 8. Oktober wurde U 179 in der Nähe von Kapstadt bei Dassen Island von einem britischen Zerstörer versenkt. 61 deutsche Marinesoldaten verloren dabei ihr Leben.

80 Kap-Halbinsel

Hundes steht am Jubilee Square in der Stadt.

The Residency, Court Rd., T 021 786 30 46, www.simonstown.com/museum/index. html, Mo–Fr 9–16, Sa 10–13 Uhr, So, Fei 11–15 Uhr

Südafrikas stolze Marine
South African Naval Museum: Nur eine Tür weiter befindet sich das South African Naval Museum. Hier wird die Seefahrtsgeschichte des Landes in detaillierter Form interessant präsentiert.

West Dockyard, Court Rd., T 021 787 46 86, www.simonstown.com/navalmuseum/index. htm, tgl. 10–16 Uhr

Für große (und kleine) Kinder
Warrior Toy Museum: In diesem kurzweiligen Museum kommen kleine und große Kinder auf ihre Kosten. Neben Zinnsoldaten sind Spielzeugautos, Puppen, Boote und Modelleisenbahnen ausgestellt. Ein Teil der Exponate kann käuflich erworben werden.

St. Georges St., T 021 786 13 95, Mo–Do, Sa 10–15.45 Uhr

Schlafen

Wale gucken
Whale View Manor: Schönes Gästehaus mit Meer- oder Bergblick und zehn verschieden eingerichteten Themenzimmern, von Shalimar über Massai bis zu Marrakesch. Günstig gelegen, um am Pinguinstrand und Kap der Guten Hoffnung. Es gibt sowohl ein Restaurant als auch ein stilvolles Wellnesszentrum für Gäste.

402 Main Rd., T 021 786 32 91, www. whaleviewmanor.co.za, DZ mit Frühstück ab 2140 Rand

Für Selbstversorger
Cottons Cottages: Die attraktiven Häuschen im Seemannsstil mit Küche,

Waschmaschine, Geschirrspüler, Trockner, TV und Video verfügen über herrliche Meer- und Bergblicke.

Paradise Rd., T 021 701 03 77, www.cottons cottages.com, ab 1500 Rand (zwei Zimmer mit Bad, vier Personen) bzw. 2500 Rand (vier Zimmer, zwei Badezimmer, acht Personen)

Essen

Mediterrane Atmosphäre
The Lighthouse Café: Das angenehm lichte und helle Restaurant im Provence-Beach-Stil an der Hauptstraße offeriert eine ausführliche Speisekarte mit Pasta, Pizzen mit knusprigen Böden, Salaten, Steaks und natürlich Seafood. Der Fisch kommt größtenteils aus Kalk Bay. Und auch die Weinliste passt. Die beste Wahl in Simon's Town.

90 St. Georges St., T 021 786 90 00, www. thelighthousecafe.co.za, Frühstück und Lunch tgl., Dinner Mi–Sa, Hauptgericht um 90 Rand

Leckerbissen
The Sweetest Thing: Die Konditorei hat nicht nur – wie der Name bereits andeutet – leckere Kuchen im Angebot, sondern auch leichte Lunch-Gerichte, wie die geschmackvollen Pies mit verschiedenen Füllungen, z. B. Lamm oder Steak.

82 St. Georges St., T 021 786 42 00, Facebook: The Sweetest Thing Patisserie, tgl. 8–17 Uhr

Ab ans Kap – von Simon's Town zum Cape Point

Jenseits von Simon's Town ist die Strecke dann so holprig und eng wie früher überall an der Kap-Halbinsel. Man hat vor lauter grandioser Natur nicht das Gefühl, so nahe an einer Millionenmetropole zu sein.

Boulders Beach

 Karte 2, B4

Einer der schönsten Strände der Kap-Halbinsel liegt südlich von Simon's Town. Gewaltige Granitfelsen gaben ihm seinen Namen: **Boulders Beach**. Neben üblichen Strandgenüssen wie Sand und Meer bietet er ein weiteres Highlight: *African penguins,* Afrikanische Pinguine, die hier seit 1985 geschützt in einer Kolonie leben. Kein bisschen schüchtern watscheln sie herum – beobachtet von Touristen auf Holzstegen. Immer wieder stoßen sie ihre charakteristischen Laute aus, die so weit von Vogelgezwitscher entfernt sind wie der Klang eines VW-Käfers von dem eines Porsche. Wer nicht hinschaut, könnte schwören, dass Esel für die Geräusche verantwortlich sind und nicht die süßen kleinen Pinguine. Im Gänsemarsch wackeln die schwarz-weiß Befrackten zum Meer, wo sie sich in stromlinienförmige agile Schwimmer verwandeln. Manche von ihnen legen bei ihrer Nahrungssuche bis zu 100 km pro Tag zurück.

www.tmnp.co.za, Tagesticket 152/76 Rand, tgl. April–Sept. 7–17, Okt.–März 6–18 Uhr

Vogelkacke als Dünger

Neben Simon's Town gibt es nur noch zwei weitere Pinguin-Festlandkolonien im südlichen Afrika: Stoney Point, Western Cape, und eine in Namibia. Früher lebten die flugunfähigen Vögel auf kleineren Inseln, wo sie sich ihre Nester metertief in den Guano gruben. Als man herausfand, dass sich der Vogelkot fantastisch als Dünger eignet, wurden die dicken Schichten abgetragen, und die Pinguine hatten keine geschützten Brutplätze mehr. Sie fingen an, im Sand oder unter Felsen zu nisten. Durch ihre

Sollten Sie sich irgendwann an den putzigen Pinguinen satt gesehen haben, liegt Ihnen immer noch der wunderschöne Boulders Beach zu Füßen.

TOUR
Schiffswracks am Kap der Stürme

Wanderung im Cape of Good Hope Nature Reserve

Infos

📍 Karte 2, A 5

Startpunkt: Parkplatz bei Olifantsbos

Dauer: 1,5 Std.

Anspruch: einfache, relaxte Wanderung

Der Eintritt zum Kapteil des Table Mountain National Park kostet 303/152 Rand Erw./Kinder.

www.sanparks.org

Der Name verspricht mehr, als er hält. Wer **Shipwreck Trail** hört, also Schiffswrack-Pfad, stellt sich gleich vor, dass man hier an idyllisch am Strand havarierten, rostigen Dampfern vorbeiflaniert. Nicht ganz. Immer perfekter gewordene Satellitennavigation sorgt am Kap der Stürme dafür, dass es nur noch ganz selten ›Nachschub‹ gibt.

Rostige Reste

Der trotzdem sehr schöne Wanderweg (etwa 2 Std. hin und zurück) im **Cape of Good Hope Nature Reserve** führt von der **Olifantsbos Bay** zu den rostigen Resten der Thomas T. Tucker, eines amerikanischen Schiffs, das 1942 mit Kriegsmaterial an Bord auf Grund lief. Ganz in der Nähe liegt das Wrack der 1954 gesunkenen Nolloth. Von beiden sind aber nur noch wenige, rudimentäre Metallteile erhalten geblieben, die kaum mehr eine Schiffsform erkennen lassen.

Der eigentliche **Thomas T. Tucker Shipwreck Trail** (3 km, 1,5 Std.) ist leicht zu laufen: einfach dem Pfad mit den gelben Markierungen durch die Fynbos-Vegetation bis zum Strand folgen. Kurz vor dem Beach geht es noch über ein paar Steinbrocken. In den Felsenpools am Wasserrand lebt es – von Seesternen bis Krabben.

Nach einer kurzen Wanderung am Strand tauchen die rostigen Reste der **Thomas T. Tucker** auf, ein amerikanisches Liberty-Schiff, das hier auf die Felsen auflief, als es

Nach einem Torpedoangriff sank die Tucker am Kap. Alle an Bord überlebten.

1942 einem Torpedoangriff auszuweichen versuchte. Keine Angst, die komplette Besatzung überlebte!

Der Platz bietet sich für eine Pause an. Von hier geht es entweder auf der gleichen Route zurück oder weiter zum ›Wrack‹ der Nolloth und über einen von zwei Rundwanderwegen zum Ausgangspunkt.

Die Schiffswrackrunde (**Shipwreck Circuit,** 5 km, 2,5 Std.) ist ebenfalls ganz easy zu packen. Am Rostrest der Nolloth vorbei zur Inlandsanhöhe und von dort zurück zum Olifantsbos-Parkplatz.

Die ausgeschilderte **Sirkelsvlei-Runde** (6,5 km, 3 Std. 45 Min.) ist ein klein bisschen anstrengender. Sirkelsvlei ist ein großes, natürliches Frischwasser-Reservoir, das von Quellen im Untergrund gespeist wird. Diese Rundwanderung hat ihren Ausgang an der Schranke, oberhalb von Olifantsbos. Entweder am Meer entlang und im Inland zurück oder umgekehrt.

1200 verschiedene Pflanzen am Weg

Wer nicht so sehr auf rostiges Metall steht, wird sich an den über 1200 verschiedenen Fynbos-Pflanzen am Kap erfreuen. Oder an der Fauna. Hier gibt es Strauße, Klippschliefer, Bergzebras, Buntböcke, Kuhantilopen und Schlangen sowie Trupps von Pavianen, die am Strand nach Meeresfrüchten suchen. Deshalb auch kein Essen mitnehmen: Die riechen und wollen das dann.

Übrigens: Das ist der einzige Ort in Afrika, wo Bärenpaviane unter Naturschutz stehen. Überall sonst werden sie abgeschossen. Die recht häufig zu sehenden Buntböcke gehören zu den seltensten Antilopen der Welt und waren zu Beginn der 1900er-Jahre fast ausgerottet.

Umsiedlung aufs Festland sind die Pinguine und ihre Jungen nun jedoch großen Gefahren ausgesetzt: Leoparden, Hunde und Katzen bedrohen sie. Anfang des 20. Jh. gab es noch schätzungsweise 1 Mio. Brutpaare, heute sind es auf der ganzen Welt nur noch etwa 20 000. Seit 1998 gehört Boulders Beach zum Table Mountain National Park.

Paviane genießen Meeresfrüchte

Hinter dem Boulders Beach verläuft die kurvenreiche Straße immer direkt am Meer entlang, vorbei an **Miller's Point** und **Smitswinkelbay.** Hier besteht eine gute Chance, auf einen der vier Bärenpavian-Clans zu treffen, die am Kap leben. Sie dürfen auf keinen Fall gefüttert werden. Wer die Tiere einmal beim Gähnen beobachtet hat, weiß, warum: Ihre Zähne sind nicht nur lang, sondern auch messerscharf. Eine Besonderheit der etwa 250 auf der Kap-Halbinsel lebenden Paviane ist ihre Ernährung, die neben Grassamen, Wurzeln, Blumen, Insekten und kleineren Säugetieren auch Muscheln und Krustentiere beinhaltet, die von den Primaten bei Ebbe am Strand aufgesammelt werden.

Schlafen

Der bei den Pinguinen schläft

Boulders Beach Lodge & Restaurant: Zwölf geschmackvoll eingerichtete Zimmer und zwei Apartments für Selbstversorger stehen zur Verfügung. Von hier aus geht man nur ein paar Minuten zu Fuß zur Pinguinkolonie. Sehr lockere Atmosphäre; Terrassenrestaurant, leckere hausgemachte Kuchen und sehr guter Cappuccino, Souvenirshop.
4 Boulders Pl., Boulders Beach, T 021 786 17 58, www.bouldersbeach.co.za, ab 650 Rand pro Person im DZ; Selbstversorger-Apartments für bis zu sechs Personen, 2400 Rand pro Nacht

Cape of Good Hope Nature Reserve ♥ Karte 2, A/B 5/&

Nachdem man Smitswinkelbay passiert hat, geht es links in das **Cape of Good Hope Nature Reserve.** Seit 1936 steht die Südspitze der Kap-Halbinsel mit einer Fläche von fast 8000 ha und einer Küstenlinie von 40 km unter Naturschutz. 1998 wurde sie in den Table Mountain National Park integriert. Über 1100 Pflanzenarten gibt es hier, 14 von ihnen kommen nur im Park vor. Ein Netz von kleineren Straßen durchzieht das Gebiet. Wer sich an die am Eingang überreichte Karte hält, wird sich jedoch gut zurechtfinden.

Selbst wenn am Kap der Guten Hoffnung oder am **Cape Point** Trubel herrscht, finden sich am Ende der anderen Sträßchen oft ruhige Orte. Manche von ihnen, wie **Bordjiesdrif** und **Buffels Bay,** bieten gemauerte Gezeitenpools, in denen das angespülte Meerwasser von der Sonne aufgewärmt wird, was den atlantischen Badespaß schmerzfreier macht. Vor allem der Weg zur **Olifantsbos Bay** sei hier empfohlen.

Obwohl die Fynbos-Vegetation am Kap nicht sehr nährstoffreich ist, leben im Naturreservat einige Wildtiere, vor allem Kap-Bergzebras, Buntböcke, Elenantilopen, Greis- und Rehböckchen. Nach Regenfällen kommen Dutzende von Schildkröten auf die Straßen gekrochen, um das Wasser aus den Pfützen zu trinken. Die Geschwindigkeitsbeschränkungen im Park sollten schon deshalb unbedingt beachtet werden.
Cape of Good Hope Nature Reserve: www.tmnp.co.za, Tagesticket 303/152 Rand, tgl. April–Sept. 7–17, Okt.–März 6–18 Uhr

Lieblingsort

Wo Venus badet

Nicht nur meiner Meinung nach ist der **Venuspool** (◉ Karte 2, B 5) im Cape of Good Hope Nature Reserve das schönste, natürliche Felsenschwimmbecken an der Kap-Halbinsel. Von der Sonne gewärmt, ist er voller Leben. Fische, Seegurken, Anemonen und Seesterne lassen sich hier sicher erschnorcheln, weg vom offenen Meer. Bei Ebbe sieht man, dass die Felsen von (leckeren) Muscheln bedeckt sind, die bereits Lust auf das Dinner mit gekühltem Sauvignon Blanc machen. Im Park die erste Abfahrt nach links Richtung Bordjiesrif nehmen, dann Richtung Black Rocks. Dort parken und ein Stückchen der ab da gesperrten Straße folgen. Infos unter www.sanparks.org.

Cape Point und Kap der Guten Hoffnung ♀ Karte 2, B 6

Am Cape Point geht es zu Fuß über 125 Stufen oder per Zahnradbahn die letzten steilen Meter zum höchsten Punkt hinauf, von wo sich ein guter Blick über die gesamte False Bay bis zu den **Hottentots Holland Mountains** bietet. Bei gutem Wetter ist sogar der 80 km Luftlinie entfernte Danger Point auszumachen. Als Aussichtspunkt dient das Fundament des 1857 erbauten, heute allerdings nicht mehr existierenden Leuchtturms. Exakt 209,5 m weiter unten brandet die See ungestüm gegen die schroffen Felsen. **Cape Point** und das **Kap der Guten Hoffnung** sind durch einen Pfad aus Holzstegen miteinander verbunden; die beiden Punkte liegen rund 30 Gehminuten voneinander entfernt.

Hier steht man mitten in einer Landschaft, die Legenden erzeugt – wie die vom Fliegenden Holländer. Sein Schiff verschwand 1680 spurlos, als er versuchte, das Kap der Guten Hoffnung bei stürmischem Wetter zu umrunden. Kapitän Hendrick van der Decken soll geschworen haben, dass, wenn ihm Gott schon nicht helfe, es eben der Teufel tun werde. Diese Blasphemie blieb nicht ohne Folgen. Als Strafe wurde der Kapitän mit seinem Schiff und der Besatzung dazu verdammt, mit zerrissenen Segeln und geborstenen Masten am Kap zu spuken.

Kein Ozean-Treff
Der wohl am häufigsten besuchte Leuchtturm des Landes steht am Kap der Guten Hoffnung, genauer gesagt am **Cape Point.** Und es ist auch nicht nur ein Turm, sondern es sind deren zwei. Der ältere, hoch oben auf dem Felsen, wurde am 1. Mai 1860 eingeweiht. Aufgrund der häufigen Nebel am Kap war er allzu oft komplett ›eingehüllt‹ und blieb für die Schiffe unsichtbar. Deshalb errichtete man 1914 knapp 100 m tiefer einen weiteren Leuchtturm. Dessen Licht ist nun 87 m über der Flutmarke und 34 Seemeilen weit zu sehen.

Vom Kap nach Hout Bay

Nach der Ausfahrt aus dem Cape of Good Hope Nature Reserve geht es nach links. Kurz darauf liegt rechts die **Cape Point Ostrich Farm,** eine Straußen-Schaufarm, die Besuchern auf einer geführten Tour die Besonderheiten des flugunfähigen Großgeflügels näherbringt.

Von der Straußenfarm führt die M65 in das ruhige **Scarborough.** So

Cape Point ist einer der wichtigsten Leuchttürme an der afrikanischen Küste.

haben vor Jahren viele Siedlungen auf der Kap-Halbinsel ausgesehen. Bekannt geworden ist der Ort durch einen verwitterten Felsen an der Hauptstraße, der aufgrund seiner Form **Camel Rock** genannt wird.

Cape Point Ostrich Farm, An der M 65, T 021 780 92 94, www.capepointostrichfarm.com, tgl. geführte Touren 9.30–17.30 Uhr

Essen

Gesund & frisch

Hub Café & Foragers: Im zweistöckigen Gebäude des Village Hub werden einige leckere Sachen offeriert. Im ersten Stock gibt es eher größere Gerichte, wie die dünnteigigen, knusprigen Pizzas, Fleisch- und natürlich Fischgerichte. Das Hub Café ist bekannt für exzellentes Seafood und natürlich die Austernbar, wo die schlabbrigen Delikatessen nach dem Bestellen frisch geöffnet werden. Die meisten Zutaten stammen von den Farmern der Kap-Halbinsel und näheren Umgebung. Das Fleisch ist aus Freilandhaltung, das Gemüse aus Bioanbau. Im Erdgeschoss gibt es prima Sandwiches und Lachs-Bagels. Eines meiner Lieblingsplätze am Kap. Auch wegen des **Forager**-Ladens, wo es viel Gutes zum Mitnehmen gibt, von frischen Milchprodukten bis zu Fertiggerichten ohne Konservierungsstoffe. Eine kleine Bäckerei komplettiert die Essensdestination.

2 Watsonia on Main, T 071 342 52 10, www.thevillagehub.co.za, Facebook: The Hub Café Scarborough, Di–Fr 12–20.30, Sa 9–20.30, So 9–16 Uhr, Hauptgericht um 110 Rand

Einkaufen

Top-Kunsthandwerk

Red Rock Tribal: Originelles von den Besitzern Juliette und Steven im südlichen Afrika zusammengesuchtes Kunsthand-

werk machen Red Rock Tribal zu einem der interessantesten ›Souvenir‹-Shops am Kap.

5 Pincushion Way, Scarborough, T 021 780 18 23, 082 924 88 89 (Steven), 082 269 10 20, www.redrocktribal.co.za, offen nach telefonischer Vereinbarung, meist Juli bis Mitte Sept. geschl.

Noordhoek ♀ Karte 2, A 4

Auf einer engen, aber aussichtsreichen Küstenstraße geht es weiter. In einem großen Bogen landeinwärts umrundet sie die Lagunen an der Chapman's Bay.

Mit 5 km Länge besitzt **Noordhoek** den längsten Strand der Kap-Halbinsel. Da es hier oft windet und das Meer sehr kalt ist, wird er eher von Wanderern, Reitern und neoprengeschützten Surfern besucht.

Importiert aus England

Gut 10 km südlich von Noordhoek ragt der Leuchtturm **Slangkop** ins Bild. Mit 33 m ist er der höchste gusseiserne Leuchtturm an der südafrikanischen Küste. Der runde, weiß gestrichene Turm von 1919 steht in Kommetjie (sprich: Komicki) auf der Kap-Halbinsel. Er ragt 41 m über die Flutlinie und sein Licht ist 33 Seemeilen weit zu sehen. In Slangkop kann man sich einer geführten Besichtigungstour anschließen.

Slangkop, Nov.–März Mo–Fr 10–15, Okt.–April tgl. 10–15 Uhr, geführte Tour 30/20 Rand, zentrale Reservierung: T 021 783 17 17

Schlafen

Mitten im Farm Village

De Noordhoek Hotel: Das ökofreundliche, neue Hotel, im alten Stil erbaut, mitten im Noordhoek Farm Village, nutzt

ausschließlich Solarenergie. Es gibt 20 leicht konservativ eingerichtete Nichtraucherzimmer, vier davon behindertenfreundlich. Schöner Garten. Zwei tolle Restaurants und ein Pub liegen direkt vor der Tür. Freies WLAN in allen Zimmern.
Noordhoek Farm Village, Ecke Chapman's Peak Drive/Village Lane, T 021 789 27 60, www.denoordhoek.co.za, DZ mit Frühstück ab 1500 Rand

Stilvolle Themenzimmer
Wild Rose Country Lodge: Reetgedecktes Anwesen, stilvoll eingerichtete Zimmer mit Berg- oder Seeblick und verschiedenen Themen wie African Room, Kalahari Room und Moroccan Room usw.
4 Bodrum Close, T 021 785 41 40, www.wildrose.co.za, DZ mit Frühstück ab 1500 Rand

Essen

Gourmet-Farmladen
The Foodbarn: Der prominente französische Koch Franck Dangereux hat mit dem reetgedeckten Farmladen einen Gang zurückgeschaltet vom Gourmettempel La Colombe, wo er früher für die Küche verantwortlich war. Die romantischen Candle-Light-Dinner (oft ausgebucht) an weiß gedeckten Tischen sind ein Traum. Delikate Backwaren.
Noordhoek Farm Village, Ecke Village Lane/Noordhoek Main Rd., Noordhoek, T 021 789 13 90, www.thefoodbarn.co.za, tgl. 12–14.30, Mi–Sa 19–21.30 Uhr, Hauptgericht um 160 Rand

Ideal für Frühstück und Lunch
Café Roux: Leckere Gerichte in sehr relaxter Umgebung, drinnen und draußen, kleines Menü mit saisonal frischen Zutaten. Wie das gesamte Farm Village auch sehr familien- und kinderfreundlich. Hier treten oft Livebands auf.
Noordhoek Farm Village, T 021 789 25 38, www.caferoux.co.za, tgl. 8.30–17 Uhr, Hauptgericht um 90 Rand

Einsam, wild und wunderschön: der 5 km lange Strand von Noordhoek

Am Eingang zu Chappies
Jakes on the Common: Am Fuße des berühmten Chapman's Peak Drive befindet sich dieses coole Restaurant mit dem rostigen Wrack eines alten Pick-ups als Eyecatcher im Garten. Das Gebäude wurde 2017 neu als Restaurant gebaut.
1 Chapman's Peak Drive, T 021 789 04 45, www.jakes.co.za/jakes-on-the-common, Hauptgericht um 130 Rand, tgl. 11.30–0 Uhr

Einkaufen, Bewegen

Ländlich
Noordhoek Farm Village: Mehrere Restaurants und Geschäfte im Country-Stil laden zu einem längeren Aufenthalt ein.

Ecke Main Rd./Village Lane, Noordhoek, T
021 789 28 12, www.thefarmvillage.co.za

Strandleben

White Sands, Scarborough, Misty Cliffs und Kommetjie: An all diesen Stränden finden Surfer sehr gute Bedingungen vor.

Noordhoek: Der 8 km lange, weiße Sandstrand ist vor allem bei Wanderern und Reitern beliebt; zum Schwimmen ist es zu kalt, und die Strömungen sind zu stark

Chapman's Peak Drive ♀Karte 2, A 3–4

Nördlich von Noordhoek beginnt eine der wohl spektakulärsten Küstenstraßen der Welt. Die Strecke des Chapman's Peak Drive wurde von Sträflingen zwischen 1915 und 1922 hoch über dem Meer in die Klippen gesprengt. Benannt ist die Straße nach John Chapman, einem englischen Seemann, der 1607 hier an Land ging, um die Hout Bay (Holzbucht) zu erkunden.

Vom 160 m hohen Aussichtspunkt Chapman's Peak, dem Scheitelpunkt der Strecke, bietet sich ein fantastischer Blick über die Hout Bay mit dem gleichnamigen Ort bis zum über 300 m hohen Gipfel des Sentinel, der aussieht wie ein schlafender, alter Mann.

Aufgrund massiver Steinschläge und einiger tödlicher Unfälle war die berühmte Straße ab Januar 2000 knapp vier Jahre lang gesperrt. Sie wurde aufwendig renoviert und Anfang 2004 als Mautstraße (47 Rand pro Auto, eine Strecke) wieder eröffnet. Die Befahrung erfolgt allerdings weiterhin auf eigene Gefahr. Und Steinschläge gibt es trotz der Schweizer Stahl-Fangnetze und Betoneinspritzungen immer noch.

Hout Bay ♀Karte 2, A 3

Kurz vor Hout Bay taucht rechts der Straße die Ruine des alten, von den Engländern 1796 zum Schutz der Bucht erbauten Forts auf. Das einst verschlafene Fischernest gehört mittlerweile zu den beliebtesten Wohngebieten rund um Kapstadt, die Haus- und Grundstückspreise sind entsprechend hoch. Nirgendwo sonst auf der Kap-Halbinsel ist der Fisch frischer. Die Mariner's Wharf im Hafen, mit gutem Fischrestaurant und Shops, ist eine Mini-Interpretation von Kapstadts Victoria & Alfred Waterfront.

Im Hafen bieten mehrere Unternehmen Schiffstouren um den Sentinel herum an. Die Tour geht zum gewaltigen Wrack eines Pipelinelegers mit Hubschrauber-Landeplattform, der in einem heftigen Wintersturm 1994 auf die Klippen geworfen wurde und dabei zerbrach. Auf dem Rückweg passiert das Schiff Duiker Island. Im Sommer, wenn über 4000 Kap-Pelzrobben das 1500 m² große Felseiland bevölkern, ist es nicht nur laut wie auf einem Heavy-Metal-Konzert – je nach Windrichtung wird die Bootsfahrt zu einem atemberaubenden Erlebnis.

Welt der Vögel

In der **World of Birds,** Afrikas größtem Vogelpark, wandelt der Besucher durch diverse Volieren, in denen über 4000 Vögel umherflattern und dabei ein Vogelstimmenkonzert veranstalten.

Valley Rd., T 021 790 27 30, www.worldofbirds. org.za, tgl. 9–17 Uhr, Erw./Kinder 120/45 Rand

Schlafen

Romantik pur

Tintswalo Atlantic: Eine der romantischsten Lodges mit der wohl besten Lage Südafrikas, unterhalb des Chapman's Peak Drive, direkt am Atlantik. Alle zehn Suiten und die Präsidentensuite sind nach berühmten Inseln benannt und entsprechend dekoriert (es gibt sogar eine Robben Island Suite). Aber nicht nur das Bett für die Nacht ist ein Hit, das Essen ist ebenfalls exzellent. Luxus dieser Klasse ist natürlich sehr teuer, aber in diesem Fall den Preis wert. Wenn Platz ist, können Nichtgäste den einzigartigen Sundowner vor den Wellen auf der Holzterrasse sowie das nachfolgende Dinner im Restaurant buchen. Aber möglichst lange vorher. Sehr populär, da fast unschlagbar.

CAB OF GOOD HOPE

Im Cab of Good Hope, dem einzigen original New Yorker Checker-Taxi in Afrika, biete ich den Lesern meines Buches einen coolen Trip um die Kap-Halbinsel an. Sie können wählen: entweder mit Weinprobe und Charcuterie/Käseplatten auf dem Weingut Constantia Glen oder mit Wein und Austern im herrlichen Hub Café in Scarborough, bevor es über den berühmten Chapman's Peak Drive zurückgeht. Und wie um Gottes willen kommt ein New-York-Taxi ans Kap? Als kleiner Junge sah Dieter einen amerikanischen Film im Kino. Dort fuhr der Checker durchs Bild. Seither wollte er so ein Auto. Und er fand es nach langer Suche im Jahr 1999, in Manhattan. Bevor er es nach Kapstadt verschiffte, cruiste er in ihm 15 000 Kilometer durch die Staaten – von Manhattan nach Hollywood. Die einzigartige Taxifahrt dauert etwa 5 Std. (440 € für 2 Pers., jede weitere Person zahlt 60 €). Bitte vorher reservieren, da natürlich das Wetter mitspielen muss: dieter@lossis.com, Facebook: Checker Cab of Good Hope.

Chapman's Peak Drive, von Hout Bay auf der Main Rd. Richtung Chapman's Peak Drive, kurz hinter der Mautstation rechts, T 087 754 93 00, 543 15 10, www.tintswalo.com/atlantic, DZ ab 7060 Rand

Mit genialer Aussicht
Flora Bay Resort: Diverse Apartments für Selbstversorger, was in Hout Bay kein Problem darstellt, da es prima Einkaufsmöglichkeiten gibt. Die voll eingerichteten Zimmer sind einfach, aber mit fantastischer Aussicht auf Bucht, Meer und Sentinel.
Chapman's Peak Drive, T 021 790 16 50, www.florabayresort.co.za, die verschieden großen Apartments bzw. frei stehenden Bungalows für 4 Personen kosten je nach Saison 800–2600 Rand

Harley-Paradies
Amakhaya Lodge: Der deutsche Besitzer Pierre bietet vier luxuriöse Suiten und zwei Häuschen mit Aussicht. Er veranstaltet außerdem diverse organisierte Harley-Touren und vermietet die amerikanischen Bikes auch (ab 1400 Rand pro Tag).
11 Nooitgedacht Drive, T 082 341 35 84, 021 790 64 74, www.cuincapetown.co.za, DZ mit Frühstück 1100–1600 Rand

Essen

Scheune mit Ambiente
Quentin at Oakhurst: Wunderbar restaurierte und schön dekorierte Scheune. Kronleuchter hängen von den Decken, die Wände zieren alte Wagenräder, Farmgegenstände und angejahrte Emailleschilder. Traditionelle, herzhafte, südafrikanische Gerichte, von Besitzer Quentin selbst zubereitet.
Oakhurst Farm, Main Rd., T 021 790 48 88, www.oakhurstbarn.com, Di–Sa 18–23 (Küche bis 21.30), So Frühstück 9–12, So Lunch 13–16 Uhr, Hauptgericht um 180 Rand

Hout Bay **91**

Leckere Büfetts

La Cuccina: Besitzer Ian liebt Essen und zelebriert es entsprechend. Und wenn er da ist, hält er fast immer ein Schwätzchen mit den Gästen. Es gibt ein reichhaltiges Frühstücks- und Lunch-Büfett (Preis nach Gewicht) mit frischen, lokal erworbenen Zutaten. Die Bezeichnungen ›Konservierungs- und Zusatzstoffe‹ sind hier Fremdwörter – was auch für Ians Kollektion von Fertiggerichten gilt: Gourmet-Essen für Selbstversorger. Meine Lieblings-Menüs sind Freiland-Huhn-Pastete, Thai Chicken Curry und Butter Chicken Curry. Einfach 30 Minuten bei 130 Grad in den Ofen und fertig ist ein richtig gutes Essen.
Victoria St., Victoria Mall, T 021 790 80 08, www.lacuccina.co.za, tgl. 7.30–17 Uhr, Hauptgericht um 100 Rand, Fertiggericht um 75 Rand

Fish & Chips

Fish on the Rocks: Hinter der Fischfabrik am Meer gibt es besonders gute *fish and chips*. Deren Genuss auf den Holzbänken vor dem grellgelb gestrichenen ›Wahrzeichen‹ des Hafens von Hout Bay ist ein Muss. Es schmeckt zwar ähnlich wie in England, aber die Umgebung ist hier deutlich reizvoller. Und wem die Warteschlange am Sonntagmittag zu lang ist, der kann es schräg gegenüber, im Hafen selbst (5 Rand Eintritt), bei **Laughing Lobster** versuchen. Das Ambiente ist dort zwar nicht ganz so urig, der Fisch aber ebenfalls gut.
1 Harbour Rd., Hout Bay, T 021 790 00 01, 790 11 53, www.fishontherocks.co.za

Lokalgrieche

Spiro's: Guter Grieche, nette Atmosphäre im mediterranen Hellblau-Weiß, Extraraum für Kinder zum Spielen, ruhigere Räume für Pärchen, Spiro ist selbst manchmal da, empfängt dann seine Gäste sehr herzlich. Tipp: die Bifteki und das Kleftiko.
30 Main Rd., T 021 791 38 97, Facebook: Spiro's Hout Bay – The Greek is Local, Mo 17–21, Di–Sa 12–22, So 12–21 Uhr, Hauptgericht um 120 Rand

Zugegeben, das Restaurant sieht nicht gerade nach Sterne-Niveau aus, aber »Fish on the Rocks« ist Kult – und das nicht ohne Grund!

WOCHENEND-VERGNÜGEN

Mit der Biscuit Mill in Woodstock fing es an, aber der **Bay Harbour Market** hat das Konzept des Wochenendmarkts weitergeführt. Einer der schönsten Weekend Markets in und um Kapstadt. Am Wochenende finden sich viele Besucher im teilweise heruntergekommenen Hafen von Hout Bay ein. In ehemaligen Lagerhallen gibt es Essensstände, Dutzende Biere vom Fass, Wein, sehr guten Kaffee, Klamotten, Souvenirs – alles einzigartig und individuell, hier ist kein Platz für Massenware. Die Atmosphäre ist authentisch und spiegelt das relaxte Lebensgefühl von Hout Bay prima wider. Bei Livemusik am Nachmittag kann man hier gut und gerne ein paar Stündchen verbringen. Am besten dort (bewacht) parken. Nicht vom Hout-Bay-Strand zu Fuß durch den Hafen zum Markt laufen. Da kommt es immer wieder zu bewaffneten Überfällen auf Besucher.
Bay Harbour Market: 31 Harbour Rd., Hout Bay, T 083 275 55 86, www.bayharbour.co.za, Fr 17–21, Sa/So 9.30–16 Uhr

Mediterranes Feeling
Deli Delish: Leichte mediterrane Gerichte, gute Qualität. Eine Gelegenheit vor Ort für Frühstück und Lunch.
8 Beach Crescent, T 021 790 53 24, tgl. 8–16.30, Fr/Sa auch 18–21.30 Uhr, Hauptgericht um 120 Rand

Super-Pizza
Massimo's: Massimo steht ab und zu selbst am Pizzaofen und sorgt dafür, dass die legendären Rundgerichte perfekt an die Tische kommen. Gemütlich und freundlicher Service.
Oakhurst Farm Park (neben Spar), Main Rd., T 021 790 56 48, www.massimos.co.za, Mi–Fr 17 Uhr bis spät, Sa/So 12 Uhr bis spät, Hauptgericht um 110 Rand

Direkt am Beach
Dunes: Beliebtes Restaurant mit Cocktailbar am Strand; hier gibt es Windhoek-Lager vom Fass, gute Fish & Chips, die Aussicht ist super, das Publikum relaxt.
1 Hout Bay Beach, T 021 790 18 76, www.dunesrestaurant.co.za, Winter Mo–Fr 12–22, Sa, Fei 9–22, So 9–18, Sommer tgl. 9–23 Uhr, Hauptgericht um 110 Rand

Thai-Fastfood
Thai Café: Gutes thailändisches Fastfood-Essen zu günstigen Preisen. Thai Café ist etwas für Lunch zum Drinnen- und Draußensitzen oder für Take-away.
15 Main St., T 021 790 70 00, https://thaicafe.biz, tgl. 11.30 Uhr bis spät, Hauptgericht um 90 Rand

Bewegen

Seehund-Konzert
Mehrere Charterunternehmen bieten im Hafen von Hout Bay empfehlenswerte **Bootsausflüge** (Seal Island 75–90/45–50, Sundowner Cruise 300/150 Rand) zur Robbeninsel Duiker Island und zum hinter dem Sentinel liegenden Schiffswrack an:
Nauticat, T 082 829 80 18, 790 72 78, www.nauticatcharters.co.za
Drumbeat Charters, T 021 791 44 41, www.drumbeatcharters.co.za
Circe Launches, T 021 790 10 40, www.circelaunches.co.za

Deine Spuren im Sand
Schöner **Spaziergang** am Strand von Hout Bay. Der Sandstrand wird flankiert von den Bergen Sentinel und Chapman's Peak.

Von Hout Bay nach Kapstadt ♀ Karte 2, A 2–3

Auf einer steilen Straße geht es von Hout Bay aus weiter. Am Hout Bay Nek, zwischen dem 758 m hohen Judas Peak (rechts) und dem Little Lion's Head (links), bietet sich ein gewaltiger Ausblick auf das Meer und den Villenvorort **Llandudno**, wo es zwar einen erstklassigen Strand, aber weder Kneipen noch Geschäfte gibt. Die Bewohner des Nobelortes haben sich so entschieden, um auf diese Weise weniger Touristen anzulocken. So ganz geht die Rechnung nicht auf: Es ist trotzdem jedes Wochenende die Hölle los, denn die Leute bringen einfach ihre Picknickkörbe mit.

Camps Bay kann es mit seinem von Palmen gesäumten Strand und der Flaniermeile mittlerweile mit den schönsten kalifornischen Stränden aufnehmen. Bistros und Cafés laden zum Sehen und Gesehenwerden ein. Luxus-SUVs und Harleys cruisen auf und ab. Ferraris lassen ihre Zwölfzylindermotoren kreischen. Die kühlen Atlantiktemperaturen treiben Wasserratten allerdings in die Swimmingpools, die fast alle Hotels zu bieten haben.

Der Küstenstreifen zwischen **Camps Bay** und **Clifton** gilt als die ›Copacabana‹ von Kapstadt, wobei Clifton selbst, außer seinem wirklich sehr schönen Strand, nicht viel zu bieten hat. Es sei denn, man schaut sich gerne die Häuser der Reichen an, die dort wie Schwalbennester an der steilen Felswand kleben.

Egal ob im ruhigen Noordhoek, im relaxten Hout Bay, im trendigen Camps Bay oder im edlen Clifton übernachtet wird, die Sonnenuntergänge sind fast immer spektakuläre Inszenierungen der Natur. Typisch südafrikanisch werden sie mit einem Sundowner, einem Sonnenuntergangsdrink, zelebriert.

City-Leuchtturm

Über das dicht besiedelte **Sea Point** geht es vorbei an Südafrikas ältestem Leuchtturm im Stadtteil **Green Point** bzw. **Mouille Point**. 1824 wurde der Turm bis zu einer Höhe von 16 m aufgemauert, 1865 stockte man ihn auf 20 m Höhe auf und stattete ihn mit einem elektrisch betriebenen Leuchtfeuer aus. Unverkennbar ist das diagonal rot-weiß gestreifte ›Kleid‹ des Bauwerks, das in der Zwischenzeit wunderbar restauriert wurde.

Schlafen

Aussichtsreich

The Twelve Apostles Hotel & Spa: An der wunderbaren Küstenstraße am Fuße der 12 Apostel zwischen Camps Bay und Llandudno gelegen, mit der wohl besten Atlantik- und Fynbos-Aussicht der Stadt. Victoria Rd., Oudekraal, T 021 437 90 00, www.12apostleshotel.com, DZ mit Frühstück ab 6000 Rand

Hier kommt der frische Felshummer für die Seafood-Platte …

Busch-Feeling

Camps Bay Retreat: Oase der Ruhe im hektischen Camps Bay, paradiesischer Garten, drei Pools, Wellnesszentrum, Tennisplatz, DVD-Sammlung, Weinkeller. Das elegante Herrenhaus Earl's Dyke Manor kontrastiert prächtig mit dem mitten im ›Busch‹ liegenden, über eine Hängebrücke erreichbaren Deck House.

7 Chilworth Rd., The Glen, Camps Bay, T 021 437 83 00, www.campsbayretreat.com, DZ mit Frühstück ab 1750 Rand

California Dreaming

The Bay Hotel: Kalifornisch anmutendes Luxushotel mit einer fantastischen Aussicht aufs Meer. 78 Zimmer.

69 Victoria Rd., Camps Bay, T 021 437 97 01, 430 44 44, www.thebay.co.za, DZ mit Frühstück ab 2500 Rand

Schöne Suiten

Ambiente Guest House: Die beiden Deutschen Marion und Peter besitzen das kleine *guest house* mit den drei Afrikasuiten schon länger, und da sie selbst häufig im südlichen Afrika unterwegs sind, können sie ihren Gästen wertvolle Tipps geben.

58 Hely Hutchinson Av., Camps Bay, T 021 438 40 60, www.ambiente-guesthouse. com, DZ mit Frühstück 2180–2780 Rand

Klein und edel

Ocean View Guest House: Im Grünen, unterhalb des Tafelbergs gelegenes, edles *guest house,* eigener Fluss, Meerblick, alle Zimmer mit exklusiver Ausstattung.

33 Victoria Rd., Bakoven, T 021 438 19 82, www.oceanview-house.com, DZ mit Frühstück ab 1530 Rand

Wiederbelebter Klassiker

Ritz Hotel: Ein fast 50 Jahre alter, lange vernachlässigter Klassiker der Kapstädter Hotelszene erstrahlt hier seit Dezember 2017 nach einer Millionen-Investition wieder im alten Glanz. Auch das rotierende Restaurant im 23. Stock, ein Wahrzeichen von Sea Point, wurde revitalisiert. Die Einrichtung ist modern und attraktiv. Die Preise der insgesamt 213 Zimmer sind zivil und bieten eine tolle Aussicht aufs Meer, die Stadt oder den Signal Hill – je weiter oben, desto besser. Es gibt noch drei weitere Restaurants im Haus.

Ecke Main/Camberwell Rd., Sea Point, T 021 439 60 10, www.theritz.co.za, DZ mit Frühstück ab 2750 Rand

---

Essen

Fantastische Aussicht

Salsify at the Roundhouse: Das Salsify verbindet ausgezeichnetes Essen und exzellenten Service mit historischem Ambiente und grandioser Aussicht. Kein Wunder, dass es zu den Top-Ten-Restaurants des Landes zählt. Serviert wird französisch-provenzalisch beeinflusste Küche mit lokalen, frischen Zutaten, fast ausschließlich aus Bio-Anbau. Tipp: Frühstück im Freien, bei schönem Wetter an rustikalen, aussichtsreichen Holzbänken. Seit Oktober 2018 gehört das Restaurant zum Portfolio von Südafrikas bestem Koch Luke Dale-Roberts. Seine Frau Sandalene war verantwortlich für die unfangreiche Renovierung des Restaurant-Klassikers im Sommer 2018. Die relaxte, kulinarische Alternative ist »The Lawns at the Roundhouse«.

Kloof Rd., The Glen, Camps Bay, T 021 438 43 47, www.theroundhouserestaurant.com, Di 18 bis spät, Mi–Sa 12–14.30, 18 bis spät, So 12–15, Fr–So auch 9–11.30 Uhr (Frühstück), 5-Gänge-Menü 665 Rand

Grandios & mit eigenem Strand

The Grand Café and Beach: Eine alte Bootshalle wurde hier in einen megatrendigen, ausgefallen dekorierten Esstempel verwandelt. Wer sich das Essen nicht leisten möchte, nimmt vielleicht nur einen Cocktail am kleinen Privatstrand im

Liegestuhl zu sich. Schon die Location an sich ist eine Sehenswürdigkeit. Wurde im Sommer 2018 noch mal aufwendig renoviert.
Hull Rd., Granger Bay, T 072 586 20 52, www.grandafrica.com, tgl. 12 Uhr bis spät, Hauptgericht 110–900 Rand

Lichtblick
Sotano: Mediterranes Ambiente und Blick auf Südafrikas ältesten Leuchtturm und den Atlantik. Bei Einheimischen wegen des herrlichen Sonntagsfrühstücks beliebt. Im unteren Bereich des La Splendida Boutiquehotels untergebracht.
121 Beach Rd., Mouille Point, T 021 433 17 57, www.sotano.co.za, tgl. 7–22.30 Uhr, Hauptgericht um 120 Rand

B

BADEN AM KAP – DIE SCHÖNSTEN STRÄNDE

Die Strände entlang der 150 km langen Küstenlinie der Kap-Halbinsel sehen keinesfalls alle gleich aus – jeder hat seinen eigenen Charakter. Zunächst gibt es eine klare Zweiteilung: die östliche Seite, zur False Bay hin, und die westliche Atlantikseite. Die Strände dort sind zwar geschützt vor dem Southeaster, die Wassertemperaturen dafür aber aufgrund der kalten Benguela-Strömung eher frostig. Auf der anderen Seite ist es windiger, dafür ist das Wasser etwa 5 °C wärmer. An den populären Stränden gibt es Lebensretter und Beach-Patrouillen. Generell versprechen die Strände der Kap-Halbinsel ein sicheres Badevergnügen. Im Zweifelsfall sollte man Einheimische fragen, ob das Baden an nicht ausgewiesenen Stränden sicher ist (Infos zu Surfbedingungen, Gezeiten und Wind: T 021 788 59 65).

Trendig-mediterran
Tiger's Milk: Cooler und trendiger geht es kaum in Camps Bay. Luftig-leichte kalifornische Easy-Going-Atmosphäre, gepaart mit sehr gutem Essen und freundlich-aufmerksamem Service machen diesen Platz zu einem Hit an der Flaniermeile. Tische zum Gucken draußen oder drinnen auf zwei Stockwerken. Herrliche Tapas und ausgezeichnete Frühstücke. Im November 2018 nach einer Renovierung wiedereröffnet, jetzt mit herrlichem Holzdeck draußen.
33 Victoria Rd., T 021 286 21 06, tgl. 8–2 Uhr, www.tigersmilk.co.za, Hauptgericht um 120 Rand

Schickeria-Treff
Café Caprice: Auf der Karte locken leckere Gerichte wie der Royal Burger. In schöner Lage an der Strandpromenade. Treffpunkt für prominente Kapstädter, Hollywoodstars und fast unwirklich schöne Models.
37 Victoria Rd., Camps Bay, T 021 438 83 15, www.cafecaprice.co.za, tgl. 9 Uhr bis spät, Hauptgericht um 120 Rand

Bewegen

Tauchen rund ums Kap
Kapstadt bietet zwar nicht die besten Tauchgründe des Landes, lohnt sich aber trotzdem sehr. Aufgrund der kühlen Atlantiktemperaturen fallen die Neoprenanzüge hier etwas dicker aus. Tolle Tauchgründe sind die Coral Gardens in der Nähe von Oudekraal, Schiffswracks vor Hout Bay und Smitwinkels Marine Reserve. Im Atlantik taucht es sich besser im Sommer nach einem Southeaster, im Winter bietet sich eher die erstaunlich warme False Bay an. Tauchgänge kosten etwa vom Boot aus 750 Rand, von der Küste ca. 650 Rand und nochmals ca. 650 Rand für das Leihen der Ausrüstung. Internationale Tauchscheine sind günstiger zu erwerben als anderswo.

Zugabe
Yatis Kap-Hits

Fragen an den GQ-Boss

Was mag einer der trendigsten Männer Südafrikas am Kap am liebsten? Fragen wir doch direkt Nkosiyati ›Yati‹ Khumalo, den Chefredakteur von GQ South Africa.

Wohin gehst du, wenn der kleine oder große Hunger kommt?

Societi Bistro bietet prima Essen und einen exzellenten Service – man sieht sofort, dass die sich hier große Mühe geben, diesen Standard zu halten, um Gästen eine fantastische Erfahrung zu bieten. Die Speisekarte ist saisonal mit einem starken globalen Touch und alles wird mit südafrikanischen Spitzenweinen gepaart.

Am Wochenende finden sich bei Jason Bakery die Einheimischen ein, um frisch Gebackenes zu genießen. Wer Designer-Speck liebt, geht zu Bacon on Bree, wo die fetthaltige Delikatesse richtiggehend zelebriert wird.

Der erste schwarze Chefredakteur eines GQ-Magazins weltweit liebt die Mother City.

Was machst du abends, um abzuschalten?

Es gibt wenige Plätze mit mehr Charakter als die Alexander Bar, die den Charme des Great Gatsby versprüht und ihm entnommen zu sein scheint. Das Team serviert einen exzellenten Martini, und einen Stock höher werden ungewöhnliche Theaterstücke aufgeführt.

Welche Weingüter gefallen dir besonders gut?

Kein Trip nach Kapstadt ist komplett, ohne eines der großartigen Weingüter besucht zu haben. Morgenster ist besonders einzigartig, da es neben Wein auch hervorragendes Olivenöl in größeren Mengen produziert, das seit über 200 Jahren hier gewonnen wird. Das Olivenöl-Tasting ist eine echte Erfahrung. Dazu noch die fantastischen Weine.

Andere Weingüter, denen ich nicht widerstehen kann, sind Beau Constantia, Creation, und Uva Mira – die Aussicht von dort ist besonders grandios.

Was zeigst du Leuten, die dich in Kapstadt besuchen kommen, zuerst?

Es gibt in und um Kapstadt viele landschaftlich reizvolle Aussichtspunkte, aber meine persönlichen Favoriten sind Cape Point, wenn man mal so richtig Sightseeing machen will, und Signal Hill für den perfekten Sundowner über der City.

Und wohin gehst du, wenn du dich einfach mal totlachen möchtest?

Kapstadt ist voller schöner Theater, mit Klassikern wie Baxter, The Fugard und Artscape. Wenn man allerdings etwas sehen will, das einem garantiert in Erinnerung bleiben wird, empfehle ich »Dinner-and-a-Show« im Gate 69, ein Cabaret-Theater mit extravaganten, urkomischen und ausgelassenen Shows.

Wenn man Livemusik liebt: Die Piano Bar besitzt die Seele eines Underground-Jazzclubs ohne die übliche Steifheit – hier sollen die Gäste genauso viel Spaß haben wie die Musiker.

GQ South Africa – www.gq.co.za
Societi Bistro – www.societi.co.za
Jason Bakery – www.jasonbakery.co.za
Bacon on Bree – www.bacononbree.com
Alexander Bar – www.alexanderbar.co.za
Morgenster – www.morgenster.co.za
Uva Mira – www.uvamira.com
Cape Point – www.capepoint.co.za
Signal Hill – www.cometocapetown.com/signal-hill-cape-town/
Gate 69 – www.gate69.co.za
Piano Bar – www.thepianobar.co.za ■

Als Chefredakteur der südafrikanischen GQ sitzt Nkosiyati ›Yati‹ Khumalo in der ersten Reihe, wenn es um aktuelle Trends am Kap geht.

Weinland

Wein und Berge — Südafrika ist mittlerweile weltberühmt für seine exzellenten Tröpfchen. Es gibt Dutzende von herrlichen Weingütern, traditionell und hypermodern, erstklassige Restaurants und romantische Übernachtungsmöglichkeiten.

Seite 101
Weinregion Constantia ⭐

Hier begann Südafrikas Weinbau vor knapp 400 Jahren. Auf den wunderschönen, kapholländischen Weingütern Steenberg, Groot Constantia, Klein Constantia, Buitenverwachting und Constantia Glen lassen sich die edlen Tropfen stilvoll genießen.

Seite 110
Franschhoek ⭐

Das französische Erbe sorgt für reichlich Charme, der gute Wein tut ein Übriges. Dies ist der Ort im Weinland für einen romantischen Ausflug. Und Südafrikas Gourmet-›Metropole‹!

Boland Hiking Trail: zwischen Bergen und Wein wandern.

Eintauchen

Seite 116
Zweitälteste Stadt Südafrikas

Entlang der Dorfstraße von Stellenbosch – Dorp Street – stehen etliche wunderbar restaurierte, kapholländische Häuser aus der Pionierzeit der europäischen Besiedlung.

Seite 122
Schmetterlings-Refugium

Kinderfreundlich ist die Butterfly World, wo Dutzende der schönsten Falter der Welt herumflattern. Außerdem gibt es in dem tropischen Paradies noch exotische Vögel und Reptilien zu bewundern.

Weinland **99**

Seite 126
Auf historischen Pässen – im Weinland

Der Bain's Kloof Pass ist nach seinem berühmten Erbauer benannt und ein veritabler Ausflug in die Vergangenheit, als Pferdekutschen den Bergübergang zwischen Wellington und Ceres benutzten. Heute ist er zwar geteert, aber immer noch eng und holprig. Vom Campingplatz vor der Brücke gelangt man zu den Felsenpools von Tweede Tol. Das erfrischt richtig.

Seite 129
The Goatfather

Das Goatshed Restaurant auf dem Fairview-Weingut ist ein Ort zum gemütlichen Mittagessen wie aus dem Bilderbuch. Auf den Gaumen warten neben exzellenten Tropfen auch 25 verschiedene, vor Ort gereifte leckere Käsesorten.

Seite 131
Komplett denkmalgeschützt

Die Church Street von Tulbagh wird von 32 weißen kapholländischen Häuschen flankiert und ist die einzige Straße Südafrikas, in der jedes Gebäude unter Denkmalschutz steht.

Im Weinland wird übrigens auch Bier gebraut – nach dem Reinheitsgebot.

Winzerprobleme am Kap: Hungrige Paviane reduzieren häufig die Erträge, wenn die Trauben in den Mägen der gefräßigen Primaten verschwinden.

Historisches Herz des Weinbaus

V

Von **Constantia,** wo vor knapp 400 Jahren der erste Kap-Wein gekeltert wurde, geht es entlang der Küste der False Bay nach **Somerset West.** Über spektakuläre Bergpässe erreicht man die historischen Weinstädte **Franschhoek, Stellenbosch, Paarl** und **Tulbagh.** Hier pflegt man eine jahrhundertealte Weinbautradition. In schönen Landhotels und Restaurants können die edlen Tropfen in Ruhe genossen werden.

Am Ende des 18. Jh. waren die Nachkommen der Weinpioniere bereits unvorstellbar reich. Die Kriege in Europa, vor allem die Französische Revolution, ließen dort so manche Weinquelle versiegen, und die Kap-Winzer konnten erstmals große Mengen nach Übersee absetzen. Vor allem die Engländer liebten die Sherrys, Port- und Dessertweine, die ihnen halfen, die feuchtkalten Winter besser zu ertragen. Die roten Constantia-Süßweine waren so beliebt, dass der französische König Louis Philippe den gesamten Jahrgang von 1833 aufkaufte.

Es gibt keine Aufzeichnungen darüber, wie der berühmte Wein damals hergestellt wurde. Der Geschmack entsprach einem delikaten Sultaninenli-

ORIENTIERUNG

Infos: Die Info-Büros von Stellenbosch, Franschhoek und Paarl sind alle in historischen Gebäuden untergebracht: www.stellenboschtourism.co.za, www.franschhoek.org.za, www.paarlonline.com.
Planung: Für die Erkundung des Weinlands bietet sich Franschhoek als Basis an.

kör. Zu den historischen Fans gehörten Friedrich der Große, Bismarck wie auch die holländischen und britischen Könige. Napoleon trank auf St. Helena eine Flasche am Tag, und kurz vor seinem Tod bat er noch um ein letztes Glas.

In den 1980er-Jahren wurden Abkömmlinge alter Van-der-Stel-Reben entdeckt und auf dem Gut Klein Constantia gepflanzt. Seither gibt es den *Vin de Constance* wieder. Unbedingt probieren – so viele gekrönte Häupter können sich nicht irren.

Mit den Erlösen aus den Weinverkäufen in der Vergangenheit entstanden die wunderschönen Anwesen, die das Weinland so attraktiv machen. Die alten kapholländischen Bauten wurden erweitert, ausgebaut, die heute nahezu unbezahlbaren Inneneinrichtungen aus *yellow-* und *stinkwood* kamen dazu.

Weingüter rund um Constantia ⭐

📍 Karte 2, B 3

Auf der M 63 geht es in südöstlicher Richtung aus Kapstadt hinaus. Rund um Constantia, eines der nobelsten Wohnviertel Kapstadts, liegt Südafrikas älteste Weinregion. Im 17. Jh. wurden hier erstmals Trauben zu Wein gekeltert.

Ältestes Weingut

Das älteste Weingut ist das von **Steenberg**, wo sich heute ein berühmter Golfplatz und ein elegantes Hotel befinden. Nach wie vor wird hier auch Wein gekeltert, Steenberg ist berühmt für seine Chardonnays und Sauvignon Blancs. Die Farm Steenberg, früher Swaaneweide, gehörte einst dem Kap-Gouverneur Simon van der Stel, bis er sie seiner ›Freundin‹, der aus Deutschland eingewanderten Katharina Ustings, vermachte. Die junge Lübeckerin überlebte nicht nur die strapaziöse Schiffspassage von der Hansestadt ans Kap, sondern auch ihre ersten drei Ehemänner, was ihr einen legendären Ruf einbrachte.

Swaaneweide ist Afrikaans und bedeutet Schwanenwiese. Die ersten Weißen an diesem Ort hatten die hier wild vorkommenden ägyptischen Gänse für (in Afrika nicht natürlich beheimatete) Schwäne gehalten. Katharina und ihr vierter Ehemann bauten ihr erstes Haus auf der Farm im Jahr 1682.

Edle Tropfen

Simon van der Stel zog sich zeitgleich auf seinen Ruhesitz, das benachbarte Weingut **Groot Constantia**, zurück. Dort begann er mit der Produktion der heute weltberühmten Constantia-Weine. Von den klimatischen Verhältnissen her bietet Constantia eine Traumlage: viel Sonne, kombiniert mit den kühlenden Seewinden vom Atlantik, die den Reifeprozess der Trauben etwas verzögern – ideale Voraussetzungen für Winzer, die sehr edle Tropfen keltern und Qualitätsweine produzieren wollen.

In der Weinregion am Kap werden die reifen Trauben jedes Jahr sechs Monate früher als an Rhein, Main und Mosel gelesen.

DIE BESTEN WEINE DES LANDES **W**

Thelema Mountain Estate:
Helshoogte Pass, T 021 885 19 24,
www.thelema.co.za, Weinproben
Mo–Fr 9–17, Sa 10–15 Uhr. Caber-
net Sauvignon und Chardonnay.
Kanonkop Estate: Elsenburg, T
021 884 46 56, www.kanonkop.
co.za, Weinproben Mo–Fr 8.30–17,
Sa 8.30–12.30 Uhr. Cabernet
Sauvignon und Pinotage.
Neil Ellis Wines: Jonkershoek Val-
ley, T 021 887 06 49, www.neilellis.
com, Weinproben Mo–Fr 10–16.30,
Sa, Fei 10–17 Uhr. Sauvignon
Blanc.
Meerlust: Faure, T 021 843 35 87,
www.meerlust.co.za, Weinproben
n. V., 50 Rand/Person, Weinver-
kauf: Mo–Fr 9–17, Sa 10–14 Uhr.
Berühmt für den Rubicon, einen
Cabernet-Merlot-Verschnitt.
Mulderbosch Vineyards: Koelen-
hof, T 021 882 24 88, www.mulder
bosch.co.za; Weinproben nach
Vereinbarung (T 021 881 81 40),
Verkauf Di–So, Fei 10–18 Uhr.
Chardonnay und Sauvignon Blanc.
Paul Cluver Estate: Elgin, T 021
844 06 05, www.cluver.com, Wein-
proben Mo–Fr 9–12.30, 13.30–17,
Sa 9–13 Uhr. Sauvignon Blanc und
Pinot Noir.
Waterford Estate: Blaauwklippen
Rd., Helderberg, Stellenbosch,
T 021 880 04 96, www.waterfordwi
nes.com, Weinproben Mo–Fr 9–17,
Sa 10–15 Uhr. Sauvignon Blanc,
Chardonnay, Cabernet Sauvignon.
Zevenwacht: Langverwacht Rd.,
Kuilsrivier, T 021 900 57 00, www.
zevenwacht.co.za, Weinproben tgl.
8–17 Uhr. Shiraz, dazu hauseigener
Käse.

Das Herrenhaus von **Groot Constantia** gehört zu den schönsten der gesamten
Kapprovinz. Eine mächtige Eichenallee
führt vom Eingangsportal auf das *manor
house* (Herrenhaus) zu. Besucher müssen
jedoch vorher auf einen der Parkplätze des
Gutes ausweichen. Zu Fuß gelangt man
geradewegs zu dem prächtigen Gebäude
im schönsten kapholländischen Stil. Vor
dem künstlichen Teich soll ab und zu der
Geist von Simon van der Stel lustwandeln.
Wahrscheinlich passiert das immer dann,
wenn die Weinproben besonders ausgiebig geraten. Der Bauherr und ehemalige
Kap-Gouverneur hat bis zu seinem Tod
1712 hier gelebt. Nach seinem Ableben wurde die ursprüngliche Constan-
tia-Farm aufgeteilt in Groot Constantia,
Klein Constantia und Buitenverwachting.

Groot Constantia erlebte seine Blütezeit zwischen 1778 und 1885, als es im
Besitz der Familie Cloete war. Das ein-
stöckige, reetgedeckte Anwesen in der
klassischen kapholländischen U-Form
wurde 1925 durch einen Brand fast
völlig zerstört. Nach einer gelungenen
Restaurierung erstrahlt das mit Möbeln
aus dem 18. Jh. ausgestattete Haus heute
wieder im alten Glanz.

Wer sich für die Geschichte des
Weinbaus am Kap interessiert, sollte das
kleine Weinmuseum (tgl. 10–17 Uhr)
besuchen. Es führt den Besucher bis in
die vorchristliche Zeit zurück und bestätigt wieder einmal, dass bereits die alten
Griechen und Römer gerne dem Wein
zusprachen.

T 021 794 51 28, www.grootconstantia.co.za,
Weinproben und Weintouren tgl. 10–17 Uhr

Wo alles begann

Das benachbarte Gut **Klein Constantia**
steht etwas im Schatten von Groot Constantia. Die historischen Gebäude sind
zwar bescheidener, aber trotzdem sehr
hübsch und den Besuch wert.

T 021 794 51 88, www.kleinconstantia.com,
Mo–Fr 10–17, Sommer Sa 10–17, So 10–16,

Winter Sa 10–16.30 Uhr, So geschl., Keller-
führung n. V.

Jenseits aller Erwartungen
Das Weingut **Buitenverwachting** (Afrikaans für ›jenseits aller Erwartungen‹)
produziert fruchtig-frische Chardonnays
und Sauvignon Blancs, die an weiße Bur-
gunder erinnern.
Klein Constantia Rd., T 021 794 51 90,
www.buitenverwachting.co.za, tgl. 9–17 Uhr,
Führungen durch die Keller 11,15 Uhr

Wein und Wurst
Constantia Glen ist eines der neueren
Weingüter der Region und eine gute Al-
ternative zu den Constantia-Klassikern.
Unbedingt eine der leckeren Käse- und
Charcuterie-Platten zur Weinprobe dazu-
bestellen. Vor allem die Sauvignon Blancs
sind von sehr guter Qualität.
Constantia Main Rd., T 021 795 56 39, www.
constantiaglen.com, tgl. 10–17 Uhr

Schlafen

Kapholländischer Luxus
**Cellars-Hohenort Country House
Hotel:** Absolut ruhig, mitten in Constan-
tia gelegen; luxuriöses Hotel, dessen
Weinkeller aus dem 17. Jh. stammt. Mit-
glied in der Hotelvereinigung Relais &
Châteaux.
Constantia, 93 Brommersvlei Rd., T 021 794
21 37, www.thecellars-hohenorthotel.com, DZ
mit Frühstück ab 2950 Rand

Ruhige Lage
Villa Coloniale: Ruhig, mitten im
Constantia-Weingebiet gelegenes, stilvolles historisches Gästehaus. Corne-
lia und Raymond, das golfbegeisterte
Deutsch-Schweizer Besitzerpaar, kümmert
sich engagiert um die Gäste.
11 Willow Rd., T 021 794 20 52, www.
villacoloniale.com, Luxussuiten für Zwei mit
Frühstück ab 2200 Rand

Essen

Spitzenküche
La Colombe: Ausgezeichnetes Essen in
einem Restaurant im provenzalischen Stil
auf dem Gelände des Silvermist-Weinguts.
Die Speisen sind auf riesigen Schieferta-
feln aufgelistet, sehr nette Bedienungen.
2014 eröffnete das populäre Restaurant
direkt hinter dem Constantia Nek, also nicht
mehr ganz in Constantia. Daher eine kulinarische Bereicherung für das hinter dem
Berg liegende Hout Bay, 2015 wurde es
schon zu den Top Ten des Landes gewählt.
Silvermist Wine Estate, Constantia Nek, T
021 794 23 90, www.lacolombe.co.za, tgl.
Lunch 12.30–14, Dinner 19–20.45 Uhr,
Gourmand-Menü ohne/mit Weinpaarung
1390/2290 Rand, reduziertes Menü ohne/mit
Weinpaarung 990/1740 Rand, vegetarisches
Gourmand-Menü ohne/mit Weinpaarung
1090/1900 Rand

Deutsche Küche
Hartlief Deli: ›Zweigstelle‹ von Hartlief
Deli im Garden Center in Kapstadts City.
Für Kap-Deutsche ist die Metzgerei mit
Imbiss im alten Farmladen von Constantia
ein lukullischer Wallfahrtsort. Wer Leber-
käs-Brötchen, Debrecziner, Brezeln, Laugenstangen und Käsekuchen vermisst,
kommt hierher.
High Constantia Farm Stall, Main Rd., T 021
794 17 06, www.hartlief.co.za/constantia-deli,
Mo 9–16, Di–So 8–16 Uhr, Hauptgericht um
70 Rand

Einkaufen

Gut versorgt
Die oben beschriebenen Weingüter verkaufen ihre eigenen Anbauprodukte vor Ort,
die Weine gibt es dort auch flaschenweise.

Alles unter einem Dach
**Constantia Village Shopping Cen-
tre:** Die Mall wurde komplett moderni-

siert und bietet viele tolle Geschäfte und Restaurants.

Constantia Rd., T 021 794 50 65, www.cons tantiavillage.co.za, Mo–Fr 9–18, Sa 9–17, So 9–14 Uhr

Somerset West

📍 C5

Südlich von Constantia trifft die Straße bei **Muizenberg** auf die False Bay und führt an ihr entlang nach Osten, auf die steil aufragende, gezackte Bergkette der **Hottentots Holland Mountains** zu. In den ersten drei Monaten jeden Jahres verwandelt sich der über dem Städtchen **Somerset West** liegende Helderberg in ein rotes Blütenmeer. Viele Blumen liebende Touristen tummeln sich dann auf dem Rundwanderweg des 245 ha großen **Helderberg Nature Reserve**, um die Disa-Orchideen zu bewundern.

Alternativstrecke

An der R44 zwischen **Stellenbosch** und **Somerset West** liegen zwei sehr lohnenswerte Weingut-Abstecher ganz dicht nebeneinander. Von Stellenbosch auf der R44 kommend, fahren Sie dazu auf der Annandale Road, nach links ab und folgen den Hinweisschildern zu **Hidden Valley** und Uva Mira.

Der Porsche unter den Weingütern

Mit 620 m Höhenlage ist **Uva Mira Mountain Vineyards** eines der höchstgelegenen Weingüter des Landes. Das verlängert aufgrund des kühleren Klimas den Reifeprozess der Trauben und führt zu einer deutlichen Qualitätsverbesserung der Weine. Weingut-Besitzer Toby Venter ist nicht nur der Porsche-Importeur Südafrikas, er hat auch die historische Grand-Prix-Rennstrecke Kyalami bei Johannesburg mit einer Investition von mehreren hundert Millionen Rand vor Immobilien-Haien, die dort Wohneinheiten errichten wollten, gerettet. Wie beim Wein auch geht es ihm um den Erhalt von Kultur für die Nachwelt. Das passt auf die Rennstrecke, die mittlerweile zu den weltbesten gehört und auf der demnächst wieder ein afrikanischer Formel-1-Grand-Prix stattfinden soll, als auch auf seine Weine. Sein Ziel ist nicht geringer als zukünftig den besten Rotwein der Welt zu produzieren. Ob er auf dem Weg dazu ist, beurteilen Sie selbst. Seine Weine lassen sich bei einer Probe testen. Dazu werden Käse- und Wurstplatten im Probierraum angeboten.

Annandale Rd., T 021 880 16 83, www.uva mira.com, tgl. 10–17 Uhr, Weinproben mit 3 & 5 Proben (60 & 100 Rand), Käse- und Wurstplatten 225–250 Rand

Versteckt und Kunst-voll

Zum einen gibt es auf **Hidden Valley** das preisgekrönte Gourmet-Restaurant **Overture** vom bärtig-coolen Promi-Chef Bertus Basson, zum anderen das von ihm konzipierte, unkomplizierte, auf einem Damm befindliche **The Deck**. Letzteres serviert kleinere Gerichte, wie herrliche Burger, mit toller Aussicht und scheinbar mitten in der mit Kunstwerken angereicherten Natur.

Hidden Valley Wine Estate, Annandale Rd., T 021 880 27 21, www.hiddenvalleywines. co.za, https://bertusbasson.com, Overture: Lunch tgl. ab 12, Dinner Di–Sa ab 19 Uhr, 3-Gänge-Menü 575 Rand, 5-Gänge-Tasting-Menü 795 Rand. The Deck: tgl. 11–16 Uhr (wetterabhängig), Hauptgericht um 90 Rand

Korruption am Kap

Etwas außerhalb von Somerset West liegt das **Vergelegen Wine Estate.** Vergelegen bedeutet ›weit weg‹, denn zu Ochsenwagenzeiten war es ein weiter Weg vom Weingut bis nach Kapstadt. Auch Vergelegen ist im kapholländischen Stil erbaut worden. Zum Bau des prunkvollen An-

Somerset West **105**

Die Kampferbäume auf dem Gelände des Vergelegen Wine Estate wurden zu Zeiten Willem Adriaans gepflanzt.

wesens beschäftigte Willem Adriaan, der Sohn Simon van der Stels und sein Nachfolger im Amt des Kap-Gouverneurs, illegal 600 Sklaven der Niederländisch-Ostindischen Kompanie. Trotz ihrer Verdienste um den südafrikanischen Weinbau blieben und bleiben die beiden Gouverneure wegen ihres Einsatzes von Sklaven der VOC umstritten. Die Kap-Bürger rebellierten schließlich gegen ihre korrupten Oberen und wurden sie auch tatsächlich los. Willem Adriaan ging im April 1708 ins Exil, sein Vater starb im Juni 1712. Von da an nahmen die freien Kap-Bürger ihre Geschicke mehr oder weniger selbst in die Hand. Wie man sieht, hat die Korruption in Südafrika eine lange Tradition.

Vom Dach des achteckigen, in einen Hügel integrierten Weinkellers hat man eine tolle Aussicht. Der Blick reicht weit über die False Bay bis hin zur Kap-Halbinsel und über die Weinberge zu den Hottentots Holland Mountains, die es auf dem weiteren Weg ins Herz des Weinlandes zu überwinden gilt. Loursford Rd., T 021 847 13 34, www.vergelegen.co.za, Weinverkostung T 021 847 13 37, tgl. 9.30–16.30 (Verkauf bis 17) Uhr, Führung tgl. 11.30, 15 Uhr (keine Kinder)

Schlafen

Historisches Landgut
Erinvale Estate Hotel: Fantastische Lage, historisches Cape-Dutch-Gebäude, stilvolle Zimmer, zwei Restaurants. Somerset West, Lourensford Rd., T 021 847 11 60, www.erinvale.co.za, DZ mit Frühstück ab 2300 Rand

Günstig, aber stilvoll
Smart Stay Apartments: Apartments je nach Größe und Saison ab 750 Rand. Ein deutsches Pärchen hat hier ein Haus mit netten, voll ausgestatteten Apartments für Selbstversorger eingerichtet. Somerset West, 17 & 18 Pintail Way, T 083 285 98 69, www.smart-stay.co.za, DZ ab 1150 Rand

Essen

Architektonisches Meisterwerk
Waterkloof: Exzellentes Essen gepaart mit grandioser Aussicht über die Weinberge von Somerset West und die False Bay in einer Symphonie aus Glas, Stahl und Beton. Wurde im November 2018 in den Eat Out Awards zum besten Restaurant des Landes gekürt. Waterkloof Wine Estate, Sir Lowry's Pass Rd., T 021 858 14 91, www.waterkloofwines.co.za, Winter Mi–Sa (Frühling/Sommer auch Mo/Di) Küche 12–14, 19–21, So 12–14 Uhr, 2- bzw. 3-Gänge-Menü 450/560 Rand, Degustationsmenü 1350/1600 Rand ohne/mit Weinpaarung

Olivenparadies

95 at Morgenster: In Kooperation mit dem italienischen Promi-Koch Giorgo Nava, der in der City von Kapstadt die kulinarischen Highlights »95 on Keerom« und »Carne« besitzt, eröffnete dieses Gourmet-Restaurant auf dem Weingut Morgenster, das neben exzellenten Tropfen auch preisgekrönte Oliven und Olivenöle produziert, die zu den besten des Landes gehören. Diese können hier auch probiert werden. Drinnen oder auf der Terrasse werden die delikaten Gerichte mit eigenem Wein serviert.
Morgenster Estate, Vergelegen Av., T 021 204 70 48, www.95atmorgenster.com, www.morgenster.co.za, Di–So 12–15.30, Do–Sa 19–21.30 Uhr, im Winter von Ende April bis Oktober geschl., Hauptgericht um 200 Rand

Im Namen des Pferdes

Equus Restaurant: Pferde sind das dominante Thema in diesem Edelrestaurant, das einem Architekturmagazin entsprungen zu sein scheint. Die Küche ist exzellent. Rechtzeitig vorbuchen.
Cavalli Stud and Wine Farm, Strand Rd., R 44, T 021 855 32 18, www.cavallistud.com, Mi–Sa 12–15, 18.30–21.30, So 12–15 Uhr, Hauptgericht 190–290 Rand

Feiern

• **Helderberg Festival of Lights:** Dez.–Jan., Somerset West. In den Straßen von Somerset West blinkt und funkelt die aufwendigste Weihnachtsbeleuchtung der ganzen Kapprovinz.

Infos

• **Helderberg Tourism Bureau:** 186 Main St., South Vines, Somerset West, T 021 851 40 22.

Leider kann das Essen auf dem Elgin Railway Market nicht mit dem tollen Dekor mithalten.

Von Somerset West nach Franschhoek ♥ C 5/6

Kurz hinter Somerset West schlängelt sich die gut ausgebaute Verbindungsstraße N 2 den Sir Lowry's Pass hoch, den ersten Bergübergang dieser Tour. Wie viele Bergstraßen der Kapprovinz begann auch diese ihre Existenz zunächst als Wildwechsel, später wurde der Weg dann von den Buschmännern genutzt. 1828 ließ Gouverneur Sir Lowry Cole schließlich eine Passstraße bauen, allerdings ohne vorher die Genehmigung des Londoner Kolonialbüros einzuholen. Als die englischen Bürokraten deswegen drohten, sein Gehalt zu konfiszieren, kamen ihm die Kapstädter Bürger zu Hilfe und boten ihm an, für seine finanziellen Verluste aufzukommen. Daraufhin machte die Londoner ›Zentrale‹ einen Rückzieher.

Verbunden mit Kapstadt

Durch den Bau der Straße war das kaum besiedelte Hinterland mit dem ›Marktplatz‹ Kapstadt und seinem Hafen verbunden, und Südafrika hatte seine erste ordentliche Passstraße. Bei klarer Sicht bietet sich vom Aussichtspunkt (402 m) ein toller Blick über die gesamte Kap-Halbinsel und die Cape Flats bis zu Kapstadts Wahrzeichen, dem Tafelberg.

Bei **Grabouw,** im fruchtbaren Groenland Valley, zweigt die R 321 zum Viljoens Pass ab. Grabouw ist das Zentrum des Elgin District, eines berühmten Apfelanbaugebietes. An der Kreuzung empfiehlt sich ein kurzer Stopp am **Orchard Elgin Country Market.**

Art-déco-Markt

In **Elgin** selbst hat im Juni 2018 am alten Bahnhof ein weiterer Wochenendmarkt, der **Elgin Railway Market,** seine gewaltigen Tore geöffnet. Architektonisch ist der aufwendig gebaute Elgin Railway Market sehr gelungen, mit vielen Art-déco-Details und unglaublichen Deckenventilatoren. Leider haben die Macher bei der Auswahl der einzelnen Pächter kein gutes Händchen gezeigt. Vom Ambiente verführt, erwarten Besucher mehr als das gebotene Fastfood, das die Hallen mit ranziger Luft füllt. Aber sehenswert ist der Markt auf alle Fälle. Vielleicht gibt es ja bald auch das adäquate Essen. So lange trinkt man hier einfach nur etwas auf der Terrasse.

Elgin Railway Market, Oak Avenue, Elgin, T 021 204 11 58, www.elginrailwaymarket. co.za, Fr 16–20, Sa 9–20, So 9–18 Uhr

Wasser marsch

Nördlich von **Grabouw** geht es auf der R 321 weiter. Nach einigen Kilometern ist der **Viljoens Pass** überwunden und es geht hinunter in ein Tal. Der Verkehr nimmt immer mehr ab. Links und rechts gedeihen Apfelbäume, deren Früchte – *Granny Smith* und *Golden Delicious* – auch für europäische Gaumen keine Unbekannten sind.

Vorbei am gewaltigen Wasserreservoir des **Theewaterskloof Dam** führt der Weg hinter der Brücke über den Damm nach links auf die Berge zu. Kurz darauf schlängelt sich die Straße in spektakulären Kurven auf den 701 m hohen **Franschhoek Pass** – ein straßenbaulicher Höhepunkt der Kapprovinz. Oben heult zwischen schroffen Felsen der Wind, unten liegt **Franschhoek** mit seinen sattgrünen Weinfeldern. Von hier aus fliegen oft Kapstadts Paraglider zu Tal. Weniger gefährlich, doch nicht minder beeindruckend windet sich die Straße in vielen Kurven nach unten. Kurz vor Erreichen des Weinortes treffen Besucher oft auf einen der hier lebenden Pavianclans, deren Mitglieder rechts und links der Straße nach Essbarem suchen.

TOUR
Von Pool zu Pool

Wanderung auf dem Boland Hiking Trail

Der Boland Hiking Trail in den zerklüfteten **Hottentots-Holland-Bergen** bietet eine Reihe von Wanderoptionen mit Übernachtungshütten in Landroskop oder Boesmanskloof.

Die erste Tagesetappe führt von **Nuweberg** zur **Landdroskop-Hütte** (12 km, 3–4 Std.). Vom Parkplatz folgt man zunächst etwa 4 km einem Jeep Track, dann wird es ernster. Es geht steil nach oben zu einer Felsformation, die aufgrund ihres Aussehens Sphinx getauft wurde. Hier ist Halbzeit, ein guter Platz für eine Pause mit Aussicht. Mit viel Fantasie haut das hin mit der Sphinx. Der Pfad ist gut mit aufgemalten Fußabdrücken gekennzeichnet. Der Weg, der hier **Palmietpad** genannt wird, trifft unterhalb der Gipfel des Nuweberg und **Landdroskop** auf den **Palmiet River,** der vor allem im heißen Sommer eine willkommene Erfrischung bietet. Die Hütten tauchen dann rechts auf, aber nicht zu früh freuen: Die Entfernung täuscht etwas, es ist noch ein ganzes Stück zu laufen. Vor allem, weil es noch einmal runter und wieder rauf geht.

Das wunderschöne Hottentots-Holland-Naturreservat ist durch seine Vielfalt an Bergfynbos charakterisiert.

Infos

📍 C 5

Hottentots Holland
Nature Reserve,
Parkplatz Nuweberg
ca. 14 km von Gra-
bouw und der N 2

Länge: 43,6 km

Dauer: 3 Tage,
anstrengender Rund-
wanderweg

Kontakt: Cape
Nature Conservation,
T 021 659 35 00,
www.capenature.
co.za

Kosten: 40 Rand
Eintritt/Person, 310
Rand/Person für die
beiden Hüttenüber-
nachtungen.

Wer nur einen Teil
gehen möchte, hat
die Wahl zwischen
zwei verschiedenen
Routen: Boegoekloof
Trail (24 km; 8 Std.)
und Palmiet Trail
(6 km; 2 Std.)

Baden in der Selbstmordschlucht

Am nächsten Tag geht es von **Landdroskop** nach **Boesmanskloof** (17,6 km, 7 Std.). Wer abkürzen möchte, kann
auch von hier zurück auf den Jeep Track nach Nuweberg
(8 km, 2 Std.) absteigen. Die Drei-Tages-Wanderung geht
runter zum **Riviersonderend River** und quert diesen über
eine Hängebrücke bei **Red Hat Crossing.** Unbedingt hier
in den natürlichen Pools schwimmen, denn danach geht
es wieder schweißtreibend steil nach oben. Der Blick in
die Schlucht ist atemberaubend. Als Nächstes steigt man
dann zu einem anderen Fluss hinunter, in die **Suicide
Gorge,** einen beliebten *Kloofing*-Ort (s. auch S. 239).
Hier findet sich mit **Pootjiespool** das schönste Felsenbad
des Trails. Wer genug Mut hat, rutscht den bemoosten
Wasserfall hinunter. Bevor es wieder steil bergauf geht,
noch die Wasserflaschen füllen, da es bis zu den Hütten
kein Wasser mehr gibt. Die Ausblicke zurück von Noor-
dekloof und die Gipfel von Nuweberg, Landdroskop und
Somerset-Sneeukop sind beeindruckend und Lohn der
Mühe – vor allem im letzten Nachmittagslicht, wenn
die Felsen fast blau schimmern. Die Proteen sind hier
wunderschön. Steil geht es hinunter ins Tal.

Am dritten Tag wird es einfach, die **Orchard Route** ge-
nannte Strecke von **Boesmanskloof** zurück nach **Nuwe-
kloof** ist nur 14 km lang, wofür man 2–3 Std. einplanen
sollte. Unterwegs gibt es wieder **Felsenpools** oder – für
jene, die im Winter laufen – heiße Duschen am Parkplatz
Nuweberg.

Variante als Tagestrip

Wie alle Wanderwege im Reservat beginnen die beiden
gut ausgeschilderten Tagestouren hinter dem Parkbüro,
bei Nuweberg. Sie sind Teil des Boland Trail. Der erste
Teil des Boegoekloof Trail folgt sowohl dem Palmiet
Trail als auch der ersten Etappe des Boland Trail. Die
anspruchsvolle Tageswanderung führt durch einen **Canyon (Kloof),** den der Palmiet River geschaffen hat. An
der Brücke nicht den Fluss queren, sondern weiter an
seinem Ufer entlang und den Canyon hinaufgehen.
Zwischendurch muss man durch Felsenpools schwimmen – eine tolle Erfrischung im Sommer.

Der **Palmiet Trail** ist deutlich einfacher. Nach 4 km am
Palmiet River entlang ist ein wunderbarer Sandstrand
erreicht.

Schlafen

Coole Wohnwagen

Old Mac Daddy Airstream Trailer Park: Die ländliche Version des Airstream-Trailer-Parks Grand Daddy in Kapstadts Long Street. Auch hier wird in individuell von verschiedenen Künstlern entworfenen und dekorierten klassischen, amerikanischen Airstream-Wohnwagen genächtigt. An jeden von ihnen wurde ein Häuschen mit Wohnraum und Badezimmer angebaut. Die Aussicht ins Tal ist fantastisch. Achtung: Die obersten Wohnwagen *Yellow Submarine, Secret Life of Plants* und *Dirkie Sanchez* sind nur über eine lange steile Treppe zu erreichen. Am einfachsten gelangt man zu *Birdy* und *Love Cake,* direkt am kleinen Stausee. Restaurant ›The Barn‹ im Haupthaus. Tipp: die Schnitzel (120–150 Rand).

Elgin Valley, T 021 844 02 41, www.oldmac daddy.co.za, Wohnwagen für 2 Personen So–Do 1395 Rand, Fr/Sa, Fei und Schulferien 1995 Rand/Nacht

Essen

Frisch von der Farm

Orchard Elgin Country Market: Großer Farmladen mit Restaurant zum Drinnen- und Draußensitzen.

Ecke N 2/R 321, T 021 859 28 80, tgl. 7–18 Uhr, Hauptgericht um 60 Rand

American Barbecue

Hickory Shack: Die US-amerikanische oder, genauer gesagt, die texanische Version des südafrikanischen Braai wird hier zelebriert, in authentischer Holzhaus-Atmosphäre. Dort wird auch das Fleisch vor dem Grillen entsprechend geräuchert. Am Wochenende oft ausgebucht.

An der N 2 von Kapstadt kommend, 1,2 km nach Paul Cluver links, Elgin, T 021 300 13 96, www.hickoryshack.co.za, Hauptgericht

90–180 Rand, Special samstags 1 kg Barbecue Spare Ribs für 150 Rand

Franschhoek ⊙ ♀ C5

Nicht nur der Name erinnert an Frankreich, das kleine Städtchen mit seinen Bistros und Cafés sieht auch fast so aus und könnte mit etwas Fantasie auch irgendwo in der Provence liegen. Dass der Wein oft besser und wesentlich günstiger ist als im ›echten‹ Frankreich, ist ein weiterer Pluspunkt, der nicht nur frankophilen Reisenden gut bekommt. Etliche Weingüter bieten in Führungen und Proben Einblicke in den Weinbau der Region.

Jagd auf die Hugenotten

Eine dramatische Entwicklung in Europa ist für die Gründung des Ortes und für den Qualitätsschub des Kap-Weins verantwortlich zu machen. Der französische König Ludwig XIV. erklärte 1688 das Edikt von Nantes, das allen Einwohnern die Glaubensfreiheit versprach, für ungültig. Überall in Frankreich begann daraufhin die gnadenlose Jagd auf die Hugenotten – es ging um Leben und Tod. 164 von ihnen gelang auf Schiffen der Niederländisch-Ostindischen Kompanie die Flucht nach Kapstadt. Sie ließen sich in der (heute *french corner* genannten) Gegend um Franschhoek nieder. Frankreichs Verlust war ein kultureller Gewinn für das Kap, wo bis dahin nur 600 holländische und deutsche *free burgher* lebten.

Manche der Hugenotten, die aus dem Süden Frankreichs stammten, waren mit dem Weinbau vertraut und betrieben dieses Handwerk in ihrer neuen Heimat weiter. Alle neun damals von ihnen gegründeten Farmen haben auch heute noch mit Weinbau zu tun: La Dauphine, Burgundy, La Bri, Champagne, Cabrière, La Terre de Luc, La Cotte, La Provence und La Motte. Viele traditionelle Afrikaner-Familien tragen die Namen der damaligen hugenottischen Einwanderer: Malan, de Villiers, Malherbe, Roux, Barre, Thibault und Marais. Französisch sind heute allerdings nur noch die Speisekarten einiger Restaurants in Franschhoek abgefasst, die einstige Muttersprache spricht hier niemand mehr.

Mindestens eine Übernachtung sollte in Franschhoek eingeplant werden, schon wegen der frischen Croissants, die in den kleinen Hotels und Bed & Breakfast-Unterkünften jeden Morgen gereicht werden.

Die (W)Einwanderer
An die Hugenotten und ihr Vermächtnis erinnert das Hugenotten-Denkmal, das 1988 zum 250. Jahrestag der Landung der französischen Flüchtlinge eingeweiht wurde. Das stattliche, trotzdem filigran wirkende Granitmonument birgt viel Symbolik. Dominant sind die drei eleganten Bögen, die die Heilige Dreifaltigkeit darstellen sollen, überragt von einer goldenen Sonne (Rechtschaffenheit) und einem einfachen Kreuz (Treue). Vor den Bögen steht eine weibliche Figur, die eine Bibel in der rechten und eine zerbrochene Kette (Religionsfreiheit) in der linken Hand hält. Sie trägt ein blumengeschmücktes Kleid (Adel), steht mit gespreizten Beinen auf der Erde (geistige Freiheit) und wirft ihren Umhang ab (Unterdrückung). Weitere Symbole sind die Harfe (schöne Künste), ein Bündel Getreide, ein Rebzweig (Landwirtschaft) sowie ein Spinnrad (Industrie).
Linker Hand der Ecke Huguenot/Lambrecht St., gegenüber dem Huguenot Museum, Straße in Richtung Franschhoek Pass

Out of Frankreich
Im 1976 eröffneten Huguenot Memorial Museum sind viele Möbelstücke der frühen französischen Siedler ausgestellt. Das Gebäude selbst ist eine Rekonstruktion des 1791 nach Entwürfen des Franzosen Louis Thibault erbauten eleganten Cape-Dutch-Anwesens Saasveld, das einst in Kapstadts Kloof Street stand. Nach dessen Abbruch wurden Holz, Fenster, Türen und Steine des Hauses von der Tafelbucht nach Franschhoek transportiert, um dort das heutige Museumsgebäude zu errichten.
Lambrecht St., T 021 876 25 32, www.museum.co.za, Mo–Sa 9–17, So 14–17 Uhr, 10/2 Rand, Studenten 5 Rand

Weingüter

Sabrage oblige
Achim von Arnims **Haute Cabrière** ist weit über die Stadtgrenzen hinaus für seine edlen Schaumweine bekannt, der Hausherr außerdem für seine eher unkonventionelle, aber publikumswirksame Art, die Flaschen zu öffnen. Statt einfach den Draht, der den Korken festhält, zu entfernen, schlägt er den Hals der Flasche mit dem Säbel ab. Auf Französisch wird das *sabrage* genannt. Neben den Schaumweinen, die nach

ÜBER DEN FRANSCHHOEK PASS IM WEINLAND

Über den gut ausgebauten Franschhoek Pass im Weinland zu cruisen, gehört zu den Höhepunkten eines Kap-Trips. Zum besonderen Erlebnis wird die Tour mit einem legendären, polternden, hubraumstarken Zweizylinder unterm Hintern: einer Harley. Die amerikanischen Maschinen kann man, einschließlich Ausrüstung, in Kapstadt für einen oder mehrere Tage mieten.

dem Gründer des Weinguts, dem Hugenotten Pierre Jourdan benannt sind, ist Haute Cabrière vor allem für seine Pinot-Noir-Rotweine berühmt, die man unbedingt probieren sollte.

Cabrière Estate, T 021 876 36 88, 876 85 00, www.cabriere.co.za, Proben & Kellertouren Mo–Fr 9–17, Sa, Fei 10–16, So 11–16 Uhr (vorherige Anmeldung für die Tour mit Sabrage am Sa: T 021 876 85 00)

Kapholländische Perle

Das Gut **Plaisir de Merle** wurde 1693 von Charles Marais gegründet, das Herrenhaus – ein wunderschönes Beispiel kapholländischer Architektur – stammt aus dem Jahr 1764. Unbedingt probieren: Cabernet und Merlot.

Simondium, T 021 874 10 71, www.plaisirde merle.co.za, Proben Mo–Fr 8.30–17, Sa 10–16 Uhr

Schlafen

Provenzalischer Luxus

Le Quartier Français: Neben 32 komfortablen Zimmern (und zwei einzeln stehenden Villas) mit handbemalten Bettdecken im Provence-Stil gibt es eine Gourmetküche im Haus, das La Petite Colombe. Tipp für Frischverheiratete ist die Honeymoon Suite mit eigenem Swimmingpool.

16 Huguenot St., T 021 876 21 51, https:// leeucollection.com/lqf/stay, DZ mit Dinner & Frühstück ab 7200 Rand

Romantik pur

Akademie Street Boutique Hotel and Guesthouse: Ein verwunschener Garten mit überwucherten Pfaden macht dieses kleine Etablissement mit seinen fünf Suiten und drei luxuriösen Gästehäuschen so beliebt. Gelatenheid ist ein doppelstöckiges Refugium mit Badewanne unter Bäumen. Wurde kürzlich zum romantischsten Gästehaus Südafrikas

gewählt. Sehr schöner Swimmingpool und legendäres Frühstück.

5 Akademie St., T 082 517 04 05, www.aka. co.za, DZ mit Frühstück ab 5000 Rand

Schöner wohnen

Allée Bleue: Exklusive Übernachtungsmöglichkeiten in historischen Cottages auf der Weinfarm. Wunderbar dekorierte Zimmer, die das Alte geschickt mit Modernem kombinieren.

Groot Drakenstein, an der Kreuzung R 310/R 45, zwischen Boschendal und Franschhoek, T 021 874 10 21, www.allee bleue.co.za, DZ mit Lounge und Frühstück ab 3000 Rand

Tolle Aussicht

La Petite Ferme: Die kleinen, schön eingerichteten Häuschen, für sich im Weinberg gelegen, verfügen jedes über eine eigene Terrasse und einen Pool; dank der Lage kommt hier noch Nachmittagssonne hin. Reichhaltiges Frühstück im Cottage oder im angeschlossenen Restaurant.

Franschhoek Pass Rd., zwischen Pass und Ort links der Straße gelegen, T 021 876 30 16/18, www.lapetiteferme.co.za, DZ mit Frühstück ab 3013 Rand

Essen

Spitzenklasse

La Petite Colombe: 2017 eröffnete das elegante La Petite Colombe im Le Quartier Français Boutiquehotel und wurde gleich von Eat Out zum besten neuen Restaurant des Jahres gewählt. Das Schwester-Restaurant zu den beiden Gourmet-Tempeln Foxcroft in Constantia und La Colombe in Hout Bay. Delikate, ungewöhnliche Gerichte von höchster Qualität, einschließlich eines vegetarischen Gourmet-Menüs.

16 Huguenot Rd., T 021 202 33 95, www. lapetitecolombe.com, tgl. Lunch & Dinner, Gourmet-Menüs mittags und abends, ohne/ mit Weinpaarung 965/1600 Rand

Franschhoek **113**

Erst studieren, dann probieren? Haute Cabrière lässt Ihnen bei der Reihenfolge freie Wahl …

Versteckte Perle
Franschhoek Kitchen: Eine wunderbare Aussicht paart sich hier mit zeitgenössischer, südafrikanischer Küche, pur und einfach, aber von höchster Qualität, mit frischen Zutaten aus der Umgebung. Wenn es draußen zu frisch ist, bietet sich das herrlich eingerichtete Innere zum Essen an. Ein kulinarischer Hotspot im Ort. Saisonale Änderungen in der Karte.
Holden Manz Wine Estate, Green Valley Rd., T 021 876 27 29, www.holdenmanz.com, Facebook: Holden Manz Wine Estate, tgl. 12–15, 19–21 Uhr, 2-Gänge-Menü ab 295 Rand

Im Keller
Haute Cabrière Cellar Restaurant: Das in einem Keller untergebrachte Restaurant gehört zu den besten im Weinland. Alle Gerichte auf der Karte sind auch als halbe Portionen erhältlich und die ausgezeichneten Cabrière-Weine lassen sich glasweise bestellen. Tipp: Franschhoek-Lachsforelle mit Pistazien- und Senfkörnerkruste, serviert mit Rahmspinat und Rotweinbutter.
Cabrière Estate, Lambrechts Rd., R 45, T 021 876 36 88, 876 85 00, www.cabriere.co.za, Mai–Sept. Di–So 12–15 (Lunch), Fr/Sa auch 15–19 (Kleinigkeiten), 19–21 (Dinner), Okt.–April Di–Sa 12–15 (Lunch), 15–19 (Kleinigkeiten), 19–21 Uhr (Dinner), So nur Lunch, 3-Gänge-Menü 370 Rand, 6-Gänge-Tasting-Menü mit Wein 595 Rand

Local Hero
Reuben's: Reuben hat eine echte ›Tellerwäscherkarriere‹ hinter sich – vom Kellner zum im ganzen Land gepriesenen Gourmetkoch. Das Essen schmeckt prima, vor allem im Sommer auf der Terrasse. Kürzlich ist sein Restaurant innerhalb Franschhoeks umgezogen. Die im alten Restaurant vielbewunderte Flugzeug-Tragfläche findet sich nun im Innenhof – als Bartheke.
2 Daniel Hugo Rd., T 021 876 37 72, www.reubens.co.za, Lunch & Dinner Mo, Mi–So 12–15, 18.30–21 Uhr, Hauptgericht um 185 Rand

Nur für Schwindelfreie
Fyndraai: Wer nicht ganz schwindelfrei ist, sollte beim Betreten des Restaurants nicht nach unten blicken. Der durchsichtige Boden gibt den Blick auf die ausgegrabenen Reste des alten Weinkellers von 1740 frei. Die Küche ist stark südafrikanisch beeinflusst, mit drei kulinarischen Stilrichtungen: Kapmalaiisch, Holländisch und Khoi.
Solms-Delta Wine Estate, Groot Drakenstein (von der R 45 ab), T 021 874 39 37, www.solms-delta.co.za, Mi–So 10–18 Uhr, Hauptgericht 95–195 Rand

Auf einem herrlichen Weingut
Pierneef à la Motte: Traditionelle Kapküche mit einem modernen Twist machten das Pierneef mit Chefkoch Chris Erasmus

114 Weinland

zu einem der besten Restaurants im Land. La Motte selbst gehört zu den schönsten Gütern im Weinland.

La Motte Wine Estate, R 45, T 021 876 80 00, www.la-motte.com, Lunch Di–So 11–15, Dinner Do–Sa 16–19 Uhr, 5-Gänge-Menü ohne/mit Weinpaarung 645/895 Rand

Im Namen des Hundes

Big Dog Coffee: Hier werden beste Bohnen geröstet und zu einer herrlichen Koffein-Injektion gebrüht. Der Kaffee mit dem Logo des schwarzen Hundes nennt sich Terbodore und das Restaurant wurde gebaut, um diesen zu präsentieren. nach dem Motto ›Kaffee, Essen & Design‹. Das Interieur aus Rohbeton, Holz und Glas ist sehr attraktiv. Und im Sommer kann man im schönen Garten sitzen. Im Shop gibt es viel Kaffee-Zubehör mit dem Logo und natürlich den Kaffee in verschiedenen Sorten und Röststufen. Das Restaurant serviert herrliche, kleinere Gerichte in relaxter Umgebung. Ein wirklich angenehmer Platz, wenn man genug vom vornehmen ›Franschhoek-Ambiente‹ hat. Die Küchlein sind eine (oder mehrere) Sünden wert.

191 Main Rd., T 021 876 27 31, www.bigdog cafe.co.za, Mo–Fr 7–17 Uhr, Sa 8–16 Uhr, Gerichte um 80 Rand

Feiern

• **Bastille Festival:**Juli. Im Zentrum steht der Wein der umliegenden Weingüter, die auch einen Wettbewerb im Fassrollen *(barrel rolling)* austragen. Infos: www.franschhoek.co.za.

Infos

• **Franschhoek Wine Valley & Tourist Association:** Infos zu Übernachtungen und Weinproben.

70 Huguenot Rd., T 021 876 36 03, www.franschhoek.org.za

Von Franschhoek nach Stellenbosch ♥ C 5

Auf dem Weg von Franschhoek nach Stellenbosch liegt ein weiteres sehenswertes Weingut, das bereits seit 1685 bewirtschaftet wird und dessen Tropfen bei Kennern sehr beliebt und geschätzt sind: **Boschendal Estate.** Idyllisch sind die sonntäglichen Picknicks (Nov.–April) im Garten unter mächtigen, Schatten spendenden Eichen.

Das ehemalige kapholländische Herrenhaus ist heute ein **Museum** mit wunderschönen Möbeln aus der Zeit der Niederländisch-Ostindischen Kompanie VOC (tgl. 9.30–17 Uhr, 20 Rand).

Pniel Rd., Groot Drakenstein, T 021 870 42 11, www.boschendal.com, Weinproben tgl. 9–16.30, Sa 8.30–12.30 Uhr

Höllisch steil

Nach so viel Kultur darf es nun wieder etwas Natur sein: der nächste Pass. Sein zunächst vielleicht abschreckender Name – Helshoogte – täuscht: Die Straße ist zweispurig ausgebaut. Zu Zeiten der Ochsenwagen dürfte der gut 300 m hohe Bergübergang vom Drakenstein-Tal nach Stellenbosch allerdings noch ›höllisch hoch‹ gewesen sein. Am **Helshoogte Pass** ist auch wieder mal ein kulinarischer Zenit erreicht, dort liegen die Weingüter **Delaire Graff Estate** und **Tokara Wine Estate** (s. Essen).

Essen

Grandiose Aussicht

Indochine: Unglaubliche Architektur, die nur von der Aussicht geschlagen werden kann. Tolle Kunstgegenstände. Das asiatisch angehauchte Indochine, in Blau und dunklem Holz gehalten, steht im Kontrast zum mit knallig orangefarbe-

nen Sitzmöbeln gestalteten Delaire Graff Restaurant des gleichnamigen Weinguts. Aromatische asiatische Gerichte, gepaart mit lokalen Weinen.
Delaire Graff Estate, R 310, Helshoogte Pass, zwischen Franschhoek und Stellenbosch, T 021 885 81 60, www.delaire.co.za, tgl. 12–14.30, Mi–Sa 18.30–21 Uhr, Hauptgericht um 315 Rand

Genuss mit Weitblick
Tokara: Richard Carstens, der wie ein Prison-Break-Nebendarsteller aussieht, ist bekannt für seine teils wahnwitzigen Geschmackskombinationen wie Kokosnuss-Panna-cotta mit Korianderreis und Gurkensorbet oder Schokoladenmousse mit Basilikumeis, schwarzem Sesam und grünem Tee. Die Aussicht von der Restaurantterrasse ist fantastisch.
Tokara Wine Estate, Helshoogte Pass, R 44, T 021 885 25 50, www.tokararestaurant.co.za, Di–So 12–15, Di–Sa 18–22 Uhr (Winter) bzw. tgl. 12–15 Uhr (Sommer), Hauptgericht um 180 Rand

Das Frühstück im Deli von Boschendal kann sich sehen und schmecken lassen!

Geniale Angus-Steaks
Werf Restaurant: Im alten Herrenhaus des Boschendal Estate wird innovative, ländliche Küche serviert, zubereitet mit den bestmöglichen Zutaten aus der Region: frisch gebackenes Brot, langsam gegrillte Rippchen und Fleisch von den Angusrindern der Farm. Oder wie wäre es mit hausgeräuchertem Fisch oder Fleisch? Bei schönem Wetter bietet sich die herrliche, aussichtsreiche Terrasse zum Sitzen an.
Boschendal Estate, T 021 870 42 07, Lunch Mi–Sa 12–15, So 12–16 Uhr, Dinner Mi–Sa 18–21 Uhr, 3-, 4- & 5-Gänge-Menüs ohne Weinpaarung 385/495/590 Rand, mit Weinpaarung 585/745/890 Rand

Ganz traditionell
Rhone Homestead Restaurant: Im 1795 erbauten und somit ältesten Gebäude von Boschendal gibt es ganzjährig das traditionelle sonntägliche Kap-Büfett.
Boschendal Estate, T 021 870 42 74, Sonntags-Lunch 12–14 Uhr, 325 Rand p. P., Kinder (3–12 Jahre) 160 Rand, ohne Getränke

Cooles Bistro
The Deli: Das familienfreundliche Bistro ist im alten Wagenhaus untergebracht. Es serviert leckere Frühstücke, Lunch und Nachmittagstee. Man sitzt im gemütlichen Restaurant oder draußen unter den alten Eichenbäumen.
Boschendal Estate, T 021 870 42 76, So–Di 8–21, Mi–Sa 8–17 Uhr

Picknick im Garten
Picnics: Boschendal ist seit Langem berühmt für seine Picknicks und die reichhaltigen Picknick-Körbe. Zwei verschiedene Picknick-Bereiche – Rhone Rose Garden und das relaxtere Werf – servieren diese in den Sommermonaten auf den ausgedehnten Rasenflächen der Anlage. Es gibt u. a. Forellenfilets, Gemüse-Terrinen, Patés, Farmbrot, gegrilltes Huhn, Salate und hausgemachte Nachtische.

Körbe müssen 24 Std. vorher bestellt werden!
Rhone Rose Garden Picnic, im Mai Mi/Do sowie Juni–Aug. geschl., sonst tgl. geöffnet
Werf Farm Picnic, Juni–Aug. geschl., sonst tgl. geöffnet (im Mai nur Sa/So), 12–14 Uhr Abholung der vorbestellten Picknickkörbe
Rhone Picnics, 480 Rand Korb (2 Pers.), 95 Rand für Kinder (3–10 Jahre)
Werf Picnics, 430 Rand (2 Pers.), 95 Rand für Kinder (3–10 Jahre)

Frisch aus dem Farmladen

The Farmshop & Butchery: Im Laden der Weinfarm gibt es das auf der Farm gezüchtete Angus-Rindfleisch, frisches Farmbrot, Marmeladen und lokales Olivenöl.
Boschendal Estate, T 021 870 42 76, tgl. 9–21 Uhr

Blaue Stunde

Bistro Allée Bleue: Schönes Bistro mit leckeren Gerichten, zubereitet mit auf der Farm angebauten Zutaten.
Groot Drakenstein, Kreuzung R 310/R 45, zwischen Boschendal und Franschhoek, T 021 874 10 21, www.alleebleue.com, Mi–So 8–17 Uhr, Lunch um 70 Rand, Hauptgericht um 90 Rand

Stellenbosch ♀ C5

Als der Kap-Gouverneur Simon van der Stel in Südafrika ankam, lag unterhalb des Tafelbergs die einzige Siedlung der VOC. Anfang November 1679 machte er sich auf den Weg ins Landesinnere, wo er etwa 50 km von Kapstadt entfernt das Tal des Eersterivier (Erster Fluss) erblickte und als idealen Ort für eine weitere feste Ortschaft auserkor. Er gab der Siedlung seinen Namen: Stel-en-bosch – Stellenbosch. 1685 entstanden Kirche und Gerichtsgebäude sowie ein kleines Dorf mit eigener Verwaltung.

Damals …

Stellenbosch ist damit die zweitälteste Stadt Südafrikas und wahrscheinlich die, deren Kern noch am besten erhalten ist – obwohl ab 1710 drei große Feuer das ganze Dorf in Schutt und Asche legten. Es wurde jeweils schnell wieder alles aufgebaut, und mit der Zeit kamen

Typisch Studentenstadt, bietet Stellenbosch viele trendige Bars und Cafés, in denen man wunderbar sitzen und Leute beobachten kann.

etliche bauliche Veränderungen dazu. Die schönsten Häuser des Ortes stammen aus den Jahren 1775 bis 1820. Zu Beginn der Besiedlung pflanzten die freien Bürger reihenweise Eichen, die heute – groß und mächtig – das Stadtbild bestimmen und Stellenbosch den Beinamen Eikestad – Eichenstadt – eingebracht haben.

… und heute

Ohne den Schatten, den die alten Bäume spenden, würde ein Stadtrundgang im Sommer, wenn zwischen den Bergen kein Lüftchen weht, ein schweißtreibendes Unternehmen. Der **Rhenish Complex** (Toy and Miniature Museum, Leipoldt House) im Zentrum zählt zu den gelungensten Restaurierungsprojekten in Südafrika. An der Gebäudegruppe lässt sich ein gutes Stück der architektonischen Geschichte von Stellenbosch ablesen.

Kapholländisch satt

Auf dem Weg zur Braak ist das **Leipoldt House ❶** in der Market Street einen genaueren Blick wert – eine interessante Mischung aus kapholländischen und englischen Architekturelementen. Das zweistöckige Haus direkt daneben ist dagegen typisch englisch. Die beiden letzteren Gebäude lassen sich leider nur von außen besichtigen. Den Komplex ergänzen die einfacheren Kap-Häuser in der Market Street; in einem von ihnen befindet sich das Stellenbosch Tourist Information Bureau.

Hält man sich auf der Market Street rechts, kommt man zum **Kruithuis ❷**, dem 1777 erbauten früheren Pulvermagazin der VOC. Heute ist in dem denkmalgeschützten zweistöckigen Gebäude mit attraktivem Glockenturm und weiß verputzter Mauer ein Museum mit antiken Pistolen und Gewehren, Hieb- und Stichwaffen sowie Erinnerungsstücken an die VOC untergebracht.
Market St., T 021 887 29 37, Mo–Fr 9.30–13, 13.30–17 Uhr, 10 Rand

Parade-Platz

Nun rückt bereits **Die Braak ❸** ins Blickfeld, der 1703 angelegte Parade- und Marktplatz des Städtchens, der heute ein hübscher grasbewachsener Park im Zentrum ist. Um ihn gruppieren sich einige interessante Häuser, die ebenfalls zum Rhenish Complex gehören.

Blumenstraße

In Blickrichtung zum Marktplatz liegen auf der rechten Seite der Bloem Street die **Rhenish School ❹** (Rheinische Volksschule, 1905), das **Rhenish Institute ❺** (Rheinisches Institut, 1862) und die 1832 errichtete **Rhenish Church ❻**. Von den drei Gebäuden darf nur Letzteres besichtigt werden. Das Datum auf dem vorderen Giebel (1840) bezieht sich auf das Jahr des Erweiterungsbaus. Im Innern ist vor allem die filigran geschnitzte Kanzel sehenswert. Am anderen Ende der Straße steht das **Burgerhuis ❼** von 1797, das erst Privat-, dann Pfarrhaus war und heute, von der Stadtverwaltung sachkundig restauriert, das Hauptquartier der Gesellschaft für den Erhalt historischer Häuser Südafrikas beherbergt.

Nur von außen bewundern

Auf dem weiteren Rundgang kommt der Besucher an vielen sehr hübschen historischen Gebäuden aus verschiedenen Epochen vorbei. Leider können nur die wenigsten dieser Häuser auch von innen besichtigt werden, da sie sich in Privatbesitz befinden.

In der Alexander Street steht das Ende des 18. Jh. erbaute **Coachman's Cottage ❽** (Kutscherhaus, Haus Nr. 40), in dem allerdings nie ein Kutscher lebte. Auch die alte **Drostdy-Herberge ❾** (Ecke Alexander/Bird St.) ist nicht mehr das, was sie einmal war. Hier ist heute ein Einkaufskomplex untergebracht, der allerdings geschmackvoll in die alte Bausubstanz integriert wurde. Gegenüber steht die hübsche reetgedeckte **St. Mary's**

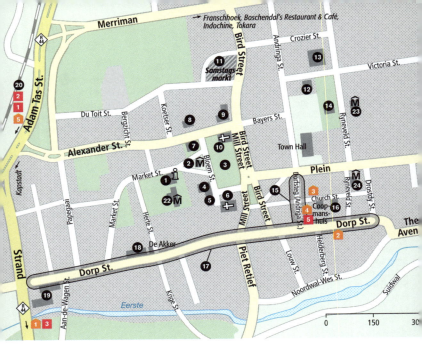

Anglican Church ❿, die im Jahr 1852 erbaut wurde. Der Glockenturm folgte erst 32 Jahre später, 1884.

In der Bird Street auf dem Gelände der ehemaligen **Bergzicht-Farm** ⓫ findet jeden Samstag ein bunter Markt statt.

Schön und elegant

In der Victoria Street stehen nebeneinander zwei sehr schöne Häuser: das **Crozier** und das **Bergville House** ⓬, die sich beide in Privatbesitz befinden. Die doppelstöckigen, 1900 erbauten Gebäude weisen symmetrische Fassaden auf, auch die Verzierungen über der Kranzleiste sind typisch für die Zeit.

Als die Stadt 1879 ihr 200-jähriges Bestehen feierte, beschloss man, zu diesem Anlass das **Stellenbosch College** ⓭ zu bauen. 1886 wurde das beeindruckende neoklassizistische Gebäude fertiggestellt.

Direkt gegenüber steht das **Erfurt House** ⓮, das mit seinem schmiedeeisernen Balkon als eines der elegantesten Häuser in Stellenbosch gilt.

Ehemalige Mühle

Vom Rathaus an der Plein Street, 1941 in einem Pseudo-Kap-Stil erbaut, geht es hinüber zum **Dorfsteg** ⓯, der heute diagonal durch einen Häuserblock verläuft. Früher war hier der Mühlengraben, der sich durch ein malerisches Wohnviertel zur Nieuwe Molen (Neue Mühle) zog, an deren Stelle heute ein Supermarkt steht. Entlang dem Dorfsteg bringen nun nur noch die Blumenverkäufer etwas Farbe ins Bild.

In der Church Street (Kerkstraat) steht mit **D'Ouwe Werf** nicht nur Südafrikas ältestes Hotel, sondern mit dem **Coopmanshuijs** (heute ein 5-Sterne-Boutique-Hotel, www.coopmanhuijs.co.za) und dem **Hofmeyrsaal** ⓰ (39 Church

Stellenbosch

Ansehen
1. Leipoldt House
2. Kruithuis
3. Die Braak
4. Rhenish School
5. Rhenish Institute
6. Rhenish Church
7. Burgerhuis
8. Coachman's Cottage
9. Drostdy-Herberge
10. St. Mary's Anglican Church
11. Bergzicht-Farm
12. Crozier/Bergville House
13. Stellenbosch College
14. Erfurt House
15. Dorfsteg
16. Hofmeyrsaal
17. Dorp Street
18. Oom Samie Se Winkel
19. Libertas Parva
20. Spier Wine Estate
21. Lanzerac Wine Estate
22. Toy and Miniature Museum
23. Sasol Art Museum
24. Village Museum

Schlafen
1. Majeka House
2. Eendracht Boutique Hotel
3. D'Ouwe Werf
4. Stellenbosch Hotel
5. Zevenwacht Country Inn

Essen
1. Rust en Vrede
2. Jordan Restaurant
3. Makaron
4. Postcard Café
5. The Terrace

St., heute ein Missionszentrum) bietet sie noch zwei andere feine Häuser.

Die von Eichen gesäumte **Dorp Street** 17 ist der Höhepunkt eines Stellenbosch-Rundgangs. Keine andere Straße in Südafrika bietet eine höhere Konzentration von historischen Häusern. **Oom Samie Se Winkel** 18 (Onkel Sammys Geschäft, 82/84 Dorp St., tgl. 9–17.30 Uhr), ein 1904 eröffneter viktorianischer Krämerladen, konnte sich trotz zahlreicher Supermärkte bis in die heutige Zeit halten. Allerdings hat er in letzter Zeit viel von seinem ursprünglichen Charakter verloren. Nichts ist mehr wild durcheinandergewürfelt, alles ist nun geordnet, es gibt einen bestimmten Weg, den Besucher durch den Laden gehen müssen. Das **Gartenrestaurant** (T 021 883 83 79, Hauptgericht 70 Rand) serviert nach wie vor traditionell-südafrikanische Küche und ist immer noch gemütlich.

Auf der Ecke, rechts neben dem Laden, befindet sich **De Akker** (90 Dorp St., Mo–Sa ab 11 Uhr), ein Pub, in dem vor allem Studenten, von denen es während des Semesters etwa 12 000 in der Universitätsstadt gibt, gerne einkehren.

Kunstgalerie
In dem eleganten kapholländischen Herrenhaus **Libertas Parva** 19 aus dem Jahr 1783 ist sowohl die Rembrandt van Rijn Art Gallery (mit Werken bekannter südafrikanischer Maler) als auch – im ehemaligen Weinkeller – das Stellenryk Wine Museum untergebracht. Dort sind neben allem, was zum Weinbau gehört, noch einige VOC-Weinflaschen mit Originaletikett ausgestellt.
31 Dorp St., T 021 887 34 80, Mo–Fr 9–12.45, 14–17, Sa 10–13, 14–17, So 14.30–17.30 Uhr, Eintritt frei

---

Weingüter

Adler, Eulen & Wein
Das 1692 gegründete **Spier Wine Estate** 20 am Ortsrand von Stellenbosch empfängt seine Gäste mit offenen Armen.

Musikbands spielen vor den verschiedenen kleinen Restaurants. Im Amphitheater finden regelmäßig Open-Air-Konzerte, von Rock über Jazz bis Klassik, statt.

Fürs leibliche Wohl ist gut gesorgt. Gäste können Picknickkörbe (www.spierpicnics.co.za) für zwei Personen erstehen und deren Inhalt auf dem Rasen unter Schatten spendenden, mächtigen Eichen genießen. Man sucht vor Ort aus oder hat via Website vorbestellt (z. B. saisonal oder vegetarisch, 580 Rand, Kinderpicknick 150 Rand). Außerdem werden regelmäßig Weinproben veranstaltet. Im Eight Restaurant gibt es in edlem Ambiente ein Gourmetbüfett zum Festpreis.

Bonus: Auf dem Weingut gibt es eine Eulen- und Adlerwarte (T 021 858 18 26, www.eagle-encounters.co.za, tgl. 10–17 Uhr, 80/65 Rand), wo man zahme Vögel halten darf.

Lynedoch Rd., an der R 310, T 021 809 11 00, www.spier.co.za, Weinproben tgl. 10–16 Uhr, T 021 809 11 43/7, Eight to Go Deli tgl. 10–16.30 Uhr, Eight Restaurant Di–So 10–12 (Brunch), 12–15 (Lunch), 15–16.30 (Tee) Uhr, T für beide 021 809 11 88

Reifes Alter, guter Wein
Wer gerne in historischen Mauern nächtigt, sollte es einmal mit dem 300 Jahre alten **Lanzerac Wine Estate** ㉑ probieren. Es ist heute eines der ältesten Landhotels Südafrikas. Die Weinberge rund um das Anwesen erbringen einen sehr guten Chardonnay.

T 021 887 11 32, www.lanzerac.co.za, Kellertouren Mo–Fr 11–15 Uhr

Museen

Puppen & Automodelle
㉒ **Toy and Miniature Museum:** Im schönsten kapholländischen Stil ist das Pastoranhaus der Rheinischen Mission erbaut worden, das seit 1995 das Spielzeugmuseum beherbergt. Es hat sich auf Puppenhäuser und Automodelle spezialisiert und ist nicht nur für Kinder sehenswert.

Ecke Herte/Market St., T 021 887 29 48, Mo–Sa 9.30–17, So 14–17 Uhr, Mai–Aug. So geschl.

Beeindruckende Kunst
㉓ **Sasol Art Museum:** 1907 wurde das Haus im holländischen Neo-Renaissance-Stil als Bloemhof-Mädchenschule erbaut. Heute ist dort eine Kunstgalerie untergebracht. Die weiß gerahmten roten Klinkersteine erinnern an das Rijksmuseum in Amsterdam.

Ryneveld St., T 021 808 36 95, Mo–Fr 9–16, Sa 9–17, So 14–17 Uhr, Eintritt frei

Freilichtmuseum
㉔ **Village Museum:** In diesem Freilichtmuseum können Sie typische Stellenbosch-Häuser ausgiebig von innen besich-

---

KAPHOLLÄNDISCHER STIL

Als kapholländischer Stil (Cape Dutch) wird die ursprüngliche Architektur Kapstadts und der Kappprovinz bezeichnet. Typisch für die Ende des 17. Jh. entstandenen Häuser sind weißer Außenputz, ein reetgedecktes Dach und ein elegant geschwungener Giebel. Die teilweise wunderschönen Häuser verleihen der Kappprovinz ihr charakteristisches Erscheinungsbild.

Die schönsten Beispiele kapholländischer Architektur sieht man im Weinland (Groot Constantia Manor House, Vergelegen Wine Estate), in Kapstadt (Old Town House), in Hout Bay (Kronendal Estate), in Stellenbosch (Lanzerac Wine Estate und entlang der historischen Dorp Street), in Prince Albert (entlang der Church Street) und in Swellendam (Drostdy und Innenstadt).

tigen. Auf 5000 m² stehen hier im ältesten Bereich der Stadt vier schön restaurierte Originalhäuser aus verschiedenen Epochen:

Das 1709, 30 Jahre nach der Gründung Stellenboschs, erbaute **Schreuder House** ist das früheste Stadthaus Südafrikas. Es ist bereits auf der ältesten, 1710 entstandenen Zeichnung von Stellenbosch zu sehen und gehörte einst Sebastian Schreuder, einem in den Diensten der VOC stehenden sächsischen Soldaten. Der Charme dieses Hauses kommt von den dicken, weiß verputzten Wänden, dem offenen Feuerplatz in der Küche, den von den Dachsparren hängenden Zwiebeln, Kräutern und gesalzenen Trockenfischen sowie den primitiven Kap-Möbeln. Die Einrichtung steht im Kontrast zu den eher opulent ausgestatteten Heimen späterer Zeit.

Das um 1789 erbaute **Bletterman House** besitzt sechs Giebel und einen H-förmigen Grundriss. Die Möbel zeigen, wie ein wohlhabendes Stellenbosch-Heim zwischen 1750 und 1780 eingerichtet war. Kein Wunder, denn hier wohnte einst der letzte von der VOC in Stellenbosch eingesetzte Friedensrichter, Hendrik Bletterman, der kurz nach der britischen Besetzung des Kaps einzog und die neuen Machthaber verabscheute. Als er 1824 starb, richtete die Regierung ihre Büros hier ein. Die angegliederte Scheune diente nacheinander als Sklavenschule, Theater, Pocken-Krankenhaus und bis 1979 als Polizeistation.

1803 erhielt das zweistöckige **Grosvenor House** sein jetziges Aussehen, die Grundsteinlegung geht jedoch auf das Jahr 1782 zurück. Zusammen mit dem Koopmans-De Wet House in Kapstadt ist es das am schönsten erhaltene Beispiel eines Patrizierhauses, von denen es in Stellenbosch einige gab. Das Innere ist mit elegantem, zwischen 1800 und 1830 üblichem Mobiliar bestückt.

Das **O. M. Bergh House** schließlich hatte ursprünglich ein reetgedecktes Dach und mehrere Giebel, ähnlich wie das Bletterman House. Im 19. Jh. erhielt es sein heutiges Aussehen. Damals wohnte die Familie Bergh hier, Nachkommen eines schwedischen Abenteurers namens Olof Bergh und seiner Frau Angela, einer befreiten Sklavin. Die eher schattigen Räume mit dunklen Tapeten und schweren Möbeln spiegeln den Zeitgeschmack zwischen 1840 und 1870 wider. 18 Ryneveld St., T 021 887 29 02, Mo–Sa 9.30–17, So 14–17 Uhr

---

Schlafen

Seit 1692

㉑ Lanzerac Manor: Kapholländisches Anwesen aus dem Jahr 1692, 48 Zimmer mit großzügigen, stilvoll eingerichteten Räumen. Die neu gebauten Zimmer sind ebenfalls eine gute Wahl. Das Restaurant ist weniger empfehlenswert, das hauseigene Pub mit Bier vom Fass dafür umso mehr. Lanzerac Rd., T 021 887 11 32, www.lanzerac.co.za, DZ mit Frühstück ab 3420 Rand

Relaxter Luxus

❶ Majeka House: Ein wunderbares Hotel in ruhiger Lage mit herrlich dekorierten Zimmern, einem sehr schönen Garten, einem Wellnesszentrum (Sanctuary Spa) und dem exzellenten Restaurant Makaron. Aufmerksamer, aber nie aufdringlicher Service. Sehr viel Understatement. Ein Highlight im Weinland. 26–32 Houtkapper St., Paradyskloof, T 021 880 15 49, www.majekahouse.co.za, DZ mit Frühstück ab 2580 Rand

Neu, im alten Stil

❷ Eendracht Boutique Hotel: Im alten Stil erbautes, modern ausgestattetes *guest house* in der historischen Dorp Street. 161 Dorp St., T 021 883 88 43, www.eendracht-hotel.com, DZ mit Frühstück ab 1660 Rand

Oldie but Goldie

❸ D'Ouwe Werf: Ältestes Gasthaus im Land, Restaurant im Haus. Nach einer

DIE SCHMETTERLINGE VON BUTTERFLY WORLD

In Klapmuts, zwischen Stellenbosch und Paarl gelegen, befindet sich Butterfly World, das größte Freiflug-Schmetterlings-Refugium im Südlichen Afrika. Besucher sehen die Falter aus der ganzen Welt in einer tropischen Umgebung herumflattern. Und sie können sogar beobachten, wie sie aus ihren Kokons schlüpfen. Neben den Schmetterlingen gibt es noch Affen, Papageien, Schlangen und Spinnen zu sehen (36 Market St., R 44, direkt an der Klapmuts-Ausfahrt von der N 1, T 021 875 56 28, www.butterflyworld.co.za, tgl. 9–17 Uhr, 88/49 Rand).

Renovierung hat das historische Hotel nun 58 Zimmer, wobei das Moderne sehr geschickt mit der alten Substanz kombiniert wurde.
30 Church St., T 021 887 46 08, 887 46 26, www.ouwewerf.co.za, DZ mit Frühstück ab 1965 Rand

Historische Mauern
4 **Stellenbosch Hotel:** Das zwischen 1692 und 1701 erbaute Hotel grenzt an die historische Dorp Street; 27 hübsch restaurierte Zimmer, alle mit Bad.
Ecke Dorp/Andringa St., T 021 887 36 44, www.stellenboschhotel.co.za, DZ mit Frühstück ab 1220 Rand

In Sichtweite von Kapstadt
5 **Zevenwacht Country Inn:** Grandiose Aussicht auf die Skyline von Kapstadt von diesem attraktiven Weingut aus; Country-Restaurant.
Langverwacht Rd., Kuils River, T 021 903 51 23, www.zevenwacht.co.za, DZ mit Frühstück ab 1160 Rand

Dörfliches Ambiente
The Village at Spier: Das Boutiquehotel im **Spier-Weingut** 20 bietet 155 Zimmer in sehr geschmackvollem Dorf-Setting mit 32 verschiedenen Häuschen im kapholländischen Stil, Gärten, Innenhöfen, Wasserläufen und Sträßchen.
R 310, Lynedoch Rd., T 021 809 11 00, www.spier.co.za, DZ mit Frühstück ab 1900 Rand

Essen

Ruhe und Frieden
1 **Rust en Vrede:** Gehört zu den besten Restaurants des Landes. Die Atmosphäre ist ruhig und elegant, ideal für eine romantische Verabredung. Tadelloser Service. Perfekter Sommelier. Das Essen basiert auf lokalen Produkten höchster Qualität.
Annandale Rd., T 021 881 37 57, www.rustenvrede.com, Di–Sa ab 18.30 Uhr, 4- oder 6-Gänge-Menü 720 bzw. 850 Rand

Wunderbar gelegen
2 **Jordan Restaurant:** Gourmetküche auf einem kleinen, schönen Weingut. Offene Küche und Glastüren schaffen ein transparentes, lichterfülltes Ambiente. Saisonale Gerichte wie Entenbrust und Karoo-Impala. Es gibt außerdem einen begehbaren (!) Käseraum mit vielen lokalen Produkten. Schöne Aussicht auf die Berge und das Wasserreservoir.
Jordan Wine Estate, Stellenbosch Kloof Rd., T 021 881 36 12, www.jordanrestaurant.co.za, tgl. 12–15, Do/Fr auch 18.30–22 Uhr, Lunch 2-/3-Gänge-Menü 350/425 Rand

Gourmet biologisch
3 **Makaron:** Lieblingsrestaurant des Autors in Stellenbosch. Allein das Brotangebot mit Lavasalz vor dem Dinner ist schon den Besuch wert. Erstklassiger Service. Praktisch alle Zutaten aus Bio-Anbau und Freilandhaltung. Der Kräuter- und Gemüsegarten liegt auf dem Grundstück. Fantastische Innenarchitektur.

Lieblingsort

Babylon Weinland

Gundula, die nette Gärtnerin, ist ebenso bunt gekleidet, wie der Garten blüht, und führt durch das grüne Reich von **Babylonstoren** (📍 C 5). Benannt nach einem charakteristischen Felsen, der dem Turm von Babel ähneln soll, liegt hier der wohl schönste Garten der Region. Neben Hunderten von Blumen gibt es auch unzählige Gemüse- und Gewürzpflanzen. Die Produkte enden direkt auf den Tischen des **Babel-Restaurants.** Bestehend aus coolem Glas und Stahl, ist es im ehemaligen Kuhstall untergebracht, eine geniale Symbiose aus historisch und trendy. Die Speisekarte steht auf einer großen, weiß gekachelten Wand, dominiert von einem riesigen Angusrind-Porträt. Die Weinkarte ist klein, aber prima, die meisten Tropfen gibt es auch glasweise. Der Service ist aufmerksam und freundlich, aber nie aufdringlich. Bei schönem Wetter kann man im Freien sitzen. Die Gerichte sind ausgefallen mit teilweise interessanten Geschmackskombinationen.
R 45, Simondium Rd., T 021 863 38 52, www.babylonstoren.com, Garten: tgl. 9–17 Uhr, Babel: Mi–So Lunch, Fr/Sa auch Dinner, Hauptgericht um 200 Rand

124 Weinland

26–32 Houtkapper St., Paradyskloof, T 021 880 15 49, www.makaronrestaurant.co.za, tgl. 7–10.30, 12–15.30, 19–21.30 Uhr, Hauptgericht um 180 Rand

Bistro mit Aussicht
4 **Postcard Café:** Kaffee, leckere Kuchen und leichte Gerichte in stilvoller, zeitgemäß-cooler Bistro-Atmosphäre. Tolle Lage und Aussicht im Jonkershoek Valley auf dem Stark-Condé-Weingut.
Stark-Condé Wine Estate, Jonkershoek Valley, T 021 861 77 03, www.postcardcafe.co.za, Mi–So 9.30–16 Uhr, Hauptgericht um 150 Rand

Urige Bierkneipe
5 **The Terrace:** Eine von Stellenboschs ›In‹-Kneipen, Terrasse mit Holzbänken im Freien, überschaubare Speisekarte. Das ist eher ein Ort, um ein Bier zu trinken; ab 20 Uhr kostenlos Livemusik.
Alexander St., T 021 887 19 42, tgl. 12–24 Uhr, Pubgerichte um 60 Rand

Bewegen

Gemächlich mit der Bahn
Historische Eisenbahn: Fahrt von Kapstadt zum Spier Wine Estate.
Infos bei Cape Town Tourism, T 021 426 42 60, Mi, Sa, Abfahrt ab Kapstadt 9.45, Rückkehr 19.15 Uhr

Gut zu Fuß
Stellenbosch Historical Walks: Stadtrundgänge durch Stellenbosch.
T 021 883 96 33

Feiern

• **Oude Libertas Arts Programme:** Jan.–März. Theatervorstellungen in einem Amphitheater in den Weinbergen.
• **Stellenbosch Food & Wine Festival:** Ende Okt. T 021 886 48 67, www.wineroute.co.za/calendar. Jedes Jahr werden in der Stadthalle von Stellenbosch Küchen und Weinkeller der Kap-Region präsentiert. Wein zum Probieren und Kaufen.
• **Spier Summer Festival:** Dez.–März, www.spier.co.za. Sommerfestival auf dem **Spier-Weingut** ❷⓿ mit Weinproben, Konzerten und Theatervorstellungen.

Infos

• **Stellenbosch Tourism Bureau:** 36 Market St., T 021 883 35 84, www.stellenboschtourism.co.za, Mo–Fr 8.30–17, Sa 9–15, So 11–14 Uhr.
• **Stellenbosch Wine Route Office:** 36 Market St., T 021 886 43 10, www.wineroute.co.za (Website auch auf Deutsch), Mo–Fr 8.30–13, 14–17 Uhr. Infos zur Weinstraße und zu Weinproben.

Paarl ⚲ C5

Als die ersten weißen Siedler vom Kap nach Norden zogen, um das Land zu erforschen, empfing sie eine Wildnis mit vielen Löwen, Nashörnern und Elefanten. In den folgenden Jahrzehnten verwandelte sich das Naturparadies unterhalb der glänzenden Felsen in eine Farmgemeinde, die 1720 nach dem *peerlberg* Paarl genannt wurde. Die ersten 23 Farmen wurden im Oktober 1687 am Berg River vermessen, und innerhalb eines Jahrhunderts entstand das neben Stellenbosch wichtigste Weinbauzentrum des Landes. Paarl ist heute mit gut 110 000 Einwohnern die zweitgrößte Stadt der Kapprovinz.

Afrikaans-Denkmal
Am Ortseingang ragt am Berg das weiße **Taal Monument** in den blauen Himmel. Taal ist Afrikaans und bedeutet Sprache. Das Denkmal, drei miteinander verbun-

dene Säulen und ein spitzer, 57 m hoher Turm, soll das Afrikaans, die einzige germanische Sprache, die in Afrika entstanden ist, symbolisieren. Jedes der vier Elemente der Skulptur erinnert an eine andere Gruppe, die zur Entstehung der Sprache beigetragen hat: Khoisan und Xhosa für den afrikanischen Part, die Sklaven aus der malaiisch-indonesischen Inselwelt und – dargestellt durch die höchste Säule – die ersten europäischen Siedler.
Paarl Mountain, T 021 863 48 09, www. taalmonument.co.za, April–Nov. tgl. 8–17, Dez.–März tgl. 8–20 Uhr, 25/5 Rand

Das Museum zur Sprache
Als Straßendorf angelegt, eignet sich Paarl mit seiner 15 km langen Main Street nicht so gut für einen Stadtrundgang. Einige sehenswerte Häuser konzentrieren sich auf relativ kleinem Raum. Dazu gehört das Gebäude mit dem **Afrikaans Language Museum.** Hier wurde am 14. August 1875 verkündet, dass es eine neue Sprache am Kap namens Afrikaans gebe. Schon in den zwei Jahrhunderten zuvor war die Mischung aus Holländisch, Englisch, Französisch, Deutsch und Sprachen afrikanischer Völker gesprochen worden. Amtssprache war zu dieser Zeit immer noch Holländisch. Ab 1828, als die Briten die Macht am Kap übernahmen, sollte nur noch Englisch gesprochen werden. Der endgültige Durchbruch für Afrikaans kam erst am 8. Mai 1925, als es zweite Amtssprache wurde.
11 Pastorie Av., T 021 872 34 41, www. taalmonument.co.za, Mo–Fr 8.30–16.30 Uhr, 30/5 Rand

Ehemalige Pfarrei
Gegenüber dem Museum erwartet das **Oude Pastorie Museum** die Besucher. Das Heimatmuseum von Paarl ist in der ehemaligen Pfarrei, einem 1714 erbauten Giebelhaus, untergebracht. Hübsche *stinkwood*-Möbel, Silber- und Kupfergegenstände.
303 Main St., T 021 872 26 51, Mo–Fr 9–17, Sa 9–13 Uhr, Eintritt frei

Die heiligen Hallen der KWV (Ko-operatieve Wijnbouwers Vereniging van Zuid Afrika), der größten Winzergenossenschaft der Welt

TOUR
Über historische Pässe

Passepartout im Weinland

Südafrikas historische Pässe stammen allesamt aus prämotorischen Zeiten. Sie wurden während des 19. Jh. projektiert und konstruiert. Die Kutschenwege von einst stehen inzwischen unter Denkmalschutz.

Ausgangspunkt für die Touren ist Paarl im Weinland. Alle Touren sind mit dem Auto oder dem Motorrad an einem Tag zu schaffen.

Südafrikas ungeteerte **Schotterpässe** bieten abenteuerliche Ausflüge in die automobile Vergangenheit. Während die meisten Kutschenwege über die Berge zwischenzeitlich modernisiert, verbreitert und asphaltiert wurden, blieben in der westlichen Kapprovinz und auch im Weinland einige original erhalten, da sie unter Denkmalschutz stehen. Die **Bergstraßen** entstanden einst mit der unfreiwilligen Hilfe von Sträflingen. Die Arbeit war hart: Mangels Sprengstoff wurden große Felsen mit Feuer erhitzt und dann mit kaltem Wasser übergossen, um sie auf diese Weise zum Bersten zu bringen.

Die spektakulärsten Passstraßen der Kapprovinz stammen von **Andrew Geddes Bain** und seinem Sohn Thomas. Letzterer baute insgesamt 24 Pässe, dreimal so viele wie sein Vater. Der Schotte A. G. Bain kam 1816 ohne Ausbildung ans Kap, wo er zunächst als Sattler arbeitete. Später versuchte er Handelsverbindungen mit den Tswana an der Grenze zu Botswana aufzubauen und

Infos

◉ C 4–5

Start- und Endpunkt: Als gute Basis, um die Pässe am Kap zu erkunden, bietet sich Paarl an, als Endpunkt Franschhoek.

Dauer: 1 Tag

Tipp: Auf dem Weg über den Bain's Kloof Pass ins Breede River Valley liegt links das Tor zum Campingplatz Tweede Tol, wo sich nach Zahlung eines kleinen Eintrittsgeldes herrlich in **natürlichen Felsenpools** im Fluss baden lässt. Bei der im Sommer herrschenden Hitze ein absoluter Genuss. Am Wochenende herrscht hier allerdings ziemlich viel Betrieb.

kämpfte in einem der Grenzkriege 1834/35 gegen die Xhosa. Sein Interesse am Straßenbau, für den er ganz offensichtlich ein Talent besaß, brachte ihm 1836 eine Verdienstmedaille für die Projektleitung beim Bau des **Van Ryneveld's Pass** ein. Danach arbeitete er ein paar Jahre lang auf seiner Farm, zwischendurch baute er die eine oder andere Straße für das Militär und andere Auftraggeber. Im Weinland liegen einige von Vater und Sohn Bain errichtete Pässe, die besonders reizvoll sind.

Ein guter Ausgangspunkt zur Erkundung der historischen Pässe der Weinregion ist **Paarl.** Auf der R 45 nach Norden ist der Nachbarort **Wellington** schnell erreicht. Hier wählt man die R 303 Richtung Ceres, die über den in den 1850er-Jahren erbauten, nach ihrem Konstrukteur A. G. Bain benannten **Bain's Kloof Pass** auf 595 m Höhe hinaufführt. Die mittlerweile geteerte Straße zählt zu den eindrucksvollsten Pässen in Südafrika: Es handelt sich mit 30 km um die längste Bergstraße im Land, sie ist immer noch so eng und holprig wie eh und je, und sie bietet spektakuläre Ausblicke auf ein Wunderland an Felsformationen, Gipfeln und Bächen.

Von **Paarl** nach **Worcester,** Richtung Osten, führt eine gut ausgebaute Strecke. Liebhaber alter Passstraßen wählen jedoch den **Du Toitskloof Pass** als kurvenreiche Alternative zum N1-Autobahntunnel. Der alte Pass (offiziell R 101) ist 11 km länger als die neue N1-Route – und viel lohnenswerter. Dramatische Berglandschaften und Ausblicke ins Tal von Paarl lohnen den Umweg. Die ersten Arbeiter am Pass waren italienische Kriegsgefangene, die erst 1945 von ihrer Zwangsarbeit befreit wurden. Drei Jahre später war der Pass dann fertiggestellt (mit bezahlten Arbeitern aus der Gegend). Der Pass ist nach dem französischen Hugenotten François du Toit benannt, der hier einst eine Farm hatte.

Ein dritter, geradezu alpin anmutender Pass, ebenfalls von Bain geschaffen, steigt im gleichnamigen, lieblichen Weinort im Südosten von Paarl an: der **Franschhoek Pass.** Perfekt geteert, erfreuen sich an ihm jedes Wochenende Motorrad- und Sportwagenfahrer. Oben heult zwischen schroffen Felsen der Wind, unten liegt Franschhoek mit seinen sattgrünen Weinhängen.

Im Bertus Basson Deli Shop auf Spice Route gibt es leckere Gerichte mit farmfrischen Zutaten.

Weingüter

In Paarl befindet sich mit der **Koöperatieve Wijnbouwers Vereniging van Zuid Afrika** die größte Winzergenossenschaft der Welt.
KWV Wine Emporium, Kohler St., T 021 807 30 07, www.kwvwineemporium.co.za, Mo–Sa 9–16.30, So 10–15 Uhr, interessante Kellerführungen mit Weinprobe Mo–Sa 10.15 Uhr auf Deutsch, 10, 10.30, 14.15 Uhr auf Englisch

Wichtigste Weinauktion
Rund um Paarl liegen weitere Weingüter, die einen Besuch lohnen. Im wohl bekanntesten, **Nederburg,** einem wunderschönen, kapholländischen Anwesen, findet alljährlich im April Südafrikas wichtigste Weinauktion statt.
Sonstraal Rd., T 021 862 31 04, www.nederburg.com, Besucherzentr./Museum Mo–Fr 9–17 (Okt.–April bis 18), Sa/So 10–16, Führung Mo–Fr 10.30, 15, Mai–Sept. Sa 11, Okt.–April Sa/So 11 Uhr

Arbeiter mit Wein-Label
Der Kapstädter Anwalt Alan Nelson hat sich mit dem Weingut **Nelson's Creek** einen Traum erfüllt. Probieren: Chardonnay, Cabernet Sauvignon und Merlot. Nachdem seine Arbeiter den Nelson-Weinen durch ihren Einsatz zu mehreren Auszeichnungen verholfen hatten, löste er 1997 ein Versprechen ein: Die Arbeiter erhielten Land, um einen eigenen Wein anzubauen – eine Premiere im von konservativen Buren beherrschten, südafrikanischen Weinbau. Die farbigen Arbeiter sind nun Landbesitzer und Winzer. Und die Weine sind ein Erfolg – auf der ganzen Welt.
T 021 869 84 53, www.nelsonscreek.co.za, Weinproben Mo–Sa 9–16 Uhr, So nach Vereinb.

Alles an einem Ort
Direkt neben dem bekannten Fairview Wine Estate findet sich **Spice Route**. Auf

diesem Weingut bekommt man allerdings viel mehr als guten Wein. Eine interaktive Karte auf der Website zeigt alle Highlights dieses ganz besonderen Landguts. Ob Brauerei, Schnapsbrennerei, Schokoladenmanufaktur, Bar, Biergarten oder Restaurant – alles gibt es hier.

Suid Agter Paarl Rd., Paarl, T 021 863 52 00, www.spiceroute.co.za, tgl. 9–17 Uhr

Schlafen

Traumhotel in ebensolcher Lage
Grande Roche: Eines der bekanntesten Luxushotels des Landes, unterhalb der Paarlfelsen und mitten in den Reben gelegen; zwei Swimmingpools, Fitnesscenter, Tennisplätze und kleine Kapelle.

Plantasie St., T 021 863 27 27, www.grande roche.com. DZ mit Frühstück je nach Saison und Größe ab 2700 Rand

Ruhig und aussichtsreich
D'Olyfboom Family Estate: Sehr schöne Aussicht auf die Weinberge und natürlich Paarl Mountain. Reichhaltiges Frühstück mit vielen frischen Zutaten. Modern eingerichtete, komfortable Zimmer. Kleiner Pool im Garten.

14 Napier St., T 021 870 10 80, www.dolyf boom.co.za, DZ mit Frühstück ab 1865 Rand

Historisches Gästehaus
Lemoenkloof Guest House: Angenehme Atmosphäre in einem georgianischen Haus von 1820, 20 Zimmer, auf Wunsch Dinner. Die Stadt ist fußläufig zu erreichen.

396 Main St. (Ecke Malan Rd., T 021 872 37 82, www.lemoenkloof.co.za, DZ mit Frühstück ab 1960 Rand

Historisches Landgut
Mountain Shadows: Das beeindruckende, kapholländische Anwesen wurde bereits 1693 urkundlich erwähnt, aber die Zimmer kombinieren durchaus moderne Elemente mit antiken Möbeln. Auf der Oliven- und Weinfarm werden viele Aktivitäten angeboten, es gibt sogar einen kleinen 6-Loch-Golfplatz.

Von der Keerweder Rd. ausgeschildert, T 021 862 31 92, www.mountainshadows.co.za, DZ mit Frühstück ab 900 Rand

Essen

Der mit den Ziegen speist
The Goatshed: Benannt nach den 400 Schweizer Bergschafen, die auf dem Weingut leben und u. a. zur Produktion der insgeamt 25 Käsesorten beitragen, die zusammen mit herrlichem, frisch gebackenem Brot auf den Tisch kommen. Nach Meinung des Autors einer der schönsten Orte für den Lunch im Weinland.

Fairview Wine Estate, Suid Agter Paarl Rd., T 021 863 36 09, www.goatshed.co.za, tgl. 9–17 (Frühstück bis 11.15, Küche bis 16.30) Uhr, Hauptgericht um 140 Rand

Aromatherapie
Pappa Grappa: Gemütliches Restaurant mit schönem Garten, neben der bekannten Wilderer-Destillerie, wo ausgezeichnete und preisgekrönte Schnäpse, Grappas und Gins gebrannt werden. Diese können in einer Probierstube verkostet werden. Das Restaurant ist berühmt für seine leckeren Flammkuchen (60–65 Rand). Ausgeschenkt werden Minibrauerei-Biere vom Fass und viele Weine aus der Region.

Wilderer Distillery, Simondium, T 021 863 35 55, www.wilderer.co.za, Di–Sa 11.30–21, So 11.30–17 Uhr, Hauptgericht um 80 Rand

Südafrikanische Klassiker
Bertus Basson at Spice Route: Das Restaurant wird von Promi-Koch Bertus Basson betrieben und serviert klassische, südafrikanische Küche. Tipp: sein Apfelkuchen.

Spice Route, Suid Agter Paarl Rd., T 021 863 52 22, www.bertusbasson.com, tgl. 8.30–16 Uhr, Hauptgericht um 135 Rand

Death by Chocolate
De Villiers Artisan Chocolate Roastery & Espresso Bar: Die Schokolade wird direkt aus Kakaobohnen kreiert, der Kaffee täglich frisch geröstet. Die Aromen sind unbeschreiblich. Es gibt Schokoladenproben und Workshops (90 Min.).
Spice Route, Suid Agter Paarl Rd., T 021 863 08 54, www.dvchocolate.com, tgl. 9–17 Uhr

Bayrisches Reinheitsgebot
Cape Brewing Company CBC: Wer sich gefragt hat, wohin sich der bayrische Braumeister Wolfgang Ködel, der jahrelang im Paulaner Biergarten an der Kapstadter Waterfront exzellente Biere braute, nach dessen Schließung zurückgezogen hat, wird hier fündig: Für CBC braut er im großen Stil eine ganze Auswahl guter Biere, die es fast überall in Südafrika, aber vor allem am Kap, meist nicht nur in Flaschen, sondern auch aus dem Zapfhahn gibt.
Spice Route, Suid Agter Paarl Rd., T 021 863 22 70, www.capebrewing.co.za, tgl. 10–17 Uhr

Frisch und lokal
Noop: Hier kommt definitiv nichts aus der Dose. Selbst das Frischgemüse kommt aus dem Restaurant-eigenen Garten. Fleisch aus der näheren Umgebung, selbstverständlich aus Freilandhaltung. Der Fisch ist ethisch vertretbar, also nicht auf der roten Liste. Wenn etwas auf der Karte nicht erhältlich ist, liegt das daran, dass eine Zutat nicht frisch zu bekommen war. Es gibt tgl. wechselnde Specials. Sehr empfehlenswert sind die mindestens 32 Tage ›gereifte‹ Chalmar-Rind und das wunderbare Karoo-Lamm. Sitzplätze drinnen im historischen Haus oder draußen im lauschigen Garten. Super Weinliste. Die Essensfotos auf der Website lassen einem bereits das Wasser im Munde zusammenlaufen.
127 Main St., T 021 863 39 25, www.noop.co.za, Mo–Sa 11 Uhr bis spät, Hauptgericht um 170 Rand

Faber-haft
Faber: Chefkoch Dale Stevens zelebriert seine Essenskreationen in der offenen Küche auf dem Avondale Öko-Weingut, außerhalb von Paarl. Es gibt zwei-, drei- und sogar siebengängige Menüs. Und wie vermutet ist alles Fleisch aus Freilandhaltung, der Fisch ethisch, Gemüse, Gewürze und Salate von der Farm. Andere Zutaten werden so nahe wie möglich an der Farm gekauft, um den Carbon Footprint so niedrig wie möglich zu halten. Der kulinarische Zenit in Paarl, und das ohne schlechtes Gewissen.
Lustigan Rd., Klein Drakenstein, Avondale Wine Estate, T 021 202 12 19, www.avondalewine.co.za/faber, Mi–So 12–15, Do–Sa 18.30–21 Uhr (Reservierung notwendig), Hauptgericht um 200 Rand

Auf dem OmmiBerg Wine Festival können Sie sich einmal um den Paarlberg schlürfen ...

Feiern

• **Alle Feste in Paarl im Netz:** www.paarlonline.com, unter »What's on« auf »Calendar« klicken.

- **Paarl Show:** Ende Jan. Lokales Fest mit vielen Buden; neben leckerem Essen und Getränken wird hier auch Kunsthandwerk verkauft.
- **Weinfest in Paarl:** T 021 872 36 05. In der Kapprovinz beginnt die Weinlese März/April, deren Ende Paarl immer mit einem großen Fest feiert. Es gibt neuen Wein, Musik und viel gute Laune. Großer Parkplatz am Ortsanfang von Paarl; von hier kostenloser Shuttlebus zum Fest auf dem Paarl Mountain.
- **Bergriver Kanu-Marathon in Paarl:** Juli. Dann führt der Berg River am meisten Wasser; anstrengender, viertägiger Kanu-Marathon.
- **Food and Wine Festival:** 1. Aug.-Wochenende, in Malmesbury. Lokale Farmer offerieren ihre Produkte.

Infos

- **Paarl Tourism Bureau:** 216 Main St., T 021 872 48 42, www.paarlonline.com, Mo–Fr 9–17, Sa 9–13, So 10–13 Uhr. Sehr hilfsbereites Personal.

Tulbagh 📍 C4

Eine dramatische Landschaft mit Felsen, Gipfeln und rauschenden Bächen breitet sich vor dem Besucher aus, wenn er über den historischen Bain's Kloof Pass fährt, der Wellington mit dem Breede River Valley verbindet. In **Tulbagh** sieht es dann so aus, als sei die Zeit stehen geblieben.

Die **Church Street** wird von 32 makellosen kapholländischen Häuschen flankiert, eines schöner als das andere – allerdings noch nicht so lange, wie man im ersten Moment vermutet. Bis in die 1960er-Jahre wurden die Häuschen sehr vernachlässigt, Giebel waren entfernt worden, um die Dächer zu ver-

größern, manche Leute hatten Balkone angebaut. Dann kam der 29. September 1969 und ein Erdbeben der Stärke 6,5 auf der Richterskala. Erst die Restaurierungsarbeiten offenbarten die ehemalige Schönheit der Gebäude. Ein Team aus Historikern und Architekten entwickelte ein Wiederaufbauprogramm, dessen Ergebnis heute bewundert werden kann. Die Church Street ist die einzige Straße Südafrikas, in der jedes Gebäude unter Denkmalschutz steht.

In der 1743 erbauten Kirche, dem ältesten Gebäude Tulbaghs, ist das **De Oude Kerk Volksmuseum** untergebracht. Im Innern der Kirche finden sich viele viktorianische Ausstellungsstücke. Interessant sind die Fotos, die zeigen, wie Tulbagh nach dem verheerenden Erdbeben aussah.

4 Church St., T 023 230 10 41, ganzjährig Mo–Fr 8.30–17, Mai–Sept. erster/letzter Sa/So im Monat Sa 10–15, So 11–15, Okt.–April Sa 9–15, So 11–15 Uhr

Schlafen

Landhotel
Tulbagh Hotel: Schöne Zimmer und ein Speisesaal mit gemütlichem Feuerplatz gestalten den Aufenthalt in diesem kleinen Boutique-Hotel auch im Winter angenehm. Sechs Zimmer mit Bad im eigentlichen Hotel, ein paar weitere im angrenzenden Witzenberg Manor sowie ein Häuschen für Selbstversorger auf der anderen Straßenseite.

23 Van der Stel St., T 023 230 00 71, www.tulbaghhotel.co.za, DZ mit Frühstück ab 1400 Rand

Idyllische Wein- und Olivenfarm
Wild Olive Farm: Rustikale, komfortable Häuschen auf einer idyllischen Wein- und Olivenfarm. Man kann im Stausee schwimmen – eine Wohltat bei Sommerhitze. Außerdem lassen sich Forellen

angeln oder Mountainbike-Touren in die Umgebung unternehmen.

An der R 46 zwischen Tulbagh und Ceres, T 023 230 11 60, www.wildolivefarm.com, Häuschen für 2–6 Personen 900–1200 Rand (keine Kreditkarten)

Sehr ruhig gelegen
Fynbos Guest Farm: Die Farm ›produziert‹ die weltweit beliebten Fynbos-Pflanzen, vor allem Proteen. Es gibt drei voll ausgestattete Häuschen (*cottages*) für Selbstversorger, dazu noch ein paar Caravans und Campingplätze.

Von der R 46 weg, zwischen Tulbagh und Ceres, T 072 223 46 74, www.fynbosguest farm.co.za, Cottages ab 750 Rand, Camping 140 Rand/Person

Ferien auf dem Bauernhof
Schalkenbosch: Eine Farm aus dem Jahre 1792, 8 km von Tulbagh entfernt, mit reetgedeckten Häuschen, auch für Selbstversorger.

T 023 230 06 54, www.schalkenbosch.co.za, DZ mit Frühstück ab 750 Rand

Essen

Genuss ohne Reue
Waverley Hills: Der große Vorteil der preisgekrönten Waverley-Hills-Weine ist, dass sie ohne Schwefelzusatz gekeltert werden, daher keinerlei Nebenwirkungen aufweisen, wie z. B. Kater am nächsten Tag. Der Autor hat das in einem ausführlichen Selbstversuch ausprobiert. Und das Essen zum Wein könnte nicht besser sein. Ganz besonders gut ist der scharfe Starter »Gambas Pil Pil« und der 250 g Wagyu Beef Burger.

An der R46, zwischen Tulbagh und Ceres, Waverly Hills Organic Wine & Olive Estate, T 023 231 00 02, www.waverley hills.co.za/restaurant, Frühstück & Lunch Di–Sa 10–16, So 11–15 Uhr, Dinner Mi & Fr 18–22 Uhr, Hauptgericht um 170 Rand

Relaxtes Ambiente
The Olive Terrace Restaurant: Das Restaurant gehört zum Tulbagh Hotel. Gutes Preis-Leistungs-Verhältnis und man kann sehr schön draußen sitzen.

22 Van der Stel Street, T 023 230 00 71, www.tulbaghhotel.co.za/dining, Mi–Mo 9–17 Uhr, Hauptgericht um 120 Rand

Verspielt
Things I Love: Viel Hausgemachtes mit frischen, lokalen Zutaten wie Pies und griechisches Moussaka. Das gegrillte Freilandhuhn ist sehr lecker. Kleine Weinkarte. Angenehm-lockere Atmosphäre.

61 Van der Stel St., T 023 230 17 42, tgl. 8–17 Uhr, Fr, Sa bis spät, Hauptgericht um 70 Rand

Feiern

- **Tulbagh Arts Festival:** meist letztes Okt.-Wochenende (www.tulbaghartsfes tival.co.za). Zelebriert werden hier hauptsächlich die Weine der Region, aber auch lokale Spezialitäten wie Oliven; auch regionales Kunsthandwerk.

Infos

Auf fast jedem Weingut werden Weinproben angeboten. Die Website www. wine.co.za/tour stellt alle Weinrouten vor, mit dazugehörigen Karten zum Anklicken. Besonders sehenswert sind die Weingüter um Constantia (citynah und historisch; hier begann der Weinbau!), Franschhoek (Wine & dine; Gourmet-›Metropole‹), Stellenbosch und Paarl (die beiden Klassiker in toller Berglandschaft).

- **Tulbagh Information:** 14 Church St., T 023 230 13 75, www.tulbaghtourism. co.za. Informationen zu Weingütern, Restaurants und Unterkünften.

Zugabe
This is your Captain speaking

Selfie im Cockpit

Der Autor Dieter Losskarn als Ihr Pilot? Besser nicht. Aber im Cockpit der ausgedienten Convair 580 im Wijnland Auto Museum können Besucher gerne ein Selfie machen. Und danach die rostigen Reihen patinierter Klassiker unterhalb des Fliegers bewundern, die da fotogen vor sich hingammeln. ∎

Westküste

Flower-Power & Seafood am Beach — die Westküste steht noch immer etwas im touristischen Schatten der Garden Route. Zu Unrecht: Es gibt prima Strände, exzellente Fischrestaurants und grandiose Natur.

Seite 137
Bester Blick bei Nacht

In der coolen Table-View-Filiale von Primi Piatti kann man von einem Fensterplatz im ersten Stock die Lichter der Stadt und den beleuchteten Tafelberg bewundern.

Seite 138
Evita se Perron

Evita Bezuidenhout ist ein Mann. Pieter-Dirk Uys, der schon während der Apartheid Politiker auf die Schippe nahm, tritt regelmäßig in seinem Domizil in Darling auf – einem ehemaligen Bahnhof (*perron* auf Afrikaans!), der skurril dekoriert ist.

Die besten Tafelbergfotos schießt man vom Bloubergstrand aus.

Seite 139
West Coast National Park

Zur Blumenblüte im Frühling strahlt der Park in überwältigender Farbenpracht. Unglaublich, wie das ausgebrannte, braune Veld in einem bunten Rausch explodiert. Blumenteppiche ziehen sich bis zum Horizont, wo das Meer auf weiße Strände brandet.

Seite 140
Postberg Wildflower Trail

Die Wanderung wartet im August/September mit einem Farbenrausch auf. Sie baut somit nicht nur Kalorien ab, sondern bietet auch unvergessliche visuelle Reize.

Westküste **135**

Seite 142
Kite- und Windsurfing

Zwischen Milnerton und Lambert's Bay testen viele Kitehersteller ihre Produkte. Das absolute Mekka für Wind- und Kitesurfer ist Langebaan.

Seite 143
Meeresfrüchte-Gelage

Im Strandloper in Langebaan werden mehrgängige Fischmenüs unter freiem Himmel am Strand serviert. Wein mitbringen!

Seite 145
Vogelinsel ★

Bei Lambert's Bay lassen sich Tausende von Kaptölpeln (dies ist einer von nur sechs Brutplätzen weltweit), Kormoranen und anderen Vögeln von einem Unterstand aus beobachten und fotografieren. Die Insel ist durch einen Steg mit dem Festland verbunden.

Seite 147
Dunes 4x4 Trail

In der ›Mini-Kalahari‹, einer privaten Geländewagenstrecke, kann man östlich von Lambert's Bay erste Sanderfahrungen sammeln.

Lassen Sie sich in viktorianische Zeiten zurückversetzen in den Kersefontein Guest Cottages! *(Seite 142)*

Nach einem Schiffbruch schwemmten einst einige Weinfässer an den Strand, wo sie schnell von Einheimischen vergraben wurden. Erst nachdem die Zöllner weg waren, wurden die Fässer wieder ausgegraben.

& erleben

Ruhige Idylle im Nordwesten

> **ORIENTIERUNG**
>
> **Westküste:** www.route27sa.com, www.sawestcoast.com
> **Lambert's Bay Tourism Bureau:** www.lambertsbay.co.za
> **Planung:** Der für mich schönste Ort an der Westküste ist Paternoster. Zwei, drei Nächte hier bieten sich an.

Die Westküste Richtung Norden ist touristisch weniger beliebt als die viel bekanntere Garden Route und die Küste am Indischen Ozean – zu Unrecht. Beginnen wir am **Bloubergstrand,** direkt vor der Haustür Kapstadts. Von hier bietet sich der schönste Blick auf die City-Skyline von Kapstadt, den Tafelberg, die Tafelbucht und Robben Island. Je später am Nachmittag, desto besser werden die Fotos.

Langebaan hat weltweite Berühmtheit bei Kite-Surfern erlangt. Die Windverhältnisse gelten als optimal. Der **West Coast National Park** ist eines der wichtigsten Feuchtbiotope im Land. Aber nicht nur ornithologisch Bewanderte kommen auf ihre Kosten, auch Flora-Fans. Und während der Flower-Power-Zeit im September kann es hier dann auch mal zu Staus kommen! Aber zumindest aufgrund natürlicher Ursachen.

In den Küstenorten **Langebaan** und **Lambert's Bay** wird Seafood über offenen Grills am Strand zubereitet. Muschelschalen ersetzen das Besteck. Und wenn Sie das Glas mit dem gechillten Sauvignon mal absetzen, springen Sie zwischendurch in den erfrischenden Atlantik, bevor der nächste Gang kommt.

Das pittoreske **Paternoster** mit seinen weiß verputzten Fischerhäuschen ist mein liebster Ort an der Westküste. Nicht nur wegen dem tollen Sandstrand, sondern auch aufgrund der Tatsache, dass sich hier in den letzten Jahren viel getan hat. Boutiquehotels und prima Restaurants laden zum Verweilen ein. Wenn ich an der Westküste übernachte, dann in Paternoster. Ach ja, die besten Felshummer (*crayfish*) gibt's nach wie vor in Lambert's Bay.

Ganz besonders empfehlenswert sind die jeweils ersten Samstage im Monat in Paternoster. Dann findet in der ehemaligen, nun herrlich renovierten Hummer-Fabrikanlage am Hafen das »Bubbly & Oysters Festival« (siehe Facebook) statt. Sekt, Austern und Sandstrand – noch Fragen?

Bloubergstrand

📍 B5

Um von Kapstadt zum Bloubergstrand zu gelangen, folgt man am besten der N 1 Richtung Paarl und fährt dann die Abfahrt **Milnerton** auf die R 27. Vom Bloubergstrand aus gesehen – seinen Namen verdankt der Strand übrigens den blau schimmernden Bergen im Hintergrund – zeigt sich Kapstadts berühmter Hausberg, der Tafelberg, von seiner besten, daher meistfotografierten Seite. Der Ort ist tatsächlich ideal: Der Parkplatz endet an den Klippen, an denen sich tosend die Wellen brechen, der Horizont wird vom Tafelberg beherrscht, Robben Island liegt gut sichtbar im Vordergrund.

Essen

Essen mit Aussicht
Primi Piatti: Im ersten Stock ist die aussichtsreiche Table-View-Filiale der trendigen Primi-Piatti-Kette untergebracht – ein idealer Platz, um entspannt den Sonnenuntergang zu genießen. Fensterplatz vorher reservieren *(window table)*. Coole Bedienungen.
Table View, 14 Beach Blvd., Shop 7, T 021 557 97 70, www.primi-piatti.com, Pizza/Pasta 69–139 Rand, Hauptgericht 99–178 Rand

In der Brandung
On The Rocks: Auf die Felsen am Strand gebaut; neben Seafood gibt es auch Exotisches wie Krokodilschnitzel; die Crêpes sind sehr gut; eine Dinner-Reservierung ist unbedingt not-

Die beste Aussicht auf den Tafelberg und die Skyline von Kapstadt bietet sich nachmittags vom Bloubergstrand aus.

138 Westküste

wendig, dann auch gleich einen Fensterplatz mit fantastischem Tafelberg-Blick buchen!

Blouberg Strand, 45 Stadler Rd., T 021 554 43 52, 554 19 88, www.seascapecollection.co.za, in der Saison Mo 16–22, Di–So 9–22 Uhr, Hauptgericht um 170 Rand

Mamre ♀B4

Über Melkbosstrand geht es zurück auf die R 27 Richtung Norden, bis zur Kreuzung mit der R 307 Richtung Atlantis. Verträumt und kurvenreich schlängelt sich die Straße durch eine hügelige Landschaft, die ein bisschen an die Toskana im Herbst erinnert, nach **Mamre**, einer kleinen, 1808 von Deutschen gegründeten Missionsstadt. Der damalige Gouverneur Earl of Caledon war so begeistert von der Missionsgründung Genadendal, dass er die Herrnhuter bat, in Mamre, das vorher Groene Kloof (Grüne

DON'T CRY FOR ME, SOUTH AFRICA **D**

In dem winzigen, ehemaligen Bahnwärterhäuschen von Darling treten Pieter-Dirk Uys und andere südafrikanische Künstler regelmäßig vor etwa 40 Besuchern auf. Nach den Vorstellungen wird in Evitas Kombuis burische Hausmannskost serviert und im Duty Free Shop Bapetikosweti gibt es skurrile Evita-Souvenirs (Evita se Perron: Old Darling Railway Station, Arcadia St., Darling, T 022 492 28–31, -51, www.evita.co.za, Di–So 10–16 Uhr, Show-Termine s. Website, Tickets 165 Rand).

Schlucht) hieß, ebenfalls eine Station zu errichten.

Die schöne Kirche und die weiß verputzten, reetgedeckten Häuser sehen aus wie gemalt. Die Geistlichen halfen den völlig verarmten Khoi, ihren Lebensunterhalt selbst zu verdienen und sich selbst zu versorgen. Sie lehrten sie verschiedene Handwerke und vermittelten ihnen nebenbei christliche Lebensanschauungen. Die Männer arbeiteten in der Landwirtschaft, als Maurer, Schreiner, Gerber und Schmiede, die Frauen fertigten Hüte. Neben einem regelmäßigen Einkommen erlangten die Khoi dabei noch etwas zurück, was sie verloren hatten: Selbstvertrauen und Selbstachtung. Die von Pferden angetriebene Mühle wurde durch die heute noch existierende Wassermühle (Mo–Fr 9–12, 13–17 Uhr) ersetzt.

Darling ♀B4

In Darling, dem nächsten Ort auf dem Weg nach Norden, hat sich Pieter-Dirk Uys, Südafrikas bekanntester Kabarettist (s. Kasten links), häuslich niedergelassen und gleich sein eigenes Theater dazugekauft.

Im Frühling kommen Botaniker in und um Darling auf ihre Kosten. Obwohl der Ort streng genommen nicht mehr zum Namaqualand gehört, erstreckt sich dessen Blumengürtel bis hierhin. Im Norden dehnt sich der Blumengürtel bis zum Orange River aus.

Feiern

● **Wildflower Festival:** gegen Ende Sept., in Caledon. Eine der schönsten Blumenschauen der Kapprovinz, dicht gefolgt von der Wildflower Show in Darling (ebenfalls Ende Sept.).

Yzerfontein ♀ A4

Die R 315 verbindet Darling wieder mit der Hauptroute R 27, die über **Yzerfontein** zum **West Coast National Park** führt. Während der snoek-Saison erwacht der verschlafene Ort zum Leben. Dutzende von Schiffen laufen ständig voll beladen im kleinen Hafen ein und aus. Großhändler, aber auch Restaurant- und Ladenbesitzer aus Kapstadt kaufen die delikaten Fische direkt vom Boot. Unter lautstarkem Palaver fliegen sie in die mit Plastikfolie ausgelegten Pick-ups, die in Südafrika *bakkie* genannt werden und überhaupt nichts mit dem – genauso ausgesprochenen – *beach buggy* zu tun haben. Von Yzerfontein sind es nur noch wenige Kilometer bis zum West Coast National Park.

West Coast National Park ♀ A3/4

Der West Coast National Park gehört zu Südafrikas schönsten Feuchtgebieten. Jedes Jahr im August kommen etwa 60 000 Wasservögel aus Sibirien und anderen subarktischen Brutgebieten, um ihre Sommerresidenz im flachen Wasser der Langebaan-Lagune zu beziehen. 20 000 km lang ist ihr jährlicher Flug von den sibirischen Tundren über Zentralasien und den Mittleren Osten und schließlich entlang des Ostafrikanischen Grabens. Sie sind darauf programmiert, die warme, geschützte Lagune mit ihrem immensen Angebot an Algen, winzigen Schnecken und anderen Meeresorganismen zu erreichen. Der Schlamm der

Wenn die braune Landschaft in einem Farbenrausch explodiert: Ob Vogelbeobachter oder Wildblumenfans – Naturfreunde kommen im West Coast National Park voll auf ihre Kosten.

Auf Evas Spuren

Der Postberg Flower Trail

Infos

📍 A3

Start: Parkplatz Tsaarsbank, auf Anfrage Gepäcktransport durch das Parkpersonal
Länge: 27,3 km
Dauer: 2 Tage
Schwierigkeitsgrad: leicht
Kosten: 150/75 Rand, ansonsten 75/37 Rand, Wanderpermit 150 Rand/Person
Saison: nur Aug./Sept. und nur mit Vorausbuchung (ab Juni möglich): Westcoast National Park, T 022 707 99 02, www.sanparks.co.za
Ausrüstung selbst mitbringen (Zelt, Schlafsack, Kocher, Essen, Getränke), Toiletten, Grillplätze und Feuerholz am Übernachtungspunkt vorhanden.
Wer nicht übernachten möchte, kann eine Tageswanderung auf dem Steenbok Day Trail (13,9 km; 5 Std.) unternehmen.

Der Postberg Flower Trail zählt zu den Geheimtipps am Kap. Er ist nur zur Blumensaison offen und bei schönem Wetter ein absoluter Traum. Highlights sind die riesigen bunten Teppiche von Wildblumen, welche die Flächen überziehen. Ein Farbenrausch in Rosa, Orange und Weiß – und ein Paradies für Fotografen.

Mächtige Granitfelsen

Am ersten Tag geht es von **Tsaarsbank** nach Plankies Bay (15,5 km, 6 Std.). Man folgt den weißen Pfählen und den Blumensymbol-Wegweisern durch den Busch, Richtung **Konstabelkop**. Hier fliegen oft Raubvögel. Am Boden sind Pillendreher und Löffelhunde unterwegs. Dann steigt der Pfad etwas an, auf 188 m, die nach 2 km erreicht sind. Von ›oben‹ hat man einen prima Blick auf das türkisfarbene Wasser der **Langebaan-Lagune** und die *hamlets* von Oude Post und Kraal Bay mit ihren Jachten und Hausbooten. An der **Kraal Bay** findet sich die ausgeschilderte, historische Stätte **Oude Post 1** mit den Resten eines holländischen Forts. Hier wurden auch ›Evas‹ fossile Fußspuren entdeckt. Eva's Footprints sind 117 000 Jahre alt. Es geht vorbei an den mächtigen, verwitterten und mit Flechten bewachsenen Granitfelsen, die man genauer betrachten sollte.

Herrliche Blumenpracht

Dann führt der Pfad wieder hinab, überquert eine Schotterpiste hinter den Häusern, bis man zu einem Jeep Track gelangt, der die Langebaan-Lagune unterhalb der Hänge des **Postberg Mountain** (193 m) entlangführt. Die Strecke an der Lagune ist herrlich. Bewundern Sie die Blumen und die sich immer wieder ändernden Ausblicke. Nach einer Stunde ist **Perlemoen Point** erreicht. Kurz darauf steigt der Pfad sanft Richtung **Uitkyk** an. Auf der rechten Seite sieht man die alte Donkergat-Walstation und -Militärbasis, und wenn man zurückschaut, reicht der Blick über das flache Schaapen Island und über die gesamte Langebaan-Lagune.

Der Wanderpfad verlässt den Jeep Track kurz vor dem höchsten Punkt des Hügels und führt nach rechts durch ein Meer an gelben und orangefarbenen Blumen – ein magischer Abschnitt der Wanderung, wo sich oft Wild und Strauße aufhalten. Schließlich ist der Strand von **Plankies Bay** erreicht. Man läuft weiter, das Meer auf der rechten Seite. Über einen niedrigen Felsausläufer gelangt man zu einem kleineren Sandstrand, dem Schlafplatz: so nahe am Atlantik ein wahrhaft wilder Ort. Am Parkplatz neben dem Sanitärblock kann man sein Gepäck holen und, wenn es nicht zu windig ist, am Strand unterhalb der Granitfelsen das Zelt aufbauen. Der offizielle Campingplatz ist geschützter, eine ebene, grasbewachsene Fläche neben dem Sanitärblock.

Wo Wasservögel leben

Die Route des zweiten Tages führt von **Plankies Bay** nach **Tsaarsbank** (11,8 km; 3,5 Std.). Zunächst geht es am Strand entlang bis zu der kleinen Siedlung **Kreefte Bay**. Hier verlässt der Pfad den breiteren Jeep Track und macht einen Umweg hinter den hübschen Strandhäuschen vorbei. Etwa eine Stunde nach dem Verlassen von Plankies Bay erreicht man dann einen Steg, der über den Grenzzaun des Nationalparks führt, dort ist dann auch der **16 Mile Beach** erreicht, wo viele Wasservögel zu Hause sind. In der Ferne ist ein Schiffswrack auszumachen. Hier gibt es Grillplätze und schöne Rastplätze auf den Felsen. Weiter geht es eine halbe Stunde am Strand entlang, bis der Grenzzaun erreicht ist (mit Flagge und Schild).

Anstatt hier direkt landeinwärts abzubiegen, sollte man einen kurzen Abstecher machen und etwa 20 bis 30 Minuten am Strand weiter zum Wrack der **Pantelis A Lemos** laufen, eines Eisenerzdampfers, der auf dem Weg nach **Saldanha Bay** hier 1978 auf Grund gelaufen ist. Danach geht man retour und hinein in die Dünen durch den Küstenfynbos zurück zum Auto.

Lagune ist unglaublich nährstoffreich. Wissenschaftler haben herausgefunden, dass jeder Kubikzentimeter Boden 60 Mio. Bakterien enthält. Wenn die Vögel im Herbst ihre lange Rückreise antreten, sind sie teilweise doppelt so schwer wie bei ihrer Ankunft. Der natürliche Kreislauf schließt sich mit dem, was sie in den Salzmarschen zurücklassen: 50 t Mist, von dem sich die Bakterien bis zum nächsten Besuch der Vögel ernähren können.

www.sanparks.org/parks/west_coast, Aug./Sept. 170/85, Nov.–Okt. 80/40 Rand

Langebaan ♀A3

Vom Eingang des West Coast National Park sind es nur noch ein paar Kilometer bis nach Langebaan. Der hübsche kleine Ort gehört zu den schönsten an der Westküste. Er ist berühmt für sein Beach-Restaurant Die Strandloper (s. Lieblingsort S. 143) und ein Mekka für Wind- und Kitesurfer.

Schlafen

Historische Mauern
The Farm House Hotel: Gemütliches Landhaus, 1860 im kapholländischen Stil erbaut; Restaurant im Haus, 18 Zimmer.
5 Egret St., Langebaan, T 022 772 20 62, www.thefarmhousehotel.com, DZ mit Frühstück ab 2100 Rand – die Traveller's Rooms sind neu und preiswert. Bei Online-Buchung 25 % Rabatt. Last-Minute Specials auf der Website, um 900 Rand

Wie früher
Kersefontein Guest Cottages: Ruhige Übernachtungsmöglichkeit auf einer historischen Farm. Wildschweinjagden können organisiert werden.

An der R 45, zwischen Velddrif und Hopefield, T 022 783 08 50, www.kersefontein.co.za, DZ/Suite mit Frühstück ab 1320 Rand, Dinner 285 Rand p. P.

Infos

● **Langebaan Tourism Bureau:** Bree St., T 022 722 15 15, www.langebaan-info.co.za.

Saldanha ♀A3

Saldanha ist weniger für Touristen geeignet. Zahlreiche Fabriken verarbeiten den vor der Küste gefangenen Fisch. Sie produzieren Konserven, Fischmehl, Hummerpastete und verpacken Seetang für den Export nach Japan. Wen der Geruch nicht stört, der kann am Hoedjiesbaai Beach an einem bewachten Strand baden.

Feiern

● **Harvest Festival of the Sea:** Sept. Meeresfrüchte-Festival. Es gibt gegrillten frischen Fisch und eine Vielzahl an Wassersportvorführungen.
Infos unter T 022 714 20 88

Paternoster ♀A2

Paternoster ist ein attraktiver und idyllischer Ort an der Westküste. Viele der historischen, teilweise verfallenen Fischerhäuschen wurden in den letzten Jahren restauriert. Ein Platz für Leute, die Ruhe suchen.

Lieblingsort

F(r)isch am Beach

Die Wellen donnern an den Sandstrand von Langebaan (♥ A 3), Möwen kreischen, Ihre nackten Füße fühlen den Beach, während es im **Strandloper** auf Holzbänken am Strand sitzend einen Fischgang nach dem anderen gibt. Das Seafood genießen Sie stilecht mit leeren Muschelschalen als Besteck. Was fast ein bisschen Robinson-Feeling aufkommen lässt. Bis Sie den gekühlten Sauvignon Blanc aus der Eisbox holen – den hatten weder Robby noch Freitag auf ihrer Insel.
www.strandloper.com

Wer sich für Vögel und Wildblumen interessiert, sollte 12 km nördlich des winzigen Fischerdorfes Dwarskersbos nach links zum 900 ha großen **Rocher Pan Nature Reserve** abbiegen, wo von zwei Beobachtungsplattformen aus 165 verschiedene Seevogelarten beobachtet werden können. Die blühende *strandveld*-Flora verwandelt die Region im Frühjahr (Aug./Sept.) in ein Farbenmeer (tgl. 7–18 Uhr, 40/20 Rand Erw./Kinder).

Etwa 5 km außerhalb von Paternoster liegt das **Cape Columbine** im Tieties Bay Nature Reserve. Bevor der Leuchtturm errichtet wurde, strandete hier 1829 das britische Schiff Columbine. Es war nicht das einzige. Einer modernen Legende zufolge hatte der Dampfer Lisboa, der hier unterging, Rotwein geladen, der das Meer verfärbte. Angeblich gelangten einige Fässer heil an den Strand, wo sie schnell von Einheimischen vergraben wurden. Erst nachdem die herumschnüffelnden Zöllner sich aus der Gegend verzogen hatten, wurden die Fässer wieder ausgegraben. Vom weiteren Verbleib des Weins ist nichts bekannt …

Schlafen

Strandnah

Paternoster Seaside Cottages: Ein Online-Übernachtungsservice, der unterschiedlich große Häuschen für Selbstversorger in Strandnähe vermittelt – von idyllisch-gemütlich bis familiengeeignet. Günstige Last-Minute-Angebote in der Nebensaison und unter der Woche.
St. Augustine Rd., T 021 782 51 28, www.sea sidecottages.co.za, Häuschen ab 760 Rand

Essen

Bio

Gaaitjie Salt Water Restaurant: Die Köchin Suzi Holtzhausen nimmt ›bio‹ sehr ernst, sie gewinnt ihr eigenes Salz in den Salzpfannen bei Veldrif, pflanzt Kräuter und Gemüse an. Sie bereitet ihre Gerichte mit viel Liebe und Zeit direkt am Strand zu.
Sampson St., am Strand, T 022 752 22 42, www.saltcoast.co.za, Do–Mo 12–14, 18–21, Do–So 112–14, 18–20 Uhr, Hauptgericht um 135 Rand

Austern schlürfen

Noisy Oyster: Wie der Name schon andeutet, gibt es hier frische Austern (die hier Westküsten-Viagra genannt werden), serviert in relaxter Atmosphäre an schäbig-schicken Tischen und Stühlen im Freien oder drinnen. Außerdem gibt es eine Vielfalt an Fisch und Meeresfrüchten.
62 St. Augustine Rd., am Stoppschild der Kreuzung links abbiegen, T 022 752 21 96, Facebook: The Noisy Oyster, Mi–So 12–15, Mi–Sa 18–21 Uhr, Hauptgericht um 150 Rand

St. Helena Bay ♀A2

Hier ankerte der portugiesische Seefahrer Vasco da Gama am 7. November 1497 ein letztes Mal vor der Umsegelung des Kaps der Guten Hoffnung. Jenseits des Denkmals, das den Landeplatz in der Nähe von Stompneusbaai markiert, liegen moderne Schiffe, deren Netze das planktonreiche, kalte Wasser des Benguela-Stromes durchfischen.

Eland's Bay ♀B1

Der verschlafene Ort Elands Bay ist vor allem bei Fischern beliebt, die mit ihren *bakkies* auf den Strand fahren und, im Wasser stehend, ihre langen Angelruten weit ins Meer auswerfen. Außer Fischern und Muschelsuchern finden sich in

In Paternoster findet jeden ersten Samstag im Monat ein Champagne & Oyster Fest statt. Doch nicht nur dann gibt es frisches Seafood!

Elands Bay regelmäßig Surfer ein, die behaupten, dass es hier die besten Wellen der Westküste gebe.

Lambert's Bay 9 B1

Lambert's Bay ist nicht nur für seine Wildblumenblüte im Frühling und die ganzjährig kreischenden Kaptölpel bekannt, sondern auch für seine Felshummer *(crayfish)*.

Hunderte von Besuchern fallen jedes Frühjahr in Lambert's Bay ein, und es gibt fast keinen Tag im Jahr, an dem sich nicht Windsurfer in der Bucht vor Lambert's Bay tummeln. Ideale Windverhältnisse locken die Wassersportler aus aller Welt an, zum Training, aber auch zu den regelmäßig stattfindenden Wettbewerben. Natürlich gibt es auch Schulen für Kite- und Windsurfing vor Ort. Lambert's Bay gilt zudem als der beste Ort, um an der Westküste Wildblumen zu fotografieren. Auch Vogelliebhaber kommen hier voll auf ihre Kosten. Vom Hafen, in den man nach Zahlung eines kleinen Eintrittsgeldes einfahren darf, führt ein Steg auf die 100 m vor der Küste liegende, 3 ha große Vogelinsel.

Vogelinsel

Bis Ende 2005 tummelten sich auf der Vogelinsel *(voeleiland)* Tausende von Kaptölpeln *(cape gannet)* und Kormoranen *(cape cormorant)*, die von einem

146 Westküste

geschickt in die Landschaft integrierten Unterstand aus künstlichen Felsen aus nächster Nähe beobachtet und fotografiert werden konnten – vor allem vom ersten Stock aus, wo kein Glas das Objektiv behinderte. Zwischendurch war die Insel fast leer gefegt. Vogelgrippe? Nein, räuberische Robben waren für die Vogelflucht verantwortlich. Wenn Robben erkennen, dass brütende Vögel leichte Beute sind, kommen sie an Land und fressen nichts anderes mehr. Zwischenzeitlich schoss die Naturschutzbehörde Robben, um die Vögel wieder zurückzulocken, denn die Vogelinsel ist eine von nur sechs Plätzen auf der Welt, wo Kaptölpel brüten, und die einzige, die so einfach zugänglich ist. Dadurch hat sich der Bestand mittlerweile wieder

---

SEAFOOD IM FREIEN **S**

Das **Muisbosskerm**, kurz vor Lambert's Bay, existiert seit 1986 und ist Südafrikas erstes Open-Air-Seafood-Restaurant. Die Strandloper, näher an Kapstadt, eröffnete fünf Jahre später. Jedes Jahr kommen neue, ähnliche Restaurants hinzu, keines hat jedoch bisher so lange durchgehalten wie diese beiden. Baden zwischen den Gängen gehört ebenso dazu wie das fehlende Besteck, das durch Muschelschalen ersetzt wird. (Muisbosskerm: T 027 432 10 17, www.muisbosskerm. co.za, Büfett 280 Rand, 11- bis 16-Jährige 180 Rand, 6- bis 10-Jährige 140 Rand, unter 6 Jahren frei, *crayfish* gegen Aufpreis. In der Saison tgl. Lunch ab 12.30 Uhr, Dinner ab 18.30 Uhr, vorher anrufen und nachfragen, ob genug Leute gebucht haben, damit aufgemacht wird. Wein und Bier mitbringen. Ausführliches Menü auf der Website.)

---

etwas erholt. In den Jahren 1888–1990 wurde auf der Insel Guano abgebaut und als Dünger verkauft.

Infos zum Vogelbestand auf der Website von Cape Nature Conservation: www.capenature. co.za, T 027 432 16 72, 021 483 0190, Bürozeiten Okt.–März tgl. 7–19, April–Sept. tgl. 7.30–18 Uhr, bei rauer See ist der 1959 gebaute Steg geschlossen

»Another shit day in Africa«

Im Wasser tummeln sich Meeresbewohner, die gerne als Delikatesse auf den Tisch kommen. Lambert's Bay ist berühmt für seine ausgezeichneten und preiswerten Langusten oder Felshummer *(crayfish* bzw. *rock lobster),* die hier unter ihrem Afrikaans-Namen *kreef* bekannt sind. Für Kapstädter ist es am Wochenende durchaus nichts Ungewöhnliches, zum *crayfish*-Essen nach Lambert's Bay zu fahren. Jetzt gilt es nur noch, all diese Reize zu kombinieren: einen sternklaren, lauen Abend, Grillenkonzert, frischen Hummer, gekühlten Sauvignon Blanc und ein Sträußchen Wildblumen auf dem Tisch. Wenn dann noch ein Südafrikaner anwesend ist, wird er in dieser Situation, nach einem Schluck Weißwein und einem tiefen Seufzer, eine derb klingende, aber freundlich gemeinte landesübliche Lobpreisung ausstoßen, die nicht mehr steigerungsfähig ist: *»Another shit day in Africa.«*

Schlafen

Einziges Hotel vor Ort
Lambert's Bay Hotel: Einziges Hotel vor Ort; wer Schwarz-Weiß-Fotos des historischen Hauses mit den ›Modernisierungen‹ vergleicht, die dem Hotel angetan wurden, dürfte entsetzt sein. Zurückversetzt in den Originalzustand wäre das Marine, wie das Hotel früher hieß, ein toller Geheimtipp. Lichtblick: Das hoteleigene Restaurant serviert verschiedene

Hummergerichte zu zivilen Preisen. Gäste können die delikaten Meeresbewohner während der vom Hotel organisierten *fishing trips* selbst fangen.
Lambert's Bay, 72 Voortrekker St., T 027 432 11 26, www.lambertsbayhotel.co.za, DZ mit Frühstück ab 950 Rand

Essen

Alter Stall
Tin Kitchen: Das charaktervolle, kleine Restaurant in Elandsbaai ist in einem rustikalen Stall aus dem 17. Jh. untergebracht. Bio-Fleisch und Fisch, alle Lämmer, Rinder und Schweine stammen aus Freilandhaltung. Es gibt auch leckere Felshummer (*crayfish*) und Calamari. Die Pommes sind handgemacht, der Salat aus dem Garten. Freitagabend gibt es Pizza aus dem alten Steinofen.
Vensterklip, 1 Bonteheuwel Farm, R 366, 4 km östlich von Elandsbaai, 30 km südlich von Lambert's Bay, T 022 972 13 40, www.vensterklip.co.za, Fr, Sa, So 9–12, 12–15, Fr/Sa 18–22 Uhr, Hauptgericht um 150 Rand

Bewegen

Windiges Paradies
Kite- und Windsurfen: Hier passt der Wind fast immer, was die Location weltbekannt gemacht hat.
www.capesports.co.za und www.windchasers sa.com

Mini-Kalahari
Dunes 4x4 Trail: Wer sich in Kapstadt einen Geländewagen gemietet hat und plant, ins Richtersveld oder nach Namibia zu fahren, kann hier den ›Ernstfall‹ proben. Auf der privaten Farm der Engelbrecht-Familie können sich Geländewagenfreunde so richtig im Sand austoben. Bis 1995 betrachteten die Besitzer das herrliche und einzigartige Inlandsdünengebiet auf ihrem Land mit den zerklüfteten Cedergen im Hintergrund als nutzlos, da sie dort nichts anbauen konnten. Doch sie haben das touristische Potenzial erkannt und führen adrenalinsüchtige Offroad-Fans in ihre 250 ha große Mini-Kalahari. Am kleinen Farmladen, der Frisches und biologisch Angebautes verkauft, zahlen Besucher die Eintrittsgebühr. Die motorisierten Führer fahren selbstgebaute Sandvehikel im Mad-Max-Stil, die ursprünglich einmal als VW-Käfer vom Band liefen.
10 km hinter Lambert's Bay auf der R 364 in Richtung Clanwilliam, T 027 432 12 44, www.dunes.co.za

Nicht umsonst werden die Dünen hier Mini-Kalahari genannt: der ideale Spielplatz für Erwachsene.

Infos

• **Lambert's Bay Tourism Bureau:** Church St., T 027 432 10 00, www.lambertsbay.co.za.

Zugabe
Flower-Power

Wenn die Wildblumen blühen

Jedes Jahr im Spätsommer, im August und September, explodiert die ansonsten braun verbrannte Landschaft im West Coast National Park in einem unglaublichen Farbenrausch mit Tausenden von blühenden Wildblumen. Ein wahrhaft berauschender Anblick! ∎

Cederberge

Die größte Freiluftgalerie der Welt — vor Tausenden von Jahren haben die San, Ureinwohner des Südlichen Afrika, wunderbare Kunstwerke in der schroffen Bergwelt der Cederberge hinterlassen.

Seite 154
Bizarre Felsen

Die Wanderungen durch die herrlichen Felslandschaften der Cederberge empfehlen sich für den südafrikanischen Frühling, also zwischen August und Oktober, dann ist es kühler und die Wildblumen blühen.

Seite 156
Obstkultur

In der Goede-Hoop-Citrus-Genossenschaft in Citrusdal kann man bei einer Besichtigung des Betriebs live erleben, wie ein Teil der 90 000 t Zitrusfrüchte, die hier jährlich geerntet werden, auf seine Reise zum Verbraucher geht.

Ein Tee hat die Gegend weltweit bekannt gemacht …

Eintauchen

Seite 158
Uralte Felsmalereien ⭐

In den verwitterten, roten Felsen der Cederberge befindet sich die größte Buschmann-Galerie der Welt. Der Sevilla Trail zwischen Clanwilliam und Wupperthal erschließt einige der schönsten Werke der San, der ursprünglichen Bewohner Südafrikas.

Seite 159
Rooibos-Safari

Besichtigung des innovativen Groenkol Rooibos Tea Estate der Engelbrechts, wo der beliebte und gesunde Tee, der nur in den Cederbergen gedeiht, angebaut wird.

Cederberge **151**

Seite 161
Luxuriöse Lodge

Im Bushmans Kloof Private Game Reserve können Sie Pirschfahrten im offenen Land Rover unternehmen.

Seite 162
Auf allen vieren

Von Wupperthal aus bieten sich für jene Besucher, die sich in Kapstadt einen Geländewagen gemietet haben, mehrere 4x4-Strecken auf privaten Farmen an, lang oder kurz, schwierig oder etwas einfacher. Lust auf ein kleines Offroad-Abenteuer?

Seite 161
Wupperthal

Allein um das für deutsche Urlauber in Südafrika skurril wirkende Ortsschild zu fotografieren, lohnt sich der staubige Trip in die Einsamkeit – nicht nur für gebürtige Wuppertaler.

Seite 162
Gut beschuht

2018 startete eine Marketing-Kampagne, um die berühmten, aber als etwas konservativ geltenden Veldskoene, die Lederschlappen aus Wupperthal, in ein Trendprodukt zu verwandeln. Wie schon beim Rooibostee scheint es auch hier zu klappen.

Aufgrund der fehlenden Luftverschmutzung herrschen im Naturschutzgebiet ideale Bedingungen für die Beobachtung der Sternbilder der südlichen Halbkugel.

Die schroffen Sandsteinfelsen sind zu teilweise fantasieanregenden Gestalten erodiert, die nachts oft furchterregend aussehen und Camper erschrecken. Ein Tässchen Rooibostee beruhigt dann wieder.

erleben

Land der Früchte und Berge

Die kühle Meeresbrise an der Westküste ist auf dem Weg ins Landesinnere schnell vergessen. Hier brennt die Sonne gnadenlos vom Himmel. Gut für qualitativ hochwertige Früchte, vor allem Orangen und Zitronen. Vorbei an den ausgedehnten Obstplantagen von **Ceres** führt die Route nach **Clanwilliam,** dem Herkunftsort des berühmten, sehr gesunden **Rooibostees.**

> **ORIENTIERUNG**
>
> **Infos:** www.cederberg.co.za (Infos zu Felskunst, Übernachtungen und Aktivitäten in den Cederbergen). Die Touristen-Info (www.clanwilliam.info) von Clanwilliam ist in einem alten Gefängnis untergebracht.
> **Einkaufen:** Den gesunden Rooibostee gibt es auch in Europa zu kaufen: www.africandawn.de.

Frühzeitliches Heilmittel

Die San-Ureinwohner kannten bereits vor Jahrtausenden die heilende Wirkung des etwa einen Meter hoch wachsenden Busches. Sie ernteten die feinen, nadelähnlichen Blätter der Wildpflanze, zerkleinerten sie mit Äxten, zerstießen sie mit Hämmern und ließen sie in der Sonne trocknen. Vor allem bei Magen- und Darmproblemen, aber auch bei Schlafstörungen kam das Aufgussgetränk erfolgreich zum Einsatz. Seit 1930 wird Rooibos-Tee in den Cederbergen kommerziell angebaut. Versuche, ihn irgendwo anders zu kultivieren, schlugen allesamt fehl: Er wächst nur dort. Er enthält viel Vitamin C und andere wohltuende Wirkstoffe.

Von Clanwilliam geht es durch die kaum besiedelte **Cederberg Wilderness Area** mit ihren bizarren Verwitterungsgebilden. Hier finden sich die faszinierenden **Freiluft-Galerien** mit Buschmann-Zeichnungen. Allein in dem kleinen Gebiet um den **Pakhuis Pass** finden sich mehr Felszeichnungen und -malereien pro Quadratkilometer als an irgendeinem anderen Ort im Südlichen Afrika.

Ein weiteres Highlight der Region ist das völlig abgelegene deutsche Missionsstädchen **Wupperthal.** 1830 errichtete die Rheinische Mission hier ihre erste Station auf südafrikanischem Boden. Heute stehen noch etwa 150 weiß verputzte, reetgedeckte Häuschen in dem grünen Tal. Die beiden deutschen Missionare kamen aus Elberfeld an der Wupper. Das etwas größere Wuppertal in Deutschland entstand erst 99 Jahre später!

Ceres ♀D4

Nicht zu Unrecht trägt Ceres den Namen der römischen Fruchtbarkeitsgöttin. Das hübsche, von Bergen flankierte Städtchen und sein Umland gehören zu Südafrikas reichsten und schönsten Obstanbaugebieten. Aus dem Ceres-Tal kommen 12 % der Äpfel und 40 % aller Pfirsiche Südafrikas, 60 % der Export-Birnen, dazu nicht unbeträchtliche Mengen an Kirschen, Nektarinen, Trauben, Pflaumen, Zwiebeln und Kartoffeln. Hier befinden sich auch die größten Kühlräume des Landes und fast jeder südafrikanische Laden verkauft Fruchtsäfte mit dem Namen der Stadt auf dem Etikett. Zwischen April und Dezember finden organisierte Touren durch die Plantagen statt.

Kurz vor dem **Gydo Pass** liegt der winzige Ort **Prince Alfred Hamlet**. Die 1874 gegründete und nach Königin Victorias zweitem Sohn benannte Siedlung hat durch ihre vielen Lagerhäuser und die Bahnverladestation große Bedeutung erlangt. Vom Scheitelpunkt des Gydo Pass lässt sich beim Blick zurück nach Süden das gesamte fruchtbare Warm-Bokkeveld-Gebiet überblicken. Der Pass, wie viele ein Werk des ›Straßenmeisters‹ Andrew Geddes Bain, überquert Skurweberg und Gydoberg und stellt eine wichtige Verbindung zwischen Cold und Warm Bokkeveld dar.

Museen

Togryersmuseum: An die Zeit, als Ceres der letzte Außenposten der ›Zivilisa-

Zentrum der Zitrusfrüchte: Im fruchtbaren Tal zwischen Clanwilliam, Ceres und Citrusdal liegt ein ausgedehntes Obstanbaugebiet.

TOUR
Bizarre Felsen

Wanderung in den Cederbergen

Die wild zerklüftete Landschaft der Cederberge ist berühmt für ihre zahlreichen, gut erhaltenen ›Buschmann‹-Felsmalereien und ihre Wanderwege – ein wahres Naturparadies. Die **Cederberg Wilderness Area** zwischen dem **Middelberg Pass** bei Citrusdal und dem **Pakhuis Pass** bei Clanwilliam ist etwa 710 km² groß. Seit 1973 steht sie unter Naturschutz. Die Cederberge – das sind spektakuläre Landschaften und Felsformationen, mit dem berühmten Maltese Cross und dem Wolfberg Arch.

Karten: Cederberg Conservancy Map (in den Tourism Bureaus in Clanwilliam, T 027 482 20 24, Citrusdal, T 022 921 32 10) oder Cederberg-Karte (2016 Edition) von The Map (www.slingsbymaps.com, sehr detailliert, in Buchläden für 270 Rand, das Set besteht aus zwei wasserfesten Karten).

Jedes Jahr 8000 neue Bäume!
Seinen Namen verdankt das Gebiet der endemischen Clanwilliam-Zeder, die zur Familie der Zypressen gehört. Buschfeuer und Abholzung reduzierten die Bestände stark. Allein 1879 endeten über 7000 Bäume als Telegrafenmasten zwischen Piketberg und Calvinia. Um den Bestand für die Zukunft zu sichern, pflanzt man nun jedes Jahr etwa 8000 neue Bäume an. *Clanwilliam cedars* wachsen in 1000–1400 m Höhe auf felsigem Untergrund.

Noch seltener ist die über der winterlichen Schneegrenze gedeihende Schneeprotea, die man vor allem um den **Sneeuberg** (2027 m), die höchste Erhebung der Cederberge, antrifft. Eine Rarität sind auch die rote Disa-Orchidee und die Nadelkissenprotea.

In den Cederbergen leben Steinantilopen, Klippspringer, Greisböckchen, Ducker, Graue Rehböcke, Paviane, Afrikanische Wildkatzen und sogar wieder Leoparden.

Infos

📍 B–C 1–2

Planung: Permits gibt es bei Cape Nature Conservation, Clanwilliam, T 027 482 28 12. Permits und Unterkünfte für die Cederberge können an über Cape Nature Conservation, Cape Town Head Office, T 021 483 00 00, www.capenature.co.za, gebucht werden.

Kosten: Eintritt 60/35 Rand, Übernachtung für Selbstversorger ab 640 Rand, Camping ab 220 Rand p. P.

Schönste Wanderung

Im Weingut **Cederberg Cellar** in **Dwarsrivier** gibt es das Permit und eine Kartenskizze für die wohl schönste Wanderung in der Region – zum Wolfberg Arch (16 km, ca. 8 Std.). Die **Sanddrif Campsite** (ca. 2 km vom Weingut) ist eine gute Basis für den Trip.

Zunächst folgt man der Piste links am Campingplatz vorbei. Dann teilt sich der Weg: rechts geht es nach Maalgat, geradeaus zum Wolfberg Arch. Das abgesperrte **Tor** lässt sich mit dem Code, den man mit dem Permit erhält, öffnen. Danach geht es auf einer Jeepstrecke etwa 1 km aufwärts, bis ein kleiner Parkplatz erreicht ist.

Und dann geht es steil nach oben, sehr steil. Wenn man den Berg so aufragen sieht, hält man es kaum für möglich, ihn ohne Seil erklimmen zu können. Es geht! Aber es ist natürlich anstrengend. Über Felsplatten, die als Steinstufen fungieren, geht es Schritt für schweißtreibenden Schritt bergan. Steinmännchen markieren den Weg über teilweise recht loses Geröll. Der Blick nach unten ist atemberaubend.

Grand-Canyon-Feeling

Etwa 2 Std. später ist ein Plateau erreicht. Rechts und links ragen rote Felswände in den blauen Himmel und lassen Canyon-Gefühle aufkommen. Nach dem Queren einer weiten Sandfläche steht man vor einem grünen Schild mit der Aufschrift **Wolfberg**. Von hier aus gibt es insgesamt drei Auf-/Abstiege mit jeweils unterschiedlichem Schwierigkeitsgrad. Sand und Felsen bilden abwechselnd den Untergrund. Kurz darauf zeigt sich der **Wolfberg Arch** erstmals in der Ferne. Binnen gut 1 Std. ist er endlich erreicht.

Cederberg-Trails

Verhaltenshinweise: Wanderer und Mountainbiker dürfen sich in den Cederbergen unbegrenzt aufhalten, müssen aber Regeln beachten: gültiges Permit erforderlich, kein Feuer machen (Gaskocher mitnehmen), Wasser nicht mit Seife verunreinigen, Abfall mit zurücknehmen. Langstreckenwanderer können in primitiven Berghütten oder in Höhlen übernachten, Tagesbesucher auf dem Algeria-Forest-Campingplatz.

tion‹ war, erinnert das Togryersmuseum mit Kutschen und Ochsenwagen.
Transportreiter-Museum, 8 Orange St., T 023 312 20 45, Di–Fr 9–13, 14–17, Sa 9–12 Uhr

Schlafen

Urige Natursteinhäuschen
Klein Cedarberg Lodge: Von der Abzweigung an der Hauptstrecke geht es 5 km auf einer guten, leicht mit einem Pkw zu schaffenden Piste bis zur Übernachtung. Fünf aus Stein und Stroh erbaute Häuschen liegen mitten in der Wildnis der zerklüfteten Cederberge. Das Essen wird im Pionierhaus aus dem 18. Jh. serviert. Hier gibt es eine Kunstausstellung zu sehen, Touren zu Buschmann-Felszeichnungen und einen Swimmingpool. Die Besitzer sprechen Deutsch.
An der R 303, nördlich von Ceres, T 023 317 07 83, www.kleincederberg.co.za, DZ mit Frühstück/Dinner ab 1250 Rand

Bevor Sie sich wundern: Hier können Sie Birnen beim Trocknen zusehen.

Feiern

• **Ceres Festival:** Mai. Zahlreiche sportliche Aktivitäten.

Infos

• **Ceres Tourism Bureau:** Owen St., T 023 316 12 87, www.ceres.org.za. Viele Infos auch zu Sportangeboten.

Citrusdal ♀C2

Folgt man der R 303 weiter über Buffelshoek Pass und Middelberg Pass, erreicht man bald das 1916 von der Holländisch-Reformierten Kirche gegründete Citrusdal. Wie der Name schon sagt, reiht sich in dem fruchtbaren Tal am Ufer des Olifants River ein Zitrusfruchthain an den nächsten. Der holländische Forscher Jan Dankaert hatte an diesem Ort im Jahr 1660 eine Herde Elefanten beobachtet und den Fluss daraufhin nach ihnen benannt.

Orangen für Europa
Navel- und Valencia-Orangen, Zitronen, Grapefruits und die süßen Satsumas sowie Klementinen werden zwischen März und September von etwa 6000 Arbeitern geerntet, sortiert und verpackt. Ein schwerer, süßlicher Duft liegt dann in der Luft. Die Citrusdal-Früchte sind erstaunlich groß und schmecken besonders gut. Verantwortlich dafür sind die langen, heißen Sommer mit bis zu zehn Sonnenstunden pro Tag, die Winterregen und der sandige Boden. Die ersten Obstbäume wurden mit Setzlingen aus Jan van Riebeecks Boskloof Estate (dem heutigen Kapstädter Stadtteil Claremont) gezogen. Der älteste Baum wächst auf der Groot

Hexrivier Farm, er ist über 250 Jahre alt und seine Früchte werden immer noch alljährlich gepflückt.

Die 200 Mitglieder der lokalen Goede-Hoop-Citrus-Genossenschaft (T 022 921 36 09, www.ghcitrus.com) ernten etwa 90 000 t Früchte pro Jahr, von denen rund drei Viertel exportiert werden.

Schlafen

In der Umgebung von Citrusdal gibt es B-&-B-Unterkünfte auf Farmen; im Tourismusbüro erhält man dazu Auskunft. Empfehlenswerte Unterkünfte finden sich auch im nahen Tulbagh.

Bewegen

Beliebte Früchtchen: Touren zum Packhaus der Goede-Hoop-Citrus-Genossenschaft in Citrusdal organisiert das Citrusdal Tourism Bureau.

Infos

• **Citrusdal Tourism Office:** T 022 921 32 10, www.citrusdal.info.

Clanwilliam ♀C1

Für die Weiterfahrt nach **Clanwilliam** stehen zwei Möglichkeiten zur Auswahl: die staubig-abenteuerliche Variante rechts des Olifants River oder die jenseits des Flusses und der Bergkette parallel verlaufende, hervorragend ausgebaute N 7.

Bekannt wurde der hübsche Ort Clanwilliam durch eine Pflanze, die nur im moderaten Klima der Cederberge gedeiht. Aus den Zweigenden des Rotbusches (Afrikaans: *rooibos*) wird ein aroma-

tischer, gesunder Tee gewonnen. Diverse Versuche, das Gewächs in anderen Teilen der Welt zu kultivieren, misslangen.

Jahrhundertealte Arznei

Die San entdeckten zuerst das Geheimnis der feinen, nadelähnlichen Blätter. Sie ernteten die wild wachsenden Büsche, zerkleinerten sie mit Steinbrocken und zerstampften sie mit Holzpflöcken. Den Brei ließen sie aufgeschichtet gären und dann von der Sonne trocknen. Seit den 1930er-Jahren wird Rooibostee kommerziell angebaut. Vor allem die Japaner sind ganz wild auf das Gebräu, das bei ihnen als teures Wunderelixier verkauft wird. In südafrikanischen Supermärkten ist der Tee nach wie vor zu zivilen Preisen erhältlich. Dem Getränk mit der typischen rotbraunen Farbe und dem feinen Aroma fehlen sowohl Koffein als auch Bitterstoffe, die gesundheitsfördernde Wirkung seiner zahlreichen Spurenelemente wurde bereits mehrfach wissenschaftlich nachgewiesen. Ob Magenbeschwerden oder Schlafstörungen – der Tee aus den Bergen hilft garantiert.

Schlafen

Ruhig und rustikal
Boskloofswemgat: Ruhig und versteckt am Ende einer Piste gelegen. Es gibt einige Häuschen (für 4–8 Personen) für Selbstversorger, eines sogar mit Whirlpool, direkt am Fluss. Highlights sind hier die Felsenpools mit klarem Wasser zum Schwimmen. Wandern und Reiten sind aktive Alternativen.
Abfahrt Clanwilliam von der N 7, rechts Richtung Boskloof, 10 km weiter, T 027 482 25 22, www.boskloofswemgat.co.za, DZ ab 700 Rand

Luxuszelte
Karukareb Wilderness Reserve: In einem abgelegenen Tal stehen diese

komfortablen Holz-Leinwand-Konstruk-
tionen mit Holzdeck, Federbetten und
viktorianischen Badewannen. Baden in
Felsenpools, Wandern, Reiten oder einfach
nur Relaxen stehen hier auf dem Programm.

Abfahrt Clanwilliam von der N 7, rechts Richtung Karukareb, T 027 482 16 75, 079 078
95 69, ab 1450 Rand pro Behausung

Essen

Für Fleischfreunde

Reinhold's: Eine Institution in Clanwilliam,
serviert in ländlicher Atmosphäre neben traditioneller südafrikanischer Küche Steaks
und Hühnerschnitzel. Gute Weinkarte.

Gegenüber dem Clanwilliam Hotel, Main St.,
T 083 389 30 40, Di–Sa 19–21 Uhr, in der
Saison Aug.–Sept. tgl. geöffnet, Hauptgericht
um 120 Rand

Einkaufen

Schuhe in Handarbeit

Strassbergers Shoe Factory: Hier in
Clanwilliam werden Schuhe, darunter die
berühmte *veldskoene,* südafrikanische
Wanderschuhe, zu 80 % in Handarbeit
gefertigt, man kann sie vor Ort im Factory
Shop erwerben.

12 Old Cape Rd. (Ou Kaapse Weg), T 027
482 14 61, www.strassbergers.co.za, Facebook: Strassbergers Leather Shoes, tgl.
12–21 Uhr

Infos

● **Clanwilliam Tourism Office:** Im historischen Gefängnis untergebrachtes Infor-
mationsbüro, Wissenswertes zu Übernachtungsmöglichkeiten, 4 x 4-Strecken,
Wanderungen.

Main Rd., T 027 482 20 24, www.clan
william.info, Mo–Fr 8.30–16.30, Sa/So, Fei
8.30–12.30 Uhr

Nach Wupperthal

Am Ortsausgang von Clanwilliam beginnt die etwa 70 km lange Strecke zum
Missionsstädtchen **Wupperthal,** ein
lohnenswerter Ausflug, jenseits vom
Bushmanskloof Private Nature Reserve
und dem Biedouw Valley über ungeteerte
Pisten, die mit einem normalen Pkw aber
leicht zu schaffen ist. Man sollte sich am
besten einen ganzen Tag Zeit nehmen.

Früheste menschliche Kunst

Gleich zu Anfang geht es über den von
Thomas Bain im Jahr 1887 gebauten,
905 m hohen Pakhuis Pass, von wo aus
sich immer wieder grandiose Blicke zurück ins Tal des Olifants River bieten. In
der Nähe des Passhöhe weist ein Schild
zum Grab von Louis Leipoldt, dem
berühmten, in Clanwilliam geborenen
südafrikanischen Dichter und Arzt. Die
Asche des 1917 Verstorbenen wurde auf
seinen eigenen Wunsch hin in einer ehemaligen ›Buschmann‹-Höhle verstreut.
Die ausgeblichenen Malereien sind heute
noch zu erkennen: menschliche Figuren
und ein Elefant.

Der weitere Weg führt vorbei an
faszinierend erodierten Felsformationen
ins Biedouw-Tal, das sich im Frühling
(Aug./Sept.) in ein farbenprächtiges
Blumenmeer verwandelt. Unglaublich,
wenn man bedenkt, dass die Gegend
das übrige Jahr über wie ausgebrannt
erscheint.

Felsmalereien der San
am Sevilla Trail   ⭐ 📍C1

In den Seitentälern findet sich die
größte Freilichtgalerie der Welt: Hunderte von gut bis sehr gut erhaltenen
›Buschmann‹-Felsmalereien. Zu sehen

Lieblingsort

Einen im Tee?

Den einzigen ›privaten‹ Rooibos-Tee bekommen Sie bei der Familie Engelbrecht im **Groenkol Rooibos Tea Estate** (♥ nördl. B1). Sie sind die absoluten Spezialisten in Sachen Rooibos-Tee. Und der einzige Rooibos-Vermarkter im Land, der nicht an die Genossenschaft in Clanwilliam liefert. Der Betrieb wird seit drei Generationen bewirtschaftet. Der Gründer, Willie Engelbrecht, war einer der Ersten, der Rooibos-Tee kultivierte. Die Qualität der Marke African Dawn ist legendär. Cool ist die Farmtour, stilecht im Landrover. Neben Rooibos-Büschen gibt es da auch Felsmalereien, Sandsteinformationen und eine wunderschöne Flora und Fauna zu bewundern. Besucher übernachten im kleinen Bed & Breakfast von Elandsberg Eco Tourism und trinken dort – natürlich – Rooibos-Tee. T 021 982 85 55, www.elandsberg.co.za, DZ mit Frühstück ab 590 Rand, 22 km von Clanwilliam, 45 km von Lambert's Bay, Anfahrtsplan s. Website. Die hier angebauten Rooibostee-Sorten werden über folgende Websites vermarktet: www.africandawn.com, www.africandawn.de.

Die felsige Landschaft der Cederberge diente als Leinwand für die Felsmalereien der Ureinwohner, Khoi und San.

sind Bilder von Büffeln, Elefanten und einem Nashorn mit Jungtier. Andere Gemälde zeigen eine Herde flüchtender Antilopen, von denen eine Pfeil und Bogen trägt. Hier stellte der Künstler einen Schamanen in Trance dar. Die meisten Kunstwerke sind so gut erhalten, weil sie schwer zu finden sind und teilweise auf privatem Farmland liegen. Viele der leicht erreichbaren Malereien wurden hingegen durch Vandalismus zerstört.

Das Archäologie-Tourismus-Büro der Kapstädter Universität ermöglicht Touristen, diese Kunstwerke zu besichtigen. Es geht aber auch auf eigene Faust, entweder ganz luxuriös auf dem Gelände des **Bushmans Kloof Private Game Reserve** oder einige Kilometer vorher auf der Farm **Traveller's Rest,** wo es voll ausgestattete Unterkünfte für Selbstversorger gibt.

Auf der Farm hat der **Sevilla Trail** seinen Ausgangspunkt, ein etwa 4 km langer Pfad, der zu einer Reihe von außergewöhnlich gut erhaltenen San-Zeichnungen an insgesamt neun gekennzeichneten Stellen führt.

Felsmalereien-Pfad
Etwa 1 km nach Beginn des Trails, der über verwitterte Felsen verläuft, auf denen es von Klippschliefern wimmelt, trifft man auf die erste Malerei: ein seltsames schwarzes Bild einer großen Gruppe von Menschen, das sich über alten, bereits verblichenen Zeichnungen befindet. Ein paar Meter weiter finden sich drei ›Monster‹, die Sauriern ähneln, sowie ein Zebra oder das ausgestorbene zebraähnliche Quagga. Nach mehreren 100 m gelangt man zu einem mächtigen Felsen, der auf dem Untergrund zu balancieren scheint. Um seine Malereien zu sehen, muss man sich unter ihn legen. Keine Angst, er bewegt sich nicht.

Die nächsten Felszeichnungen befinden sich unter einem Schatten spendenden, jahrhundertealten Olivenbaum. An dieser Stelle erkennt man die wohl schönsten Malereien des gesamten Trails. Am beeindruckendsten sind ein Bogenschütze und ein Zebrafohlen. Wer länger in dem diffusen Licht verbleibt, wird Hunderte von Bildern entdecken.

Schlafen

Wo früher ›Buschmänner‹ lebten
Traveller's Rest: Infos zum Sevilla-Trail (wer ihn laufen möchte, muss bei der Farm ein kleines Eintrittsgeld zahlen), zu den Selbstversorger-Cottages (teilweise sind das die alten restaurierten Farmhäuser) und der Khoisan Kitchen, wo für größere Gruppen gekocht wird.
Sevilla Trail, zwischen Pakhuis Pass und Bushmans Kloof Private Game Reserve, T 027 482 18 24, www.travellersrest.co.za, ab 550 Rand/Person, Kinder 300 Rand

Bushmans Kloof Private Game Reserve ♀C1

Einfahrt in das Reservat ist nur Gästen der Lodge gestattet. Auf dem Gelände des Bushmans Kloof Private Game Reserve gibt es **125 bekannte Felskunst-Stellen,** die Gäste mit einem kundigen Ranger besichtigen können. Alle San-Malereien stehen unter Denkmalschutz. Die berühmtesten Darstellungen sind die von Wild, das durch ein Netz getrieben wird, und von einem Schamanen, der aus der Nase blutet und dem Kraftlinien aus dem Rückgrat strömen.

Etwa **140 verschiedene Vogelarten** gibt es auf dem Areal des Naturschutzgebiets. Der extrem seltene *cape mountain leopard* lebt frei auf dem Gelände, bisher haben die Ranger allerdings nicht mehr als seine Spuren entdecken können. Er ist scheu und hat gerade deshalb in der Wildnis überlebt. Der **Sternenhimmel** ist hier aufgrund fehlender künstlicher Lichtquellen fantastisch zu sehen. Ranger erklären während einer Fahrt im Pirschwagen zum Sonnenuntergang die Südhemisphäre im Detail.

Schlafen

Luxus in der Wildnis
Bushmans Kloof Private Game Reserve & Retreat: Schöne, sehr luxuriöse Lodge in traumhafter Lage, mitten in den Cederbergen, geschmackvoll dekorierte Zimmer, gutes Essen.
Reservierung T 021 481 18 60, Lodge 027 482 82 00, www.bushmanskloof.co.za, DZ mit Frühstück/Lunch, Afternoon Tea, Dinner und diverse Aktivitäten Nebensaison ab 6840 Rand

Wupperthal

Weiter geht es durch bergige, ausgedörrte Landschaft, ein letzter Passanstieg und der Blick schweift hinab ins fruchtbare **Tra-Tra-Tal** (Afrikaans: Tra-Travallei) und auf den Weiler Wupperthal mit seinen 150 reetgedeckten, weiß verputzten Häuschen samt Kirche – ein idyllischer Ort, mitten im Nichts, der im krassen Gegensatz zur schroffen Felslandschaft der Umgebung steht.

Ein Stückchen Germany
Wie der Name schon vermuten lässt, ist dies eine deutsche Gründung. 1830 entstand die erste Missionsstation der Rheinischen Kirchengemeinde auf südafrikanischem Boden. Die beiden Missionare kamen aus Elberfeld im Tal der Wupper, was auch der Grund der Namensgebung war. Das andere, etwas größere Wuppertal in deutschen Landen entstand erst ganze 99 Jahre später! Als die Missionare 1829 in den Cederbergen ankamen, fanden

Cederberge

sie bereits eine christliche Gemeinde der Khoisan vor. Die Mission florierte, vor allem als 1830 die Sklaverei abgeschafft wurde und viele befreite Familien nach Wupperthal zogen, um ein Handwerk zu erlernen und Arbeit zu finden. Von Wupperthal aus wurden dann weitere Missionsstädte in der Kapprovinz gegründet. 1965 wurde die Wupperthaler Mission von der Herrnhuter Brüdergemeinde übernommen.

Landrückgabe an die Locals
Heute wie damals leben die etwa 4000 farbigen Familien in und um Wupperthal auf kleinen Grundstücken, wo sie Mais und Kartoffeln für den Eigenbedarf sowie Bohnen, Trockenfrüchte und Rooibos für den Verkauf anbauen – mit einem Unterschied: Im Gegensatz zu früher, als ihnen Landbesitz gesetzlich verboten war, gehört ihnen seit 1996 der Grund und Boden.

Wenn auch die Eselskarren langsam von japanischen Kleinlieferwagen abge-

Velskoen – berühmt und bequem

löst werden, strahlt der Ort noch immer die Ruhe vergangener Zeiten aus. Die von den Deutschen gegründete Schuhmanufaktur, die **Wupperthal Shoe Factory,** gibt es inzwischen nicht mehr, nur die alten Produktionsanlagen können noch besichtigt werden (T 027 492 30 17, oder über Wuppertal Tourism, s.u.). Über 150 Jahre lang wurden hier die berühmten, widerstandsfähigen, ohne Leim oder Nägel aus Leder hergestellten *veldskoene*, südafrikanische Wanderschuhe, in Handarbeit hergestellt. Zu den besten Zeiten wurden 700 Paar pro Tag gefertigt. Altersschwache Maschinen sorgten jedoch für einen Rückgang der Produktion, die schließlich – wie auch der Verkauf – in die **Strassberger Shoe Factory** in Clanwilliam (S. 158) verlegt wurde. 2018 startete eine Marketing-Kampagne, um die berühmten, aber etwas angejahrten Lederschlappen aus Wupperthal zum Trendprodukt zu machen. Wie schon beim Rooibostee scheint es auch hier zu klappen. Sehen Sie selbst: www.veldskoen.shoes und auf Facebook ›Veldskoen Shoes‹.

Kleines Offroad-Abenteuer
Wer mit einem Geländewagen unterwegs ist, kann, anstatt von Wupperthal zurück nach Clanwilliam zu fahren, die Tour über einen anfangs sehr steilen, 35 km langen 4x4-Track nach Süden fortsetzen. Nachdem der Ort **Eselbank** nach 20 km (kurz vor dem Ort bildet der Fluss einen erfrischenden Felsenpool!) erreicht ist, geht es weiter bis **Matjiesrivier,** wo diese Strecke wieder auf den Hauptverbindungsweg nach Ceres trifft. Vor allem während der Blumenblüte ist dies ein wunderbarer und einsamer Trip.

Infos

• **Wuppethal Tourism Bureau:** Church Square, T 027 492 34 10, www.capewestcoast.org, Mo–Fr 8.30–16 Uhr.

Zugabe
Supersized: Red Espresso

Koffeinfreier Genuss

Man muss kein Südafrika-Kenner sein, um schon einmal von dem unheimlich gesunden Rooibos-Tee gehört zu haben. Er zeigt zahlreiche vorbeugende und aktiv heilende Eigenschaften. Vor allem die stark antioxidative Wirkung ist es, die ihn sogar für die Krebstherapie qualifiziert.

In den letzten Jahren ist der hüfthohe Busch mit seinen gelben Blüten, der weltweit nur in den Cederbergen gedeiht, neben seiner eher langweiligen Teefunktion auch anderweitig bekannt geworden: als charakteristischer Inhaltsbestandteil von Wohlfühl-Seifen, Boutique-Fleisch und Gin-Spezialitäten.

Das war allerdings immer noch nicht genug, um dem rotbraunen Tee aus den Bergen einen trendigen Kultstatus zu verleihen. Dazu mussten erst einige innovative Köpfe auf die Idee kommen, den getrockneten und gehäckselten Busch mit 9 bar Druck durch eine Espresso-Maschine zu jagen. Red Espresso war geboren. Mit zehn Mal mehr Antioxidationsmittel als normaler Rooibos-Tee. Das neue In-Getränk hat geschmacklich einen nussigen Unterton und eine schaumige Crema, die normalerweise Kaffeefans verzückt. Fast sofort folgten die Red Cappuccinos, mit geschäumter Milch und einem Schuss Honig. Aufgrund seiner

Wenn das Wasser mit 9 Bar durch den Rooibos in der Espresso-Maschine gejagt wird, entwickelt er eine wunderbare Crema und ein nussiges Aroma.

Roter Espresso liegt im Trend.

gesundheitsfördernden Eigenschaften hat sich der Red Espresso mittlerweile vom Kap aus über die ganze Welt ausgebreitet. Der koffeinfreie Red Espresso ist auch der erste Tee, der einen Preis von der amerikanischen Specialty Coffee Association gewonnen hat. Und kürzlich hat Starbucks **Rooibos Lattes** in seine Karte aufgenommen. Nicht schlecht für einen gammeligen Busch aus den abgelegenen Cederbergen.

www.redespresso.com ∎

Overberg-Region

Wale, Wein und mehr — von der Bilderbuch-Küstenstraße zwischen Kapstadt und Kleinmond in die Wal-Metropole Hermanus. Afrikas südlichster Punkt, das Cape Agulhas, enttäuscht da fast etwas. Besucher erwarten da einfach etwas mehr.

Seite 169

Hermanus ⭐

Der Ort ist die inoffizielle Hauptstadt der Walbeobachtungen, sogar ein ganzes Volksfest widmet sich den Ozeanriesen. Auf lizenzierten Bootstouren kann man sich den gewaltigen Meeressäugern annähern. Die beste Zeit liegt zwischen Juni und November.

Seite 170

Origins at the Marine

Exzellente Meeresfrüchte in coolem Ambiente im altehrwürdigen Marine Hotel in Hermanus. Selbst die Fish & Chips erreichen hier Gourmet-Niveau.

Die Strecke zum Steenbras Dam erinnert an die Corniche des Crêtes.

Eintauchen

Seite 171

Bientang's Cave

Nichts für Gourmets, bei Bientang's treten die Fischgerichte ob der Aussicht in den Hintergrund. Der Blick geht von der natürlichen Klippenhöhle aus direkt in die Brandung.

Seite 176

Haitauchen an der Küste vor Gansbaai

Vom Räuber der Meere, dem Weißen Hai, nur durch einen Gitterkäfig getrennt: ein atemberaubendes und adrenalinförderndes Erlebnis. Unter Wasser wirken sie noch beeindruckender. Hai live!

Overberg-Region **165**

Seite 177
Elim
Deutsche Missionare gründeten das Straßendorf mit den weißen, reetgedeckten Häuschen. Auch die alte Missionskirche von 1834 ist noch immer reetgedeckt.

Seite 179
De Hoop Nature Reserve
Eines der schönsten Naturreservate im Land mit schönen Übernachtungs- und tollen Wandermöglichkeiten.

Seite 180
Auf dem Walwanderpfad
Der Whale Trail ist der perfekte Wanderweg, um die Meeressäuger live zu erleben. Um die Wildniserfahrung exklusiv zu erhalten, sind nur 12 Wanderer pro Tag auf dem Trail zugelassen.

Seite 183
Swellendam
Die nach Kapstadt und Stellenbosch drittälteste Stadt im Land weist eine Fülle an historischen Gebäuden auf. Besonders schön ist Old Gaol, das ehemalige Gefängnis.

In Bredasdorp lohnt es, das Schiffswrack-Museum zu besuchen.

Am Cape Agulhas treffen Indischer Ozean und Atlantik tatsächlich aufeinander, nicht am etwa 300 Kilometer weiter südwestlich liegenden Kap der Guten Hoffnung.

Südlichster Punkt Afrikas

E

Eine herrlich aussichtsreiche Küstenstraße führt an der **False Bay** entlang, wo sich von August bis in den Dezember hinein Wale in Küstennähe tummeln. Die R 44, auch Clarence Drive genannt, zwischen **Gordon's Bay** und **Betty's Bay,** gehört definitiv zur Kategorie Traumstraße. Eine herrliche Kurve reiht sich an die nächste, immer ganz nahe am Meer entlang. Liebevoll angelegte Natursteinmauern begrenzen die Parkbuchten zur Walbeobachtung.

Am Ortsende von Gordon's Bay den nicht ausgeschilderten Abstecher zum **Steenbras-Damm-Tor** links nehmen. Die in ihrer Gesamtlänge tatsächlich steilste Teerstraße des Landes, die sehr an Südfrankreich erinnert, führt zu einem kleinen Parkplatz neben dem herrlichen Aussichtspunkt über die False Bay.

Als die Walbeobachtungs-›Metropole‹ am Kap gilt das hübsche Städtchen **Hermanus,** wo in einem der lokalen Restaurants unbedingt die Walker-Bay-Weine probiert werden sollten. Das **Whale Festival** im September zelebriert die riesigen Meeressäuger, unter anderem mit dem Oldtimertreffen »Whales & Wheels«.

ORIENTIERUNG

Infos: Infos zum jährlichen Whale Festival finden sich hier: www. whalefestival.co.za.
Erleben: In und um Hermanus empfiehlt sich sowohl die Wal- als auch die Weißer-Hai-Beobachtung per Schiff.

Neben Walen lassen sich an der Küste von **Gansbaai** aber noch andere – deutlich agressivere – Meeresbewohner haut- oder besser neoprennah erleben: Weiße Haie. Wenn man so im Metallkäfig ins Meer abgelassen wird, hofft man inständig, dass die Konstruktion einen technischen Prüfstempel aufweist.

In der von Deutschen gegründeten Missionsstadt **Elim** reihen sich reetgedeckte Häuschen in der Hauptstraße aneinander. Die dort 1828 erbaute Mühle ist die älteste im Land. In **Bredasdorp** lohnt sich der Besuch des Schiffswrack-Museums mit interessanten, geborgenen Fundstücken. Über das pittoreske **Arniston** mit tollem Badestrand erreicht man schließlich das südlichste, überraschend unspektakuläre Ende Afrikas: **Cape Agulhas. Swellendam** und **Genadendal** bestechen durch ihr historisches Ortsbild und interessante Museen.

Von der False Bay zur Walker Bay   ♀ C–D 6–7

In dem hübschen Hafenstädtchen **Gordon's Bay** fühlt sich der Besucher ans Mittelmeer versetzt. Der Fynbos ähnelt der mediterranen Macchia, dazu kommen die Berge, das türkisfarbene Meer und der Yachthafen – die Illusion ist perfekt. Ein Fußpfad verbindet den gut geschützten Bikini Beach mit dem Main Beach.

Direkt am Ortsausgang von Gordon's Bay führt eine nicht ausgeschilderte, kleine Privatstraße den Berg hinauf zum Tor des **Steenbras-Damm**-Gebiets. Bis dorthin, wo sich ein wunderbarer Aussichtspunkt über die **False Bay** befindet, ist die Straße für jedermann offen. Das pittoreske Asphaltband in perfektem Zustand ist bei Einheimischen sehr beliebt. Wer Werbespots, vor allem jene für sportliche Autos, genauer unter die Lupe nimmt, wird die herrliche, kurvenreiche Bergstraße wiedererkennen: Unzählige Reklamefilme wurden hier gedreht. Kein Wunder, die Strecke mit einzigartigem Berg- und Meer-Panorama könnte auch in Südfrankreich, Spanien oder Kalifornien sein.

Aussichts-, kurven- und steinreich

Von der kurvenreichen Küstenstraße, die aus Gordon's Bay hinausführt, fällt der Blick immer wieder nach rechts auf das tiefblaue Wasser der False Bay und auf die gegenüberliegende Kap-Halbinsel. Links ragt die gewaltige Kette der **Hottentots Holland Mountains** auf. Während der Wal-Hochzeit zwischen Juli und November lassen sich die beeindruckenden Säugetiere zwischen dieser Stelle und Hermanus in Küstennähe beobachten. Bei **Rooiels** kann man an einem sicheren Strand wunderbar sonnenbaden. Die Teerstraße biegt nun ins Landesinnere ab, umgeht dabei **Pringle Bay** und **Cape**

Das erfrischt richtig – vor allem im Sommer, nach einer schweißtreibenden Wanderung in den Hottentots Holland Mountains: die Crystal Pools bei Gordon's Bay.

Das Kogelberg Biosphere Reserve bewahrt die faszinierende Welt des Fynbos.

Hangklip. Der Hängende Felsen hieß einst Cabo Falso (Falsches Kap), eine von vielen Referenzen an die falsche Bucht (False Bay), weil Seefahrer, die von Osten kamen, diesen Fels für Cape Point hielten und zu früh nach Norden abdrehten.

In dieser Gegend finden sich häufig Spuren von Leoparden, die noch vereinzelt in der ursprünglichen Berglandschaft leben. Deshalb haben Naturschützer auch einen Zaun um die kleine Küstenkolonie der Brillenpinguine bei **Stoney Point** gezogen. Die gefleckten Katzen hatten sich vorher immer wieder mal einen der Vögel schmecken lassen.

In den 1930er-Jahren entstanden die netten kleinen Ferienhäuschen von **Betty's Bay.** Davor war der Ort eine Walfangstation. Die Rampe, über die tote Wale an Land gezogen wurden, ist noch bei Stoney Point zu erkennen.

UNESCO-Biosphärenreservat

Das von Cape Nature Conservation verwaltete 30 000 ha große **Kogelberg Biosphere Reserve** (www.kogelbergbiosphereserve.co.za) mit seinen zerklüfteten hohen Bergen und unberührten Tälern ist UNESCO-Weltnaturerbe und genießt damit höchste Schutzpriorität. In dem von einigen Wanderwegen durchzogenen Gebiet wachsen 1600 verschiedene Fynbos-Arten, es gibt etwa 70 Säugetierarten, einschließlich der bereits erwähnten Leoparden. Im **Palmiet River Valley** laden Felsenpools im Fluss zu einem erfrischenden Bad ein.

Zur Blumenblüte (Oktober bis Februar) lohnen die **Harold Porter National Botanical Gardens** einen Besuch.
T 028 272 93 11, www.sanbi.org/gardens/harold-porter, tgl. Sonnenauf- bis -untergang

Durch den Fynbos wandern

Außerhalb von Kleinmond bietet das **Kleinmond Coastal and Mountain Reserve,** das seit Kurzem Teil des Kogelberg Biosphere Reserve ist, ebenfalls Wanderwege durchs Fynbos-Gebiet. **Kleinmond** gilt generell als einer der windgeschütztesten Küstenorte, die Lagune bietet sichere Bademöglichkeiten.

Und der kleine Hafen von Kleinmond, erreichbar über die Harbour

Road, am Ortsanfang rechts abbiegen, hat sich in letzter Zeit zum attraktiven Besuchsziel entwickelt. Es gibt einige gute Restaurants zur Auswahl und ein paar schöne Geschäfte. Prima Stopp für eine Mittagspause.

Essen

Holzdeck mit Meerblick
The Boathouse Restaurant: Entspannte Atmosphäre mit Holzdeck, -bänken und -tischen im Freien. Neben fangfrischem Seafood gibt es prima Steaks, Ribs und hausgemachte Gourmetburger vom Grill. Dazu Craft Beer aus der lokalen Mikro-Brauerei.
18 Harbour Rd., Kleinmond, T 028 271 30 48, Facebook: The Boathouse Restaurant, tgl. 8–22 Uhr, im Winter Mo–Do 10–20, Fr 9–21, Sa 8–21, So 8–19 Uhr, Hauptgericht um 140 Rand

Einheimischentreff
Sandown Blues: Hier treffen sich die Einheimischen direkt am Strand auf ein kaltes Bier und Fish'n'Chips oder Burger.
4 Strand St., Kleinmond, T 082 566 43 68, Facebook: Sandown Blues Restaurant, Mo–Sa 8.30 bis spät, So 8.30–16 Uhr, Gerichte um 110 Rand

Aussichtsreicher Italiener
Al Forno: Richtig gute Pizza aus dem Holzofen mit dünnem Teig. Tolle Aussicht aufs Meer von der erhöhten Terrasse aus und idealer Platz für einen Sundowner.
35 Beach Rd., Gordon's Bay, T 021 856 40 21, Mo–Fr 16–22, Sa/So 12–22 Uhr, Hauptgericht um 110 Rand

Bewegen

Schöne Aussichten beim Golfen
Arabella Golf Estate: Halfway-Haus und Restaurant, wunderbarer 18-Loch-Platz an der Botriver-Lagune, mit Meer- und Bergblick.
R 44 zwischen Kleinmond und Hermanus, http://arabellacountryestate.co.za, Golf-Info unter T 028 284 01 05, tgl. 8–14 Uhr

Infos

- **Hangklip-Kleinmond Tourism Bureau:** Kleinmond, 14 Harbour Rd., T 028 271 56 57, www.ecoscape.org.za.

Hermanus

Kurz vor Hermanus zweigt links eine kleine Straße *(Rotary Way Uitsig Pad)* zu einem Aussichtspunkt hoch über der Stadt ab. Der Weg führt direkt durch das malerische **Fernkloof Nature Reserve** (T 028 313 08 19, www.fernkloof.com), in dem ausschließlich einheimischer Fynbos gedeiht. Im 1446 km² großen Schutzgebiet gibt es insgesamt 25 km Wanderwege.

Ein Stückchen weiter liegt der Startplatz für Gleitschirmflieger, die bei entsprechend gutem Wetter zu Dutzenden im Aufwind an dem Felsabbruch entlangsegeln. Von hier oben lässt sich die gesamte Walker Bay überblicken, mit scharfen Augen oder Fernglas können sogar Wale beobachtet werden.

Wenn der Walschreier trompetet
Besser funktioniert das natürlich in der attraktiven, 1830 gegründeten Stadt Hermanus, wo sich die Tiere während der Saison bequem vom Ufer aus betrachten lassen. Ein Klippenpfad, der sich 12 km lang an der Küste entlangschlängelt, bietet interessierten Besuchern gute Aussichten. An besonders schönen Stellen stehen Bänke. Während der Saison sorgt

ein eigens für diesen Zweck angestellter Walschreier dafür, dass Touristen wie Einheimische keinen der Riesen der Meere verpassen. Gute *whale watching spots* sind der **Sievers Point**, das **Castle** und der **Kraal Rock**. Am alten Hafen ist sogar ein Teleskop installiert worden, sodass die sanften Riesen formatfüllend in Augenschein genommen werden können.

Hermanus wurde ursprünglich jedoch nicht als Fischerort gegründet, das Gebiet war vielmehr zunächst von Farmern aus Caledon bewohnt, die die guten Sommerweiden für ihr Vieh schätzten.

Museen

Historischer Hafen
Old Harbour Museum: Die maritime Geschichte des Ortes wird hier anhand alter Schwarz-Weiß-Aufnahmen und restaurierter alter Fischerboote nachgezeichnet.
Marine Drive, direkt im alten Hafen, T 028 312 14 75, www.old-harbour-museum.co.za, Mo–Sa 9–13, 14–17 Uhr, 30/10 Rand

Schlafen

Grande Dame
The Marine Hermanus: Von den Balkonen der Zimmer lassen sich im September und Oktober sogar Wale sichten, 40 Zimmer, zwei Restaurants. Kinder ab zwölf Jahren sind willkommen.
Marine Drive, T 028 313 10 00, www.themarinehotel.co.za, DZ mit Frühstück ab 4450 Rand

Nachhaltiger Meerblick
Schulphoek House: Toller Meerblick; afrikanisch beeinflusstes Innendesign; gut ausgestatteter Weinkeller mit über 2000 Flaschen. Wurde 2017 komplett und nachhaltig grün renoviert, von Regenwassertanks bis zu Solarenergie.
44 Marine Drive, T 028 316 26 26, www.schulphoek.co.za, DZ mit Frühstück, Dinner ab 2200 Rand; 4-Gänge-Menü am Abend 350 Rand/Person

Historisches Hotel mit Meerblick
Windsor: 60 einfache Zimmer. Vom Hotel-Biergarten aus können Sie Wale beobachten.
49 Marine Drive, T 028 312 37 27, www.windsorhotel.co.za, DZ mit Frühstück und Meerblick ab 1100 Rand

Essen

Top-Meeresfrüchte und mehr
Origins at the Marine: Ausgezeichnetes Meeresfrüchtelokal mit exzellentem Service. Die Einrichtung ist im Gegensatz

Bientang's Cave ist der beste Platz, um meernah Seafood zu genießen.

zum Hotel modern und wirkt fast schon Zen-minimalistisch. Die Küche ist durch eine Glasscheibe vom Speiseraum getrennt. Die Gerichte reichen von edlen *fish & chips* zu *local Gansbaai crayfish.*
Marine Drive, T 028 313 10 00, www.origins restaurant.co.za, tgl. 12–14.30, 19–21.30 Uhr, 2-Gänge-Menü 250 Rand, 3-Gänge-Menü um 370 Rand, à la carte Hauptgericht 130 (vegetarisch) bzw. um 180 Rand

Sushi im Hafen
Harbour Rock & Gecko Bar: Das Restaurant, hoch oben auf einer Klippe, überblickt den neuen Hafen von Hermanus und serviert Sushi sowie andere Meeresfrüchte und Thai-Gerichte. Abends wird es mit weißen Tischdecken und Kerzen romantisch.
Site 24A, New Harbour, T 028 312 29 20, www.harbourrock.co.za, tgl. 9–22 Uhr, Hauptgericht um 200 Rand

Klein, aber urig
Fisherman's Cottage: Nichts für Menschen, die unter Klaustrophobie leiden, ist diese winzige Kneipe, das auf einer Schiefertafel gelistet ist. Tipp: die exzellente Bouillabaisse. Rechtzeitig vorbuchen!
Lemm's Corner, Ecke Harbour/Main St., T 028 312 36 42, www.fishermanscottage.co.za, Facebook: Fishermans Cottage Restaurant, Mo–Do 17–21, Fr & Sa 12–21 Uhr, Hauptgericht um 100 Rand

Mediterrane Küche
La Pentola Restaurant: Mediterrane Gerichte, stets frisch zubereitet und in relaxter Atmosphäre serviert. Wunderbare Aussicht auf die Walker Bay.
87 Marine Drive, T 028 313 16 85, http:// hermanus.lapentola.co.za, tgl. Lunch & Dinner, Hauptgericht um 200 Rand

Höhlenessen
Bientang's Cave: In einer Grotte untergebrachtes, rustikales Seafood-Restaurant. Hierher kommt man wegen der Aussicht. Näher an den Wellen lässt es sich nirgendwo in Hermanus essen.
Unterhalb des Marine Drive, T 028 312 34 54, www.bientangscave.com, tgl. 9.30–16 Uhr, Hauptgericht 85–150 Rand

Leckere Pizza
Rossi's: Rossi's gibt es schon seit vielen Jahren. Kein Wunder, die im Holzofen gebackenen Pizzas (ab 60 Rand) mit dünnem Boden sind einfach *molto bene.* Es gibt etwa 30 verschiedene Beläge, außerdem Pasta (ab 75 Rand) und über dem Feuer gegrilltes Steak. Kinderfreundlich.
10 High St., T 028 312 28 48, www.rossis. co.za, So–Mo 11–22, Fr/Sa bis 23 Uhr, Hauptgericht um 120 Rand

Paarungs-Meister
Creation Tasting Room: Das Restaurant auf dem herrlich gelegenen Wine Estate paart seine ausgezeichneten, preisgekrönten und weltweit vertriebenen Weine mit nahezu allem, was man sich vorstellen kann: Käse, Wurst, Fleisch, Schokolade und sogar Eiscreme. *Wine Pairing* vorbuchen. Das Essen ist von sehr guter Qualität.
Hemel en Aarde Rd., T 028 212 11 07, www. creationwines.com, tgl. 10–17 Uhr, *Wine Pairings* zwischen 200 und 600 Rand

Einkaufen

Secondhand
Flohmarkt: Jeden Freitag und Samstag findet in Hermanus ein kleiner Flohmarkt statt, auf dem Kunstgegenstände, Kleidung und aller möglicher Krimskrams angeboten und unter die Leute gebracht werden.

Feiern

● **Hermanus Whale Festival:** 3. Sept.-Woche. Die Wale werden jedes Jahr mit einem

172 Overberg-Region

Volksfest inklusive Theatervorstellungen, Konzerten und Kunsthandwerksmarkt ausgiebig gefeiert, außerdem gibt es das Oldtimertreffen Whales and Wheels.
T 028 313 09 28, www.whalefestival.co.za

Infos

● **Hermanus Tourism Bureau:** Mitchell St., T 028 312 26 29, www.hermanus.co.za, Mo–Fr 8–13,14–16.30, Sa 10–14 Uhr. Nette Angestellte, u. a. detaillierte Walbeobachtungskarten.

Walker Bay 📍D6

Hermanus scheint gar nicht mehr enden zu wollen. Etwa 6 km geht es stadtauswärts an teilweise schönen Einfamilienhäusern vorbei. Die Plaat ist ein 12 km langer Strand zwischen Lagoon Mouth und De Kelders, der zum **Walker Bay Nature Reserve** gehört. Angeln, Reiten und Wandern sind oberhalb der Flutmarke möglich.
www.capenature.co.za/reserves/walker-bay-nature-reserve

Stanford 📍D6

In Stanford findet sich neben interessanten Trödelläden auch mal statt einem *Wine* ein *Beer Estate,* eine Mikro-Brauerei namens **Birkenhead Brewery** (www.walkerbayestate.com), die aufgemacht ist wie ein Weingut (auf dessen Gelände sie sich auch befindet), also mit Garten, Herrenhaus und Restaurant. Statt Traubenpressen stehen hier allerdings Kupferbraukessel. Sechs Sorten, die von Besuchern natürlich auch probiert werden können, sind im Angebot.

Schlafen

Aussichtsreich
Bellavista Country Place: Freundlich-familiäres, ruhiges und komfortables *guest house* mit toller Aussicht auf Berge und Bucht, Schweizer Besitzer, sehr kinderfreundlich, großer Pool. Zwei Suiten, eine Junior Suite und ein Cottage. Panoramarestaurant, steht auch Nicht-Gästen offen. Zwischen Stanford und Gansbaai auf der linken Seite der R 43, T 082 901 76 50, www.bella.co.za, DZ mit Frühstück ab 2200 Rand

Essen

Versteckte kulinarische Perle
Havercroft's: Unerwartet prima Restaurant in einem Cottage, wo es innen einen offenen Feuerplatz gibt für kühle Wintertage. Die Bergaussicht lässt sich allerdings am besten draußen auf der Veranda genießen. Chefkoch Bydon Havercroft kocht wenige, dafür umso beeindruckendere Gerichte. Seine (und die seiner Gäste) Favoriten sind die Lammnieren *(lamb's kidneys)* und der Schweinebauch *(pork belly)*. Vegetarier schwören auf die Tagliatelle mit Artischocken und Oliven. Und zum Abschluss sein legendäres Eclaire au Chocolat. Kleine, aber passende Weinkarte. Main Rd. (R 44), T 028 341 06 03, Facebook: Havercroft's Restaurant, Lunch Do–So 12.30–14 Uhr, im Winter Fr–So 12–16 Uhr, Hauptgericht um 170 Rand

Authentisch Italienisch
La Trattoria: Das Vater-und-Sohn-Team Conrado und Lionello Giovannette haben ihr erfolgreiches Eis-Business zu einem richtigen Restaurant erweitert. Eine Enklave authentischer italienischer Küche mitten in Stanford. Gnocchi und Pasta werden mit Liebe hausgemacht und perfekt *al dente* gekocht. Es gibt sechs verschiedene Sor-

ten Lasagne. Und natürlich hausgemachtes *gelato naturale* zum Abschluss. Neben lokalen sind auch etwa 40 italienische Weine im Angebot.

23 Queen Victoria St., T 079 840 1084, 081 805 74 70, Facebook: La Trattoria Stanford, Fr–So 12–15, Mi–Mo 18.30–21 Uhr, 3-Gänge-Menü 180 Rand

Ketten-Bäckerei
Ou Meul Bakery & Farm Stall: Frisch Gebackenes sowie kleine Gerichte, aber auch Hamburger. Prima Frühstück. Craft-Biere und guter Kaffee von Bootlegger. Mehrere Filialen in der Western Cape Province.

1 Queen Victoria Rd., T 028 341 01 01, www.oumeul.co.za, Mo–Fr 7.30–16, Sa/So 7.30–17 Uhr, Hauptgericht um 55 Rand

Biergut
Birkenhead Brewery: Mini-Brauerei mit Verkaufsshop, großem Restaurant (Mo/Di geschl.) und Pub. Brauereitour mit Bierverkostung Mi, Fr 11, 15 Uhr, Wein- und Bierproben in Pub/Bar und Restaurant tgl. 10–17 Uhr möglich.

An der R 326 nach Bredasdorp, T 028 341 01 13, www.walkerbayestate.com, Lunch 11 bis 15 Uhr, außerhalb der Saison Mo, Do geschl., Hauptgericht um 90 Rand

Einkaufen

Fundgrube
The New Junk Shop: Einst einer der besten Läden in der Kapstädter Long Street, hat sich der berühmte, viktorianische Trödelladen aufs Land nach Stanford zurückgezogen. Die Auswahl an antikem Gerümpel ist aber nach wie vor mehr als opulent und reicht von alten Möbeln bis zu Miniflaschen und Spielzeugautos.

11 Queen Victoria St., T 028 341 07 97

Whale Watching von Land aus: Entlang der Walker Bay lassen sich die großen Meeressäuger in nahezu unberührter Natur und aus nächster Nähe beobachten.

Lieblingsort

Eine Farm in Afrika

Die beiden Schweizer Doris und Tibor haben sich mit ihren zwei Kindern und drei Hunden den Traum erfüllt: eine Farm in Afrika. Demnächst gibt es in der **Stellar Overberg Traveller's Lodge** im Örtchen Napier (E6), zwischen Stanford und Bredasdorp, nicht nur die wunderschönen Zimmer im ehemaligen Weinkeller mit legendären Frühstücken, sondern auch edle Tropfen von den eigenen Trauben zum Sundowner.
Info und Buchung: www.stellar-sa.vacations

Infos

- **Stanford Tourism Bureau:** 17 Queen Victoria St., T 028 341 03 40, www.stanford info.co.za. Infobüro mit Internetanschluss.

Grootbos Nature Reserve

📍 D 7

Wunderbare Öko-Lodge

Naturliebhaber finden kurz vor Gansbaai ihr Paradies. Auf einer ehemaligen Farm liegt dort das **Grootbos Nature Reserve.** Die Gäste der Öko-Lodge übernachten in kleinen Steinhäuschen. Auf dem Gelände wurde sämtliche Fremdvegetation entfernt, um den einheimischen Fynbos zu schützen. In den dichten *milkwood*-Wäldchen können Besucher unter Anleitung erfahrener *guides* verschiedene Vögel beobachten. Die Aussicht vom Restaurant, das ausschließlich Lodgegästen offensteht, schweift über die Walker Bay bis nach Hermanus und bei schönem Wetter bis zum 80 km Luftlinie entfernten Cape Point am Kap der Guten Hoffnung.

Schlafen

Fynbos-Paradies

Grootbos Nature Reserve Garden & Forest Lodge: Zwei Lodges auf einer dicht mit Fynbos bewachsenen Farm mit toller Aussicht auf die Walker Bay. Hier findet sich minimalistischer Afroschick inklusive Reetdach, Glas und Stahl inmitten eines 1000 Jahre alten *milkwood*-Waldes. Jedes Häuschen hat ein eigenes Holzdeck und ein riesiges Badezimmer. Ausflüge in den Fynbos zu Fuß, per Pferd oder im Geländewagen; in der Saison gibt es Waltrips. Kinder sind willkommen. Grootbos unterstützt die lokale Gemeinde mit einer Schule und Ausbildungsplätzen, u. a. für Gärtner.

13 km hinter Stanford in Richtung Gansbaai auf der R 43, T 028 384 80 00, www.groot bos.com, DZ mit Vollpension und diversen Aktivitäten 14 600 Rand

De Kelders und Gansbaai

📍 D 7

Hai live

Neben Walen lassen sich an der Küste vor Gansbaai noch andere – erheblich gefährlichere – Meeresbewohner hautnah erleben: Weiße Haie. Was früher nur Wissenschaftlern und Tierfotografen vorbehalten war, ist jetzt auch für Touristen möglich: In PS-starken Booten geht es auf das offene Meer hinaus. Etwa 20 Minuten später ist der Kanal zwischen Dyer und Geyser Island erreicht, der ideale Platz, um diese faszinierenden Tiere zu erleben. Die beiden unter Schutz stehenden Inseln gehören der Cape Nature Conservation, der Naturschutzbehörde der Kapprovinz.

Auf Geyser Island lebt eine Pelzrobbenkolonie, deren Jungtiere immer wieder Opfer der Meeresräuber werden. Die Boote ankern im Kanal, und die Skipper kippen eimerweise blutiges Wasser ins Meer *(chumming),* um Haie anzulocken. Im Hintergrund brüllen Hunderte von Robben. Zwei Taschen mit Fischködern schwimmen an Nylonschnüren im Meer. Taucht ein Hai auf, werden die Köder Richtung Boot gezogen, die Raubfische folgen ihnen und attackieren sie direkt vor den Augen der atemlosen Zuschauer. Mutige steigen mit Schnorchel und Neoprenanzug ausgestattet in einen speziellen Käfig, der im Meer versenkt wird. Unter Wasser lässt sich das Schauspiel noch intensiver genießen: »Der Weiße Hai« live.

Haie brauchen Schutz

Momentan wird untersucht, ob diese Hai-Touren das Verhalten der Tiere, über die noch sehr wenig bekannt ist, beeinflussen. Erste Meldungen von Haien, die Fischerbooten folgen, weil sie auf Beute hoffen, lassen erwarten, dass den Anbietern von Hai-Touren eventuell bald ein Verbot droht.

Die Öffentlichkeitsarbeit der Naturschutzbehörde ist außerdem darauf ausgerichtet, den Menschen die Urängste vor Haien zu nehmen und die faszinierenden Tiere zu schützen. Weltweit werden jährlich mehrere Millionen Haie getötet. Wenn man aber beispielsweise weiß, dass Weiße Haie erst mit 25 Jahren geschlechtsreif werden, wird einem schnell bewusst, dass sie ohne Schutzmaßnahmen keine Chance haben zu überleben.

Heilquellen

Neben der adrenalinfördernden *white shark tour* weist De Kelders noch eine andere Sehenswürdigkeit auf: Unterhalb der Klippen befinden sich mehrere Pools, in denen sich leicht salziges Wasser sammelt, das gut gegen Rheuma helfen soll. Alten Aufzeichnungen zufolge haben Farmer bereits 1712 von den Pools gewusst. De Kelders geht direkt in das hübsche Fischerdorf Gansbaai mit seinem pittoresken Hafen über.

Schlafen

Geschmackvoll

Whalesong Lodge: Das Hotel ist sehr geschmackvoll eingerichtet, fünf Zimmer mit Meerblick (teils nur ›um die Ecke‹). Dinner (mit gemeinschaftlichem Kochen) gibt es jeden zweiten Abend, also vorher klären, es lohnt sich.
83 Cliff St., De Kelders, T 028 384 18 65, www.whalesonglodge.co.za, DZ mit Frühstück ab 2100 Rand

Essen

Schlemmen mit Super-Aussicht

Coffee on the Rocks: Das kleine Familienrestaurant in einem historischen Haus findet sich direkt auf den Klippen von De Kelders. Entsprechend spektakulär ist die Aussicht. Von der Veranda im ersten Stock lassen sich in der Saison nicht selten die Wale in der Walker Bay beobachten. Frühstück, Lunch und Kuchen. Leckere frisch zubereitete Sandwiches und Tramezzinis. Es gibt Vegetarisches, Fisch, Huhn und Fleisch, tgl. wechselnd und auf einer Schiefertafel gelistet.
81 Cliff St., De Kelders, T 028 384 20 17, www.coffee-on-the-rocks.com, Mi–So 10–17 Uhr, Hauptgericht um 70 Rand. Besser reservieren!

Bewegen

»Der Weiße Hai« live

Shark Cage Diving: Das berühmt-berüchtigte Tauchen im Käfig mit dem

Hai live: im Käfig den Great White hautnah erleben

Weißen Hai kostet 1500–1900 Rand und ist in der Hai-›Metropole‹ Gansbaai auch für Tauchunkundige möglich. Das Tauchabenteuer beginnt im kleinen Hafen von Kleinbaai. Jeder Trip dauert etwa 3–5 Std. Es werden Infos zur Gegend und zum Artverhalten der Haie sowie ihrer Rolle im Ökosystem des Meeres geliefert. Die mutigen Kunden bekommen Neoprenanzüge, Masken und Schnorchel und können dann in einen Metallkäfig klettern, der an der Seite des Bootes befestigt ist und ins Wasser hinabgelassen wird.

White Shark Ecoventures, T 021 532 04 70, www.white-shark-diving.com
Shark Diving Unlimited, T 082 441 45 55, www.sharkdivingunlimited.com
White Shark Diving Co, T 021 671 47 77, www.sharkcagediving.co.za
Shark Lady, T 028 313 23 06, www.shark lady.co.za
Marine Dynamics, T 079 930 96 94, www. sharkwatchsa.com
White Shark Adventures, T 082 928 20 00, www.sharkadventures.com
White Shark Projects, T 021 405 45 37, 028 384 17 74, www.whitesharkprojects.co.za

Danger Point ♥ D7

Frauen und Kinder zuerst
Am östlichen Ende der Walker Bay spülen die Wellen über die Klippen des **Danger Point,** der seinen Namen nicht ohne Grund trägt: Viele Schiffe sind hier schon auf Grund gelaufen. Das britische Truppentransportschiff Birkenhead war nur eines davon. 1852 wurden ihm die Felsen des Danger Point zum Schicksal, wobei 445 Soldaten ums Leben kamen. Sie warteten in Habachtstellung auf Deck, während das Schiff unterging, bis Frauen und Kinder in Sicherheit waren. Damals wurde der berühmte Satz »Frauen und Kinder zuerst« geprägt (daher auch bekannt als »Birkenhead Drill«). Einige Überlebende ließen sich

an der Küste nieder und wurden in die lokale Bauerngemeinschaft aufgenommen. Ihre Nachkommen tragen zwar typisch englische Nachnamen, gesprochen wird allerdings ausschließlich Afrikaans.

Elim ♥ E7

Von **Pearly Beach** aus führt eine geteerte Straße nach **Elim** in eines der schönsten von Deutschen gegründeten Missionsstädtchen im Western Cape. Seit 1824 hat sich der Ort kaum verändert. Rechts und links der Hauptstraße reiht sich ein reetgedecktes, weiß verputztes Häuschen an das nächste. Auch die Giebelkirche ist ein wahres Schmuckstück. Ihre Uhr – made in Germany – zeigt die Zeit heute noch so akkurat an wie 1764, als sie angefertigt wurde. Die 1828 gebaute Mühle ist die älteste im Land. Im Frühling blüht das gesamte Gebiet um Elim herum. Einst verkauften die Dorfbewohner jedes Jahr etwa 70 000 kg Trockenblumen. In den letzten Jahren hat die Nachfrage jedoch deutlich nachgelassen.

Bredasdorp ♥ E6

Auf holpriger Piste geht es weiter nach **Bredasdorp** mit dem **Shipwreck Museum.** Fast alle der etwa 250 Schiffskatastrophen, die sich seit Beginn der Aufzeichnungen an der Südküste der Kapprovinz ereignet haben, sind in dem Schiffswrackmuseum dokumentiert. Es ist auf drei der ältesten Gebäude des Ortes verteilt. Die alte kapholländisch-neogotische Kirche ist das Kernstück der Ausstellung. Modelle, Bilder und Fundstücke schildern anschaulich die Katastrophen, die sich hier ereigneten.

6 Independent St., T 028 314 12 40, Mo–Fr 9–16.45, Sa 10–11.45, So 11–15.45 Uhr, 30/20 Rand

Infos

- **Suidpunt Tourism Bureau:** Bredasdorp, T 028 424 25 84, www.overberg.co.za.

Cape Agulhas ♀E7

Von Arniston ist es nur noch ein Katzensprung bis zum südlichsten Ende Afrikas. Hier, am **Cape Agulhas,** nicht am Kap der Guten Hoffnung, treffen Indischer und Atlantischer Ozean aufeinander. Trotz des geografischen Superlativs ist der Ort wenig spektakulär: ein Hügel und davor eine unscheinbare, felsige Küstenebene, die im Meer verschwindet.

Ein Prunkstück ist der 1848 erbaute Leuchtturm, nach dem in Kapstadts Stadtviertel Green Point ist er der zweitälteste Südafrikas. Er ist dem Leuchtturm von Pharos nachempfunden, der außerhalb von Alexandria im alten Ägypten lag und zu den Sieben Weltwundern gehörte – 71 steile Holzstufen führen nach oben. Im **Cape Agulhas Lighthouse** (214 Main Rd., T 028 435 60 78, 15/7,50 Rand) gibt es eine umfassende Ausstellung über Leuchttürme in der ganzen Welt. Der Agulhas-Leuchtturm hatte einst die Leuchtkraft von 4500 Kerzen und wurde mit dem Öl aus den Schwänzen der lokalen Schafe befeuert. Mit den Jahren leuchtete er immer strahlender, heute mit der Intensität von 12 Mio. Kerzen, weshalb es kaum noch Schiffsunglücke gibt.

Von dem 1982 auf den Klippen gestrandeten japanischen Frachter Meisho Maru 38 ist mittlerweile nur noch der vordere Teil zu sehen. In einem der heftigen Stürme brach das einst 45 m lange Schiff auseinander. Der Rest verschwand im Meer. Hunderte von Vögeln haben den rostigen Bug, auf dem noch die chinesisch-japanischen Schriftzeichen zu erkennen sind, zu ihrem Lieblingsspähplatz auserkoren.

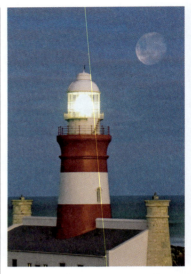

Von 4500 auf 12 Mio. Kerzenstärken in knapp 150 Jahren …

Schlafen

Häuschen im Grünen
Agulhas National Park: Im Nationalpark gibt es Übernachtungsmöglichkeiten in verschiedenen Cottages und Häuschen. Die Übernachtungen in den verschiedenen Chalets, in denen bis zu 6 Personen unterkommen, kosten 1060–3550 Rand (Online-Buchung via Website). www.sanparks.org/parks/agulhas, 170/85 Rand

Waenhuiskrans

📍 F7

Arniston ist der inoffizielle Name des nächsten Ortes, benannt nach einem Schiff, das vor dem Ort auf Grund lief. Wie die Birkenhead war die **Arniston** ein englischer Truppentransporter. Nur sechs Menschen überlebten 1815 die Katastrophe, 372 kamen ums Leben. Offiziell heißt der attraktive Fischerort mit seinen alten, weißen *fishermen's cottages* **Waenhuiskrans**. Das Afrikaans-Wort bedeutet Wagenhaushöhle und bezeichnet eine große Grotte in den Klippen, die in der Lage ist, mehrere Ochsenwagen aufzunehmen.

Schlafen

Attraktives Beachhotel

Arniston Spa Hotel: Mediterran anmutendes, schönes Hotel mit 60 Zimmern. Empfehlung: Nehmen Sie eines der luxuriöseren Zimmer (Luxury Seafacing) mit Blick aufs Meer und den kleinen Hafen. Gäste des Arniston-Hotels können nach Vorbuchung am Kassiesbaai Traditional Dinner teilnehmen. Das einfache Essen ist so lala, interessanter ist die Location: eines der historischen, original erhaltenen Fischerhäuser. Infos im Hotel, in dem auch Kinder gerne gesehen sind.

Arniston Bay, Bredasdorp, T 028 445 90 00, www.arnistonhotel.com, DZ mit Frühstück ab 1150 Rand (je nach Saison und Zimmerkategorie)

Naturnah

Die Herberg Hotel: Neu erbautes, nicht sehr aufregendes Hotel mit Dünen- oder Fynbos-Blick und 30 Zimmern. Restaurant im Haus.

T 028 445 25 00, DZ mit Frühstück ab 950 Rand

De Hoop Nature Reserve

📍 F–G6

Eine ungeteerte Straße zweigt ein paar Kilometer nördlich von Bredasdorp Richtung Ouplas ab. Auf ihr erreicht man das 360 km² große, 50 km östlich von Bredasdorp gelegene **De Hoop Nature Reserve** an der südwestlichen Küste der Kapprovinz. Die landschaftliche Vielfalt in diesem Gebiet ist enorm: Neben einem 14 km langen Süßwasserdelta – dem südlichsten in ganz Afrika – gibt es riesige, weiße Sanddünen, Kalksteinhügel und die Bergkette der Potberg Mountains. Von den 1500 Pflanzenarten des Tiefland-Fynbos existieren 50 nur in diesem Naturschutzgebiet. 259 verschiedene Vogelarten wurden bisher gezählt, einschließlich des sehr seltenen Kap-Geiers, des Schwarzen Austernfischers und der Damaraseeschwalbe.

Wer größere Tiere lieber mag, ist hier ebenfalls richtig. Im warmen Nachmittagslicht grasen Dutzende von Elenantilopen, Springböcken, Buntböcken, Zebras, Duckern und Steinböcken. An kleineren Säugern leben hier Paviane, Mangusten, Karakale und Kap-Füchse. Insgesamt hat man bisher 86 verschiedene Säugetierarten im Reservat gezählt.

Neben einigen **Mountainbike-Trails** gibt es auch **Wanderwege**, wobei der Pfad am Strand entlang zu den schönsten gehört. Grund dafür sind vor allem die zahlreichen natürlichen Gezeitenpools, in denen es sich bei Ebbe hervorragend baden lässt. Vorsicht: die hier vorkommenden *blue bottle*-Quallen haben lange, schmerzhafte Tentakel. An der Wasseroberfläche sehen sie aus wie kleine, durchsichtige Plastiktüten. Südafrikaner haben für alle Fälle immer ein Fläschchen Essig dabei, denn er ist ideal zum Auftragen auf die Haut, um diese

TOUR
Wal-Heimat

Wanderung auf dem Whale Trail

Der Whale Trail (Walwanderpfad) durch das **De Hoop Nature Reserve** ist ein Aktiv-Highlight im Land. Nur Wanderer haben Zugang zu diesem Teil des Naturschutzgebiets. Und nur zwölf pro Tag, was eine nahezu ungestörte Wildniserfahrung ermöglicht.

Meeressäuger live

Die Übernachtungshütten sind sehr komfortabel, gut ausgestattete Häuschen mit Spültoiletten, heißen Duschen, Solarlicht und geräumigen Küchen und Wohnräumen. Sehr angenehm ist der angebotene Service, das Gepäck (und die Kühlbox mit Bier) von Hütte zu Hütte bringen zu lassen. De Hoop ist das Vorzeigereservat von Cape Nature Conservation und Teil des Kap-Florenreichs, das Weltkulturerbe ist. Wer zwischen Mai und Dezember wandert, hat exzellente Chancen, die namensgebenden Meeressäuger live zu erleben. Der Pfad mäandert durch eine vielfältige, herrliche Szenerie, von den Sandsteinhügeln des **Potberg Mountain** über wild gezackte Kalksteinformati-

In der Ferne lässt sich sogar Cape Agulhas, Afrikas südlichster Punkt, ausmachen.

Infos

♀ F–G 6

Start: Potberg

Ziel: Koppie Alleen (von dort per Shuttlebus retour nach Potberg)

Länge: 55 km

Dauer: 5 Tage/5 Nächte

Schwierigkeitsgrad: mittel

Saison: ganzjährig, aber Wale gibt es nur Juni–Dez.

Kosten: 40 Rand Eintritt, zzgl. Jan.–Juni 1695 Rand, Juli–Dez. 2195 Rand für die Hüttenübernachtungen

Kontakt: Cape Nature Conservation, T 021 659 35 00, www.capenature. co.za

onen und dann durch Dickicht, attraktiven Fynbos und Wildblumen bis zur zerklüfteten Küstenlinie. Die Tagesstrecken sind moderat und nicht sehr schwierig. Es bleibt also genug Zeit zum Relaxen, zum Schwimmen an den wunderbaren Sandstränden oder in den natürlichen **Felsenpools,** zum Picknicken im betörend duftenden Fynbos oder einfach zum Dasitzen und Aufs-Meer-Gucken.

Prachtvoller Fynbos

Die erste Tagesetappe führt von **Potberg** nach Cupidoskraal (14,7 km, 7–8 Std.). Die meisten Wanderer kommen am Abend zuvor an und übernachten in der **Potberg-Hütte,** einem hübschen alten Farmhaus im Ostteil des Naturschutzgebiets. Wer fürs Gepäcktragen bezahlt hat, packt seine Habseligkeiten in die bereitgestellten schwarzen Boxen. Die werden dann zur nächsten Hütte befördert. Das erste Teilstück hinauf auf den 611 m hohen **Potberg Mountain** gehört zu den anstrengendsten Abschnitten der gesamten Wanderung, also nicht verzweifeln, wenn man ordentlich schwitzt. Es bleibt nicht immer so. Der Fynbos ist hier prachtvoll, und es macht Sinn, ein Erkennungsbuch mitzunehmen, um die verschiedenen Blumen zu identifizieren. Oben angekommen, wird man durch die Aussicht für die Mühe belohnt. In der Ferne lässt sich sogar **Cape Agulhas,** Afrikas südlichster Punkt, ausmachen. Auch der **Breede River,** der durch die Weizenfelder außerhalb des Reservats mäandert, ist zu sehen. Von hier aus geht es fast nur noch bergab bis zur Hütte. Davor lässt es sich herrlich im Melkhout River baden, bevor es nochmals ein kleines Stückchen aufwärts zur geräumigen **Cupidoskraal-Hütte** mit Außendusche geht.

Grandiose Ausblicke

Der Pfad führt am zweiten Tag von **Cupidoskraal** nach **Noetsie** (15 km, 7–8 Std.). Nach einem erfrischenden Bad im Stausee führt die Route durch mit dichtem Fynbos bewachsene Berge. Die Ausblicke sind grandios. Im Frühling treibt es die Natur hier besonders bunt. In Noetsie gibt es dann zwei attraktive reetgedeckte Häuschen am Rand der Bucht.

Der Weg am dritten Tag verbindet **Noetsie** mit Hamerkop (7,8 km, 3 Std.) und folgt zunächst der Küstenlinie durch herrlichen Küstenfynbos. Es geht unter interessanten verwitterten Felsüberhängen hindurch und an Höhlen in den Klippen vorbei. Da diese Tagesetappe recht kurz ist, bleibt viel Zeit, diese und die farbenfrohen Gezeitenpools zu erkunden. Besonders der Pool in der Nähe der **Stilgat-Höhle,** erreichbar über eine Kettenleiter, lohnt einen Abstecher. Nach einigem Auf und Ab ist dann die am Strand gelegene, sehr schöne **Hamerkop-Hütte** erreicht. Von der Terrasse aus lassen sich in der Saison die Wale beobachten. De Hoop ist einer der wichtigsten Geburtsplätze für Glattwale.

Kalksteinklippe mit Meerblick

Am vierten Tag geht es von **Hamerkop** nach Vaalkrans (10,5 km, 5–6 Std.) und zunächst längere Zeit am Strand entlang. Dort sind die seltenen Oystercatcher-Vögel, Kormorane und unzählige Möwen zu beobachten. Auf etwa halber Strecke sieht man die **Lekkerwater Lodge** auf den Klippen, ein wunderbares Strandhaus, das auch gemietet werden kann. Das hier ist die wohl einzige Stelle, wo man eventuell andere Leute im Reservat trifft. Wie es schon in der Trail-Broschüre steht, bitte diese Besucher nicht stören. Hier verlässt der Wanderpfad den Strand und führt durch die herrlich bewachsenen Dünen. Die Übernachtungshütte ist wieder ausgesprochen schön: Sie steht oben auf einer spektakulären Kalksteinklippe mit grandiosem Meeresblick.

Erfrischung in den Felsenpools

Die letzte Tagesetappe führt von **Vaalkrans** nach Koppie Alleen (7 km, 3 Std.). Das kurze, leicht zu laufende Finale führt am Strand und Klippenrand entlang. Es geht an alten Muschelhaufen vorbei: Knochen und Schalen, die von den ersten hier lebenden Menschen, den *strandlopern*, hinterlassen wurden. Die tiefen, türkisfarbenen Felsenpools laden ebenso zum Schwimmen ein wie die hübschen Strände. Die **Hippo Pools** am Ende des Trails sind ein echtes Highlight und ermöglichen ein erfrischendes Bad. Je mehr man sich **Koppie Alleen** nähert, desto mehr ›normale‹ Besucher finden sich am Strand – ein Kulturschock nach Tagen der Einsamkeit. Vom Endpunkt des Trails, der über einen hölzernen *boardwalk* zu erreichen ist, bringt ein Shuttlebus die Wanderer zurück nach **Potberg.**

nach einem Quallenkontakt zu beruhigen. Aufs offene Meer selbst sollte man wegen der tückischen Strömungen nicht hinausschwimmen. Auch zur Walbeobachtung (Aug.–Nov.) ist De Hoop ideal. Bis zu 50 Wale pro Tag sind hier keine Seltenheit.

www.capenature.co.za/reserves/de-hoop-natu re-reserve, www.dehoopcollection.co.za, T 028 542 12 53, tgl. 7–18, Fr 7–19 Uhr, 40/20 Rand

Schlafen

Für Selbstversorger

Mehrere Cottages für vier Personen sowie 12 *campsites* auf einem Campingplatz. Alle Übernachtungen müssen vorher reserviert werden: De Hoop Nature Reserve, T 021 422 45 22, www.dehoopcollection.com, T 028 542 12 53. Unterkünfte können telefonisch nur zu Bürozeiten Mo–Fr 8–17 Uhr gebucht werden. Cottages ab 1695 Rand, etwas luxuriöser ab 2085 Rand, *campsites* je 400 Rand

Malgas   📍 F6

In **Malgas** befindet sich eine von Südafrikas zwei Flussfähren (die andere überquert bei Sendelingsdrif in der Northern Cape Province den Orange River, den Grenzfluss zwischen Südafrika und Namibia). Im Gegensatz zu der in Sendelingsdrif ist die Malgas-Fähre nicht motorgetrieben, sondern handgezogen. Zwei, manchmal auch drei Männer ziehen sie mit Muskelkraft über den breiten Breede River. Malgas, das 50 km vom Meer entfernt liegt, war einst der wichtigste Inlandshafen des Landes. Während Swellendams Blütezeit lief der Warenaustausch mit Kapstadt über den Seeweg. Endlos weite Felder erstrecken sich auf dem Weg nach Norden bis zum Horizont. Ab und zu sind ein paar weiß verputzte Farmhäuser in die gelbbraune, von der Sonne verbrannte Landschaft eingestreut.

Schlafen

Direkt am Fluss

Malagas Hotel & Conference Centre: 45 freundlich gestaltete Zimmer in dem am Ufer des Breede River gelegenen Haus.

T 028 542 10 49, www.malagashotel.co.za, DZ ab 1290 Rand

Swellendam   📍 F5

Wer über Malgas anreist, stößt östlich von Swellendam auf die N 2. Das 1743 gegründete **Swellendam** ist nicht nur Südafrikas drittälteste Stadt, sondern mit seinen vielen hübschen, kapholländischen Häusern eine der schönsten. Auch die Lage ist pittoresk: im Norden die mächtige, 1600 m hohe Bergkette der Langeberg Mountains, im Süden wogende, goldene Weizenfelder. Was bei einem Stadtrundgang durch Swellendam als Erstes auffällt, ist die Voortrek Street, die ungewöhnlich breite Hauptstraße. Sie stammt, ebenso wie die sie flankierenden historischen Gebäude, aus der guten, alten Zeit, als 16-spännige Ochsenwagen in der Lage sein mussten, ohne Schwierigkeiten auf der Dorfstraße zu wenden.

Drostdy-Museumskomplex

Das architektonische Schmuckstück Swellendams ist einer der schönsten Museumskomplexe Südafrikas: Das **Drostdy Museum** war einst Wohnhaus und Gerichtsgebäude des Bezirksgouverneurs, des *landdrost*. Die Gebäude entstanden ab 1747 vor der grandiosen Kulisse der Langeberg Mountains. Das weiß verputzte Drostdy mit Reetdach diente als Modell

184 Overberg-Region

für viele Häuser in der Stadt. Im Innern sind Beispiele edler Kap-Möbelstücke aus dem 18. und 19. Jh. ausgestellt. Zum Museumskomplex gehören zwei weitere Gebäude. Zanddrift ist ein altes kapholländisches Farmhaus, das einst in der Nähe von Bonnievale stand, abgetragen und auf dem Museumsgelände rekonstruiert wurde. Im alten Gefängnis, dem **Old Gaol Complex** (T 028 514 38 47), sind zwei Shops untergebracht: die Bloukop Gallery und der Swellendam Alive! Craft Shop, die lokales und anderes afrikanisches Kunsthandwerk verkaufen.
18 Swellengrebel St., T 028 514 11 38, www.drostdymuseum.com, Mo–Sa 8–13, 14–17 Uhr, 30/20 Rand

Schlafen

Historischer Landhausstil
Schoone Oordt Country House: Attraktives historisches Gebäude von 1853. Gäste übernachten in kleinen Häuschen in einem großen Garten. Erste Wahl des Autors in Swellendam. Prima Frühstück.
1 Swellengrebel St., T 028 514 12 48, www.schooneoordt.co.za, DZ mit Frühstück ab 2425 Rand

B&B mit Stil
Viele der historischen Häuser in Swellendam beherbergen stilvolle und gemütliche **Bed-&-Breakfast-Unterkünfte.**

Gemütlich
Roosje van de Kaap: Kleines Bed & Breakfast mit sehr gutem Restaurant in einem viktorianischen Haus.
5 Drostdy St., T 028 514 30 01, www.roosje vandekaap.com, DZ mit Frühstück ab 1000 Rand

Alte Mühle
Old Mill Guest Cottage: In der 1813 erbauten Wassermühle untergebrachtes Bed & Breakfast mit vier renovierten Zimmern.

241–243 Voortrek St., T 028 514 27 90, www.oldmill.co.za, DZ mit Frühstück ab 980 Rand

Essen

Candle-Light-Dinner
Herberg Roosje van de Kaap: Wunderbare Atmosphäre, vielleicht für einen besonderen Abend: niedrige Reetdecken und viele brennende Kerzen; seit vielen Jahren von hervorragender Qualität. Große Auswahl à la carte, ausführliche Weinkarte.
5 Drostdy St., T 028 514 30 01, www.roosje vandekaap.com, Di–So 8–9.30 (Frühstück), ab 19 Uhr, Hauptgericht um 180 Rand

Leckere Pfannkuchen
Old Mill Restaurant and Tea Garden: Auch für Nicht-Gäste des *guest house,* vor allem die Pfannkuchen sind empfehlenswert.
241 Voortrek Rd., T 028 514 27 90, www.oldmill.co.za, Frühstück, Lunch und Dinner, tgl. 7 Uhr bis spät, Hauptgericht um 200 Rand

Stilvoll restauriert
Old Gaol Restaurant on Church Square: Leichte Gerichte, traditionelle Kuchen (leckerer *melktert*) und hausgemachte Limonade in einem stilvoll restaurierten Haus gegenüber der Kirche (Moederkerk). Bei schönem Wetter sitzt man im Freien.
Church Sq., 8 A Voortrek St., T 028 514 38 47, www.oldgaolrestaurant.co.za, Mo–So Frühstück, Lunch, Hauptgericht um 80 Rand

Infos

● **Swellendam Tourism Bureau:** Voortrekker St., T 028 514 27 70, www.swellendamtourism.co.za. Alle historischen Gebäude im Ort listet das kostenlose Faltblatt »Swellendam Treasures« mit genauen Beschreibungen auf.

Bontebok National Park ♀F5

Außer für seine hübschen Häuser ist Swellendam für den 7 km außerhalb liegenden **Bontebok National Park** bekannt. In dem 3000 ha großen Park wurde 1961 der bis auf 22 Exemplare ausgerottete Buntbock, der nur in Südafrika vorkommt, unter Schutz gestellt. Heute leben etwa 300 der rotbraunen Antilopen mit der charakteristischen weißen Markierung im Schutzgebiet. Neben weiteren Antilopen wie Springböcken und Kudus gibt es im Nationalpark Kap-Bergzebras und über 200 Vogelarten. Die blutroten Aloen blühen im Juni und Juli, im Frühling bedecken die Wildblumen des Fynbos das Land. Ein Straßennetz von 25 km Länge sowie zwei Wanderwege führen durch das Gebiet.

Beim Parkbesuch ist es unbedingt erforderlich, die Buchungsbestätigung mitzubringen. Zu Ferienzeiten buchen hier auch viele Südafrikaner. Die Website enthält neben einer genauen Beschreibung der jeweiligen Unterkünfte auch eine detaillierte Anfahrtsskizze.
T 028 514 27 35, www.sanparks.org/parks/bontebok, 122/61 Rand

Greyton und Genadendal ♀D5

Auf dem Rückweg von Swellendam nach Kapstadt bietet sich ein Abstecher an. Kurz hinter Caledon zweigt von der N 2 rechts die R 406 ab. Sie führt in das hübsche, von Eichen gesäumte Städtchen **Greyton**. Viele Künstler und Schriftsteller leben in dieser ländlichen Abgeschiedenheit – ein idealer Ort, um abzuschalten.

Etwa 5 km davor liegt die Missionsgründung **Genadendal**, die älteste deutsche Missionsstation in Afrika. Sie wurde 1738 von Georg Schmidt gegrün-

Im Bontebok National Park können Sie auch Ihr Zelt aufschlagen und mit den Rangern über Flora und Fauna plaudern.

Overberg-Region

In Greyton geht das Leben einen eher gemächlichen Gang ...

det, der von den Herrnhutern (Moravian Church) geschickt worden war, um den Khoi das Evangelium näherzubringen. Der ursprüngliche Name des Ortes war Baviaanskloof. Bis zum Ende des 18. Jh. hatte sich Genadendal zur nach Kapstadt zweitgrößten Siedlung des Landes entwickelt. Kern des heute 3500 Einwohner zählenden Örtchens ist der original erhaltene Kirchplatz mit seinen denkmalgeschützten Gebäuden.

Genadendal Printing Works
Eine der ältesten Druckereien Südafrikas, die Genadendal Printing Works, ist noch immer in Betrieb. Im Vorraum stehen die schwarzen, alten Druckmaschinen aus Deutschland. Hinter einer ›Eintritt verboten‹-Tür summen Computer, Printer und Scanner – ein Kontrast, wie er größer kaum sein könnte.
T 028 251 81 40

Museen

Deutschstunde
Mission Museum: Das hochinteressante Museum zeigt die Geschichte des Ortes und viele Exponate aus dem täglichen Leben, wie Haushaltsgeräte, Druckerpressen, medizinisches Equipment und die älteste Orgel des Landes.
Church Sq., T 028 251 85 82, -251 82 20, Mo–Do 9–13, 14–17, Fr 9–15.30, Sa 9–13 Uhr, So nach Voranmeldung

Schlafen

Renoviertes Schmuckstück
The Post House: Das Post House wurde 1860 erbaut und ist damit eines der ältesten Gebäude in Greyton. Das Hauptgebäude war ein Kolonialwarenladen und eine Herberge für müde Reisende. Der Post House Country Pub erlangte durch eine Bells-Whiskey-Reklame Berühmtheit und war auch einst – nomen est omen – Greyton's Postamt. Die 14 Zimmer sind in eleganten Grau- und Brauntönen gehalten. Es gibt ein kleines Pub und das Restaurant serviert ländliche Küche.
22 Main Rd., T 028 254 99 95, www.theposthouse.co.za, DZ mit Frühstück ab 1300 Rand

Charmant
Greyton Lodge: Einladender Pub, englisch anmutendes Ambiente, gutes Restaurant, 15 Zimmer in einem ehemaligen Laden, der 1882 erbaut worden ist.
52 Main St., T 028 254 98 00, www.greytonlodge.com, DZ mit Frühstück ab 1650 Rand

Infos

- **Genadendal Tourism Bureau:** Museum, T 028 251 82 79.
- **Greyton Tourism Bureau:** 29 Main Rd., T 028 254 95 64, www.greytontourism.com.

Zugabe
Abgesoffenes Windrad

Wegweiser im Damm

Das halb im Wasser versenkte Windrad des **Meerlust Estate** bei Stellenbosch ist eines der berühmtesten im Land. Es hat allerdings seit den 1960er-Jahren, als der Damm vergrößert wurde, kein Wasser mehr gepumpt. Vorteil ist: Wenn jemand nach Meerlust fragt, ist die Antwort einfach ›hinter dem Damm mit dem Windrad‹. Obwohl es witzigerweise so aussieht, als hätte es den See um sich herum selbst geschaffen. ■

Garden Route

Im grünen Bereich — wenige Kilometer von der gut ausgebauten N 2 entfernt, erwarten die Besucher üppig-fruchtbare Natur, verwunschene Wälder, geheimnisvolle Seen und historische Bergpässe.

Seite 192

Oystercatcher Trail: ›dekadent‹ wandern

Die komfortabelste Wanderung Südafrikas beginnt westlich von Mossel Bay.

Seite 197

Unter Dampf – historische Züge

Der Outeniqua Choo-Tjoe war der einzige noch auf seiner Originalstrecke (George–Knysna) verkehrende Dampfzug Südafrikas. Momentan wird die Trasse neu gebaut, es gibt aber eine Alternative, denn auch Atlantic Rail hat ein Herz für historische Dampfloks.

Entdecken Sie die Big Five im Gondwana Private Game Reserve!

Seite 206

Wanderung auf dem Otter Trail

Dies ist der absolute Klassiker unter Südafrikas Wanderrouten – die Tour zwischen Bergen und Meer. Die 43 Kilometer lange reizvolle, aber anstrengende Strecke ist in fünf Etappen aufgeteilt.

Seite 209

Tsala Treetop Lodge

Exklusive Übernachtung mit afrikanischem Ambiente in einer architektonischen Symphonie aus Holz und Glas, hoch in den Bäumen westlich von Plettenberg Bay.

Eintauchen

Garden Route **189**

Seite 211
Birds of Eden

Ein Tal mit natürlicher Vegetation und künstlichem Flusslauf wurde in eine riesige Vogelvoliere verwandelt, die die Besucher auf Holzstegen und -brücken durchqueren.

Seite 211
Elephant Sanctuary ✪

Hier dürfen Erwachsene und Kinder den Dickhäutern auf die Pelle rücken. Man erfährt viel Interessantes über die Elefanten, u. a. wird die alte Schulweisheit widerlegt, dass nur indische Elefanten abgerichtet werden können.

Seite 211
Monkeyland

Affen aus der ganzen Welt leben frei in diesem riesigen Gehege. Ein Führer erklärt vieles während eines Rundgangs.

Seite 213
Für Wagemutige

Der höchste Bungee Jump der Welt findet sich an der Garden Route: 216 m im freien Fall von der Storms-River-Brücke. Nur etwas für Mutige. Über 60-Jährige und Nackte springen gratis.

Tsitsikamma Canopy: Einfach mal abhängen und sich an Drahtseilen durch die Vegetation schwingen. *(Seite 214)*

Burgherr und Burgfräulein für eine Nacht? In Noetzie stehen einige Castles an einem einsamen Sandstrand.

erleben

An der Grünen Küste

Die **Garden Route** (www.gardenroute.org), die sich von **Heidelberg** im Westen bis zum **Storms River** im Osten erstreckt, gehört zu den beliebtesten Strecken im südlichen Afrika – kein Wunder, denn die Landschaft ist wunderschön. Die schmale, an Urwäldern, Seen, Lagunen und Flüssen reiche Küstenebene ist flankiert von den Sandstränden des warmen Indischen Ozeans und den beeindruckenden Bergketten der **Langeberg, Outeniqua** und **Tsitsikamma Mountains.**

Das gemäßigte Küstenklima mit warmen Sommern und kühlen Wintern sorgt für ganzjährige Niederschläge, weshalb die Besucher meist durch dichtes Grün fahren. Die feuchten Luftmassen, die vom Meer aufsteigen, bleiben auf dem Weg ins Landesinnere an den Bergen hängen und regnen sich ab. Weil das Gebiet so fruchtbar wie ein Garten ist, erhielt es seinen Beinamen.

Entlang der grünen Garden Route laden einsame Sandstrände zu Badestopps ein. Fahrten über unbefestigte historische Bergpässe, die unter Denkmalschutz stehen, und eine Fahrt durch die Tsitsikamma-Sektion des Garden Route National Park, sind unvergessliche Erlebnisse. Der **Montagu Pass** über die Outeniqua-Berge sieht noch immer so aus wie 1847, als er eröffnet wurde. Bei trockenem Wetter ist die ungeteerte Bergstrecke auch mit Pkw zu schaffen – ein sehr aussichtsreicher Abstecher in eine den Pyrenäen ähnliche Landschaft.

Auch Sportliche kommen auf ihre Kosten. Sie wandern zum Beispiel auf dem berühmten **Otter Trail,** der direkt am Meer entlang verläuft. Und Tiere gibt es in diversen Naturreservaten zu bewundern: von zahmen Elefanten und Affen bis zu den wilden Big Five im **Gondwana Private Game Reserve.**

Mossel Bay gilt, von Kapstadt kommend, als das eigentliche Eingangstor zur Garden Route. **George** ist die Golf-Metropole des Landes und in **Knysna** sind die dort gezüchteten, leckeren Austern ein Muss!

ORIENTIERUNG

Infos: George und Wilderness haben gute Websites: www.george.co.za, www.visitgeorge.co.za. www.wilderness-info.co.za.
Verkehr: Im Gondwana Private Game Reserve steigen Sie vom Mietwagen in einen offenen Geländewagen mit Ranger um. Heia Safari!

Mossel Bay ♀ J6

Mossel Bay gilt, von Kapstadt kommend, inoffiziell als ›Eingangstor‹ zur Garden Route. Hier setzte der erste Europäer seinen Fuß auf südafrikanischen Boden: Am 3. Februar 1488 landete hier, nach der Umsegelung des Kaps der Guten Hoffnung, die Karavelle des portugiesischen Navigators Bartolomeu Dias. Ein großer Museumskomplex erinnert an den berühmten Seefahrer.

Dias hatte die Bucht Aguado de São Bras genannt. Erst 1601, nachdem der holländische Navigator Paulus van Carden in seinem Logbuch vermerkte, dass Muscheln das Einzige waren, was es an Essbarem an dieser Küste gab, wurde die Bucht zur Mossel Bay. Die offizielle Stadtgründung erfolgte 1848.

Ein paar Meter vom **Bartolomeu Dias Museum** entfernt steht das Dias Monument, direkt vor dem berühmten Post Office Tree, einem mächtigen, unter Denkmalschutz stehenden *milkwood*-Baum. In seinen Ästen hing früher ein Lederstiefel, in welchem die ersten Seefahrer Briefe für nachfolgende Schiffe deponierten. Heutige Besucher finden an der gleichen Stelle einen Briefkasten in Form eines Stiefels. Ein steinernes Kreuz markiert die Stelle, an der Dias angeblich an Land ging. Auch die von Dias' Männern ob ihres klaren Wassers gelobte Quelle plätschert heute noch, allerdings nicht mehr ins Meer, sondern in einen kleinen Stausee, um den herum viele einheimische Pflanzen wachsen.

Tea & Scones

Unterhalb des Hügels, von dem der bronzene Dias auf das Meer blickt, stehen drei hübsche, weiß getünchte Häuschen: die 1830 erbauten Munroeshoek Cottages, wo man Kunstgegenstände kaufen und Tee mit leckeren *scones* genießen kann.

Auf dem Weg zu einem der vielen Traumbadeplätze an der Garden Route, hier zu ›The Point‹ bei Mossel Bay.

TOUR
Discovery Channel live

Wanderung auf dem Oystercatcher Trail

Westlich von Mossel Bay, am ›Eingangstor‹ zur Garden Route, findet sich der Oystercatcher Trail, der am **Point Village** seinen Ausgang hat. Ein herrlicher Küstenwanderweg und eine Alternative zum Whale Trail, falls dieser ausgebucht sein sollte. BBC zählt den Wanderweg weltweit zu den »30 walks to do before you die« (30 Wanderungen, die du machen musst, bevor du stirbst).

Dekadenter Wanderweg

Der Trail ist der wohl ›dekadenteste‹ in Südafrika. Hier wird nicht nur das gesamte Gepäck getragen, sondern auch am Abend sehr angenehm genächtigt und gegessen. Der Weg führt von **Mossel Bay** Richtung Westen zur Höhle am **Cape St. Blaize**, vorbei an dramatisch orangefarbenen Klippen und durch Küstenfynbos, bevor er zur Küste hin absteigt. Dort läuft man herrliche Sandstrände entlang, sammelt Muscheln, betrachtet das marine Leben in den Gezeitenpools und beobachtet den namensgebenden Black Oystercatcher (Schwarzer Austernfischer) und andere Vögel. Die angenehmen Tagesetappen führen durch ursprüngliche Naturlandschaften. Highlight sind die *guides*, die unterwegs alles erklären:

Trail Jan.–Nov. geöffnet, beste Zeit ist Aug.–Okt., wenn die Wale da sind und die Wildblumen blühen

Ohne Gepäck kann man ganz stressfrei am Strand entlanglaufen und die Landschaft bestaunen.

Infos

📍 J6

Start: Point Village bei Mossel Bay

Ziel: Cape Vacca bzw. Sandpiper Leisure Center

Länge: 47 km

Dauer: 4–5 Tage, abkürzbar auf 1, 2 oder 3 Tage (entweder mit Basiscamp oder jeweils anderer Übernachtung)

Schwierigkeitsgrad: leicht bis moderat; geführte Wanderung

Kosten: je nach Übernachtungstyp 2550–9275 Rand/ Person inkl. Guide, Gepäcktransport, Übern., Vollpension

---

Discovery Channel live. Am Ende des 2. und 3. Tages gibt es in den **Sandpiper Cottages** sogar Sauna und Wellnessmassagen. Komfort und viel Liebe zum Detail verleihen dem als anstrengend verrufenen Wandern eine neue Dimension und könnten auch sonst eher Fußlahme motivieren. Ein Teil der Trailgebühr geht an den Naturschutz, also tut man auch noch etwas für die Umwelt.

Seafood am Meer

Am ersten Tag treffen sich die Wanderer im **Point Village** zum Meeresfrüchte-Dinner, um die Route zu besprechen. Ein wunderbarer Übernachtungspunkt mit Blick über das Meer. Wer früher ankommt, was sich sehr empfiehlt, kann an den tollen Stränden relaxen oder in der Saison Wale beobachten – oder Mossel Bay erkunden und den Cape-St.-Blaize-Leuchtturm.

Unerforschte Höhlen

Tag 2 führt vom Point Village nach Dana Bay (15 km, 4–5 Std.). Zunächst folgt der Pfad dem gut markierten Wanderweg **Cape St. Blaize Hiking Trail**. Die Wanderer treffen am Morgen ihren Guide, der alles über die Gegend weiß. So wird die Wanderung zur interessanten Naturerfahrung. Man klettert zum Klippenrand hoch und erlebt wieder eine wunderbare Aussicht. Am Weg liegen diverse Höhlen, von denen viele noch gar nicht erforscht sind. Am einsamen Strand von **Oyster Bay** ist dann Gelegenheit für ein Bad im Meer. Durch dichtes Küstengebüsch geht es nach **Dana Bay,** wo ein Taxi die Wanderer zu den **Sandpiper Cottages** von Boggoms Bay bringt, der Unterkunft für die nächsten beiden Tage. Die renovierten Fischerhäuschen sind sehr warm, gemütlich und geschmackvoll eingerichtet. Abends brennt dann ein Feuer im offenen Kamin, und im Kühlschrank findet sich kaltes Bier. Rotwein und Sherry stehen draußen bereit. Am Abend wird ein traditionelles Dinner serviert.

Am dritten Tag bringt ein Taxi die Wanderer zurück nach **Dana Bay**, von wo es dann – immer am Strand entlang – nach Boggoms Bay (12 km, 4 Std.) geht. Hier lassen sich die Schwarzen Austernfischer live erleben. Die Vögel sind vom Aussterben bedroht, kommen hier aber noch häufig vor. Im Meer sieht man oft Delfine und Wale. Im **Blind River**, 3 km von Dana Bay entfernt, besteht die Möglichkeit zu schwimmen. 3 km weiter ist Lunch neben einem riesigen Muschelhaufen, den hier einst die indigene Bevölkerung, Khoi und San, hinterlassen haben. Eine letzte Wanderung durch die Dünen und die Sandpiper Cottages von **Boggoms Bay** sind erreicht, wo zum zweiten Mal übernachtet wird.

Grillen am Abend

Die Wanderung führt am vierten Tag von Boggoms Bay nach Cape Vacca (15 km, 4–5 Std.). Wer sich am Anfang des Trails ein ›Muschelpermit‹ geholt hat, darf heute an den Strandfelsen Austern sammeln und direkt vor Ort schlürfen. Muscheln können auch fürs Grillen am Abend gesammelt werden. Und weiter geht es am Strand entlang. Nach 4 km zweigt der Pfad Richtung Landesinneres ab und führt durch Küstenvegetation, vorbei an weiteren alten Muschelhaufen und Felsenpools. Dazu gibt es immer detailliertere Erklärungen. Etwa 8 km hinter Boggoms Bay wartet dann eine Überraschung: In einem alten, steinernen Fischerhäuschen wird ein leckerer Lunch mit Pasta und Salat zelebriert. Wieder endet der Tag mit einem herrlichen Stück Strand, bevor das Strandhäuschen im Kapstil von **Kanonpunt**, auch Cape Vacca genannt, erreicht ist. Grandiose Aussichten und das Grillen am Abend machen es zur schönsten Übernachtung auf dieser Wanderung.

Am letzten Tag steht ein Ausflug von Cape Vacca zum **Gouritz River Mouth** (4 km, 1,5 Std.) an. Die Wanderstrecke folgt dem Gouritz-Fluss ins Landesinnere. In der Lagune erwartet die Hiker ein Boot. Während der *river cruise* sind viele Vögel zu sehen. Im Anschluss geht es per Taxi-Transfer zum **Sandpiper Leisure Centre**, wo ein Abschieds-Lunch mit Austern und Champagner stattfindet. Im Anschluss erfolgt der Rücktransfer nach **Point Village**.

Wer nur eine Nacht auf dem Trail wandern und übernachten möchte, bucht eines der Sandpiper Cottages in Boggomsbaai. Die beiden traditionellen Kaphäuschen, Houthuis und Mosselkraker, in der Nähe von Mossel Bay haben zwei oder drei Zimmer und sind nur 500 Meter vom Strand entfernt, ab 850 Rand. Kontakt: Sandpiper Safaris, T 044 699 12 04, www.oystercatcher trail.co.za

Ureinwohner am Beach

Zur Wal-Zeit (Juli–Nov.) lassen sich die gewaltigen Säuger in der Bucht beobachten. Am besten geht das vom Cape St. Blaize aus, wo man auch eine große Fledermaushöhle besichtigen kann. Archäologische Funde beweisen, dass hier schon vor 80 000 Jahren Menschen gelebt haben, die *strandloper*. Weniger hübsch sind die gewaltigen Kessel und Industrieanlagen, die seit der Entdeckung umfangreicher Gasvorkommen vor der Küste im nördlichen Teil der Stadt aus dem Boden gewachsen sind.

Museen

Der erste Europäer am Kap

Bartolomeu Dias Museum: Ausgestellt ist hier u. a. ein Nachbau des Schiffes von 1488. Im Jahr 1988, zum 500. Jahrestag der Landung, segelte die in Portugal gebaute Replik noch einmal auf der Dias-Route nach Mossel Bay. Das Museum wurde danach praktisch um das Schiff herum gebaut. Besucher können durch die verschiedenen Decks laufen und die hervorragenden Holzarbeiten bewundern. Da die Originalpläne fehlten, rekonstruierten die portugiesischen Schiffsbauer den Segler nach zeitgenössischen Skizzen und Gemälden.

Ein Muschel- und ein Heimatmuseum (Shell Museum) mit Kopien der ersten Läden Mossel Bays ergänzen den Komplex. 1 Market St., T 044 691 10 67, Mo–Fr 9–16.45, Sa/So, Fei 9–15.45 Uhr, 30/10 Rand, Schiff 50/20 Rand

Schlafen

Afrikanisches Safari-Feeling

Botlierskop Private Game Reserve: Komfortable ›Safari‹-Lodge mit persönlichem Rangerservice. Im Fireplace Restaurant, das über Holzstege erreichbar

GONDWANA PRIVATE GAME RESERVE   **G**

Im Herzen der Garden Route, nur etwa 25 Minuten landeinwärts von Mossel Bay, liegt dieses private Naturreservat, wo sich die Big Five – Elefant, Löwe, Leopard (mit viel Glück), Nashorn und Büffel – in einer wunderbaren Fynbos-Berg- und Hügellandschaft beobachten lassen. Das Besondere an dem malariafreien, 110 km² großen Gondwana Game Reserve (♥ J 5) ist, dass Kinder mit ihren Eltern willkommen sind. Sie übernachten in den Private Bush Villas. Alleinreisende Pärchen wählen die ruhigere Alternative, entweder die Kwena Lodge oder die Fynbos Villa. Es gibt spezielle Preise für Kinder unter 12 Jahren, Knirpse bis 4 Jahre zahlen nichts. Für Kids gibt es außerdem ein Junior- Ranger-Programm (ab 4 Jahre), wo ihnen auf lockere Art Natur, Fauna und Flora nähergebracht werden.
T 044 697 70 77, www.gondwana gr.co.za, Gondwana Game Reserve ist auch auf Facebook und Twitter vertreten. Komplettangebot mit allen Mahlzeiten, Übernachtung, Pirschfahrten und Aktivitäten ab 6000 Rand/Person.

ist, werden Frühstück, Lunch und Dinner serviert. Tagesbesucher sind willkommen. Sie können, wie die Gäste auch, das Wellnesszentrum der Lodge besuchen, eine dreistündige Pirschfahrt in den Busch oder einen Ausritt buchen.
Klein Brakrivier, T 044 696 60 55, www.bot lierskop.co.za, Zelte/Suiten ab 1700 Rand/ 2 Personen, aber auch Website-Specials, z.B. für 2 Personen inklusive Welcome Drink, Fünf-Uhr-Tee, Frühstück, Dinner, Pirschfahrt und geführter Naturwanderung ab 2700 Rand (Website-Specials beachten)

196 Garden Route

Um sich für die historischen Dampflok-Trips entlang der Garden Route begeistern zu können, müssen Sie kein eingefleischter Eisenbahnfan sein – ein gewisser Hang zur Nostalgie reicht völlig aus …

Essen

Pizza mit Meerblick
Delfino's Espresso Bar & Pizzeria: Delfino's ist bekannt für seine gute Pizza und Pasta.
Restaurant 2, Point Rd., T 044 690 52 47, www.delfinos.co.za, tgl. 7–23 Uhr, Pizza/Pasta/Burger um 60–130 Rand, Steaks ab 159 Rand

Bewegen

Botlierskop Private Game Reserve: Eine gute Gelegenheit, an der Garden Route wilde Tiere zu beobachten, bietet sich im Botlierskop Private Game Reserve bei Klein Brakrivier, zwischen Mossel Bay und George. Es gibt von Rangern begleitete Pirschfahrten im Geländewagen (490/245 Rand). Wer nicht selbst laufen möchte, kann eine Reitsafari buchen (330 Rand/Std.). Gäste der Lodge übernachten in luxuriösen Safarizelten an einem Fluss, was naturnahes Schlafen ermöglicht, oder in Suiten im Manor House.
Gonnakraal Rd., Little Brak River, T 044 333 00 21, 044 696 60 55, www.botlierskop.co.za, DZ mit Frühstück ab 1700 Rand

Badefreuden: Neben dem berühmten Seefahrer hat Mossel Bay noch eine andere Attraktion zu bieten: das ausgeglichenste Klima in Südafrika – in Kombination mit den herrlichen Sandstränden eine ideale Mischung. Die schönsten Stellen zum Baden sind die natürlichen Pools bei Die Poort und Die Bakke sowie der Santos Beach mit seinem attraktiven, 1915 erbauten Strandpavillon, der einem Vorbild im fernen, südenglischen Seebad Brighton nachempfunden ist.

Infos

• **Mossel Bay Tourism Bureau:** Ecke Market/Church St., T 044 691 22 02, www.mosselbay.co.za, www.visitmosselbay.co.za.

George ♀ K5

Auf dem Weg nach Osten ist die alte Straße R 102 die ruhigere und schönere Alternative zur autobahnähnlich ausgebauten N 2. Der natürlichen Topografie perfekt angepasst, schlängelt sich die Straße bis nach George.

Vor dem alten Bibliotheksgebäude in der York Street erinnert eine 1812 gepflanzte Eiche, angeblich die größte auf der südlichen Halbkugel, an die Gründung von George. Früher wurden im Schatten dieses *slave tree* Sklaven zur Versteigerung angeboten. Ein Stück der Ketten hat sich in den Stamm eingefressen. Heute steht George synonym für eine Sportart: Golf. Bereits 1886 wurde hier gespielt, allerdings nur auf dem 3-Loch-Platz einer Privatfarm. Mittlerweile sind noch ein paar Löcher hinzugekommen.

George Golf Club, www.georgegolfclub.co.za, 18-Loch-Platz

Museen

Mobil wie anno dazumal

Outeniqua Transport Museum: Bis die Bahnstrecke wieder befahren werden kann, lassen sich zumindest die historischen Züge ansehen. Sie warten geduldig im Outeniqua Transport Museum, in einer betagten überdachten Bahnhofshalle mit Bahnsteig. Dort sind insgesamt 13 historische Dampflokomotiven einschließlich einer Schmalspurbahn untergebracht. Hier soll dann hoffentlich bald wieder die Zeitreise in eine Ära der Zugfahrten beginnen, die wir heute als gemächlich bezeichnen

---

UNTER DAMPF – EINE FAHRT MIT HISTORISCHEN ZÜGEN

Eine Fahrt mit der historischen Schmalspurbahn **The Outeniqua Choo-Tjoe**, die viele Jahre entlang der Garden Route verkehrte, ist ein besonderes Erlebnis. Derzeit ruht der Zugverkehr aufgrund heftiger Regenfälle und Erdrutsche, die die Trasse in Mitleidenschaft gezogen haben. Die Alternative bis zur Wiederinbetriebnahme bildet eine Fahrt mit **Atlantic Rail** oder **Ceres Rail,** die beide verschiedene Dampflok-Trips im Angebot haben. Atlantic Rail fährt die herrliche Strecke an der Küstenlinie der False Bay entlang, von Kapstadt nach Simon's Town und zurück.

Friends of Choo-Tjoe: www.friendsofthechoo-tjoe.co.za, Facebook: Friends of the Choo-Tjoe

Atlantic Rail: T 079 077 53 32, www.atlanticrail.co.za, 325 Rand, 3–12 Jahre 250 Rand, hin und zurück, vorherige Buchung unbedingt notwendig. Der Zug verkehrt nur an bestimmten Sonn- und Feiertagen (s. Website). Abfahrt ab Bahnhof Kapstadt 10.30 Uhr, Ankunft Simon's Town gegen 12.30 Uhr, Rückfahrt 15.15 Uhr.

Ceres Rail Company: T 079 077 53 32, www.ceresrail.co.za, Trip nach Elgin und zurück Erw./Kinder 750/500 Rand. Andere Trips auf der Website.

würden. Man verpasse nicht den Blick auf den privaten Eisenbahnwaggon von Burenpräsident Paul Kruger sowie auf all die alten Kutschen, Omnibusse und Oldtimer.
2 Mission St., George, T 044 801 82 86, www.outeniquachootjoe.co.za/museum.htm, Sept.–April tgl. 8–17 Uhr, Mai–Aug. Mo–Fr 8–16.30, Sa 8–14 Uhr, 20 Rand, 6–11 Jahre 10 Rand, darunter frei

Essen

Edler Italiener
La Cantina: Traditioneller Italiener mit authentischer, mediterraner Küche. Von hausgemachter Pasta bis hin zu exzellenten Steaks. Das Tiramisu ist bekannt gut. Und die dünnteigige Pizza aus dem Holzofen lohnt für sich allein schon den Besuch.
Fancourt Hotel, Montagu St., Blanco, T 044 804 00 00, www.fancourt.co.za/eat/la-cantina, tgl. 6.30–10.30, 18–22.30 Uhr, Hauptgericht um 190 Rand

Kaffee-Kultur
Krust Cafe: Der neue Coffee Shop gelangte zu Berühmtheit, da er die erste San Remo Café Racer Espresso-Maschine (www.sanremo.co.za/caferacer) Südafrikas in Betrieb nahm. Die wunderschöne Maschine passt zum attraktiven Ambiente des coolen Ladens mit seinen rohen, unverputzten Backsteinwänden. Der Kaffee ist erwartungsgemäß exzellent, das Essen ebenfalls. Das Frühstück dürfte das beste der Stadt sein.
Eden Meander Lifestyle Center, T 044 887 04 45, www.krustcafe.co.za, Facebook: Krust Café, Mo–Fr 7–16, Sa 7–15, So 8–15 Uhr, Hauptgericht um 90 Rand

Guter Türke
Kafé Serefé: Traditionelle türkische Küche mit Meze-Vorspeiseplatten und viel Lamm, dazu türkische Musik im Hintergrund. Freitags gibt es meist Bauchtanz, die Wasserpfeife täglich.
60 Courtenay St., T 044 884 10 12, www.kafeserefe.co.za, Mo–Fr 9.30–22, Sa 10–22 Uhr, Hauptgericht um 100 Rand

Der Aussichtspunkt von Wilderness wirkt auf den ersten Blick vielleicht nicht besonders einladend, aber der Ausblick macht alles wieder wett – versprochen!

Afro-französisches Ambiente
Meade Cafe: Beliebter Frühstücks- und Lunch-Platz für Einheimische, in einem renovierten, historischen Haus aus dem 18 Jh. Schöner, schattiger Garten.
91 Meade St., T 044 873 67 55, Mo–Fr 7.30–16, Sa 8–15 Uhr, Hauptgericht um 120 Rand

Infos

• **George Tourism Bureau:** 124 York St., T 044 801 92 95, www.georgetourism. org.za.

Seven Passes Road und Wilderness ♀ K–L5

Eine Sehenswürdigkeit für sich ist die **Seven Passes Road,** die alte Straße zwischen George und Knysna. Auch sie ist wieder ein Projekt des berühmten südafrikanischen Straßenbaumeisters Thomas Bain, das er im Jahr 1867 in Angriff nahm. Um auf die historische Straßenverbindung zu kommen, fährt man auf der Knysna Road aus George hinaus und nach dem Pick-n-Pay-Supermarkt, vor der Pine Lodge direkt nach links.

Die teilweise ungeteerte Straße schlängelt sich durch dichtes Grün, man hört Affen im Unterholz kreischen und Vögel zwitschern. Nur ab und zu dringen Sonnenstrahlen durch die verwunschen wirkende Vegetation – eine Tour wie aus dem Dschungelbuch. Mal geht es steil bergauf, dann wieder rasant hinunter zum nächsten Fluss, der, wie die anderen auch, auf einer Brücke aus der Zeit König Edwards überquert wird.

Unterwegs zweigt die Straße nach rechts in Richtung Wilderness ab. Ein Stückchen weiter weist dann ein Schild zum Aussichtspunkt **Map of Africa** hin, der seinen Namen dem Umstand verdankt, dass der Verlauf des Kaaimans River von Süden her betrachtet den Umrissen Afrikas ähnelt. In der entgegengesetzten Richtung bietet sich ein fantastischer Blick über das Meer, das Städtchen Wilderness und die Garden Route. Bei guten Windverhältnissen starten hier Gleitschirm- und Drachenflieger, um unten am Strand zu landen.

Ein kurzes Stück hinter dem Örtchen **Wilderness** liegt der Wilderness-Teil des **Garden Route National Park,** der ein Gebiet von über 100 km² umfasst. Je nach Jahreszeit sind hier 5000–24 500 Wasservögel anzutreffen. Etwa 230 verschiedene Arten wurden bisher registriert. Wer will, kann in rustikalen Holzhütten übernachten (Infos, Übernachtungsbuchung bei www.sanparks.org).

Schlafen

Ruhig schlafen, exzellent dinieren
Lakeside Lodge and Spa: Ruhig an der idyllischen Swartvlei-Lagune, zwischen Wilderness und Sedgefield gelegene luxuriöse Lodge mit neun Zimmern. Alle mit Blick aufs Wasser. Zudem verfügt das Haus über ein herrliches Wellnesszentrum sowie eines der besten Restaurants der Garden Route, mit exzellenter, leicht asiatisch angehauchter Küche.
3 Lakeside Drive, Swartvlei, Sedgefield, T 044 343 18 44, www.lakesidelodge.co.za, DZ mit Frühstück ab 2000 Rand
Benguela Brasserie & Restaurant Di–So 8–11, 12–15.30, Di–Sa 18–21 Uhr, Hauptgericht um 150 Rand

Luxus am See
Lake Pleasant Living: Am Lake Pleasant gelegene Ansammlung von komfortabel ausgestatteten Häusern für Selbstversor-

KNYSNA SPEED FESTIVAL K

Die Geschichte des Knysna Speed Festivals begann 2009, als der Simola Hillclimb zum ersten Mal stattfand. Seither wurde das Event jedes Jahr beliebter und ist nun mit um die 17 000 Zuschauer eine der populärsten Rennsportveranstaltungen in Südafrika. 2019 findet das Speed Festival Anfang Mai zum 10. Mal statt. Es ist so etwas wie die südafrikanische Version des Goodwood Festival of Speed, das jährlich in England stattfindet. Der ganze Ort Knysna ist eingebunden: Am Freitag, dem Classic Car Day, geht es mit einer Oldtimer-Parade durch Knysna. Nach den Klassikern, die am Freitag den Berg ›hochrasen‹, folgen am Samstag und Sonntag beim King of the Hill Shootout die Supercars und Rennwagen. Es geht darum, wer die 1,9 Kilometer lange Bergstraße am schnellsten bewältigt. Dabei werden Geschwindigkeiten von bis zu 260 km/h (!) auf der engen, kurvigen Straße erreicht. Spektakulär für Zuschauer. Der Rekord liegt bei etwas über 41 Sekunden. (www.speedfestival.co.za)

ger. Es gibt außerdem ein Bistro, in dem auch Frühstück serviert wird. Das Haus ist sehr kinderfreundlich. Leider hört man nachts die N 2 nur dann nicht, wenn man bei geschlossenen Fenstern schläft. Sedgefield, T 044 349 24 00, www.lakeplea santresort.co.za, Suite für 2 Personen mit Frühstück ab 1050 Rand

An der Lagune

Moontide Guesthouse: Am Ufer der Wilderness-Lagune gelegenes Gästehaus, etwa zwei Minuten vom Strand entfernt. Es gibt acht verschieden eingerichtete Häuschen und Zimmer, alle mit eigenem Eingang und Sitzgelegenheit im Freien. Ein Paradies für Vogelbeobachter, denn Vögel zwitschern zahlreich in den über 400 Jahre alten Milchholzbäumen. Wilderness-Lagune, Southside Rd., T 044 877 03 61, www.moontide.co.za, DZ mit Frühstück ab 1280 Rand

Infos

● **Wilderness Tourism Bureau:** Beacon Rd., Milkwood Village, T 044 877 00 45, www.wildernesstourism.co.za. Infos zu Unterkünften und Mietwagen.

Knysna ♀ L5

Von Wilderness bieten sich zwei Routen zur Weiterfahrt an: entweder zurück auf die Seven Passes Road oder weiter die Garden Route entlang. Kurz vor Knysna treffen beide Routen wieder aufeinander. Von der N 2 geht es 5 km vor Knysna nach Brenton-on-Sea ab. Der kleine Ort hat einen wunderschönen Sandstrand, die einzige Möglichkeit, um in Knysna zum Baden ans Meer zu gelangen.

Juwel der Garden Route?

Knysna selbst ist für südafrikanische Verhältnisse sehr touristisch. Der Grund für die Entstehung des Ortes war das Holz aus den umliegenden Wäldern, das von hier aus per Schiff weitertransportiert wurde. Als George Rex, angeblich ein unehelicher Sohn von König George III., 1804 anfing, damit zu handeln, entstand die erste Sägemühle. Der Grundstein für Knysna war gelegt. Die touristische Entdeckung des Ortes kam jedoch erst viele Jahre später. Noch vor 100 Jahren beschrieb der »Kap-Almanach« das Gebiet

Für Austernfans muss Knysna dem Himmel auf Erden nahekommen …

und die Straßen dorthin als »die schwierigst vorstellbare Strecke, in ein Gebiet, das nur wenige Jäger kennen und wo es von Elefanten und Büffeln wimmelt«.

Heute wimmelt es in Knysna, vor allem im südafrikanischen Sommer, von Touristen, was kaum überrascht. Die 18 km² große **Knysna Lagoon** gilt als Juwel der Garden Route. Zweimal täglich fließt der nährstoffreiche Indische Ozean in die Bucht, die außerdem ständig mit frischem Wasser aus den **Outeniqua Mountains** versorgt wird. In der Lagune lebt u. a. das seltene Knysna-Seepferdchen, das auf Tauchtrips bei seinem Unterwasserritt beobachtet werden kann. Eher etwas für die Gaumen von Feinschmeckern ist ein anderer Bewohner der Lagune: die Auster – *Knysna oysters* gelten als die besten des Landes. Viele Restaurants vor Ort bieten Gelegenheit für einen Test.

Das Portal der Lagune zum Indischen Ozean wird rechts und links von Sandsteinklippen, den sogenannten **The Heads,** eingerahmt. Auf der östlichen Seite kann man erst auf einer Straße, dann auf einem engen Fußpfad über eine Holzbrücke bis zu einem Felsen gelangen, der den besten Ausblick auf die Sandsteinfelsen und das dahinterliegende Meer bietet.

Thesen Island

Ein ungewöhnliches und ökologisch fundiertes neues Wohngebiet ist auf der Knysna vorgelagerten Insel Thesen Island entstanden. Der Name Thesen hat seinen Ursprung in Norwegen. Im Juli 1869 verließ der bekannte Holzhändler Arndt Leonard Thesen aus Stavanger in Norwegen seine Heimatstadt mit seiner Frau und seinen neun Kindern, um ein neues Leben in Neuseeland zu beginnen. Ihr Schiff, die Albatross, geriet wie so viele vor ihm in der Nähe von Kapstadt in Seenot, und nachdem sie alle gerettet wurden, beschloss Arndt, mit seiner Familie in Südafrika zu bleiben, um das Schicksal

Lieblingsort

Reif für die Insel

Eines meiner Lieblings-›Wohnviertel‹ am Kap ist **Thesen Island**. Faszinierend, was da mit Engagement und Fantasie aus einem umweltbelastenden Industrie-Gebiet geschaffen wurde. Die Insel war einst ein Zentrum der Holzverarbeitung. Nach jahrelanger Planung wurde sie komplett saniert. Einige der alten Gebäude blieben erhalten, wie das faszinierende Kraftwerk, ein Industriedenkmal, das in ein herrliches Boutique-Hotel verwandelt wurde. Die ehemaligen Maschinen, Hebekräne und von den Decken hängenden Ketten sind nun Teil der Einrichtung. Selbstverständlich gibt es eine Fülle von prima Restaurants. Und jedes Wohnhaus hat eine Bootsanlegestelle.
www.thesenislands.co.za

THE MOTORCYCLE ROOM

Tolle Sammlung von typischen Brot- und Butter-Motorrädern lassen hier Erinnerungen wach werden. Besitzer Colin Stunden hat seine Privatsammlung der Öffentlichkeit zugänglich gemacht. Er hat fast alle Bikes vor Ort selbst restauriert. Thesen Island, T 079 497 47 23, www.themotorcycleroom.co.za, Mo–Sa 9–17 Uhr, Eintritt 100/50 Erw./Kinder.

nicht noch einmal herauszufordern. Sie ließen sich im pittoresken Knysna nieder, das damals noch von Urwäldern umgeben war – der beste Platz, um seinen Holzhandel zu beginnen. 1904 kaufte sein Sohn Charles Wilhelm Thesen die im Knysna-River-Mündungsgebiet liegende Insel Paarden Island. 1922 etablierte er eine Holzverarbeitungsfabrik auf der Insel, die bald darauf Thesen Island genannt wurde.

In den frühen 1980er-Jahren kaufte der südafrikanische Industriekonzern Barlows die Insel und das Sägewerk, um kurz darauf festzustellen, dass die Holzverarbeitung in einer solch ökosensitiven Lagune keine Zukunft mehr hat. Gleichzeitig mehrten sich Sorgen um die Luft- und Wasserverschmutzung der Fabrik, was in ihrer Schließung resultierte. In den darauffolgenden Jahren verkamen die verlassenen Gebäude und Maschinen immer mehr zu einem Schandfleck und Gesundheitsrisiko.

1991 schlug der südafrikanische Umwelt-Ingenieur Dr. Chris Mulder vor, die Insel in ein einzigartiges Wohngebiet zu verwandeln.

Da es sich bei dem Knysna-River-Mündungsgebiet um eines der empfindlichsten Öko-Systeme des Landes sowie eine Haupt-Touristenattraktion handelt, verlangte die Entwicklung von Thesen Island eine sehr sorgfältige und sensitive Planung, die sowohl ökologische als auch architektonische, ästhetische, soziale und kulturelle Kriterien berücksichtigen musste. Nach acht Jahren Forschung und Planung bekamen Mulder und sein Team die Bau-Erlaubnis im Dezember 1998.

Heute ist Thesen Island nicht nur eines der beliebtesten Wohngebiete des Landes, sondern auch aufgrund der tollen Restaurants, des Motorcycle Room, des Jetty und des herrlichen Turbine Hotel eine populäre Touristenattraktion.

Noetzie Castles   L5

Auf der N 2 geht es aus Knysna hinaus Richtung Plettenberg Bay. Die Straße zieht sich einen steilen Hang hinauf, vorbei an den Holzhaussiedlungen der Schwarzen. Hier lebt u. a. die größte Rasta-Gemeinde im Western Cape.

Noch vor Reggae, Dreadlocks und Marihuana steht Rastafari für Religion und Philosophie.

Am Ende der Steigung, etwa 8 km von Knysna entfernt, zweigt eine Piste nach rechts Richtung **Noetzie** ab. Der einsame Sandstrand ist nach 8 km erreicht. Oder vielmehr der Parkplatz, von dem es auf einer sehr steilen Treppe hinunter bis zum Beach geht. Der Strand ist nicht für seine natürliche Schönheit berühmt, sondern für die ungewöhnlichen Bauwerke, die dort entstanden sind: vier Burgen, **Noetzie Castles** genannt.

Das falsche Piratenmärchen

Ihre Entstehungsgeschichte hat nichts, wie oft und gerne behauptet wird, mit Piraten zu tun. Sie ist eher unspektakulär: 1930 baute sich ein gewisser Robert Stephen Henderson ein Ferienhaus am Strand, wobei er die dort herumliegenden Natursteine verwendete. Ein Passant scherzte, dass da ja wohl nur noch die Türmchen fehlen würden, um eine Burg daraus zu machen. Bob war von der Idee sofort angetan und setzte einen Trend, den die anderen Landbesitzer aufnahmen. Seinem Castle folgten drei weitere. Zwei der vier Burgen – **Craighross Castle** und **Lindsay Castle** – bieten momentan Übernachtungen an.

Schlafen

My home is my castle

Noetzie Castles: Wer mal in einer Burg in Afrika nächtigen möchte, wird hier auf seine Kosten kommen. Die Burgen Lindsay Castle & Craighross Castle beherbergen Gäste bzw. Burgherren und -fräulein auf Zeit.

Wer übernachten möchte, wendet sich an: Noetzie Castles, T 087 941 75 59 (Bürozeiten), T 083 584 61 45 (nach Büroschluss), www.noetziecastles.co.za. Minimumaufenthalt drei (Neben-), fünf (Hauptsaison) bzw. sieben Tage (Peak Season). Je nach Burg und Saison 4350–14 650 Rand pro Tag (für 8–13 Personen)

Historisches Kraftwerk

The Turbine Boutique Hotel & Spa: Boutiquehotel in einem alten, aufgelassenen Kraftwerk der ehemaligen Holzfabrik auf Thesen Island. Die alten Maschinen und Geräte wurden komplett und herrlich dekorativ in die Gestaltung integriert: 17 Zimmer, 6 Suiten, Wellnessbereich, der zur Entspannung einlädt. Zum Restaurant gibt es empfehlenswertere Alternativen in Gehweite.

Thesen Island, T 044 302 57-45, -47, www.turbinehotel.co.za, DZ mit Frühstück ab 3470 Rand

Idyllisch gelegen

Belvidere Manor: Idyllisch am westlichen Ende der Lagune gelegenes Hotel; Gäste übernachten in ihren eigenen Cottages, von denen es insgesamt 30 gibt. Dinner und Frühstück werden im aus dem Jahr 1834 stammenden Herrenhaus serviert.

169 Duthie Drive, Belvidere Estate, T 044 387 10 55, www.belvidere.co.za, DZ mit Frühstück ab 2220 Rand

Im Turbine Hotel sorgen alte Maschinen und Geräte für ein einzigartiges Ambiente.

Luxus in den Bergen

Simola: Das 5-Sterne-Resort mit Wellnessbereich liegt auf einem großen Landgut mitten in den Outeniqua-Bergen. Es gibt 40 geräumige DZ und im Spa eine Fülle von Behandlungen, auch für Partner. Nicht zu vergessen der 18-Loch-Golfplatz. Hier findet auch eines der bekanntesten Autorennen Südafrikas statt: der Simola Hillclimb (www.speedfestival.co.za)

1 Old Cape Rd., T 044 302 96 00, www.simolaestate.co.za, DZ mit Frühstück ab 1750 Rand

Bei deutschen Auswanderern

Candlewood Lodge: Das kleine 5-Sterne-Haus mit seinen sechs Zimmern und einer Familiensuite befindet sich auf einem Hügel mit schöner Aussicht auf Thesen Island und The Heads. Das vielgereiste deutsche Pärchen – Ines und Andreas – hat nicht nur in Südafrika geheiratet, sondern auch das Gästehaus gekauft, in dem sie als Urlauber immer übernachtet hatten. Sie bieten sehr persönlichen Service. Afternoon Tea, Sundowner und Braais auf Wunsch. Pool und Whirlpool. Ines macht auch Yoga für Gäste.

8 Stinkwood Crescent, T 044 382 51 04, www.candlewood.co.za, DZ mit Frühstück ab 1600 Rand

Rustikal

Knysna River Club: Mehrere an der Lagune gelegene, sehr schöne und rustikale Holzhäuser (mit Service) für Selbstversorger, TV, Grill; das River Club Café and Bar im historischen Wohnhaus auf dem Gelände untergebracht.

Sun Valley Drive, T 044 382 64 83, www.knysnariverclub.co.za, Holzhäuser ab 1200 Rand

Essen

Trendy Seafood

Sirocco: Ein trendiges Lokal für Lunch und Dinner. Neben den obligatorischen Austern gibt es viele andere Fischgerichte, leckere Sushi-Platten, aber auch Thai Stir Fry und leckere Pizza (1/2 Preis Mi, Fr 18–21 Uhr). Tolle Lage am Wasser.

28 Thesen Harbour Town, T 044 382 48 74, www.sirocco.co.za, tgl. 12–22 Uhr, Hauptgericht um 100 Rand

Mediterraner Genuss

Île de Pain Bread & Café: Ein Paradies für Brotfreunde – der Duft allein ist einen Besuch wert. Das leckerste Frühstück und Lunch in Knysna! Mediterrane Zutaten wie karamellisierte Zwiebeln in Balsamicoessig und Knoblauch-Chili-Mayonnaise, natürlich ständig frische Backwaren.

10 The Boatshed, Thesen Island, Knysna, T 044 302 57 07, www.iledepain.co.za, Di–Sa 8–15, So 9–13.30 Uhr (Mai, Aug. geschl.), Hauptgericht um 90 Rand

Beliebter Italiener

Caffe Mario: Guter Italiener, der bei Einheimischen sehr beliebt und vor allem im Sommer sehr gut besucht ist.

Shop 7, The Quays, Waterfront Drive, T 044 382 72 50, tgl. 7.30–22 Uhr, Hauptgericht um 70 Rand

Austern pur

Tapas & Oysters: Cool, relaxt, definitiv nichts für feines Dinieren – hier wird mit den Fingern gegessen: herrliche Austern und Tapas, dazu Wein oder einen der vielen Cocktails.

Thesen Harbour Town, T 044 382 71 96, www.tapasknysna.co.za, tgl. 11–23 Uhr, Tapas 38–68 Rand, eine große Auster 38 Rand, Hauptgericht um 90 Rand

Einkaufen

Shop til' you drop

Malls und Märkte: In Knysna gibt es zwei gute Shopping-Möglichkeiten, nämlich die **Knysna Mall** sowie die **Waterfront**

TOUR
Der Klassiker

Den Otter Trail entlang

Der 43 km lange Otter Trail ist einer der beliebtesten Wanderwege Südafrikas. Während früher die Mehrheit der Hiker Südafrikaner waren, nimmt der Anteil an ausländischen Wanderern Jahr um Jahr zu.

Ein Trail in fünf Etappen
Genug der Warnungen, das Abenteuer beginnt. Die erste Tagesetappe (4,8 km) ist etwas zum Einstimmen. Auffälligste Naturphänomene sind eine große Höhle in den Klippen sowie ein Wasserfall. Kurz danach ist die **Ngubu Hut** erreicht.

Der zweite Tag beginnt mit einem sehr steilen Anstieg zum **Olienboomkop.** Dann führt der Pfad durch ursprünglichen Wald mit *yellowwood-* und *stinkwood-*Bäumen. Der erste breitere Fluss ist der Kleinbos River. Nach 7,9 anstrengenden Kilometern ist die **Scott Hut** erreicht. Als Belohnung bietet der Geelhoutbos River, der sich nahe der Hütte ins Meer ergießt, gute Bademöglichkeiten. Dem Reichtum an Mineralien verdankt das Wasser seine Farbe: Wie schottischer Single Malt Whiskey sieht es aus. Es ist sauber und kann sogar getrunken werden!

Am dritten Tag gilt es, den Elandsbos und den Lottering River zu queren, nach 7,7 km sind die Hütten von **Oakhurst** erreicht.

Infos

📍 M–N 5

Website: www.foot print.co.za/otter.htm

Tour: Storms River Mouth/Storms River Rest Camp im Tsitsi-kamma National Park bis zum Nature's Valley

Planung: Genehmigung (*permit,* ca. 1250 Rand/Person) erforderlich; sehr beliebter Trail, maximal 12 Personen/Tag

Vorbuchung per Fax oder online unter www.sanparks.org. za (Kreditkartenzahlung). Mit Glück bekommt man bei einer Buchungsstelle von SA National Parks kurzfristig ein *permit* (falls jemand storniert hat).

Die vierte Etappe ist mit 13,8 km die längste. Starten Sie früh, um den Bloukrans River bei Ebbe zu queren! Auch dann reicht das Wasser noch bis zur Brust. Folgen Sie der klar gekennzeichneten ›Flucht route‹ hoch zur Autobahn, falls Zweifel an der Durchquerbarkeit des Bloukrans bestehen. An der **Andre Hut** gibt es wieder frisches Wasser.

Am fünften Tag sind es dann bis **Nature's Valley** nochmals 6,8 km.

Zurück zum Ausgangspunkt

Nach Beendigung der Wanderung in Nature's Valley besteht die Möglichkeit, mit dem zwischen Kapstadt und East London verkehrenden Baz Bus (T 021 422 52 02, www.bazbus.com, tgl. 13.30 Uhr) zurück zum Ausgangspunkt des Trails zu gelangen, wo man im Normalfall das Auto parkt.

Ein Marsch im Regen

Nicht immer läuft auf dem Otter Trail alles nach Plan. Wählt man einen ›feuchten‹ Termin, mischen sich Gischt und Nebel zu einer undurchdringlichen Wand. Die Sicht ist schlecht, der Weg aufgeweicht und rutschig. Der Wind peitscht den Regen ins Gesicht. In den engen, kleinen Holzhäuschen wird es ungemütlich und muffig. Beim Start warnen die Ranger vor dem **Bloukrans River,** von anderen Flüssen ist nicht die Rede. Doch bei Dauerregen steht man schon mal unerwartet vor einer weiteren reißenden Strömung. Das Abenteuer hat auch idyllische Seiten: den Anblick saftig-grünen Grases, dazwischen Proteen und andere Fynbos-Blumen, das Zwitschern der Vögel und Quaken der Frösche …

Knallgelb leuchten die Markierungen des Pfades auf den Felsen: ein Fußabdruck des krallenlosen Otters. Fünf Tage dauert der Marsch an der Küste entlang, der nur in einer Richtung, zwischen **Storms River Rest Camp** und **Nature's Valley,** unternommen werden darf. Übernachtet wird in einfachen Holzhütten mit Etagenbetten. Der Trail ist nichts für Unsportliche, da es am zweiten, dritten und vierten Tag ständig steil bergauf und wieder bergab geht. Und bei Regen wird das Queren der Flüsse zum Abenteuer.

(Quays) mit vielen Geschäften, Restaurants und Cafés. Außerdem finden täglich zwei Kunsthandwerksmärkte mit Ständen im Freien statt: der **Knysna Arts and Crafts Market** (Ecke George Rex/Vigilance Drive, 9–18 Uhr) sowie der **Templeman Square Craft Market** (Main Road, 9–17 Uhr).

Knysna Mall, Main Rd., T 044 382 45 74, www.knysnamall.co.za, Mo–Fr 9–17.30, Sa/So, Fei 9–14 Uhr
Knysna Quays, www.knysnawaterfront.com, tgl. 9–19 Uhr

Knysna Elephant Park 📍 L5

Auf der Garden Route, die zunächst dem Verlauf der N 2 folgt, fällt am Straßenrand das ›Vorsicht Elefanten‹-Schild auf. Ein Scherz des Tourismusbüros? Nein, Knysna-Elefanten gibt es tatsächlich – noch. Im Knysna Elephant Park bekommt man zwar keine echten Knysna-Elefanten zu sehen, einen Besuch ist er trotzdem wert.

Harkerville, zwischen Plettenberg Bay und Knysna, T 044 532 77 32, www.knysnaelephantpark.co.za, tgl. 8.30–16.30 Uhr, die 45-minütigen Trips starten 8.30–16 Uhr jede halbe Stunde, 320 Rand, 5–12 Jahre 160 Rand, darunter frei, ein Eimer Ellie-(Elefanten-)Futter 45 Rand

Infos

- **Knysna Tourism Bureau:** 40 Main St., T 044 382 55 10, www.visitknysna.co.za, Mo–Fr 8–17, Sa 8.30–13 Uhr.
- **Knysna- und Garden-Route-Information:** T 086 199 91 91, www.gardenroute.org, Mo–Fr 8.30–17, Sa 9–12.30 Uhr. Vermittlung von Unterkünften.

Nicht ohne Grund der vielleicht beliebteste Badeort an der Garden Route: Plettenberg Bay

Plettenberg Bay

📍 L 5

Plettenberg Bay ist aufgrund seiner ausgedehnten Sandstrände einer der beliebtesten Badeorte an der Garden Route. Zwischen November und Januar ist hier die Hölle los, während den restlichen Dreivierteljahr fast dörfliche Ruhe herrscht, da viele der Feriendomizile leer stehen. Die empfehlenswertesten Strände sind **Look out** und **Central Beach** sowie die in der Lagune. Inoffizielles Wappen von ›Plett‹ ist die *pansy shell,* das filigrane Skelett eines sehr seltenen Seeigels, der nur an der Küste zwischen Mossel Bay und Plettenberg Bay vorkommt. Das Muster auf dem Skelettrücken ähnelt einem Stiefmütterchen *(pansy).* Die geschützten *pansy shells* werden zu hohen Preisen gehandelt.

Bereits 1630 stand in Plettenberg Bay eine hölzerne Kirche, errichtet von den etwa 100 Überlebenden einer Schiffskatastrophe vor der Küste. Die nur acht Monate bewohnte Siedlung entstand aus den Wrackteilen der *São Gonçalo.* In der Nähe von Beacon Island wurde im 19. Jh. eine Inschrift der Schiffbrüchigen entdeckt: »*Hier sank die São Gonçalo im Jahr 1630. Sie bauten zwei Boote …*« Eine Nachbildung des Steins steht auf Privatland an genau der Stelle, wo man das Original fand. Es befindet sich heute in der Slave Lodge in Kapstadt. Interessant ist die 1851 auf privatem Farmland erbaute, kleine *yellowwood*-Kirche St. Andrew. Ihr guter Erhaltungszustand zeigt, wie stabil dieses Holz ist.

Schlafen

Vogelperspektive

Sky Villa Boutique Hotel: Die schönste Übernachtungsmöglichkeit in ›Plett‹. Ein cool eingerichtetes Boutique-Hotel mit fantastischer Aussicht über die Bucht, tollem Swimmingpool und einem ausgezeichneten Restaurant.

Baron's View Estate, T 082 767 33 93, www.skyvilla.co.za, DZ mit Frühstück ab 1500 Rand

Spektakuläre Lage

The Plettenberg: Malerisch auf einen Felsvorsprung gebaut, bietet das Hotel entsprechend spektakuläre Ausblicke auf den Indischen Ozean. Landhausatmosphäre mit 40 Zimmern und sehr guter Küche, das Haus ist Mitglied von Relais & Châteaux.

40 Church St., Look-out-Rocks, T 044 533 20 30, www.theplettenberghotrl.com, DZ mit Frühstück ab 3000 Rand

Strandnah

Southern Cross Beach House: Gemütliches Bed & Breakfast mit nur fünf Zimmern, ein kinderfreundliches Haus und ganz nahe am Meer, zu dem die Besucher über hölzerne Stege gelangen. Ausgewogenes Preis-Leistungs-Verhältnis.

1 Capricorn Lane, Solar Beach, T 044 533 38 68, www.southerncrossbeach.co.za, DZ mit Frühstück ab 1350 Rand

Plüschig-elegantes Boutiquehotel

The Grand Rooms: Ein wunderbares, opulentes Boutiquehotel mit nur sieben fantastisch ausgestatteten Zimmern, mit märchenhaft großen, französischen Federbetten, Sat-TV, DVD, CD. Das Grand Breakfast ist ebenso legendär wie die Aussicht aufs Meer. Jedes der Badezimmer hat eine große Wanne.

27 Main St., T 044 533 33 01, www.grand africa.com/grand-rooms-plettenberg-bay/grand-rooms-plett-home, DZ mit Frühstück ab 2900 Rand

Ethnisch-afrikanisch

Tsala Treetop Lodge: Die ethnischafrikanische Baum-Lodge ist eine Symphonie aus Natursteinen, Holz, Glas und Wasser, mit fantastischer Aussicht über das Piesang-Flusstal und den Tsitsikamma-Wald. Die Swimmingpools befinden sich in 6 m Höhe. Hölzerne Stege verbinden die einzelnen Gebäude, der Waldboden bleibt unberührt. Sehr gutes Restaurant.

10 km von ›Plett‹ auf der N 2 Richtung Knysna, Reservierung: T 044 501 11 11, www.hunter hotels.com, DZ mit Frühstück ab 7840 Rand

Waldblick
Hog Hollow Country Lodge: In einem privaten Naturreservat gelegenes Gästehaus mit grandioser Aussicht über den Tsitsikamma Forest, zwölf Zimmer, dreigängiges Candle-Light-Dinner, Buchung sehr vieler Aktivitäten rund um ›Plett‹.

18 km östlich von ›Plett‹, Askop Rd., The Crags, Plettenberg Bay, T 044 534 88 79, www.hog-hollow.com, DZ mit Frühstück ab 4000 Rand

Nicht weit von ›Plett‹ können Sie in der wunderschönen Tsala Treetop Lodge nächtigen.

Essen

Afrikanisch
Nguni Restaurant: Das Zulu-Wort für Kuh, *nguni,* ist symptomatisch. Hier kommt vor allem Fleisch auf den Tisch, wie das 300-Gramm-Ribeye-Steak (185 Rand), aber auch Straußenfilet (180 Rand) oder grillte Prawns (280 Rand). Das schwarz-weiße Kuhdekor zieht sich durch den gesamten Laden.

6 Crescent St., T 044 533 67 10, www. nguni-restaurant.co.za, Mo-Fr 10–23, Sa 18–23 Uhr, Hochsaison tgl. 10–23 Uhr

Schneller Lunch
The Pie Shop: Ideal für einen schnellen, günstigen und guten Take-away-Lunch. Die täglich frisch gemachten Pasteten (*pies*) haben appetitanregende, goldene Krusten, die verschiedene Füllungen umhüllen.

Church St., T 044 533 49 08, Mo-Fr 8–17, Sa 8–13 Uhr, 30 Rand pro Pie

Bewegen

Wale und Delfine
Ocean Blue Adventures: Veranstalter von Motorboot-Touren in die Bucht von Plettenberg Bay zum Beobachten von Delfinen und Walen.

Plettenberg Bay, Melville Centre, 1 Hopwood St., T 044 533 50 83, www.oceanadventures. co.za, tgl. 8–16 Uhr. Juli–Nov. Walbeobachtung 750/400 Rand, Dez.–Juni Delfintouren 500/250 Rand

Infos

• **Plettenberg Bay Tourism Centre:** Main St., T 044 533 19 60, www.plett-tourism. co.za. Infos zu Übernachtungs- und Wassersportmöglichkeiten in und um den beliebten Ferienort ›Plett‹.

Tierreservate an der Garden Route

Von neugierigen Affen bis zu exotischen Vögeln ist die afrikanische Fauna an der Garden Route gut vertreten. Highlight ist das Füttern und Spazierengehen mit Elefanten.

Monkeyland Primate Sanctuary ♀ M5

Etwa 16 km östlich von ›Plett‹ zweigt eine Straße nach rechts in Richtung des **Monkeyland Primate Sanctuary** ab. 2 km weiter ist das private Schutzgebiet erreicht. Affen aus aller Welt wurden hier angesiedelt. Die bereits ansässigen, endemischen Grünen Meerkatzen *(vervet monkeys)* freundeten sich schnell mit den ›Ausländern‹ an und zeigten ihnen sogar, wie und wo sie in den Küstenwäldern Nahrung finden. Ein Ranger führt die sehr interessante Tour zu Fuß, der Eintritt zur Aussichtsplattform ist frei.

The Crags, T 044 534 89 06, www.monkey land.co.za, tgl. 8–17 Uhr, Eintritt frei, Führungen 230/115 Rand, Kombitickets für Monkeyland und Birds of Eden 360/180 Rand

Birds of Eden ♀ M5

Direkt neben ihrem Monkeyland haben dessen Besitzer **Birds of Eden** eingerichtet. Ein riesiges Netz überspannt ein komplettes Tal und verwandelt dieses damit in einen gigantischen ›Käfig‹, in dem die Vögel ›frei‹ herumfliegen. Besucher laufen Hunderte von Metern über lange, auf Pfählen errichtete Holzstege in ein dicht bewachsenes Tal, darüber breitet sich der gigantische Dom mit licht- und regendurchlässigem Netzwerk (das allein schon 80 t wiegt) aus.

The Crags, T 044 534 89 06, www.birdsof eden.co.za, tgl. 8–17 Uhr, 230/115 Rand, es gibt auch Kombi-Tickets für Monkeyland und Birds of Eden: 360/180 Rand

Elephant Sanctuary ♀ M5

Auf der Nachbarfarm gibt es statt Affen und Vögeln deutlich Größeres zu bewundern: Elefanten. Wenn man nur Zeit für ein Elefantenreservat hat, empfiehlt der Autor das attraktivere **Elephant Sanctuary** anstatt des Knysna Elephant Park. Zu Fuß geht es mit einem erfahrenen Führer zu den Elefanten. Etwas Besonderes ist die zweistündige Sundowner-Elefantenerfahrung am späten Nachmittag, mit Ritt und anschließenden Drinks.

Animal Alley, The Crags, abseits der N 2 nahe Nature's Valley, T 044 534 81 45, www. elephantsanctuary.co.za, 75-minütige Führung ohne Reiten 595 Rand, 8–14 Jahre 295 Rand, mit 15-minütigem Elefantenritt 1190 Rand, 8–14 Jahre 750 Rand

Nature's Valley

♀ M5

Dschungelbuch

Ein paar Kilometer hinter dem Abzweig zum Elephant Sanctuary geht von der N 2 rechts die R 102 Richtung **Nature's Valley** ab – wieder eine von Thomas Bain gebaute Traumstraße. 1884 bahnte er den Weg durch die undurchdringlich erscheinende Vegetation in den Schluch-

Wackelig: die Hängebrücke über den Storms River

ten von Groot, Bloukrans und Storms River. Bärenpaviane stolzieren über die Straße, in den Bäumen sitzen Grüne Meerkatzen. Vögel und Zikaden tragen zur Geräuschkulisse bei. Über eine enge Dschungelstrecke folgt die Straße dem Groot River Pass 200 m steil nach unten bis nach **Nature's Valley** mit einem paradiesisch schönen Sandstrand.

Vorbei an der Groot River Lagoon schlängelt sich die Straße sofort wieder steil nach oben. Die Bäume rechts und links der engen Strecke wachsen oben zusammen, bilden einen grünen Tunnel. Hoch über Nature's Valley befindet sich links der Straße ein Parkplatz mit Aussicht über das Tal, den weißen Sandstrand und die Bilderbuchlagune des Groot-River-Deltas. Der Campingplatz in Nature's Valley, Endpunkt des Otter Trail, liegt im westlichsten Ausläufer der Tsitsikamma Section des Garden Route National Park.

Urwald-Straße

Die Straße setzte sich bis zu ihrer Sperrung nach heftigen Regenfällen im November 2007 ostwärts durch Fynbos-Vegetation fort und erreichte 6 km später den **Bloukrans Pass,** von dem es wieder bergab zum Bloukrans River ging. Hier wachsen mächtige *yellowwood*-Bäume ganz nahe an die Straße heran, und von ihren Ästen hängt *old man's beard* – Pflanzen, die tatsächlich aussehen wie die langen grauen Bärte alter Männer. Überall dazwischen wachsen gewaltige Farne.

Die Route ging weiter durch eine felsige Schlucht, von wo aus sich rechts ein guter Blick auf die 216 m hohe Bloukrans-Brücke erhaschen ließ. Hier unten rauscht das Wasser, oben rauschen die Autos vorbei. Während die Distanz von 27 km auf der N 2 mit ihren drei riesigen Brücken in einer Viertelstunde zurückgelegt ist, dauerte die Fahrt auf der kurvenreichen, alten Bain-Straße über eine Stunde. Kurz vor dem Elandsbos River geht die alte Straße in die N 2 über.

Wartung ist ein Fremdwort

An der historischen Bloukrans-Straße liegt die Grenze zwischen Western Cape und Eastern Cape Province. Während das Western Cape seinen Teil der Straße 2007 sofort reparierte, ließ das Eastern Cape, mit der Begründung, dass es sich ›nur‹ um eine Touristenstraße handelte, den Schutt auf ihrem Teilstück liegen.

Bis heute. Was gesetzestreue Besucher dazu zwingt, die mautpflichtige N 2 zur Umfahrung zu wählen. Touristen, die einen Geländewagen gemietet haben, ignorieren meist die Verbotsschilder und erleben das Bewältigen der halbverschütteten Straße als kleines Abenteuer.

Bewegen

Hoch hinaus & hinunter

Bloukrans Bungy Jumping: Offiziell der höchste, kommerzielle Bungee-Jump der Welt: 216 m geht es hinunter von der Bloukrans Bridge, 1000 Rand/Person; Senioren über 60 springen gratis. Rekordhalter ist der 96 Jahre alte Mohr Keet.
Face Adrenalin, The Crags, T 042 281 14 58, www.faceadrenalin.com, tgl. 9–17 Uhr

Tsitsikamma & Storms River Mouth ♀ M–N 5

Etwa 7 km weiter zweigt rechts die Straße in den Tsitsikamma-Teil des Garden Route National Park, der auch die Naturschutzgebiete bei Knysna und Wilderness einschließt, ab. Der Name bedeutet klares, sprudelndes Wasser. Der 650 km² große Park umfasst eine Küstenlinie von 80 km Länge. Das maritime Schutzgebiet reicht durchschnittlich 5,5 km in die See hinaus – eine beeindruckende Symphonie aus Wald und Meer. Es ist berühmt für seinen Unterwasser-Trail für Schnorchler und Taucher und seine grandiose Felsenküste.

Wie Tarzan

Schwindelfreie Besucher können an einer **Canopy Tour** durch die Baumwipfel des Tsitsikamma-Waldes teilnehmen (s. S. 214).

Neben höllischem Spaß bietet der Ausflug auch Vogelsichtungen, der Guide erklärt die lokale Ökologie. Von der Rangerstation erreichen Besucher die Mündung des Storms River (Storms River Mouth) über hölzerne Boardwalks (ca. 1 Std. hin und zurück). Am Ende des Pfades überquert eine recht wacklige Hängebrücke den Fluss.
68 km von Plettenberg Bay, www.sanparks. org/parks/garden_route, T 042 281 16 07, tgl. 7–19 Uhr, Tageskarte 218/109 Rand

Schlafen

Mittendrin statt nur dabei

Wie alle Unterkünfte in den Nationalparks ist auch Tsitsikamma bei South African National Parks zu buchen. In der Saison ist es ratsam, Campingplätze oder Hotelbetten im Park mehrere Monate vorher zu reservieren.
Buchung bei: www.sanparks.org/parks/ garden_route

Historisches Anwesen

Tsitsikamma Village Inn: Übernachten in einem historischen Anwesen. Trotz relativer Nähe zur Straße ruhig. Guter Ausgangspunkt für die Adrenalin-Aktivitäten rund um den Storms River.
Darnell St., Storms River Village, T 042 281 17 11, www.village-inn.co.za, DZ mit Frühstück ab 1130 Rand, Website auch auf Deutsch

Essen

American Way of Drive

Marilyn's 60s Diner: Ein unerwartet cooler Diner, den man so eher in den USA erwarten würde. Dekoriert mit klassischen Cadillacs, Motorrädern, Pinball Machines und Jukeboxen. Der gute Vibe

Do it like Tarzan! Einfach mal von Baum zu Baum schwingen.

gleicht den etwas lahmen Service aus. Die Gourmet-Milkshakes sind prima. Natürlich gibt es auch Burger und Steaks.
T 042 281 17 11, Facebook: Marilyn's 60's Diner in Storms River Village, Mo–Mi 9–17, Do–Sa 9–20, So 9–15 Uhr, Hauptgericht um 80 Rand

Alles Käse
Fynboshoek Cheese: Das simple Konzept Käse, Salat und Brot funktioniert hier prächtig, vor allem aufgrund der preisgekrönten, auf der Farm produzierten Kuh- und Ziegenkäsesorten. Gemütlich zum Sitzen. Den Käse gibt es auch zum Mitnehmen.
N 2, Ausfahrt Forest Ferns (gegenüber Tsitsikamma Lodge), 7 km von Storms River entfernt, T 072 342 04 45, www.fynboshoek.co.za, Mi–Mo 12–16 Uhr (nur bei Voranmeldung), Hauptgericht um 165 Rand

Bewegen

Swinging Trees
Tsitsikamma Canopy Tours: Hoch oben in den Bäumen swingt man in Bergsteiger-Gurtzeug an langen Stahlkabeln etwa 30 m über dem Boden von Plattform zu Plattform.
Stormsriver Adventures, Storms River, T 042 281 18 36, www.stormsriver.com, Kinder ab 7 Jahren, Dauer 2,5–3 Std., 660 Rand/Person, Buchung im Voraus ist notwendig, die Teilnehmer dürfen höchstens 120 kg wiegen, max. 8 Personen/Tour, Start alle 30 Min., im Sommer 5–17, im Winter 8–15 Uhr

Wildkatzenrefugium
Tenikwa Wildlife Awareness Centre: Ursprünglich als Wildtier-Rehabilitationszentrum für die Garden Route konzipiert, bietet Tenikwa mittlerweile Touren für die Öffentlichkeit. Auf der einstündigen Tour kommen Besucher Erdmännchen, Luchsen, Leoparden, afrikanischen Wildkatzen, Servalen und Geparden näher. Tipp: der Sonnenaufgangs- oder Sonnenuntergangsspaziergang mit Geparden (*cheetah walk*). Der Trip kostet 890 Rand/Person (Kinder ab 1,50 m Größe) und muss vorgebucht werden.
Old Forest Hall Rd., The Crags, T 044 534 81 70, www.tenikwa.co.za, tgl. 9–17.30 Uhr, 1-stündige Tour Erw./Kinder 230/120 Rand, unter 6 Jahren frei

Infos

- **South African National Parks:** Die Buchung von Nationalpark-Unterkünften organisiert man am besten online unter: www.sanparks.org. Rechtzeitig buchen und die Buchungsbestätigung beim Parkbesuch mitbringen. Die informative Park-Website enthält eine genaue Beschreibung der Unterkünfte und bietet auch eine detaillierte Anfahrtsskizze.

Zugabe
Familienangelegenheit: Mrs Ball's Chutney

Südafrikas legendäres Relish

Wetten, dass Mrs Ball's Chutney in jedem zweiten südafrikanischen Haushalt zu finden ist?

Für viele Südafrikaner ist ein Leben ohne Mrs Ball's Chutney undenkbar. Das würzige Relish in der charakteristischen Flasche steht praktisch in jeder Küche im Land. Und was ist mit Frau Amelia Ball? Desmond Ball, einer von Amelias unzähligen Großenkeln, erinnert sich noch, wie die alte Frau immer auf der kleinen Terrasse ihres Hauses in Fish Hoek an der Kap-Halbinsel saß. Aber auch er musste in Archive, um mehr zu erfahren. Amelia wurde 1865 in King William's Town als fünftes von elf Kindern geboren. Neben all der Kindererziehung fand ihre Mutter dennoch Zeit, größere Mengen an Chutney zu produzieren, unter dem Zungenbrecher-Namen ›Mrs Henry Adkins Sen, Colonial Chutney Manufacturer‹. Amelia heiratete den Eisenbahn-Angestellten Herbert Saddelton (HS) Ball 1886 und sein Job führte sie durch das ganze Land, bevor sie sich in Kapstadt niederließen. Dort begann sie, viele Jahre und sieben Kinder später, wie einst ihre Mutter, Chutney kommerziell herzustellen, unter Verwendung des alten Rezepts.

Was in der heimischen Küche begann, benötigte eine Fabrik, nachdem Herr Ball das Chutney seiner Frau dem Marketing-Mann Frederick Metter schmackhaft gemacht hatte. Er etablierte ein nationales und internationales Vertriebsnetzwerk und war maßgeblich am charakteristischen Design der achteckigen Flasche beteiligt. Mrs Ball's und Mrs Adkin's Chutneys (produziert von Amelias Schwester Florence) waren jahrelang direkte Konkurrenzprodukte. Bis Adkin's in the 1970er-Jahren vom Markt verschwand.

Mrs Ball's hatte hingegen keine Absatzprobleme. Als sie im reifen Alter von 97 Jahren 1962 starb, produzierte ihre Fabrik in Diep River mehr als eine Million Flaschen pro Jahr. Nach ihrem Tod verkaufte die Familie das Geschäft an Brooke Bond Oxo, die wiederum an den Food-Konzern Tiger Brands. Aber Mrs Ball's lebt in jeder Flasche Chutney, die ihren Namen trägt, weiter.
www.mrsballs.com ∎

Karoo

Karoo-sam — Prince Albert gehört zu den schönsten Dörfern des Landes. In den liebevoll restaurierten, historischen Häusern leben Aussteiger aus dem In- und Ausland. Und der Swartberg-Pass ist mein liebster Bergübergang.

Seite 220
Route 62

Das südafrikanische Pendant zur amerikanischen Route 66. Es gibt viele interessante Orte, Kneipen und Menschen entlang der Strecke zwischen Calitzdorp und Montagu.

Im Lord Milner Hotel spukt es schon seit Jahrzehnten.

Eintauchen

Seite 224
Swartberg Hiking Trail

Die anstrengendste und wildeste Wanderung in diesem Buch führt durch eine grandiose Berglandschaft. Da die Wanderung bis auf über 2000 Meter hoch geht, ist sie nur etwas für erfahrene Hiker.

Seite 222
American Style Diner

Diesel & Crème in Barrydale ist zu einem Wahrzeichen der Route 62 geworden. Herrlich schrottig mit alten Zapfsäulen und Schildern dekoriert, serviert es unter anderem die dekadentesten Milkshakes im Land.

Seite 228
Tauchen mit Krokodilen

In einem Käfig zu Krokodilen abzutauchen ist ein relativ neuer Thrill. Die Cango Wildlife Ranch in Oudtshoorn hat diesen Tauchausflug im Programm.

Karoo **217**

Seite 230
Teuflisch heiß

Vom Swartberg Pass ins Tal führt eine spektakuläre und recht abenteuerliche Offroad-Strecke. Der Höhepunkt der Tour ist die Übernachtung ganz unten, in einem der renovierten, historischen Häuschen von Cape Nature Conservation.

Seite 232
De Bergkant Lodge

Eine Übernachtung in historischen Mauern, im alten Pfarrhaus von Prince Albert.

Seite 233
Dinner bei Hendry

Wer Glück hat und gerade dann in Prince Albert ist, wenn Hendry's at Olive Branch offen hat, kann unerwartet Delikates zu sich nehmen. Gründer Bokkie Botha hat die Lizenz zum Kochen vor einiger Zeit an seinen besten Mitarbeiter Hendry abgegeben.

Seite 235
Stadtrundfahrt in Matjiesfontein

Mit zehn Minuten eine recht kurze, aber dafür umso unterhaltsamere ›Stadtrundfahrt‹. Der Fahrer des alten, ausgedienten, roten Doppeldecker-Busses aus England ist ein unterhaltsamer Tourguide.

Wie wäre es mit einer Übernachtung im Karoo Moon Motel? (Seite 222)

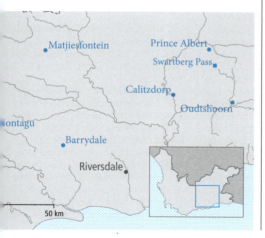

Farmer Ronnie wollte vor Jahren eigentlich nur einen Farmladen an der Route 62 aufmachen. Mit roten Lettern malte er »Ronnies Shop« auf das kleine, weiße Gebäude. Der Rest ist Geschichte … (S. 221)

erleben

Pässe und Vögel der Superlative

N ach Oudtshoorn gelangt man von George aus über **Bergpässe** oder von Robertson und Montagu über die **Route 62**, Südafrikas ›Mother Road‹. Beide Routen wurden in den 1920er-Jahren gebaut, um ländliche Gebiete mit Städten zu verbinden, und beide wurden später durch breite, neue Highways ersetzt – und schließlich fast vergessen. In den letzten Jahren hat die Alternativstrecke zur N 2 eine wohlverdiente Renaissance erlebt. Skurrile Plätze wie **Ronnie's Sex Shop** (nein, das ist ein Pub) und das hypercoole **Diesel & Crème Diner** samt **Karoo Moon Motel** in Barrydale trugen maßgeblich dazu bei.

Die sehr hübsche, über 100 Jahre alte, von deutschen Missionaren gegründete, lutherische Kirche in **Amalienstein** wurde von der lokalen Gemeinde in ihrer alten Ockerfarbe mit roten Akzenten renoviert. Die geplante Orgel wurde aus finanziellen Gründen nie installiert. Stattdessen wurde eine Holzwand mit Orgelpfeifen bemalt.

Der nächste Ort an der Route 62 ist **Calitzdorp**, Südafrikas Portwein-Haupt-›Stadt‹. Das Ende Mai stattfindende **Port Wine Festival** wird diesem Ruf gerecht.

Angekommen in der Straußenmetropole **Oudtshoorn**, sollte man sich

> ### ORIENTIERUNG **O**
>
> **Infos:** Das Tourismusbüro von Prince Albert unterhält eine richtig gute Website: www.princealbert.org.za.
> **Aktiv:** Beliebt sind die atemberaubenden Downhill-Mountainbike-Trips vom Swartberg-Pass: www.dennehof.co.za.

die Besichtigung einer **Straußenfarm** nicht entgehen lassen. Aber bitte nicht reiten. Diese Touristenattraktion ist eine Qual für das (zum Glück) flugunfähige Großgeflügel.

Durch grandiose Schluchten und über den abenteuerlichen **Swartberg Pass** erreicht man den wunderbar einsamen Ort **Prince Albert**. Dort leben viele Aussteiger aus pulsierenden Metropolen, was die Qualität der Gästehäuser und Restaurants deutlich verbessert hat. Nirgendwo sonst lässt sich der nächtliche Sternenhimmel besser erleben als hier.

Jenseits von PA geht es ab in die Wüste, in die englische Karoo-Oase **Matjiesfontein**. Die semiaride Karoo ist ein riesiges Gebiet, das aus schroffen Bergen und Canyons besteht. Liegt die Route 62 noch in der **Kleinen Karoo**, die etwas fruchtbarer ist, so führt der Swartberg Pass in die **Große Karoo**, wo es deutlich arider ist.

Robertson ♀ E5

Sowohl von den hier angebauten Tröpfchen als auch von den Unterkünften und Restaurants her ist Robertson eine prima Alternative zu den traditionellen Weinorten Stellenbosch, Franschhoek oder Paarl.

Schlafen

Boutiquehotel aus dem Bilderbuch
Robertson Small Hotel: Im Weinort Robertson, kurz bevor es in die Klein-Karoo geht, findet sich dieses wunderbare Boutiquehotel. Ein Ort, wo einfach alles passt. Zehn stilvoll eingerichtete Zimmer, wo, wie beim Rest des Hotels auch, Alt und Neu geschickt kombiniert werden. Der Service ist Spitze. Website-Angebote beachten. Sehr romantisch, ideal für frisch oder immer noch Verliebte.
58 Van Reenen St., T 023 626 72 00, www.therobertsonsmallhotel.com, DZ mit Frühstück ab 2600 Rand

Essen

Saisonal & local
The Small Restaurant Hotel: Das kleine Restaurant findet sich in dem intimen Robertson Small Hotel. Es gibt nur gegen Vorbuchung eine gute ländliche Küche mit exzellenten Zutaten aus der Umgebung. Die Köche können durch ein großes Glasfenster bei ihrer Arbeit beobachtet werden. Wunderbarer Weinkeller.
58 Van Reenen St., T 023 626 72 00, www.therobertsonsmallhotel.com, tgl. 8–10, 12–15, 19–21 Uhr, Hauptgericht um 115 Rand

Neugierig und dumm: Das Gehirn des flugunfähigen Großgeflügels ist kleiner als eines seiner Augen.

Montagu ♀ E5

Wer von Kapstadt in die Karoo fährt, sollte die Route 62 über Montagu nehmen.
Kurz vor Montagu liegt die enge, rotstei-
nige Schlucht **Kogmanskloof**, wo sich die
tektonischen Kräfte der Erde so richtig
ausgetobt haben. Die Gesteinsschich-
ten sind so wild verfaltet wie eine vom
Teller gerutschte Lasagne. Im hübschen
Städtchen Montagu mit seinen zahlreichen historischen Gebäuden beginnt die
Route 62 (www.route62.co.za), Südafrikas
Version des amerikanischen Originals mit
den zwei Sechsen.

Schlafen

Art-déco-Perle

Montagu Country Inn: Das einzige echte Art-déco-Hotel in Südafrika. Die Besitzer haben es stilecht mit zeitgenössischen
Möbeln ausgestattet. Das Gebäude wurde
1875 erbaut, brannte dann aber ab und
wurde in den 1920ern/1930ern im jetzigen Stil wieder aufgebaut. Mitbesitzer Gert
Lubbe ist Begründer der Route-62-Orga-
nisation. Er gibt seinen Gästen nicht nur
Tipps aus erster Hand, er chauffiert sie
auch für 575 Rand die Stunde in seinen
American Dream Cars, einem Cadillac
und einem De Soto, beide Baujahr 1956,
herum. Ideal für einen stilvollen Weingutbe-
such (s. auch YouTube: »American Dream
Cars at Montagu Country Hotel«).
27 Bath St., T 023 614 31 25, www.montagu
countryhotel.co.za, DZ mit Frühstück ab 1250
Rand

Gourmet-Stop

Mimosa Lodge: In einem historischen
Haus aus dem 19. Jh. und diversen Außen-
gebäuden sind insgesamt 23 Zimmer untergebracht. Einige mit schöner Art-déco-
Einrichtung. Ruhiger Garten, wo u. a. die

Kräuter und Gemüsesorten des Schweizer
Chefkochs Bernard wachsen. Ganz in der
Nähe liegt auch der vor allem im Sommer
herrliche Poolbereich. Ausgezeichnetes
Restaurant.
19 Church St., 023 614 23 51, www.mimosa.
co.za, DZ mit Frühstück ab 1000 Rand

Viktorianisch

7 Church Street: Gemütliches viktorianisches Häuschen mit grün-weißer Fassa-
de und verschnörkelten schmiedeeisernen
Balkongeländern mit typisch englischem
Garten, Ententeich und Pool. Es gibt insgesamt fünf Zimmer, alle ganz verschieden
und mit Antiquitäten eingerichtet.
7 Church St., T 023 614 11 86, www.7church
street.co.za, DZ mit Frühstück ab 1300 Rand

Essen

Historisches Gebäude

Simply Delicious: Das strohgedeckte,
historische Gebäude wurde 1855 errichtet. Im überraschend modernen Restaurant
gibt es Gerichte, die mit frischesten Zutaten aus Bio-Anbau fantasievoll zubereitet
werden.
Four Oaks, 46 Long St., T 023 614 34 83,
www.four-oaks.co.za, tgl. 18.30–21.30, Mi, So
auch 12–15 Uhr, Hauptgericht um 140 Rand

Bewegen

Töff-Töff

Montagu Tractor Trips: Bereits im
Jahre 1985 fingen die Traktortouren an
– und sind heute so beliebt wie damals.
Ein großer, kräftiger Traktor zieht dabei
einen überdachten Anhänger mit Sitzbän-
ken aussichtsreich auf einer geschotterten
Piste den Berg hoch bis auf 1500 m.
Protea Farm, R 318, Koo Valley, T 023 614
30 12, www.proteafarm.co.za, 130 Rand,
Mittel- und Oberschüler 70 Rand, unter 2 Jahren frei, Mi, Sa 10 Uhr

Barrydale **221**

Legendär: Ronnie in seinem gleichnamigen »Sex-Shop«

Sanbona Private Game Reserve ⌖F5

Nach dem Verlassen von Montagu führt der Weg durch eine einsame, halbwüstenartige Buschlandschaft. Zu beiden Seiten ragen Bergketten auf. Links der Route 62 ist nach einigen Kilometern die Abzweigung zum privaten Sanbona Wildlife Reserve erreicht. Mehrere ehemalige Farmen wurden hier in ein großes Schutzgebiet verwandelt.

Zurück auf der Route 62 bietet sich Autofahrern eine Landschaft wie im Western. Der Karoo Saloon verstärkt mit seiner gigantischen Naturstein-Adlerskulptur diesen Eindruck.

15 km vor Barrydale, rechts der Straße, T 084 970 39 99, www.theroute62.co.za

Schlafen

Großwildsafari in der Karoo
Sanbona Private Game Reserve: Es gibt drei verschiedene Übernachtungsmöglichkeiten auf dem riesigen Gelände des Wildnisreservats: im Farmhaus Tilney Manor, in der Gondwana Family Lodge und im luxuriösen Zeltcamp Dwyka Tented Lodge. Die exklusiven Unterkünfte liegen weit voneinander entfernt.

40 km östlich von Montagu an der Route 62, Abfahrt ›Die Vlakte‹; Reservierung: T 041 509 30 00, www.sanbona.com, DZ mit allen Aktivitäten und Mahlzeiten ab 17 090 Rand, Dwyka Tented Lodge 2 Erw. 17 000 Rand

Barrydale ⌖F5

Barrydale ist der erste von vielen ruhigen und relaxten Orten an der R 62. Viele Aussteiger, darunter auch eine wachsende Gay-Community, haben sich hier in den letzten Jahren niedergelassen und geschmackvolle Restaurants sowie einige B-&-B-Unterkünfte eröffnet.

Ein paar Kilometer hinter Barrydale bleibt der Blick plötzlich an einem kleinen, weißen Häuschen kleben, das rechts der Straße steht. Was steht da? **Ronnie's Sex Shop?** Der Laden ist gut für eine Pause mit kühlen Getränken und Grillfleisch.

Sex in the Country?
Eigentlich wollte Ronnie einst farmfrische Produkte verkaufen. Und so fing er an, das alte Häuschen zu renovieren und den roten Schriftzug »Ronnie's Shop« aufzupinseln. Dann kamen seine Freunde ins Spiel. Nach durchzechter Nacht stand plötzlich das Wörtchen »Sex« hinter »Ronnie's«. Das machte Durchreisende neugierig, und sie leg-

ten einen Stopp ein, um herauszufinden, was es mit dem ›Sex‹ auf sich hatte. Eines der bekanntesten Pubs des Landes war geboren. Um dem ›interessanten‹ Namen nun wenigstens einigermaßen gerecht zu werden, schwatzte der graubärtige und graupferdeschwänzige Ronnie weiblichen Besuchern ab und zu etwas Unterwäsche ab, die noch dekorativ die Barwände ziert. Mittlerweile ist der Platz zu einer eher schmuddeligen und unfreundlichen Touristenattraktion verkommen, die nach wie vor von ihrer einstigen Einzigartigkeit profitiert.
T 028 572 11 53, www.ronniessexshop.co.za, tgl. 10–24 Uhr

Schlafen

Romantisch
Karoo Art Hotel: Historisches, renoviertes Stadthotel. Die Zimmer im ersten Stock mit Himmelbetten und Balkon sind die beste Wahl. Die Dekoration ist herrlich verspielt, und das Restaurant serviert gute Gerichte – wenn es draußen kühl ist, am offenen Kamin.
30 Van Riebeeck St., T 028 572 12 26, www. karooarthotel.co.za, DZ mit Frühstück ab 1450 Rand

Vintage-Traum
Karoo Moon Motel: Das passende kleine Motel zum Diesel & Crème Roadhouse. Ebenfalls mit herrlichen Trödelfundstücken eingerichtet.
2 Tennant St., T 028 572 10 08, www.diesel andcreme.co.za, DZ ab 800 Rand

Essen

African Diner
Diesel & Crème: Wer amerikanische Road Movies liebt, kommt an diesem coolen Karoo-Diner nicht vorbei. Definitiv einer der besten Stopps entlang der Route 62.

Und das liegt nicht nur an den Hamburgern, den gigantischen Milkshakes oder dem guten Kaffee. Diesel & Crème ist fantastisch dekoriert, mit Kirchenfenstern, alten Zapfsäulen, patinierten Emailleschildern und so viel Krimskrams, dass man gar nicht weiß, wohin man zuerst schauen soll. Die Bedienungen sind alle richtig freundlich. Besitzer Arthur und sein Sohn Dean sind immer auf der Suche nach neuem rostigem Gold. Nach dem Erfolg ihres Roadhouses in Barrydales Main Street wurde direkt nebenan in einem anderen Gebäude das Karoo Moon Motel eröffnet.
Main St., Barrydale, T 028 572 10 08, www. dieselandcreme.co.za, Facebook: Diesel & Crème, tgl. 8–17 Uhr, Hauptgericht um 60 Rand

Ladismith und Amalienstein ♀ G–H4

Ladismith kündigt sich schon von Weitem durch den mächtigen, gespaltenen Gipfel des Towerkop an. Einer Legende nach spaltete ihn eine Hexe, indem sie ihm vor Wut mit ihrem Besen eins überzog, weil sie nicht in der Lage war, den ihr offensichtlich im Weg stehenden Berg wegzuräumen.

Die über 100 Jahre alte, von deutschen Missionaren gegründete lutheranische Kirche in Amalienstein wurde von der Gemeinde in ihrer alten Ockerfarbe mit roten Akzenten restauriert. Kurios: Eine Orgel wurde aus Geldmangel nie eingebaut, aber stattdessen eine Bretterwand mit Orgelpfeifen bemalt.

Gegenüber von Amalienstein, auf der anderen Seite der Route 62, zweigt die Piste durch den spektakulären Seweweekspoort ab. Die Schluchtwände bestehen aus gefaltetem, rotem Sedimentgestein.

Calitzdorp ♀ H4

Calitzdorp ist Südafrikas Portwein-Haupt-›Stadt‹. Das Ende Mai stattfindende Port Wine Festival wird diesem Ruf gerecht.

Offroad-Freunde, die nicht nach Oudtshoorn wollen, können von Calitzdorp die Piste über **Kruisrivier** und **Matjiesrivier** wählen. Kurz vor der Auffahrt zum **Swartberg Pass** stößt diese wieder auf die R 328. Reisende mit Pkw erreichen Oudtshoorn auf der R 62.

Schlafen

Wunderbar abgelegen
The Retreat at Groenfontein: Eine abgelegene Farm mit viktorianischem, stilvoll renoviertem Herrenhaus birgt acht schöne Zimmer – eine der ruhigsten (kein Handyempfang!) und romantischsten Übernachtungsmöglichkeiten (samt Dinner, bei schönem Wetter im Freien) im Land. Die Wanderungen am Ende des Groenfontein-Tals sind herrlich einsam.
20 km (Piste) östlich von Calitzdorp, T 044 213 38 80, www.groenfontein.com, DZ mit Frühstück ab 1560 Rand

Feiern

● **Calitzdorp Port Wine Festival:** Anfang Mai. Tolles Fest in dem kleinen Karoo-Städtchen mit Probier- und Verkaufsständen, Tanz-, Theater-, Kabarettvorstellungen, Comedy, Klassik- und Rockkonzerten, Oldtimertreffen, Halbmarathon, Radrennen und Miss-Port-Wahl (die Gewinner erhalten ihre Preise in Port aufgewogen). Infos: www.portwinefestival.co.za.

P

ÜBER HISTORISCHE PASSSTRASSEN NACH OUDTSHOORN

Von George führen zwei Passstraßen über die Outeniqua-Berge nach Norden: die 1997 modernisierte, breit ausgebaute Straße über den **Outeniqua Pass** (♀ K5) und der abenteuerliche, ungeteerte Weg über den **Montagu Pass** (♀ K5). Die Piste über Letzteren wird, wie auch andere Bergübergänge in der Region, hauptsächlich während der heftigen winterlichen Niederschläge in Mitleidenschaft gezogen. Während der Pass sonst mit Pkw zu befahren ist, sind dann aufgrund der tiefen Auswaschungen Geländewagen notwendig. Am besten erkundigt man sich beim Tourismusbüro in George nach dem Pistenzustand.

Ausflug in prämotorische Zeiten
Der historische Bergübergang, nach vierjähriger Bauzeit 1847 eröffnet, ist in seiner gesamten Länge denkmalgeschützt und der älteste befahrbare Pass Südafrikas. Immer wieder bieten sich grandiose Blicke zurück in Richtung George und Meer. Die grüne Vegetation erinnert eher an Bergstrecken der Pyrenäen oder Alpen. Die stolzen Besitzer des ersten Autos in George, Dr. Owen Snow und Mr. Donald MacIntyre, waren auch die Ersten, die den Pass motorgetrieben überquerten – jedoch nicht ganz so, wie im Museum von George beschrieben: Am Regop Trek, der steilsten Stelle des Passes, blieb ihr französischer Daraq hängen. Am Sonntag darauf versuchten sie es erneut – mit einem PS mehr: Sie spannten ein Pferd vors Auto und schafften es so bis nach oben.

TOUR
Die Anstrengung lohnt sich

Auf dem Swartberg Hiking Trail

Dieser Wanderweg durchquert das zerklüftete Bergmassiv des **Swartberg Nature Reserve**, nördlich von Oudtshoorn. Wandern in den bis zu 2000 m hohen, abseits der Zivilisation gelegenen Bergen ist eher etwas für erfahrene Hiker. Die Sommer sind extrem heiß, die Winter sehr kalt, mit nicht seltenen Schneefällen. Der einzige Nachteil des Trails ist, dass die Übernachtungen nahe am Jeep Track liegen und dieser teilweise benutzt werden muss. Trotzdem ist der Swartberg Hiking Trail einer der spektakulärsten ausgeschilderten Wanderwege am Kap.

Dramatische Schluchten
Wenn man den Trail auf einer Karte lokalisiert, mag man zunächst verwirrt sein, da es verschiedene Ausgangspunkte gibt. Der beste Startpunkt ist beim **De Hoek Resort** in der Nähe der Cango Caves (s. S. 275), die diesen Bereich zum beliebtesten am Swartberg Hiking Trail machen. Allerdings sind, startet man hier, der erste und letzte Tag mit sehr steilen Wegstrecken verbunden. Doch der Bergfynbos, die unglaublichen Aussichten und die dramatischen Schluchten und Berggipfel entschädigen für die Anstrengungen.

Achtung: Verpflegung ist selbst mitzubringen, am besten auch Wasser!

Infos

📍 J 4

Start-/Endpunkt:
Parkplatz De Hoek

Länge: 58 km, steiler
und anstrengender
Rundwanderweg,
kürzere Routen (1–4
Tage) sind möglich,
da man von den
Übernachtungsplät-
zen immer wieder
zum Jeep Track hin
abkürzen kann

Dauer: 5 Tage

Kosten: Swartberg
Nature Reserve
40/20 Rand, zzgl.
180 Rand für den
Trail

Kontakt: Cape
Nature Conservation,
T 021 659 35 00,
www.capenature.
co.za

Am ersten Tag wandert man von **De Hoek** nach Bothashoek (8,5 km, 4 Std.). Am Parkplatz quert ein Steg
den Zaun. Nur hier am ersten Fluss gibt es im Sommer
sicher Wasser! Also mit vollen Wasserflaschen von hier
starten. Und lange Hosen tragen, da die kratzigen Büsche
sehr eng stehen.

Der gut ausgelaufene Pfad führt nach oben zu einem
Drehkreuz. Die meisten Wanderer nehmen die rechte
Abzweigung Richtung **Gouekrans,** um dort die erste
Nacht zu verbringen. Wer die gesamte, fünftägige Route
läuft, sollte allerdings nach links laufen, Richtung Bo-
thashoek, um sich das Beste für den Schluss aufzuheben.

Flechtenbewachsene Felsmassive
Zunächst folgt der Pfad dem Zaun zu einem Fluss. Der
Anstieg aus diesem ersten Tal ist steil. Dann ist ein
Plateau erreicht, wo das eigentliche **Swartberg-Wan-
derparadies** beginnt: mit Fynbos bewachsene Hänge,
grandiose Ausblicke und ein richtiges Wildnisgefühl.
Nach 3,9 km passiert man eine Gabelung, wo die kür-
zere Rundtour von De Hoek auf den Pfad trifft. In der
Distanz ist der Sattel auszumachen, über den es geht.
Rechts liegt eine aus dem Sandstein geformte Höhle.
Dahinter türmen sich wild verwitterte und gefaltete
Felsmassive, bewachsen mit orangefarbenen Flechten.

Und es geht immer weiter aufwärts. Oben am Pass
selbst ist es meist sehr windig. Von dort aus sieht
man im schmalen Tal unterhalb das Tagesziel, die
Bothashoek-Hütte. In weniger als einer Stunde ist sie
erreicht. Wie bei den anderen Swartberg-Hütten gibt es
Stockbetten, Matratzen, Regenwasser-Tanks und sogar
Spültoiletten und Duschen im neuen Sanitärblock. Die
Hütte hat drei Zimmer, wobei das nach vorne raus am
schönsten ist. Es gibt außerdem Küche und Wohnraum.

Felsenpool – leider trocken im Sommer
Am zweiten Tag geht es von Bothashoek nach **Ou Tol**
(12,8 km, 4 Std.). Da man sich hier quasi im Zentrum
einer Acht aus Wanderpfaden befindet, hat man die
Wahl. Der Mountain Trail nach Ou Tol ist die emp-
fehlenswerteste Variante. Westlich des Jeep Track führt
der Pfad hier zum **Daantjie se Gat,** einem natürlichen
Felsenpool, der im Hochsommer allerdings trocken ist.

Aufgrund der Höhe
von über 2000
Metern gehört die-
ser Wanderweg zu
den schwierigsten
im Land.

Hier führt der Weg nach links und aufwärts. Der Weg ist rau, und es geht auf und ab, aber unglaubliche Ausblicke entschädigen einmal mehr für die Anstrengung: Wenn man bereits das Gefühl hat, fast am Tagesziel zu sein, geht es vor dem Abstieg zur Ou-Tol-Hütte noch einmal richtig steil hoch.

Wasserfall als Dusche

Der dritte Tag führt von Ou Tol zurück nach **Bothashoek** (13,8 km, 4,5 Std.). Diese Etappe folgt dem Jeep Track, durch sandige und felsige Abschnitte, mit einigen steilen Anstiegen. Der **Bobbejaans River** bietet hier einen Wasserfall, wo man sich mit Glück (im Sommer selten) herrlich erfrischen und die Wasserflaschen füllen kann.

Die vierte Etappe verbindet Bothashoek mit Gouekrans (13,4 km, 4 Std.). Von der Ou-Tol-Hütte aus sieht man den Jeep Track, der östlich aus dem Tal zu einem Pass aufsteigt. Nach einer kurzen flachen Sektion durchquert man ein sattgrünes Tal. Die Proteen sind hier gigantisch und stehen dicht zusammen. Etwa 1 km vor der Übernachtungshütte durchquert der Pfad einen Fluss. Hier befindet sich das **Fanie se Gat**, ein schöner Felsenpool: ein idealer Erfrischungsstopp auf dem Weg nach oben zur Hütte. Das Wasser ist auch im Sommer eiskalt und der Pool tief genug, um ganzjährig gefüllt zu sein. Die Zimmer der Hütte nutzen die natürlichen Fels- als Innenwände.

Von Punk bis Gold

Am letzten Tag lohnt es sich, früh aufzustehen. Es geht von **Gouekrans** zurück nach De Hoek (12,6 km, 5,5 Std.), und der Anstieg aus dem Tal ist wieder einmal sehr steil. Die Morgenkühle hilft, aber die spektakulären Farben der Felsen im ersten Licht der Sonne – von Pink bis Gold – sind der Hauptgrund für den Frühstart. Es geht wieder mal auf, mal ab durch ausgedehnte Proteenfelder. Beim finalen Abstieg kann man unten bereits das De Hoek Resort erkennen. Und eine seltsame, riesige Wand, die sich quer durch den Hang zieht bis auf die andere Seite. Wahrscheinlich diente sie früher dazu, Tiere im unteren Teil des Berges zu halten. Der letzte Abschnitt hinunter zum **De Hoek Resort** ist noch einmal so richtig steil. Und von unten wirken die Berggipfel dann so einschüchternd hoch, dass man kaum glauben kann, diese alle in den letzten Tagen bezwungen zu haben.

Oudtshoorn ♀ J4

Die Halbwüste der Karoo besitzt ein ideales Klima für Strauße, die hier zu Tausenden gehalten werden. Das flugunfähige Geflügel hat die Region berühmt gemacht: Das Karoo-Städtchen **Oudtshoorn** gilt als die ›ostrich metropolis‹. Hier leben 97 % der weltweiten Straußenpopulation.

In den 1920er-Jahren verdienten die Straußenbarone noch ein Vermögen mit dem Verkauf der Federn. Federboas waren in Europa und Amerika bei Frauen ein unverzichtbares Accessoire. Mit dem Ende dieser Mode begann der Zusammenbruch der Industrie, und schließlich folgte die Umbesinnung. Federn sind heute nur noch für die extravaganten Kostüme der Teilnehmer des Karnevals von Rio oder im Rotlichtmilieu gefragt. Geld verdient wird nun vor allem mit dem hochwertigen Leder, aber auch dem Fleisch der Strauße, das kein Cholesterin enthält und dessen Geschmack an Rind erinnert.

Besuch von Straußenfarmen

Ein paar Kilometer außerhalb von Oudtshoorn zeigen zwei große Showfarmen, wie Strauße gehalten werden: die **Highgate Ostrich Show Farm** und die aufgrund ihres Straußenpalastes und der besseren Führung empfehlenswertere **Safari Ostrich Farm**. Besucher erfahren in ihrer Landessprache alles über das überdimensionale Federvieh. Auf die am Ende der Führung angebotenen Straußenritte sollte man allerdings verzichten, denn sie sind eine Quälerei für die Tiere. In Souvenirshops gibt es Produkte aus Straußenleder und -eiern zu kaufen.

Highgate Ostrich Show Farm, T 044 272 71 15, www.highgate.co.za, Führung 80 Min., 335 Rand, 6–12 Jahre 195 Rand

Safari Ostrich Farm, T 044 272 73 11 u. 73 12, www.safariostrich.co.za, tgl. 7.30–17 Uhr, Tour tgl. 8–16 Uhr jede Std., 140 Rand, bis 14 Jahre 70 Rand

Museen

Alles über Strauße

C. P. Nel Museum: In diesem Museum erfahren die Besucher allerlei interessante Fakten über die lokale Straußenindustrie und können sich umfassend über die Riesenvögel informieren.

Ecke Voortrekker Rd./Baron Van Rheede St., T 044 272 73 06, www.cpnelmuseum. co.za, Mo–Fr 8–17, Sa 9–13 Uhr, So, Fei n. V., 30/20 Rand

Schlafen

Viktorianisch

Rosenhof Country House: Das stilvoll renovierte viktorianische Anwesen mit seinen wertvollen *yellowwood*-Böden und Balken wurde 1852 erbaut; die antiken Möbel unterstreichen das historische Ambiente; wundervoll angelegter Rosengarten. Zwölf Zimmer, zwei Suiten, Kinder ab 12 Jahren willkommen, bekannt für die gute Küche, Wellnesscenter.

264 Baron van Rheede St., T 044 272 22 32, www.rosenhof.co.za, DZ mit Frühstück ab 2900 Rand

Heia Safari

Buffelsdrift Game Lodge: Unerwartet professionelles Safari-Erlebnis, so nahe an Oudtshoorn. Pirschfahrten im offenen Land Rover mit kundigem Ranger. Übernachtet wird in Luxuszelten. Im Sommer sind die direkt am Stausee gelegenen kühler, und man kann die Hippos besser sehen. Kinderfreundlich. Mit den drei an der Lodge lebenden Elefanten können Gäste spazieren gehen und sie bürsten.

Rechts der R 328 Richung Cango Caves,

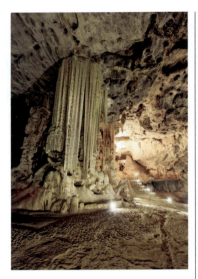

Die Cango Caves können mit den schönsten Tropfsteinhöhlen der Welt konkurrieren.

7 km außerhalb von Oudtshoorn, T 044 272 00 00, www.buffelsdrift.com, DZ mit Frühstück ab 3300 Rand

Caravaning und Chalets
Kleinplaas Holiday Resort: 30 Caravanstellplätze und 44 Chalets für Selbstversorger; Restaurant, Swimmingpool.
Baron van Rheede St., stadtauswärts Richtung Cango Caves gelegen, T 044 272 58 11, www.kleinplaas.co.za, Chalets (bis 6 Pers.) ab 550 Rand, Caravanstellplatz 400 Rand

Essen

Herzhaft südafrikanisch
Nostalgie: Herzhafte, südafrikanische Küche mit ordentlichen Portionen. Schmeckt wie bei Muttern und fühlt sich in dem gemütlichen, historischen Haus auch so an.
74 Baron van Reede St., T 044 272 40 85, Mo-Sa 7-0 Uhr, Hauptgericht um 80 Rand

Straußenpalast
Montague House: Im großen Garten des Federpalastes werden Pasta, Salate und Sandwiches serviert. Frühstück gibt es bis 14.30 Uhr. Das selbst gemachte, italienische Eis ist bereits den Besuch wert. Es gibt auch Zimmer zum Übernachten.
12 Baron van Reede St., T 044 272 32 08, www.guesthouseesterer.co.za, tgl. 7.30-19 Uhr, Hauptgericht um 80 Rand

Alte Mühle
De Oude Meul: Die 150 Jahre alte Mühle steht noch und ist im Innern des Restaurants zu besichtigen. Es hat fast etwas Makabres, wenn die zahmen Kudus und Elenantilopen an das Holzdeck kommen, wo sich Gäste über ebensolche Wildsteaks hermachen.
Schoemanshoek, an der R 328 Richtung Cango Caves, T 044 272 73 08, www.deoude meulrestaurant.co.za, Mo-Sa 11-16, 18-22, So ab 18 Uhr, Hauptgericht um 90 Rand

Bewegen

Tauchen mit Krokodilen
Cango Wildlife Ranch: Auf der Cango Wildlife Ranch können in Freigehegen Krokodile und Raubkatzen aus nächster Nähe betrachtet werden. Attraktion ist das Tauchen mit Krokodilen. ›Lebersmüde‹ ziehen eine Badehose an, bekommen eine Taucherbrille und steigen dann in einen Käfig, der in das Panzerechsen-Becken abgelassen wird. Die Hände sollten während des Tauchgangs innerhalb des Käfigs bleiben.
Auf der R 328 von Oudtshoorn Richtung Norden. Etwa 3 km außerhalb der Stadt liegt links der Straße die Ranch, T 044 272 55 93, www.cango.co.za, tgl. 8.30-16.30/17 Uhr, Führungen tgl. 8.30-ca. 16.30 Uhr (Start der letzten Führung), Dez./Jan., Juni/Juli, Sept./Okt. Beginn der letzten Führung 17 Uhr,

Dauer 45–60 Min., 170 Rand, 4–13 Jahre
125 Rand, Geparden streicheln (ab 14 Jahre,
Mindestgröße 1,55 m) 240/175 Rand, Kroko-
dil-Tauchen (ab 14 Jahre) 240/175 Rand

Infos

• **Oudtshoorn Tourism Bureau:** Baron
van Reede St., T 044 279 25 32, www.
oudtshoorn.com.

Cango Caves ♀ J4

Durch die pittoreske Schoemanspoort-
Schlucht geht es von Oudtshoorn 29 km
nach Norden zu den Cango Caves. Die
Tropfsteinhöhlen können es locker mit
anderen Naturwundern dieser Art in der
Welt aufnehmen. 3 km weit führen die
Wege in das Innere der Erde. Die längste
Halle ist 107 m lang, bis zu 54 m breit
und 17 m hoch. Sie ist nach dem Cango-
Caves-›Entdecker‹ Van Zyl's Hall benannt
– ›Buschmänner‹ nutzten die Höhle allerdings natürlich schon viele Hundert Jahre
vorher. Einige Tunnels und Passagen wie
z. B. der Lumbago-Tunnel sind so eng,
dass sich Besucher auf allen vieren krie-
chend hindurchzwängen müssen. Es gibt
allerdings auch ›harmlose‹, einstündige
geführte Standardtouren (Heritage Tour)
ohne Krabbeleinlagen.

Nach einem kurzen Spaziergang
vom Cango-Caves-Parkplatz über einen
schön angelegten Pfad trifft man auf den
schönen, ausgeschilderten Wasserfall
Rust en Vrede mit See, in herrlicher
grüner Umgebung. Im Sommer lädt
der See zu einem erfrischenden Bad ein.
Cango Caves, T 044 272 74 10, www.
cango-caves.co.za, tgl. Führungen: Heritage
Tour stdl. 9–16 Uhr, 60 Min., 120/75 Rand,
Adventure Tour stdl. 9.30–15.30 Uhr, 90 Min.,
180/110 Rand, Vorausbuchung erforderlich

Swartberg Pass

♀ J4

Weiter Richtung Norden liegt das Meisterwerk des Straßenkünstlers Thomas Bain
vor den Rädern: der 17. und gleichzeitig
letzte von ihm geschaffene Bergübergang.
Der am 10. Januar 1888 eröffnete Swartberg Pass schlängelt sich als staubige Piste,
die allerdings bei trockenem Wetter recht
gut auch mit einem normalen Pkw zu
schaffen ist, auf immerhin 1585 m hinauf.
Wie der Montagu ist auch der Swartberg
Pass ein National Monument. Mithilfe von
200 bis 240 Sträflingen brauchte Bain vier
Jahre für das gewaltige Projekt.

Damals …

Das erste Auto, ein amerikanischer
Panhard von 1902, überquerte den
Swartberg Pass im Jahr 1904. Er gehörte
einem gewissen Dr. G. Russel, der in
Oudtshoorn lebte und lange Zeit der
einzige Wagenbesitzer im Ort war. Im
C. P. Nel Museum in Oudtshoorn hängt
ein Bild von ihm, das ihn beim beherz-
ten Queren einer Furt zeigt.

Andere Autopioniere waren weniger
mutig. Viele Flachländer, so vermerkt die
Chronik süffisant, ließen an den steilen
Anstiegen ihre Autos stehen. Von einem
frühen Dodge-Lenker heißt es, dass er
sich zwar getraut hatte, hochzufahren,
ihm aber auf der Höhe von Droewater-
val das Benzin ausging. Glücklicherweise
hatte er eine Flasche des höllisch starken, in der Umgebung von Oudtshoorn
destillierten Witblits-Schnapses dabei.
Er schüttete den Inhalt in seinen Tank,
startete den Dodge und fuhr weiter bis
zum Zollhaus. Augenzeugen berichteten
damals, dass sich bei der Ankunft des Autos alle Einheimischen um den Auspuff
drängten, um den herrlichen Schnapsduft
einzuatmen.

Lieblingsort

Die Hölle ist ein himmlischer Platz

Vom legendären Swartberg Pass aus geht es direkt in die Hölle. Das bedeutet die Afrikaans-Bezeichnung ›**Die Hel**‹ auf Deutsch. Der abenteuerliche Weg nach unten, ins im Sommer ›höllisch heiße‹ Tal, ist beschwerlich und nur im Geländewagen zu empfehlen. Vor allem die letzten vier der insgesamt 37 km langen Strecke, für die gute zwei Stunden zu veranschlagen sind, haben es in sich. Die steilen Kehren, die dort ohne Randbefestigung ins 1000 m tiefer liegende Tal hinunterstürzen, erfordern Mut und Geschick. Lohn der Angst sind ein kaltes Bier bei Oude Klowers Plaaskombuis und die wunderbar von Cape Nature Conservation (www.capenature.co.za) restaurierten, weiß verputzten Häuschen der ehemaligen Talbewohner, in denen Sie übernachten können.

… und heute

Selbst heute ist die Überquerung des Passes noch immer ein kleines Abenteuer. Eng schmiegt sich die Trasse an die Verwerfungen und Falten in den Sedimentgesteinen. Wintersperren durch Schneefälle sind hier eher die Regel als die Ausnahme. Auch im Sommer kann es durch Regenfälle und Erdrutsche zu Blockaden kommen. Immer wieder finden sich auch Mountainbiker zu atemberaubenden Downhillrennen ein. Ihre Vorgänger banden sich Anfang des 20. Jh. noch große Äste an ihre Räder, um die Abfahrt zu verlangsamen.

Die Aussicht von der windigen Passhöhe ist grandios. Richtung Norden breitet sich die Große Karoo aus, nach Süden kann man über die Kleine Karoo hinweg bis an die Outeniqua-Bergen schauen. Mit den vielen kleinen Feldern sieht das Cango Valley von oben aus wie ein bunter Flickenteppich.

Abstecher nach Die Hel

📍 H4

Kurz hinter der Passhöhe zweigt eine Piste nach links Richtung Die Hel/Gamkaskloof ab, die nur mit einem Geländewagen unter das grobstollige Profil genommen werden sollte. Der Ausflug in die Hölle – den Beinamen bekam das Tal aufgrund der teuflischen Sommerhitze – bedeutet allerdings weitere 37 km Staubpiste (und den gleichen Weg wieder zurück). Belohnt werden die Strapazen durch ein wunderschönes, fruchtbares Tal am Ende des Weges, der auf den letzten 4 km in sehr steilen Kehren abwärts führt.

Die ersten Einwohner des Tales waren ›Buschmänner‹. Weiße Siedler kamen 1830 hierher, das erste feste Haus entstand etwa sieben Jahre später. 1841 gab es mit Onderplaas die erste Farmgründung. Der letzte Farmer verließ

1991 das Tal. Bis 1963 die Straße zum Swartberg Pass gebaut wurde, war Gamkaskloof abgeschlossen von der Außenwelt. Zucker, Salz und Petroleum mussten mit Packeseln von Prince Albert über die Berge gebracht werden. 1992 erklärte Cape Nature Conservation ein Gebiet von 1500 ha im Tal zum Kulturreservat, um die alten Häuser von Gamkaskloof zu erhalten und in ein Freilichtmuseum umzuwandeln.

Schlafen

In Gamkaskloof/Die Hel (im Gamkaberg Nature Reserve) gibt es zehn Campingplätze ab 150 Rand/Person, Duschen mit kaltem Wasser und Toiletten. Auch in acht der restaurierten Häuschen kann übernachtet werden. 1–4 Pers. werktags ab 650 Rand, Camping ab 140 Rand. Die Buchung erfolgt über das Cape Nature Reservation Office.

T 021 659 35 00, www.capenature.co.za/reserves/gamkaberg-nature-reserve

Den Swartberg Pass hinunter

Mit jeder Kehre, die es den Swartberg Pass hinabgeht, ändert sich der Blickwinkel. Immer wieder muss man anhalten, um die fantastischen Felsformationen bewundern zu können. Der Eerstewater River wird heute durch eine betonierte Furt gequert. Hier lag zur Bauzeit das Basiscamp von Thomas Bain. In den folgenden Jahren wurde dieser Platz unter dem Namen Dansbaan (Tanzfläche) bekannt, da viele junge Leute hierherkamen, um unter einem klaren Sternenhimmel Walzer zu tanzen. Heute befindet sich hier ein romantischer Picknickplatz.

Hendry of the Karoo – von der Küchenhilfe zum Chefkoch

Prince Albert ♀J3

Über den Swartberg Pass steuert man auf Prince Albert zu, das aber auch auf befestigten Straßen zu erreichen ist, die ebenfalls durch eine beeindruckende Landschaft führen: Von Oudtshoorn geht es auf der N 12 in das kleine Städtchen De Rust und von dort nach Klaarstrom. Auf dem Weg nach Norden durchquert die Straße die 10,5 km lange Meiringspoort-Schlucht, die der Groot River durch das Herz der Swartberge geschnitten hat. Rote und orangefarbene Sandsteinschichten sind wild verformt und gefaltet. Über die R 407 geht es weiter nach Prince Albert.

Schöne weiße Häuschen prägen das idyllische Karoo-Städtchen. Obstbäume, Gemüse und Blumen wachsen hier, am Rande der Swartberge, besonders gut. Daher stammte auch der Name: Kweekvallei – Tal, in dem alles gedeiht.

Schlafen

Luxus im ehemaligen Pfarrhaus
De Bergkant Lodge: Geschmackvoll restauriertes Pfarrhaus, schöner Garten mit zwei großen Pools, fünf großzügige Zimmer im historischen Haus mit geräumigen Bädern, vier Zimmer im Cottage-Stil mit Bambusdecken in einem Anbau und die Protea Suite. Das Schweizer Pärchen Renate und Michi führt die beste Übernachtungsadresse in PA mit Passion und Liebe zum Detail. Der Hammer: Die frische Frühstücke im Freien mit lokalen Zutaten wie Käse, Schinken, Früchte und Joghurt.
3 & 5 Church St., T 023 541 10 88, www.debergkant.com, DZ mit Frühstück ab 1750 Rand

Farmleben
Dennehof: Auf einer der ältesten Farmen Prince Alberts gibt es hier sieben schöne Zimmer, alle gemütlich und liebevoll mit Trödel eingerichtet.
20 Christina de Witt St., T 023 541 12 27, www.dennehof.co.za, DZ mit Frühstück ab 1440 Rand

Karoo-Stil
Akkedis Cottage: Das wunderbare, weiß verputzte typische Karoo-Gebäude mit olivfarbenen Fensterläden steht fotogen vor einem Aloegarten und einigen verrosteten Windrädern. Die beiden Zimmer mit Bad wirken wie einem Architekturmagazin entsprungen.
15 Deurdrift St., T 023 541 13 81, www.africanrelish.com/akkedis, DZ mit Frühstück ab 1000 Rand

Klassiker
Swartberg Hotel: Die viktorianische Hotelikone steht seit 1864 in PA und gilt als das Herz der Stadt. Das Swartberg

Arms im Haus ist ein gutes Steaklokal.
77 Church St., T 023 541 13 32, www.swartbe
rghotel.co.za, DZ mit Frühstück ab 1336 Rand

Essen

Ländliche Gourmet-Kost
Hendry of the Karoo: Hobby-Koch Bokkie Botha startete einst das Restaurant, in dem nun u. a. die ehemalige Küchenhilfe Hendry aufkocht. Michi von der Bergkant Lodge weiß, wo Hendry gerade Menüs zaubert.
1 Mark St., T 023 541 18 21, 3-Gänge-Menü um 280 Rand, Dinner an zwei Abenden in der Woche, je nach Reservierungen

Noch ein Leckerbissen
Gallery Café: Prima Essen, serviert in den großzügigen Räumen eines historischen Hauses im ersten Stock, über einer Kunstgalerie. Nicht-Koch Brent realisierte seinen Traum vom eigenen Restaurant vor Jahren mit geringem Startkapital.
Seven Arches, 57 Church St., T 023 541 11 97, www.princealbertgallery.co.za/gallery-cafe, tgl. ab 18.30 Uhr, Hauptgericht um 110 Rand

Tapas frisch auf den Tisch
The Real Food Company: Besitzer Jeremy Freemantle ist passionierter Koch und immer selbst im Laden. Die asiatisch angehauchte Speisekarte variiert, je nachdem, was gerade frisch eingetroffen ist.
54 Church St., T 082 319 70 31, Facebook: The Real Food Company, Fr ab 17, Sa ab 11.30, So ab 9.30 Uhr, Gerichte um 90 Rand

Schöner wohnen & essen
Simply Saffron: Nur zwei Mal die Wochen öffnen die Hobbyköche Herman und Ridwaan ihr Haus für Dinnergäste. Geschmackvolles und gesundes Essen mit den frischesten Zutaten aus der Umgebung. Unbedingt vorbuchen.
10 Church St., T 082 873 99 85, Facebook: Simply Saffron Prince Albert, Fr/Sa 18–22 Uhr

Einkaufen

Souvenir-Highlights
Avoova: Die Kunstwerke und Gebrauchsgegenstände, die Avoova wunderbar und einzigartig mit Straußeneierschalen-Mosaiken verziert, gehören neben den Kreationen von Carrol Boyes definitiv zu den besten Mitbringseln aus Südafrika. Und alles hat in Prince Albert begonnen, wo sich auch heute noch die Produktionsstätte befindet. Der fünfte, unbedingt besuchenswerte Laden der innovativen Firma. Weitere Avoova Shops in Kapstadts Bree Street und der Waterfront (s. Website).
16 Magrieta Prinsloo St., Skaapies Einde, T 023 541 14 39, http://avoova.com/avoova-opens-in-prince-albert, Di–Fr 9–17, Mo & Sa 9–13 Uhr

Mohairklamotten
Prince of Africa: Authentische Mohairklamotten, sozusagen direkt vom Schaf. Ideales Mitbringsel für kalte mitteleuropäische Winter. Von Wandersocken über Decken bis zu handgestrickten Pullovern.
73 Church St., T 023 541 10 16, tgl. 9–17 Uhr

Gut gemolken
Gay's Dairy: Wenn Einheimische mit der Kanne frische, nicht pasteurisierte Milch bei Gay einkaufen, kommen fast nostalgische Gefühle auf. Seine traditionelle Molkerei produziert auch fantastische Joghurts und leckere Käsesorten.
6 Church St., T 023 541 12 74, www.gays guernseydairy.com, Mo–Fr 7–9, 10–12, 16–17.30, Sa/So 7–10, 16–17.30 Uhr

Ausgezeichnet
Prince Albert Olives: Fantastisches, lokal produziertes Olivenöl. Probe möglich. Prince Albert zelebriert sein Lieblingsanbauprodukt alljährlich mit einem Olivenfestival.
20 Hope St., T 023 541 16 87, www.prince albertolives.co.za, Mo–Fr 7–13 Uhr

Infos

● **Prince Albert Tourism Bureau:** Church St., T 023 541 13 66, www.princealbert. org.za.

Matjiesfontein ⚲F3

Im verschlafenen Matjiesfontein wähnt man sich plötzlich in England. Kein Wunder, verdankt die viktorianische Wüstenoase ihre Entstehung doch dem weitgereisten Schotten Jimmy Logan. Eigentlich wollte der 17-Jährige 1887 mit dem Segelschiff Rockhampton nach Australien fahren. Nach einem heftigen Kap-Sturm rettete sich das Schiff in den Hafen von Simon's Town, wo es stark beschädigt liegen blieb. Mit fünf Pfund in der Tasche marschierte Jimmy nach Kapstadt, wo er im Bahnhof als Gepäckträger arbeitete und sein kometenhafter gesellschaftlicher Aufstieg begann.

Im Lord Milner spukt es

Mit 20 Jahren hatte er es zum Vorsteher des neuen Kapstädter Bahnhofs gebracht. Ein Jahr später war er bereits verheiratet und verantwortlich für den Bahnstreckenabschnitt zwischen Hex River und Prince Albert Road. Er war in Touws River stationiert, 55 km westlich von Matjiesfontein. Beide Siedlungen lagen an der Straße und Bahnlinie nach Norden. Angelockt durch die Diamantenfelder in Kimberley und später durch den Goldrausch am Reef bei Johannesburg, strömten Hunderte von Menschen auf Ochsenwagen, Kutschen und per Zug durch die winzigen Orte. Verpflegung und Übernachten waren die Hauptbedürfnisse der Durchreisenden.

Noch während Logan bei der Eisenbahn beschäftigt war, bekam er eine Schanklizenz für Touws River. Zwölf Monate später kündigte er seinen Job bei der Bahn. 1883 zog er nach Matjiesfontein, da eine Lungenerkrankung, die er sich zugezogen hatte, im Karoo-Klima abzuheilen versprach. 1884 kam er in den Besitz einer Konzession für Matjiesfontein – und der Grundstein für seinen Reichtum war gelegt. Bis zum Ausbruch des Burenkriegs entwickelte er Matjiesfontein zu einem Gesundheits- und Ferienzentrum, in dem sich Reiche und Mächtige ein Stelldichein gaben. Überall war Jimmy als der ›Laird (Gutsherr) of Matjiesfontein‹ bekannt.

Als er 1920 starb, war die Blütezeit des Ortes bereits vorbei. Nach dem Zweiten Weltkrieg, als die N 1 gebaut wurde, begann Matjiesfontein zu verfallen. Ende der 1960er-Jahre kaufte David Rawdon den kompletten Ort, 1970 eröffnete er bereits das Milner Hotel unter seinem neuen Namen **The Lord Milner.** Seither hat sich allerdings leider nicht mehr viel getan.

Kürzeste City-Tour der Welt

Vor dem Bahnhof, in dem sich das sehr interessante viktorianische **Marie Rawdon Museum** (Mo–Sa 9–17 Uhr, 10 Rand) befindet, das größte Museum Südafrikas in Privatbesitz, erwartet Besucher eine besondere Attraktion: die wohl kürzeste Stadtrundfahrt der Welt (s. Zugabe S. 235).

Schlafen

Brexit – out of England

Lord Milner Hotel: Viktorianisches Hotel, eine englische Oase, mitten in der kargen Karoo-Wüste. Direkt neben dem Hotel befindet sich das typisch englische, original erhaltene Lairds Arms Victorian Country Pub, wo Königin Victoria in all ihrer Hässlichkeit über dem Tresen hängt. Englischer Wüstenhumor vom Feinsten. T 023 561 30 11, www.matjiesfontein.com, DZ mit Frühstück ab 1005 Rand

Zugabe
Angenehmer Bustourismus

Die kürzeste Stadtrundfahrt der Welt

Die kürzeste Stadtrundfahrt der Welt findet in einem ehemaligen Londoner Doppeldeckerbus in Matjiesfontein statt. Sie dauert zehn Minuten. ∎

Das Kleingedruckte

Eine der spektakulärsten Möglichkeiten, die Mother City zu erleben: von oben, als Passagier in einem Tandem-Paraglider vor dem Piloten sitzend

Anreise

... mit dem Flugzeug

Diverse Fluggesellschaften fliegen mehrmals pro Woche nach Südafrika und zum modernen Cape Town International Airport (www.airports.co.za, T 021 937 12 00). Die **Lufthansa** (www.lufthansa.com) fliegt nur noch im Südsommer, d. h. im deutschen Winterflugplan direkt nach Kapstadt. Ansonsten geht alles über das Star-Alliance-Drehkreuz Johannesburg, wobei der Weiterflug dann immer mit dem Kooperationspartner **South African Airways** (SAA; www.flysaa.com) erfolgt und nicht nur einfach mit einem ›Zwischenstopp‹, sondern mit Umsteigen und Zollabfertigung bei der Ankunft in Johannesburg. Das Gepäck muss neu eingecheckt werden, die Gesamtreisezeit beträgt dann über 15 Std. Beim Nonstop-Flug sind es etwa 11,5 Std. SAA fliegt mehrmals wöchentlich ab Frankfurt, Hamburg und München mit Zwischenstopp in Johannesburg nach Kapstadt. Die Flugpreise liegen in der Economy Class bei ca. 900–1100 €. Günstig fliegt die staatlich subventionierte **Air France** (www.airfrance.de) nach Kapstadt, allerdings via Paris. **Condor** und **Emirates** fliegen ebenfalls nach Kapstadt, Condor direkt oder über Windhoek und Emirates über Dubai.

Vom Flughafen in die City

Der Cape Town International Airport liegt 22 km östlich der City. Die direkte Verbindungsroute ist die N 2, auf der die Fahrt normalerweise rund 15–20 Min. dauert. Zu Stoßzeiten (werktags 7–9, 16.30–18 Uhr) kann sich die Fahrzeit bis auf 50 Min. erhöhen. Shuttlebusse nach Kapstadt fahren regelmäßig zwischen Airport und City hin und her (um 300 Rand/Pers.).
Infos: **MyCiti Airport Shuttle,** www.myciti.org.za, alle 20 Min. ab der Haltestelle direkt vor dem Flughafen (4.20–22 Uhr),

STECKBRIEF

Lage: Kapstadt und die Kapprovinz liegen im südwestlichsten Teil Südafrikas. Die geografische Lage wird zwischen 32° und 35° südlicher Breite und 17° und 23° östlicher Länge angegeben.
Größe: Mit 129 462 km² Fläche ist die Western Cape Province (WP) die viertgrößte der neun Provinzen des Landes.
Einwohner: Western Cape Province 6 621 000, ganz Südafrika 57,4 Mio. (alle Zahlen 2018 geschätzt)
Hauptstadt: Kapstadt (Cape Town), etwa 3 180 000 Einwohner (2018)
Sprachen: Afrikaans (Muttersprache von etwa 50 % der Bevölkerung), Xhosa (25 %) und Englisch (20 %)
Staat und Politik: Südafrika hat seit 1997 eine der liberalsten Verfassungen der Welt. Seit den ersten demokratischen Wahlen 1994 wird es von einer ANC-Regierung geführt.
Religion: Christen (80 %), Muslime (9 %), Juden (0,5 %), Angehörige sonstiger Religionsgemeinschaften (2,3 %) und Konfessionslose (8 %)
Landesvorwahl: 00 (oder +) 27
Währung: Südafrikanischer Rand (ZAR)
Zeitzone: MEZ +1 Std.; MESZ = keine Zeitverschiebung

je nach Uhrzeit und Fahrstrecke 80–100 Rand.

Alternative Shuttle-Busse: www.airportshuttle.co.za, www.way2gotransfers.co.za, www.capetownshuttles.co.za, www.inflightshuttles.co.za.

Bewegen und Entschleunigen

Urlaubern bietet sich in der Kapprovinz eine unglaubliche Fülle sportlicher Betätigungen – die Spanne reicht von beschaulich bis adrenalinfördernd. Neben Abseiling am Tafelberg, Kloofing im Kamikaze Canyon, Tandem-Fallschirmspringen oder Mountainbike-Trips stehen Tauchkurse und geführte Tauchgänge zu Schiffswracks oder auch Haikäfigtauchen zur Auswahl.

Abseiling

So aufregend, dass die Südafrikaner gleich das deutsche Wort übernommen haben. Abgeseilt werden kann jeder, auch ohne Vorkenntnisse – und zwar täglich (abhängig von den Wetterverhältnissen), z. B. vom 1063 m hohen Tafelberg.

Brücken- und Bungee-Jumping

Ob kopfüber in die Tiefe mit einem Bungeeseil an den Füßen oder schwingend von Brücke zu Brücke – gesichert durch einen Gurt um die Hüfte – in Südafrika ist beides in beeindruckender Naturkulisse ein Erlebnis der Extraklasse: beim welthöchsten Bungee-Jump von der Bloukrans Bridge, der 216 m hohen Bogenbrücke.

Fahrradfahren

Mit dem Rennrad oder Mountainbike bieten sich zahlreiche Routen an. Da Mountainbiking in Südafrika boomt, werden in Nature Reserves und Parks immer mehr Wege angelegt. Mit der Argus-Tour ans Kap startet hier im März das größte Radrennen der Welt; unter www.pedalpower.

org.za gibt es Mountainbike-Renninfos. Atemberaubende Mountainbike-Touren, u. a. den Tafelberg hinunter, veranstaltet Downhill Adventures, www.downhilladventures.com. Gemächlicher geht es mit dem Bike durchs Cape of Good Hope Nature Reserve, per gebuchtem Tagesausflug oder mit separat geliehenem Fahrrad, z. B. www.capetowncyclehire.co.za, www.rentabicycle.co.za.

Fallschirmspringen

Fallschirmspringen ist am Kap selbst ohne Vorkenntnisse möglich. Im Weinort Robertson, 147 km östlich von Kapstadt, folgt nach 8–9 Stunden Crashkurs am Boden bereits der erste Sprung aus dem Flieger. Keine Angst, nach 2–3 Sekunden freiem Fall ›fängt‹ Sie die Sicherheitslinie, mit der Sie am Flugzeug hängen, auf. Schneller geht's per Tandemsprung: Nach einer kurzen Einführung heben Sie bereits ab. Infos: Skydive Robertson, www.skydive.co.za.

Gleitschirm- und Drachenfliegen

In und um Kapstadt gibt es atemberaubende Plätze für Anfänger und Fortgeschrittene. Paragliding hat den Vorteil, dass der eigene Schirm im Flieger als Sondergepäck ›mitreisen‹ darf. Beliebteste Flugplätze in Kapstadt sind der Tafelberg (extrem schwierig), Signal Hill (schwierig) und Lion's Head (für Fortgeschrittene). Anfänger üben in den Dünen bei Wilderness an der Garden Route. Mit etwas Erfahrung ist Hermanus die beste Wa(h)l für Paraglider, die in der Saison oft die Wale von oben im Meer beobachten können. Vorsicht ist allerdings bei der Landung geboten, da das Terrain sehr nahe an einem Golfplatz liegt. In Kapstadt gibt es mehrere gute Veranstalter.

Golf

Kapstadt und die Kapprovinz bieten eine Fülle an ausgezeichneten Golfplätzen. Das Städtchen George hat eine lange

Tolle Wege: Wandern am Kap

Golftradition: Seit 1886 wird hier eingelocht. Auch bei Hermanus gibt es ein Golf Estate. Auf www.kapstadt.de/lifestyle/golf haben Sie Zugriff auf die Online-Ausgabe des Magazins »Golf am Kap« mit Infos zu den schönsten Golfplätzen im Bereich Kapstadt und Wineland.

Kloofing
Kloof ist das südafrikanische Wort für Canyon – und diese Canyons werden kletternd, schwimmend, springend und wandernd durchquert, je nachdem wie es die jeweilige Schlucht gerade erfordert. Xtreme Adventures organisiert Kloofing-Trips durch die Suicide Gorge bei Kapstadt. Einen Überblick gibt www.sa-venues.com/activities/kloofing.htm.

Sandboarding
Die Leidenschaft fürs Sandboarden wird im beeindruckenden Sanddünengebiet an der Westküste in der Nähe von Atlantis ausgelebt. Mit modifizierten Snowboards saust man dabei steile Dünen hinunter. Aber immer dran denken: Sand sieht zwar weich aus, ist aber deutlich härter als Schnee, also Jeans und langärmeliges Hemd tragen!

Surfen
Die Kap-Halbinsel bietet fantastische Surfmöglichkeiten. Die Hotspots sind Muizenberg Beach, Olifantsbos am Kap, Scarborough, Misty Cliffs, Noordhoek, Dungeons bei Hout Bay und Llandudno. Äußerst beliebt wegen seiner idealen Bedingungen – Sandstrand, Sandboden, warmes Wasser wie in der heimischen Badewanne und perfekter Wind – ist der Muizenberg Beach, wo vor allem Anfänger gut aufgehoben sind.

Der Besitzer der dort ansässigen Gary's Surf School (www.garysurf.co.za) ist eine lokale Legende. Downhill Adventures hat die älteste Surfschule in der Stadt (Blouberg, Big Bay, Long Beach und Cool Bay): www.downhilladventures.com.

Wandern
Auch Wanderer finden in der Kapprovinz paradiesische Möglichkeiten vor. Informationen: Mountain Club of South Africa, www.mcsacapetown.co.za.

Abenteuerlustig?
Anbieter von Adrenalin-Sportarten:
www.downhilladventures.com
www.abseilafrica.co.za
www.daytrippers.co.za

Sportliche Events
Die Fahrradmesse Life Cycle Week findet Mitte März in der Victoria & Alfred Waterfront statt; eine Woche vor der 105 km langen Cape Town Cycle Tour, die mit über 35 000 Teilnehmern das größte Radrennen der Welt ist.

Beim Two Oceans Marathon laufen die Teilnehmer jedes Jahr an Ostern ganze 56 km rund um die Kap-Halbinsel.

240 Das Kleingedruckte

Diplomatische Vertretungen

Nur Deutschland und die Schweiz unterhalten in Kapstadt Generalkonsulate. Österreicher wenden sich an die Österreichische Botschaft in Pretoria (454 A Fehrsen St., Eingang William St., Brooklyn, T 012 452 91 55, www.bmeia.gv.at/pretoria).

Deutsches Generalkonsulat
14 Stirling St. (Eingang am oberen Ende der Stirling Street)
Zoonebloem 7925
T 021 405 30 00,
www.kapstadt.diplo.de

Schweizer Generalkonsulat
1 Thibault Sq. (26. Stock)
Ecke Long/Strijdom St.
T 021 400 75 00
(Jan.–März T 021 418 36 69)
www.eda.admin.ch/capetown

Einreisebestimmungen

EU-Bürger und Schweizer benötigen für einen Aufenthalt von bis zu 90 Tagen kein Visum, der Reisepass muss bei Einreise aber noch mindestens 30 Tage über das Ausreisedatum hinaus gültig sein und wenigstens zwei freie Seiten aufweisen. Kinder brauchen eigene Reisepässe. Kinder in Begleitung ihrer Eltern benötigen eine beglaubigte Geburtsurkunde in englischer Sprache. Reisen die Kinder mit nur einem Elternteil, benötigt man eine Einwilligung des nicht mitreisenden Elternteils, ebenfalls auf Englisch und beglaubigt. Ab und zu wird bei der Einreise die Vorlage eines Rückflugtickets oder der Nachweis ausreichender Geldmittel verlangt. Arbeitsvisa sind schwer zu bekommen. Sie müssen bei den diplomatischen Vertretungen Südafrikas in den Heimatländern der Arbeitswilligen gestellt werden (www. suedafrika.org). In Südafrika selbst kann ein Touristen- nicht in ein Arbeitsvisum umgewandelt werden.

Zollvorschriften: Eingeführt werden dürfen 5000 Rand in bar, ausländische Devisen und Reiseschecks unbegrenzt. Gegenstände des persönlichen Gebrauchs sind zollfrei. Erwachsene dürfen ferner zollfrei einführen: Geschenke bis zu einem Wert von 200 Rand, 1 l Spirituosen, 2 l Wein, 400 Zigaretten, 50 Zigarren, 250 ml Eau de Toilette und 50 ml Parfüm.

Elektrizität

Wie in Mitteleuropa beträgt die Stromspannung 220/230 V. Aber man braucht für die dreipoligen südafrikanischen Steckdosen einen Adapter, der in lokalen Elektrogeschäften verkauft wird. Viele Hotels verleihen sie kostenlos.

Feiertage

1. Januar: Neujahr (New Year's Day)
21. März: Tag der Menschenrechte (Human Rights Day); erinnert an das Sharpeville-Massaker von 1960, bei dem 69 Schwarze von der Polizei erschossen wurden.
Karfreitag: Good Friday
Ostermontag: Family Day
27. April: Freedom Day; erinnert an Südafrikas erste demokratische Wahlen von 1994.
1. Mai: Tag der Arbeit (Worker's Day)
16. Juni: Youth Day; gedenkt der Schüler, die 1976 beim Soweto-Protest gegen die Einführung von Afrikaans als Unterrichtssprache von der Polizei erschossen wurden.
9. August: Nationaler Frauentag (National Women's Day)
24. September: Heritage Day; Geburtstag des Zulu-Kriegers Shaka
16. Dezember: Tag der Versöhnung (Day of Reconciliation; früher Day of the

Vow – Tag des Gelöbnisses); zur Erinnerung an die Schlacht am Blood River, wo 1838 ein kleines Burenkommando Tausende von Zulukriegern besiegte, was den Tag zum höchsten Feiertag der Buren machte.
25. Dezember: Weihnachten
26. Dezember: Tag des Guten Willens (Day of Goodwill)
Fällt ein Feiertag auf einen Sonntag, ist der darauf folgende Montag frei.

Geld

Die Währung Südafrikas ist der Rand (ZAR). Die verschiedenfarbigen Geldscheine (R 10, R 20, R 50, R 100, R 200) tragen das Porträt von Nelson Mandela auf der Vorderseite (daher auch scherzhaft Randelas genannt) und einen der Big Five – Löwe, Leopard, Nashorn, Elefant und Büffel – auf der Rückseite. Reiseschecks, die bei Banken gegen Vorlage des Reisepasses in Rand getauscht werden können, bilden eine Alternative zu Kredit-/Bankkarten, sind allerdings teurer.

Mit Kreditkarte und PIN-Nummer kann ebenso wie mit Bankkarten, die dem Maestro-System angeschlossen sind, an internationalen Geldautomaten (ATM = Automatic Teller Machine), die in allen größeren Städten vorhanden sind, Geld abgehoben werden. Tankstellen akzeptieren nicht immer Kreditkarten.

Wechselkurse Januar 2019:
1 €/1 CHF = 16/14 ZAR, 1 ZAR = 0,06 €/0,07 CHF.
Aktuelle Wechselkurse auf www.oanda.com.

Gesundheit

In der Kapprovinz macht sich das Ozonloch unangenehm bemerkbar – wer mit weißer Haut dem mitteleuropäischen Winter entflieht, sollte eine Sonnencreme mit hohem Lichtschutzfaktor (mindestens 25) dabeihaben.

Die Anzahl der Aidsinfizierten nimmt in Südafrika trotz vieler Aufklärungsprogramme noch immer zu.

Wasser aus der Leitung kann überall in und um Kapstadt problemlos getrunken werden.

Apotheken, in Südafrika *chemists* bzw. *apteek* genannt, sind gleichzeitig Drogerien und verfügen meist über einen Notdienst. Für die Dauer einer Reise nach Südafrika sollte eine Reisekrankenversicherung abgeschlossen werden, da die Behandlungen in Südafrika nicht von allen gesetzlichen und privaten Krankenversicherungen bezahlt werden.

Die medizinische Versorgung in Südafrika, speziell in der Western Cape Province, ist ausgezeichnet. Die Ärzte sind hoch qualifiziert, private Krankenhäuser stehen in ihren Leistungen solchen in Mitteleuropa in nichts nach. Behandlungen sind preiswerter als in Europa.

Gerade als Surfer am Kap sollten Sie Ausschau halten nach den Flaggen, die im Ernstfall vor Haien warnen.

Informationsquellen

Fremdenverkehrsämter
... in Deutschland
South African Tourism
Friedensstr. 6–10, 60311 Frankfurt/M.
T 01805 72 22 55 oder 069 929 12 9 11
www.southafricantourism.de

... in Österreich
T 08 20 50 07 39

... in der Schweiz
T 08 48 66 35 22
In Österreich und in der Schweiz Prospektversand über Deutschland. Die südafrikanischen Tourismusbüros versenden kostenlos Landkarten, Reiseführer und Unterkünftelisten.

Infostellen vor Ort
Das Büro in Kapstadts City ist eine moderne Touristeninformationen mit Internetanschluss, Souvenirshops, Infostellen (zu Übernachtungsmöglichkeiten, Autovermietungen & Restaurants); 24 Std. telefonischer Service für Touristen, Reservierung von SA-Nationalpark-Unterkünften möglich, Weinproben & Unterkünfte werden auf Wunsch sofort telefonisch gebucht. Es gibt außerdem Tickets für Sehenswürdigkeiten und Veranstaltungen.

Im Internet
Auf den folgenden Websites findet sich Aktuelles zum Thema Südafrika und zu Kapstadt, das mit mehreren deutschsprachigen Seiten im Netz vertreten ist:
www.iafrica.com
www.ananzi.co.za
www.timeslive.co.za
www.kapstadt.com
www.kapstadt.de
www.kapstadt.net
www.kapstadt-net.de
www.kapstadt.org

Viele Kap-Highlights, Restaurants und Unterkünfte sind auch mit Fanseiten auf Facebook und Twitter vertreten. Es lohnt sich, dort Kapstadt-Relevantes einzugeben, um an brandaktuelle Infos heranzukommen oder vorab Kontakte zu knüpfen.
www.capetown.travel: Informative Seite des Kapstädter Tourismusbüros (englisch).
www.places.co.za
www.portfoliocollection.com: Wer sich ein paar Gästehäuser, Bed & Breakfasts oder Hotels vor dem Urlaub im Netz ansehen möchte, sollte mal hier reinsehen.
www.tablemountain.net: Kapstadts Wahrzeichen, der Tafelberg, hat natürlich seine eigene Website.
www.waterfront.co.za: Website der berühmten Waterfront mit vielen Tipps zu Restaurants und Übernachtungsmöglichkeiten.
www.robben-island.org.za: ein virtueller Besuch auf Robben Island.
www.capepoint.co.za: umfangreiche Infos, Geschichte und Bilder über die Südspitze Afrikas.
www.canalwalk.co.za: Läden und Events von Afrikas größtem Einkaufszentrum im Netz.
www.grandwest.co.za: Diese Seite macht eventuell Lust auf einen Kasinobesuch oder andere Veranstaltungen.
www.wine.co.za: Ausführliche Website über die südafrikanischen Weine, Weingüter und -routen sowie Kauf und Versand.
www.eatout.co.za
www.dining-out.co.za: Zum Wein darf das Essen nicht fehlen. Unter diesen Adressen sind Kapstädter Restaurants gelistet. Man kann sogar einige der Speisekarten einsehen.
www.africam.co.za: Wer die südafrikanische Tierwelt live erleben möchte, sollte sich bei einer Webcam einklicken, wo sogar Haie beobachtet werden können.
www.aquarium.co.za: Das Two Oceans Aquarium in der Kapstädter Waterfront stellt sich und seine Bewohner vor.

www.nandos.co.za
www.evita.co.za: Humorvolle Seite von Evita Bezuidenhout, Südafrikas berühmtester Frau, die allerdings ein Mann ist.
www.karoo-biking.de: Jürgen Muess, leidenschaftlicher Motorradfahrer und begeisterter Kapstadt-Fan, veranstaltet maßgeschneiderte Enduro-Touren durchs Mandela Country.
www.streetwires.co.za: Die Drahtkunst stammt ursprünglich aus den Townships.
www.saclassic.co.za, www.cape townstreetrods.co.za: Erstere bietet einen guten Einblick in die südafrikanische Oldtimerszene, alle Klassikertreffen und den Oldie-Markt. Letztere ist die Website des Clubs von Liebhabern amerikanischer Streetrods.

Internetzugang

In Südafrika gibt es sehr viele Internetcafés und -nutzer, und fast alle Unterkünfte und viele Restaurants haben eine Website und bieten, nachdem man ihr Passwort eingegeben hat, freies WLAN an.

Karten und Pläne

Die besten Detailkarten für Kapstadt und die Western Cape Province legt **The Map** auf. Sie sind sowohl für Auto- und Motorradfahrer als auch für Radler und Wanderer interessant. Auf der Website www.slingsbymaps.com lassen sich ganz einfach online bestellen. Es gibt zwei wasserdichte Einzelkarten zum Table Mountain National Park: Table Mountain (165 Rand) und Silvermine/Hout Bay (165 Rand).

Weitere Zielgebiete: Cape Peninsula (165 Rand), Garden Route (165 Rand), Overberg/Whale Coast (190 Rand) und Cederberg (190 Rand). Die Karten sind auch in Souvenir-, Outdoor- und Buchläden (wie Cape Union Mart, Cape Storm, Exclusive Books, CNA oder bei Cape Town Tourism in der Burg St.) erhältlich. Außerdem: Kapstadt mit Straßenverzeichnis, **Marco Polo Cityplan,** Extra Standardfaltung, International, Maßstab 1 : 15 000, 6,99 €.

Im Two Oceans Aquarium können Sie zu Haien und Rochen in den Tank steigen, falls Sie sich trauen!

Neu für 2018 ist die Kapstadt-Wanderkarte ›Walking Cape Town Map‹ von **Map Studio** (30 Rand). Die besten Übersichtskarten für Autofahrer bietet der Straßenatlas von Map Studio, der 2018 in seiner 26. aktualisierten Auflage erschien: Road Atlas South Africa (www.mapstudio.co.za) für 100 Rand. Die größte Kartenauswahl gibt es bei Exclusive Books in der Waterfront.

Lieblingskarte des Autors ist die Abenteuer-Faltkarte **Table Mountain & Cape Peninsula Activities Map** von Map Studio (www.mapstudio.co.za) für 103 Rand. Auf einer Seite befinden sich ein ausführlicher Kapstadt-Stadtplan und eine detaillierte

Auch in Südafrika bringt der Winter mancherorts Schnee mit.

Tafelbergkarte mit allen Trails (Wanderrouten). Auf der anderen Seite findet sich die Kap-Halbinsel mit sehr schöner und übersichtlicher Reliefschattierung und vielen in die Karte eingetragenen Tipps.

Kinder

Fast jedes größere Hotel bietet einen Babysitterservice an. Es gibt außerdem alle Arten von Babyprodukten und -nahrung in jeder größeren Stadt zu kaufen. Einkaufszentren und Casinos bieten stundenweise Betreuung der Kleinen in Spielgruppen und haben sehr gut sortierte Spielzeugläden.

Insgesamt gesehen ist Südafrika, vor allem in der malariafreien Western Cape Province, ein Paradies für Mini-Urlauber: Delfine, Wale und Meer, Sandstrände und Berge sowie Tiere aller Art und Größe, die sonst nur im Fernsehen zu bestaunen sind. Zahlreiche geschützte Gezeitenpools bieten den Kids sichere Badefreuden. Kapstadts Waterfront veranstaltet sehr gute Kinderprogramme (Infos: T 021 418 23 69), viele Büchereien haben wöchentliche Kinderstunden.

Topattraktionen für Kids: World of Birds in Hout Bay, Gondwana Private Game Reserve, Monkeyland, Birds of Eden und Elephant Sanctuary, alle an der Garden Route, Eulen- und Adlerwarte im Spier Wine Estate bei Stellenbosch.

Klima und Reisezeit

Südafrika liegt in der südlichen Hemisphäre, die Jahreszeiten sind den europäischen also entgegengesetzt. Wenn in Südafrika der Frühling beginnt, verfärben sich auf der Nordhalbkugel die Blätter an den Bäumen. In Südafrika sind die Jahreszeiten allerdings nicht so ausgeprägt wie in Mitteleuropa.

Kapstadt hat ein mediterranes Klima ohne extreme Temperaturunterschiede. Die niedrigsten Temperaturen im Winter (Juni–Aug.) liegen bei etwa 5 °C. Auf den Bergen fällt dann manchmal Schnee.

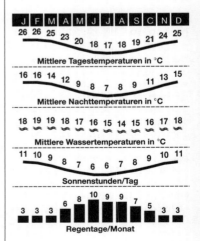

So ist das Wetter in Kapstadt.

Tagsüber steigen die Temperaturen bis auf 18 °C an, es ist oft sonnig, die Winterregen kommen in heftigen Güssen.

Zwischen September und November kann es wunderschön sein, ab und zu pfeift jedoch der berüchtigte **Southeaster**, der manch karibischem Hurrikan Konkurrenz macht, mit Geschwindigkeiten von über 120 km/h durch die Stadt. Dafür reinigt er die Luft in der abgasbelasteten City radikal und wird daher auch Cape Doctor (Kap-Doktor) genannt. Eine typische Kapstadt-Frage: Wie nennt man einen Tag mit tollem Sonnenschein nach zwei Tagen brutalem Wind und Regen? Montag!

Von Dezember bis März ist es sommerlich heiß, die maximalen Temperaturen liegen bei 30 °C. März und April gelten als die schönsten Monate in Kapstadt, denn es ist windstill und die Temperaturen sind angenehm.

Im Weinland und in der Karoo ist es weniger windig, dafür vor allem im Sommer deutlich heißer als an der Küste. Temperaturen um die 40 °C sind dann keine Seltenheit. Plötzlich auftretende, heftige Gewitterregen können kleine Bäche blitzschnell in reißende Flüsse verwandeln. Um keine bösen Überraschungen zu erleben, sollte man einen Wasserlauf unbedingt vor dem Durchqueren mit dem Auto zu Fuß abgehen, um Tiefe und Strömung zu testen.

Medien

Radio und Fernsehen
Die beliebtesten Radiosender in der Kapprovinz sind **KFM** (www.kfm.co.za) und **Good Hope FM** (www.goodhopefm. co.za). **SAFM** (www.safm.co.za) sendet Nachrichten, Talkshows, Klassik, Sport sowie Hörspiele. Weitere Hörempfehlungen: **5FM** (www.5fm.co.za) und **Cape Talk** (www.567.co.za).

Die meisten Hotels haben Satellitenfernsehen, manche sind mit dem Deukom-Satelliten verbunden (www. deukom.co.za), dann können Gäste auch ARD, ZDF, SAT 1, RTL, PRO 7 und 3sat empfangen. Die staatlichen Sender sind SABC 1, 2 o. 3 (www.sabc.co.za). Englische Nachrichten (›News at 7‹) gibt es tgl. um 19 Uhr auf SABC 3 und auf dem ebenfalls frei zu empfangenden Sender e-tv (www.etv.co.za). M-Net (www.mnet. co.za) ist ein kostenpflichtiger, also nur mit Dekoder zu empfangender Sender, der hauptsächlich aktuelle Filme zeigt.

Zeitungen
Es gibt zwei englischsprachige Tageszeitungen in Kapstadt, den **Argus** (www.ca peargus.co.za), der nachmittags erscheint, und die **Cape Times** (www.capetimes. co.za), die es jeden Morgen gibt. Für ihren guten, investigativen Journalismus bekannt ist die englischsprachige Wochenzeitung The Mail & Guardian, die auch Artikel des britischen Guardian, der französischen Le Monde und der amerikanischen Washington Post enthält. Deutsche Zeitungen und Zeitschriften gibt es in vielen internationalen Hotels und Geschäften.

Musik

Wenn die folgenden südafrikanischen Sänger oder Bands während Ihres Kapstadt-Aufenthaltes irgendwo auftreten sollten, vor allem im herrlichen botanischen Garten, während der Kirstenbosch Summer Concerts (Facebook: Kirstenbosch Summer Sunset Concerts), unbedingt Tickets besorgen. Bei den bereits verstorbenen Interpreten bieten sich deren Musikaufnahmen als Audio-Souvenirs an.

Freshlyground: Eine der coolsten, südafrikanischen Afro-Fusion-Bands (gegründet 2002 in Kapstadt) mit Lead-Sängerin Zolani Mahola (www.freshlyground.com).

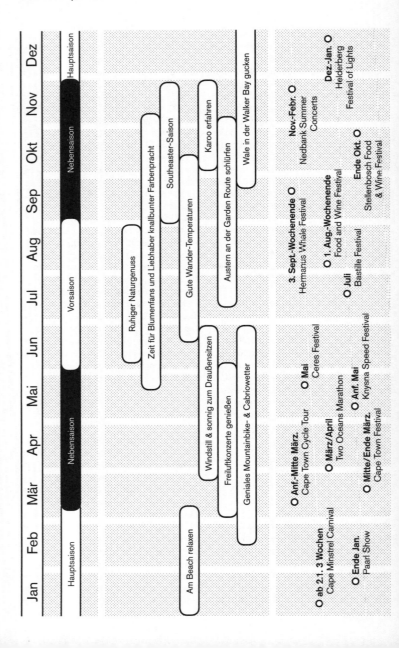

Mango Groove: Die erste schwarz-weiße Band Südafrikas, 1984 gegründet, tritt nach langjähriger Pause wieder gemeinsam auf (www.mangogroove.co.za).
Goldfish: Das männliche Elektro-Duo aus Kapstadt gehört zu den beliebtesten Bands Südafrikas. Die coole Dance Music lehnt sich an afrikanische Musik, Jazz, Pop und House an (www.goldfishlive.com).
Arno Carstens: Südafrikanischer Singer/Songwriter, bekannt für seine sanften Rockballaden (arnocarstensmusic.wordpress.com).
Jesse Clegg: Der Sohn des berühmten südafrikanischen Sängers Johnny Clegg (der weiße Zulu) hat seine eigene coole Rockrichtung gefunden (www.jesseclegg.com).
Die Antwoord: Die schräge Hip-Hop-Band wurde 2008 in Kapstadt gegründet. Das gemischte Duo besteht aus dem Rapper Ninja und Yolandi Visser. Die Videos der beiden sind legendär. Sie rappen und singen meist in Afrikaans (www.dieantwoord.com).
Watershed: Akustische Pop/Rock-Band, die 1998 in Johannesburg gegründet wurde (www.watershed.co.za).
Ard Matthews: Singer/Songwriter, der mittlerweile weltweit auftritt. Einst Leadsinger von Just Jinjer (https://ardmatthews.com).
Basil Coetzee: Energetischer Jazz vom verstorbenen, größten Cape-Jazz-Saxofonisten.
Jimmy Dludlu: Ansteckender Kapstadt-Jazz des schwarzen Jazz-Gitarristen.
Brenda Fassie: Fetzige Kwaito-Klänge der an einer Überdosis gestorbenen Township-Pop-Queen.
Abdullah Ibrahim: Das beste Album des berühmten Cape-Jazz-Pianisten und -Komponisten war »African Marketplace« (http://abdullahibrahim.co.za).
Prophets of da City: Die Kapstädter Hip-Hop-Band kommt aus den Cape Flats.
Springbok Nude Girls: Tapferer, hymnischer Rock von einer charismatischen, weißen Band. Arno Carstens war bis zum Beginn seiner Solo-Karriere ihr Leadsänger (springboknudegirls.wordpress.com).
Bayethe: Weicher und fröhlicher afrikanischer Pop.
Juluka: »Universal Man« ist ein brillantes Album, in dem Zulu-Folk-Musik und keltischer Rock explosiv aufeinandertreffen. Die einstige Band von Johnny Clegg. Richtig gute südafrikanische Musik.
Ladysmith Black Mambazo: Die Mitglieder der Zulu-Band, ein Männer-Chor, fingen vor langer Zeit als Background-Sänger von Paul Simon an und sind heute weltberühmt.

Reisen mit Handicap

Fast alle neuen Hotels, Restaurants und Museen in Kapstadt und der Western Cape Province sind auch auf Menschen mit Handicaps eingestellt. Einkaufszentren sowie die Waterfront sind behindertenfreundlich. Autovermietungen haben Automatikwagen im Programm. Mehr Infos im Netz unter: www.suedafrikatour.de/allgemeines/behindert.htm (deutsch). Behindertenorganisationen:
The Association for the Physically Disabled, T 021 637 12 04
The SA National Council for the Blind, T 012 452 38 11

Sicherheit und Notfälle

Die Kriminalität in Südafrika ist hoch, findet allerdings größtenteils in den Townships der Städte statt. Die Townships und abgelegene Stadtteile sollten Sie daher nicht auf eigene Faust besuchen. Schmuck und Kameras nicht offen tragen, nicht auf offener Straße hilflos ins Handy oder den Cityplan starren, sondern in einen Laden oder ein Café gehen und dort nach dem Weg oder Ziel fragen. Selbstbewusst und bestimmt auftreten.

Badewanne im Freien und trotzdem Privatsphäre? Nichts ist unmöglich!

Kapstadt hat durch die Installation von Kameras im Innenstadtbereich die Kriminalitätsrate gesenkt. Die Zugriffszeiten auf Taschendiebe und Geldautomatenbetrüger liegen meist bei wenigen Minuten. Ein Kontrollzentrum meldet den Fluchtweg der Täter an patrouillierende Polizisten. Dadurch sind selbst abends Spaziergänge in Long und Kloof Street mit Vorsicht möglich. Sicher sind die Victoria & Alfred Waterfront, Canal Walk und das Gelände des Grand West Casino in Kapstadt.

Auch auf die Gefahr hin, als unhöflich zu gelten, sollten Südafrika-Besucher keine Tramper mitnehmen, die Gefahr des *carjacking* ist zu groß. Nichts sichtbar im geparkten Mietwagen liegen und das leere Handschuhfach am besten offen stehen lassen. Statt der meist verkehrsunsicheren Sammeltaxis und überfallgefährdeten Nahverkehrszüge empfehlen sich eher die vor Ort angebotenen, günstigen Mietwagen. Abends vom Hotel aus ein Uber oder Taxi zum Restaurant bestellen, wenn dieses außerhalb der oben beschriebenen Gebiete liegen sollte.

Notruf
Bei **Gefahr** (z. B. bei Einbrüchen oder *car hijacking*): T 10 111; Handy: 112.
Ambulanzen und Bergrettung: nationale Nummer, T 10 177.
Sperrung von Handys, Bank- und Kreditkarten: +49 116 116.

Sprache

Mit Englisch kommt man in und um Kapstadt gut zurecht. Von den elf offiziellen Landessprachen werden in der West-Kapprovinz Englisch, Afrikaans und Xhosa gesprochen. Aufgrund der vielen Auswanderer am Kap folgt Deutsch an vierter Stelle.

Übernachten

Kapstadt und die Kapprovinz bieten eine breite Palette an Übernachtungsmöglichkeiten. Es empfiehlt sich mittlerweile, auch außerhalb der Hochsaison Zimmer, vor allem in den kleinen, exklusiven *guest houses,* rechtzeitig zu reservieren.

Hotels

Die Hotels in Südafrika werden mit 1–5 Sternen klassifiziert, was aber nicht viel bedeutet, denn das Vergabesystem ist meist nicht nachvollziehbar. Es gibt einige schöne, oft historische Landhotels und *guest houses,* die auf eine solche Klassifizierung verzichten und trotzdem, oft aufgrund ihres persönlich gehaltenen Service, ihres geschmackvollen Interieurs und der Lage, locker 5-Sterne-Niveau erreichen. Einige Hotels haben sich zu kleineren Gruppen zusammengeschlossen. Die Websites der ›Miniketten‹ bieten einen guten Einblick in die Qualität der Unterkünfte: **African Pride Hotels** (www.africanpridehotels.com), **Sun International** (www.suninternational.com), **The Collection by Liz Mc Grath** (www.collectionmcgrath.com), **Five Star Alliance** (www.fivestaralliance.com).

Bed & Breakfast

Bed-&-Breakfast-Unterkünfte haben in den letzten Jahren in Kapstadt und Umgebung eine große Verbreitung gefunden. Im Vergleich zu Europa sind sie meist komfortabler, zudem oft in historischen Gebäuden untergebracht und inhabergeführt. Damit bieten sie eine gute Gelegenheit, mit Südafrikanern ins Gespräch zu kommen. Mehr Infos unter:

www.bedandbreakfast.co.za
www.sleeping-out.co.za

Landestypische Unterkünfte

Im Gegensatz zu den östlichen Provinzen des Landes gibt es in der Western Cape Province nur wenig afrikanisch angehauchte, Lodge-artige Unterkünfte. Zu den reetgedeckten, grob verputzten oder aus Holz gebauten und ethnisch dekorierten Plätzen gehören Bushmans Kloof Reserve in den Cederbergen, Tsala Treetop Lodge, Botlierskop Private Game Reserve und Gondwana Game Reserve an der Garden Route, bei Mossel Bay, sowie das Sanbona Private Game Reserve außerhalb von Montagu an der Route 62. Ihnen gemeinsam sind meist sogenannte *Bomas*, wo geschützt hinter Zäunen, aber unter freiem Himmel, das Abendessen an Tischen, die rund um ein großes Feuer gestellt werden, eingenommen wird.

Ferienwohnungen

In Südafrika laufen solche meist privaten Wohnungen und Häuser für Selbstversorger unter dem Begriff *self catering*. Auskunft erteilt Cape Town Tourism, aber auch einige Agenturen in Kapstadt vermitteln derartige Übernachtungsmöglichkeiten (www.sa-venues.com/selfcatering, www. sleeping-out.co.za).

Camping

In gut ausgestatteten Caravanparks gibt es die Möglichkeit, im Zelt, Wohnmobil oder in preisgünstigen Chalets, *rondavels* (komfortable Rundhütten) und Zimmern zu übernachten. Übernachtungen auf einem der etwa 120 Campingplätze in der Kapprovinz können bei folgenden Stellen gebucht werden:

Forever Resorts: www.foreversa.co.za
South African Camping & Caravan Club: www.caravanclub.org.za
Federation of Caravan and Camping Clubs: www.caravanparks.com

Nationalparks und Naturreservate

In den Nationalparks und Naturreservaten der Kapprovinz (Bontebok National Park, De Hoop Nature Reserve, Cederberg Wilderness Area, Garden Route National Park – Wilderness und Tsitsikamma Sections – liegen einige der schönsten Campingplätze des Landes. Da die Parkunterkünfte in der Hochsaison oft ausgebucht sind, sollten Sie möglichst schon einige Monate vor Ihrem Tourantritt reservieren.

Die Buchung von Nationalpark-Unterkünften lässt sich online über SA National Parks (SANP, www.sanparks.org) am komfortabelsten erledigen. Alternativ besuchen Sie den SANP-Schalter in der Filiale von Cape Town Tourism in Kapstadts Burg Street (T 021 426 42 60). Vergessen Sie beim Besuch des Parks nicht Ihre Buchungsbestätigung. Informationen und Buchungsformulare zu den Naturreservaten *(nature reserves)*, die von Cape Nature Conservation unterhalten werden, finden Sie auf www.capenature.co.za.

Unterkünfte im Internet buchen

Neben den schon genannten Websites können Sie sich auf den folgenden Portalen einen Überblick über das Angebot an Unterkünften in der Kap-Region verschaffen und auch direkt Zimmer reservieren: www.sa-venues.com, www.places.co.za, www.hrs.de, www.hotel.de.

Freunde spontaner Entscheidungen können ihr Glück *last minute* auf der Website www.laterooms.com (in deutscher Sprache) versuchen. Ein positiver Nebeneffekt: Sie schonen dabei meist auch noch

Ihren Geldbeutel, da die Zimmer aufgrund der kurzfristigen bzw. späten Buchung oft verbilligt abgegeben werden. Im Internet, auf den Websites der Unterkünfte, finden sich oft auch günstigere Selbstbuchertarife, vor allem in der Nebensaison.

Verkehrsmittel

Flugzeug
Mehrere große Fluggesellschaften und einige kleinere Charterfirmen bedienen Südafrikas Inlandsflugstrecken. **South African Airways** (www.flysaa.com) und **South African Express** (www.flyexpress. aero) verkehren mehrmals täglich zwischen Kapstadt und allen großen Städten Südafrikas sowie kleineren Destinationen. **Kulula.com** (www.kulula.com), **Flysafair,** (www.flysafair.co.za) und **Mango** (www.fly mango.com) fliegen etwas günstiger auf den populären Routen zwischen Kapstadt und Johannesburg, Durban, Port Elizabeth, Nelspruit und George. **British Airways** fliegt in Kooperation mit **Comair** (www. britishairways.com) zwischen den Hauptzentren. Die Strecke zwischen Kapstadt und Johannesburg kostet hin und zurück ab etwa 1500 Rand, je nach Airline, Wochentag und Tageszeit.

Busse
Golden Arrow (www.gabs.co.za) ist neben **MyCiti** (www.myciti.org.za) die andere städtische Buslinie. Wobei die MyCiti-Busse erheblich moderner, sauberer, sicherer und noch dazu behindertenfreundlich sind. Auf den Websites finden sich detaillierte Fahrpläne mit Haltestellen. Mit Myciti besitzt Kapstadt ein perfektes Busnetz mit modernen Bussen und neuen Haltestellen in allen Vororten, inklusive Camps Bay und Hout Bay und zum Flughafen. Normale Bustickets kosten um 40 Rand. Es gibt keine Papiertickets, sondern die sogenannte Myconnect Card, die an den

Haltestellen ›aufgeladen‹ werden kann. Ein Monatsticket für alle Buslinien kostet ca. 700 Rand. Die Myconnect-Karte ist an den MyCiti-Haltestellen-Kiosken erhältlich und kostet einmalig etwa 40 Rand. Der aufgeladene Kontostand kann dort auch jederzeit abgerufen werden. Die speziellen, verkehrsunabhängigen roten Busfahrbahnen sind mit Fuß- und Radwegen kombiniert, Fahrräder dürfen mit in die Busse genommen werden.

Folgende Busunternehmen verbinden Kapstadt regelmäßig mit allen wichtigen Städten des Landes: **Greyhound Cityliner** (www.greyhound.co.za), **Intercape Mainliner** (www.intercape.co.za) und **Translux Express** (www.translux.co.za). Die günstigste Busverbindung ist der **Baz Bus** (www.bazbus.de). Er ist bei Backpackern beliebt, da er an vielen Stellen entlang der Garden Route hält.

Taxis
Beliebter, zuverlässiger und dabei noch günstiger als reguläre Taxis ist **Uber Cape Town** (www.uber.com/en-ZA/cities/cape-town). In Kapstadt gibt es außerdem verschiedene ›normale‹ Taxiunternehmen. Die Fahrzeuge haben keine bestimmte Farbe und nicht alle ein Schild auf dem Dach. Taxis nimmt man entweder an Taxiständen oder ruft sie per Telefon. Eher zu den Adrenalinsportarten rechne ich das Minibus-Taxifahren. Hier steigen nur abgebrühte und mutige Reisende ein.

Bahn
Ein Regionalzug von **Metrorail** verkehrt entlang der False Bay bis nach Simon's Town (www.metrorail.co.za). Er ist allerdings aufgrund der häufigen Überfälle sowohl im Zug als auch auf den Bahnsteigen nicht empfehlenswert.

Südafrikas berühmte Luxuszüge **Blue Train** (www.bluetrain.co.za) und **Rovos Rail** (www.rovos.co.za) können über einige Reiseveranstalter in Deutschland gebucht werden. Beide verkehren u. a. auf der Hauptstrecke Pretoria–Johannesburg–Kapstadt. Während der modern-elegante Blue Train diese Strecke in nur 25 Std. bewältigt, lässt sich der historische Rovos gut zwei Tage Zeit.

Mietwagen
Günstiger und sicherer ist es, bereits im heimischen Reisebüro einen Camper oder Mietwagen zu buchen. Dann fällt meist auch die Kilometerpauschale weg. Und im Falle eines Problems ist es erheblich einfacher, in Deutschland Regressansprüche durchzusetzen.
Retrorentals: Marcus vermietet mehrere Dutzend klassischer Mercedes, vom Cabrio bis zur Limousine. Chauffeur-Fahrten, organisierte Touren (T 072 662 07 04, www.retrorentals.co.za).
Cape Cobra Hire: In der südafrikanischen Replika der legendären, klassischen Cobra mit 5,7-Liter-V8-Maschine die Küstenstraße entlangröhren (Cape Cobra Hire, www.capecobrahire.co.za & Cape Cobra Experience, www.capecobraexperience. co.za, um 2850 Rand pro Tag).
Hertz Rent a Car: Vom kleinen VW Chico über Mercedes E 240 und VW-Bus bis zum Allrad-Doppelkabiner (T 021 425 82 82, www.hertz.co.za).

Die ›Großen‹ in Kürze
Avis: T 0861 02 11 11 und 011 923 36 60, www.avis.com.
Avis Luxury Cars: T 021 936 43 43, www.avisluxurycollection.co.za.
Europcar: T 011 479 40 00, www.europcar.co.za.
Budget: T 011 398 01 23 oder 086 101 66 22, www.budget.co.za.

Motorräder und Motorroller
Wer einen Motorradführerschein besitzt, kann sich für ein bis zwei Tage eine Maschine ausleihen.
Cape Bike Travel: Organisiert Harley- und BMW-Motorradtouren, vermietet Harley Heritage Softail Classic, Electra Glide, BMW F 650 GS Dakar, F800 GS, R 1200 GS und Ducati 796 Monster (125 Buitengracht Street, City, T 021 424 50 13, www.capebiketravel.com).
Karoo Biking: BMW-Motorradreisen und -vermietung in Südafrika unter deutscher Leitung. Auf Wunsch wird Urlaubern auch eine individuelle Tour ausgearbeitet (www.karoo-biking.de, Infos und Reservierung in Deutschland unter: T 0221 355 33 20 02).

Verkehrsregeln
Wie in allen ehemaligen englischen Kolonien wird auch in Südafrika auf der linken Seite gefahren. Es herrscht Anschnallpflicht; die Promillegrenze liegt bei 0,5 Promille.

Im Kapstädter Verkehr geht es recht hektisch zu. Während der Geschäftszeiten ist es nahezu unmöglich, einen freien Parkplatz zu finden. Man sollte auf die zahlreichen Parkhäuser ausweichen.

Parkuhren gibt es in der Innenstadt zwar keine, dafür uniformierte Parkwächter, die die Parkgebühren direkt kassieren und dann die Autonummer in ihrem Handcomputer speichern. Wer länger parkt, muss nachzahlen.

Außerhalb geschlossener Ortschaften geht es etwas ruhiger zu. Nachtfahrten sind allerdings nicht zu empfehlen, da die zahlreichen Minibusse, die als Sammeltaxis fungieren, oft nicht über funktionierendes Licht oder gute Bremsen verfügen und immer wieder in verheerende Unfälle verwickelt sind.

Wer tagsüber außerhalb geschlossener Ortschaften etwas flotter unterwegs ist und von seinem Vordermann Platz gemacht bekommt, sollte sich nach dem Überholen landestypisch durch zweimaliges Betätigen der Warnblinkanlage bedanken.

Es gibt zwar Geschwindigkeitsbegrenzungen (120 km/h auf Autobahnen, 100 km/h auf Landstraßen, 60 km/h in Ortschaften), viele Südafrikaner nehmen diese jedoch trotz häufiger Kontrollen und hoher Strafen recht locker.

Sprachführer Englisch

Allgemeines

Guten Morgen	good morning
Guten Tag	good afternoon
Guten Abend	good evening
Auf Wiedersehen	good bye/cheers
Entschuldigung	excuse me/sorry
Hallo/Grüß dich	hello
bitte	please
gern geschehen	you're welcome
danke	thank you
ja/nein	yes/no
Wie bitte?	Pardon?
Wann?	When?

Unterwegs

Haltestelle	stop
Bus	bus
Auto	car
Geländewagen	four-wheel drive
Kleinbus	minivan
Wohnmobil	camper
Ausfahrt/-gang	exit
Tankstelle	petrol station
Benzin	petrol/fuel
rechts	right
links	left
geradeaus	straight ahead/ straight on
Auskunft	information
Zoll	customs
Bahnhof	train station
Flughafen	airport
Stadtplan	city map
alle Richtungen	all directions
Einbahnstraße	one-way street
Eingang	entrance
geöffnet	open
geschlossen	closed
Kirche	church
Strand	beach
Platz	place/square
Autobahn	motorway
einspurige Straße	single track road
Brücke	bridge

Zeit

3 Uhr (morgens)	3 a. m.
15 Uhr (nachmittags)	3 p. m.
Stunde/Tag	hour/day
Woche/Monat	week/month
Jahr	year
heute/gestern	today/yesterday
morgen	tomorrow
früh/spät	early/late
Montag	Monday
Dienstag	Tuesday
Mittwoch	Wednesday
Donnerstag	Thursday
Freitag	Friday
Samstag	Saturday
Sonntag	Sunday
Feiertag	public holiday

Notfall

Hilfe!	Help!
Polizei	police
Praktischer Arzt	general practitioner (G. P.)
Arzt	doctor
Zahnarzt	dentist
Apotheke	pharmacy/apteek
Krankenhaus	hospital
Unfall	accident
Schmerzen	pain
Panne	breakdown
Rettungswagen	ambulance
Notfall	emergency

Übernachten

Hotel/Pension	hotel/guest house
Einzelzimmer	single room
Doppelzimmer	double room
mit zwei Betten	with twin beds
mit/ohne Bad	with/without bathroom
mit WC	ensuite
Toilette	toilet

Sprachführer **253**

Dusche	shower
mit Frühstück	with breakfast
Halbpension	half board
Gepäck	luggage

Einkaufen

Geschäft	shop
Markt	market
Laden, der farmfrische Produkte verkauft	farm stall
Kreditkarte	credit card
Geldautomat	automated teller machine (ATM)
Bäckerei	bakery
Metzgerei	butchery
Laden, der Alkohol verkaufen darf	bottle store
Picknick	padkos
Drogerie	drugstore

teuer	expensive
billig	cheap

Zahlen

1	one	17	seventeen
2	two	18	eighteen
3	three	19	nineteen
4	four	20	twenty
5	five	21	twenty-one
6	six	30	thirty
7	seven	40	fourty
8	eight	50	fifty
9	nine	60	sixty
10	ten	70	seventy
11	eleven	80	eighty
12	twelve	90	ninety
13	thirteen	100	one hundred
14	fourteen	150	one hundred and fifty
15	fifteen		
16	sixteen	1000	a thousand

WICHTIGE SÄTZE

Allgemeines
Sprechen Sie Deutsch?	Do you speak German?
Ich verstehe nicht.	I do not understand.
Ich spreche kein Englisch.	I do not speak English.
Ich heiße …	My name is …
Wie heißt du/heißen Sie?	What's your name?
Wie geht's?	How are you?
Danke, gut.	Thanks, fine.
Bis bald (später).	See you soon (later).

Unterwegs
Wie komme ich zu/nach …?	How do I get to …?
Wo ist bitte …?	Sorry, where is …?
Könnten Sie mir bitte … zeigen?	Could you please show me …?

Notfall
Können Sie mir bitte helfen?	Could you please help me?
Ich brauche einen Arzt.	I need a doctor.
Hier tut es weh.	It hurts here.

Übernachten
Haben Sie ein freies Zimmer?	Do you have any vacancies?
Wie viel kostet das Zimmer pro Nacht?	How much is the room per night?
Ich habe ein Zimmer bestellt.	I have booked a room.

Einkaufen
Wie viel kostet …?	How much is…?
Ich brauche …	I need …
Wann öffnet/schließt …?	When does … open/… close?

Im Restaurant
Ich möchte einen Tisch reservieren.	I would like to book a table.
Bitte warten Sie, bis Ihnen ein Tisch zugewiesen wird.	Please wait to be seated.
Die Speisekarte, bitte.	The menu, please.
Die Rechnung, bitte.	The bill, please.

Kulinarisches Lexikon

Allgemeines

appetizer/starter	Vorspeise
braai	Barbecue, Grillen
breakfast	Frühstück
dessert	Nachspeise
dinner	Abendessen
lunch	Mittagessen
main course	Hauptgericht
meal of the day	Tagesgericht
pepper/salt	Pfeffer/Salz
side dishes	Beilagen
soup	Suppe
sugar	Zucker
sweetener	Süßstoff
wine list	Weinkarte

Zubereitung

baked	im Ofen gebacken
broiled/grilled	gegrillt
deep fried	frittiert (meist paniert)
fried	in Fett gebacken, oft paniert
hot	scharf/heiß
rare/medium rare	blutig/rosa
steamed	gedämpft
stuffed	gefüllt
well done	durchgebraten

Frühstück

bacon	Schinken
boiled egg	hart gekochtes Ei
cereals	Getreideflocken
cooked breakfast	englisches Frühstück
cream	Kaffeemilch
fried eggs ...	Spiegeleier
... over easy	beidseitig gebraten
... sunny side up	Eigelb nach oben
jam	Marmelade (außer Orangenmarmelade)
scrambled eggs	Rührei

Fisch und Meeresfrüchte

bass	Barsch
crab	Krebs/Krabbe
crayfish	Kap-Languste
gamba	Garnele
kingklip	Fisch mit festem, weißem Fleisch, meist gegrillt serviert
line fish	fangfrischer Fisch des Tages
lobster	Hummer
mussel	Miesmuschel
oyster	Auster
perlemon	Abalone oder Meerohren
prawn	Riesengarnele
salmon	Lachs
scallop	Jakobsmuschel
shrimp	Krabbe
snoek	Makrelenart, meist geräuchert verkauft
sole	Seezunge
swordfish	Schwertfisch
tuna	Thunfisch
yellowtail	gelbflossiger Fisch, wird oft gegrillt

Fleisch und Geflügel

beef	Rindfleisch
biltong	durch Trocknen und Würzen haltbar gemachtes (Wild-) Fleisch
bobotie	Hackfleisch-Curry, mit herzhaftem Ei-Pudding und mit Gelbwurz gewürztem Reis
boerewors	würzige Bauernbratwurst, zum *braai* oder an Straßenständen
braaivleis	Grillfleisch

Kulinarisches Lexikon **255**

bredie	Eintopf mit Gemüse und Lamm, Hühnchen oder Fisch
chicken	Hähnchen
frikkadel	Frikadelle
ostrich	Strauß
poffade	Würste aus Innereien vom Wild
russian sausage	rote Wurst, gebraten, aber meist kalt serviert
vienna	kleinere Version der russian sausage
sosatie	gegrilltes, mariniertes Lammfleisch mit getrockneten Früchten
spare ribs	Rippchen
turkey	Truthahn
veal	Kalbfleisch
venison/game	Wildfleisch

Gemüse und Beilagen

brinjal	Aubergine
cucumber	Gurke
chips	Pommes frites
garlic	Knoblauch
geelrys	Reis mit Rosinen
ingera	Fladenbrot
lentils	Linsen
mealie	Maiskolben
mealie pap	Maisbrei
mushroom	Pilz
onion	Zwiebel
pap and sous	Maisbrei mit Soße
peas	Erbsen
potatoe	Kartoffel
pumpkin/squash	Kürbis
waterblommetjie	hyazinthenähnliche Wasserblume (für Suppen oder Bredies mit Fleisch)
welbebloontjes	Stockbrot

Obst

apple	Apfel
apricot	Aprikose
cape gooseberry	gelbe Stachelbeere
cherry	Kirsche
fig	Feige
grenadilla	Passionsfrucht
lemon	Zitrone
melon	Honigmelone
orange	Orange
peach	Pfirsich
pineapple	Ananas
plum	Pflaume
raspberry	Himbeere
strawberry	Erdbeere

Nachspeisen und Gebäck

brownie	Schokoplätzchen
cinnamon roll	Zimtschnecke
koeksisters	extrem süßes und klebriges Gebäck
malva pudding	Nachtisch aus Aprikosenmarmelade und Essig
melktart	Mischung aus Vanillepudding und Käsekuchen, mit Zimt bestreut
rusk	hartes Gebäck, wird in Kaffee oder Tee eingeweicht

Getränke

beer (on tap/draught)	Bier (vom Fass)
coffee (decaffeinated)	Kaffee (entkoffeiniert)
dumpie	kleine Bierflasche
icecube	Eiswürfel
juice	Saft
lemonade	Limonade
light beer	alkoholarmes Bier
liquor	Spirituosen
milk	Milch
mineral water	Mineralwasser
red/white wine	Rot-/Weißwein
rooibos	Tee aus den Blattspitzen des Rotbusches
root beer	dunkle Limonade
soda water	Selterswasser
sparkling wine	Sekt
tea	Tee

Das

Art in Africa: Nicht nur in den Townships von Kapstadt wird die Kultur und Geschichte Südafrikas in eindrucksvollen Graffiti präsentiert.

Botanische Cocktails

Als ›Botanicals‹ werden alle Gewürze, Kräuter, Beeren etc. bezeichnet, die Gin beigefügt werden, um sein jeweils individuelles Aroma herzustellen. Für das einzigartige Aroma des Wilderer-Gins zeichnet der Kap-Fynbos verantwortlich.

Das kleinste Florenreich der Welt im Glas — internationale Trends erreichen Kapstadt sehr schnell und werden sogleich mit lokalem Flair versehen. Der Gin, der eine weltweite Renaissance erlebt, ist da keine Ausnahme.

Derzeit gibt es knapp 150 verschiedene Ginsorten, destilliert in mehr als 50 Brennereien. Im Weinland bei Paarl kommen bei der berühmten Wilderer-Brennerei gleich 27 verschiedene Pflanzenbestandteile und Kräuter des kleinsten Florenreichs der Welt, des Fynbos, in die Flaschen.

Branntwein-Krimi

Die Wilderer-Story klingt wie ein Drehbuch zu einem spannenden Auswanderer-Epos. 1994 hatte Helmut Wilderer genug von seinem Restaurant in Deutschland. Und wie es der Zufall so wollte, gewann er eine Amerika-Reise in einem Golfwettbewerb. Kurzerhand tauschte er das USA- in ein Südafrika-Ticket um, da ihn das Land am Kap mehr reizte.

So erlebte er Südafrika erstmals kurz vor den ersten demokratischen Wahlen. Und verliebte sich wie so viele Deutsche vor ihm. Was ihn überraschte, war, dass es keinerlei einheimische Grappas oder Obstbrände gab. Der Staat besaß damals das Alkohol-Monopol.

Nach dem demokratischen Wandel im April 1994 bewarb sich der damals 55-Jährige um eine Brennlizenz. Entgegen allen Erwartungen wurde ihm diese bereits kurz darauf gewährt. Er packte seine Sachen und wanderte mit seinem 14-jährigen Sohn Christian nach Kapstadt aus.

Christian erinnert sich: »Er hatte keine Ahnung vom Brennen und besuchte daher diverse Kurse in Österreich und Deutschland, las viele Bücher zum Thema, es gab endlose Versuche und Misserfolge, aber eine unerschütterliche Leidenschaft. Wir waren Südafrikas erste private Brennerei, und heute sind wir noch immer die mit den meisten Auszeichnungen.«

Lust auf Gin

Die Idee, das Wilderer-Angebot auf Gin auszuweiten, kam 2013. »Ich stolperte in eine Gin-Bar in Deutschland«, sagt Christian grinsend, »dachte mir zunächst nicht viel dabei. Ich war kein Gintrinker, aber ich konnte den Trend erkennen, vor allem in England, und ich war überzeugt, dass die Lust auf Gin Südafrika auch bald ergreifen würde. Es hat mich allerdings viel Zeit gekostet, Helmut davon zu überzeugen, einen Gin zu kreieren. Und bis er dann die endgültige Rezeptur zusammenhatte, dauerte es noch länger.«

Der Gin sollte natürlich einen lokalen Bezug haben. Und so begann das Wilderer-Team, mit dem Brenner Johan Monnig im Fynbos der Kapprovinz herumzuschnuppern. Wie eingangs erwähnt, finden sich 27 verschiedene Pflanzenbestandteile des Fynbos im Wilderer-Gin, einschließlich Buchu, Honigbusch, Wild Dagga, Teufelskralle und Sceletium. Alles wächst entweder auf ihrem Grundstück oder kommt von einer Firma, die in der Tafelberg-Region erntet.

»Anstatt sich nur auf ein oder zwei Bestandteile zu konzentrieren, vermittelt unser Gin die balancierte Komplexität des Fynbos-Bioms in einer harmonischen Dynamik. Er soll das herrliche Kapfloren-Reich des Fynbos symbolisieren«, philosophiert Brenner Johan.

Zwei Jahre Kräuter testen

Insgesamt vergingen ganze zwei Jahre, bis das Rezept fertig war. Die Pflanzenbestandteile werden vor der Destillation abgewogen und vorbereitet, kommen dann in ein poröses Leinensäckchen, um so eine doppelte Extrahierungstechnik zu durchlaufen. Die erste passiert, sobald der Fynbosbeutel in verdünnten, reinen Wein-Alkohol gehängt wird, um zu mazerieren. Der daraus resultierende Spirit wird mit mehr verdünntem Alkohol versetzt und in die Destillationsblase gegeben. Das Säckchen hängt darin zur Dampfextrahierung der Fynbos-Aromen. Jede der beiden Extrahierungen dauert etwa drei Stunden und es kommen etwa 110 Flaschen Gin dabei heraus.

Ganz wichtig: der Tonic

Der Wilderer Fynbos Gin ist im Gegensatz zu den charakteristischen, kräftigen wacholderbetonten und traditionellen, britischen Gins eher fein. Der zweitwichtigste, aber nicht weniger bedeutende Bestandteil des Gin & Tonic, im Land GT genannt, ist das Tonic Water. Ist dieses zu dominant, kann es den Fynbos Gin überlagern.

Als Helmut und Christian nach Südafrika zogen, hatten sie zwei Koffer und

eine Brennlizenz. Mehr als zwei Jahrzehnte später ist Wilderer eine weltweit anerkannte und preisgekrönte Marke. 14 Jahre betrieb Helmut die Brennerei alleine, als sich Christian etwas vom Familienbusiness entfernte. Dann kam der Sohn zurück, um das Restaurant, das der Vater auf dem Grundstück der Destillerie gegründet hatte, zu führen. Die beiden wurden zum Dream Team. Bis zum 15. Dezember 2016, als Helmut, oder Pappa Grappa, wie er liebevoll genannt wurde, im Alter von 75 Jahren an Krebs verstarb. »Helmuts Foto steht nun neben der Destillationsanlage«, sagt Christian, »und wir wissen, dass er immer auf uns schaut.«

MEHR GIN GEFÄLLIG? **G**

Verkauft wird der Fynbos Gin in kurzen, durchsichtigen, handbefüllten ›Apothekerflaschen‹ mit plakativem Wilderer-Logo (www.wilderer. co.za). Im Gegensatz zu anderen Gin-Brennereien wird es nur diesen einen Gin geben, nicht verschiedene Sorten wie z. B. beim Gin-Produzenten Inverroche (www.inverroche. com), der drei verschiedene Gins im Angebot hat: Classic, Verdant und Amber. Ihre Destillation erfolgt im kleinen Städtchen Stillbay, indem exotische afrikanische Gewürze mit Wacholderbeeren kombiniert werden. Vor allem der Verdant schmeckt nach Sommer und Meer (eigentlich ›… und mehr‹).
In Kapstadt selbst gibt es drei weitere, probierenswerte Gin-Destillerien: **Hope on Hopkins** (www.hopeonhopkins. co.za), **Woodstock Gin Co.** (www. woodstockginc.co.za) und **Cape Town Gin Co.** (www.capetown gincompany.com).

Das kleinste Florenreich der Welt

Die Kapprovinz ist berühmt für ihre einzigartige Fynbos-Vegetation. Das sogenannte Kap-Florenreich (Cape Floral Kingdom) ist eine von insgesamt sechs botanischen Regionen der Welt, und obwohl sie nur 0,04 % der Landfläche der Erde ausmacht, ist die Vielfalt hier mit 8500 Arten am größten. 6000 Arten sind endemisch, d. h. sie wachsen nur in einem ganz bestimmten Gebiet, das manchmal nicht größer als ein Fußballfeld ist.

Charakteristische Fynbos-Pflanzen sind Kap-Gräser und Eriken, die größten Familien bilden Gänseblümchen (über 1000 verschiedene Arten), Iris (600 Arten) und Lilien (400 Arten). Eine echte Fynbos-Besonderheit sind die Eriken mit 600 verschiedenen Arten – der Rest der Welt hat nur 26 aufzuweisen! Eine typische deutsche Balkonpflanze, die Geranie, gehört ebenfalls zur Fynbos-Vegetation.

Das Kap-Florenreich ist die kleinste und artenreichste Vegetationszone der Welt – einiges davon wandert in den lokalen Gin.

Feuer frei – ohne Flammen kein Leben

Im Kap-Florenreich des Fynbos sind regelmäßige Buschfeuer für die mehr als 8000 Pflanzenarten überlebensnotwendig. Wissenschaftlich nennt man das Brandkeimung. Erst die hohen Feuertemperaturen und der dabei entstehende Rauch lassen die Samenkapseln aufspringen. Die Asche der verbrannten Vegetation dient danach als Dünger für die neue Saat, die meist bereits ein Jahr nach einem Brand aufkeimt.

Natürliche Buschfeuer im Fynbos, meist durch Blitz- oder Steinschlag verursacht, sind ›schnelle‹ und ›kühle‹ Feuer. Die Vegetation brennt augenblicklich ab, was den meisten Tieren das Überleben ermöglicht. Antilopen und andere Großsäuger wittern die Feuer schon sehr früh und bringen sich in Sicherheit. Schildkröten und Schlangen graben sich im Boden ein oder verstecken sich in Felsspalten, während das Feuer über sie hinwegfegt.

Auch Hausbesitzer, deren Domizile in natürlicher Kap-Vegetation stehen, haben von den ›natürlichen‹ Buschfeuern in der Regel nichts zu befürchten. Die Feuer sind, häufig angefacht durch einen heftigen Südostwind, so schnell, dass Häuser meist verschont bleiben. Die Temperaturen reichen in der Regel nicht aus, um Gebäude zu entzünden. Kritisch wird es nur, wenn Fremdvegetation wie Nadel- oder Eukalyptusbäume zwischen dem Fynbos wachsen. Sie brennen länger und entwickeln dabei eine viel größere Hitze. Das hat zur Folge, dass nicht nur Häuser zerstört und zahlreiche Tiere getötet werden, sondern auch die Samenkapseln verbrennen und der Fynbos dauerhaft geschädigt wird. ∎

Wasser ist Leben

Day Zero — das Schreckgespenst in den ersten Monaten des Jahres 2018 in Kapstadt. Der Tag, an dem zum ersten Mal einer Millionenstadt das Wasser ausgehen sollte. An etwa 200 Punkten sollten 25 Liter Wasser pro Person und Tag ausgegeben werden.

Polizei und Militärs feilten bereits an dem Endzeit-Szenario – ein Ding der Unmöglichkeit, bei mehr als 4 Mio. Einwohnern. Zunächst war Tag Null für April prognostiziert, dann Mai, schließlich Juni. Und plötzlich fielen die heftigsten Niederschläge seit 2015.

Im Dezember 2018 betrug die durchschnittliche Wassermenge in den Dämmen am Kap dank überraschend heftiger und anhaltender Niederschläge und sogar Schnee in den Bergen über 70 %, im Vergleich zu weniger als 20 % Mitte April. Der höchste Stand seit 2016. Damit dürfte das Ende der seit 2015 bestehenden Dürre erreicht sein. Wasserrestriktionen gelten jedoch weiterhin. Die Stadtverwaltung möchte ungern zu früh Entwarnung geben. Also bleiben die Autos dreckig und die Gärten trocken. Kapstädter lernten schnell viel Wasser zu sparen. Nur kurz duschen, Duschwasser wieder verwenden, keine Autos waschen, keine Gärten wässern und dazu der halbe Wasserdruck in den Leitungen. 50 Liter pro Kopf und Tag waren die Vorgabe. In Deutschland liegt der tägliche Verbrauch bei 120 Litern. Wer weiß, wie viel Trinkwasser eine Klospülung verschwendet, sieht, wie wenig das ist.

Is it yellow, let it mellow

Schilder in Restaurant-Toiletten wiesen darauf hin: ›Is it yellow, let it mellow, is it brown, flush it down‹. Eine recht stinkhafte Angelegenheit. Sogar Nobelhotels ließen die Stöpsel ihrer Badewannen verschwinden, um Vollbäder ihrer Gäste zu vermeiden. Aber im Vergleich zu 2015 sparte Kapstadt so insgesamt gut 60 % Trinkwasser!

Noch Mitte Februar gab es am Kap Hamsterkäufe. Die Bewohner schleppten Fünf-Liter-Kanister Trinkwasser im Dutzend aus den Supermärkten – und

Regelmäßig holen sich Hunderte Anwohner sauberes Trinkwasser an einer Quelle am Fuße des Tafelbergs.

schlugen sich teilweise darum. In Teilen Kapstadts konnte man einige Tage lang kein Wasser mehr kaufen.

An den natürlichen Quellen am Fuß des Tafelbergs fanden sich überwiegend Menschen aus den unteren Einkommensschichten ein, die hier ihre Container befüllten. Viele mussten dafür lange Wege zurücklegen. Das kostete Zeit und Fahrgeld, das sie irgendwie zusammenkratzten. In den wohlhabenderen Vierteln ließen sich Bewohner dagegen von Tanklastern mit teurem Wasser von außerhalb beliefern, damit ihre Swimmingpool-Pumpen nicht trockenliefen. Manche von ihnen wässerten sogar nach wie vor ihre Gärten. Die drastisch gestiegenen Wasserpreise und Bußgelder interessieren diese Kapstädter kaum. Brunnenbohrunternehmen können sich vor Aufträgen kaum retten. Wenn es nicht genug regnet, muss halt das Grundwasser herhalten, lautet die wenig nachhaltige und wenig soziale Devise.

Alternatives Wasser
Aufgrund der Krise wurden von der Stadtverwaltung alternative Wasserbeschaffungsprogramme initiiert, von Desalinierungsanlagen bis Sturmwasser-Auffangsystemen und Grundwassernutzung. In den nächsten beiden Jahren investiert die Stadt in solche Projekte rund 250 Millionen Euro. Die erste Meerwasserentsalzungsanlage in der Waterfront ging bereits ans Netz, an etlichen Orten wird erfolgreich nach Grundwasser gebohrt, Abwasser soll besser aufbereitet werden. Im September 2018 hatte bereits jedes zehnte Glas Wasser einen anderen Ursprung als das Regenwasser in den Stauseen.

Zu viele Menschen
Neben natürlichen, klimatischen Ursachen und der globalen Klimaveränderung lag der Grund für die Wasserknappheit auch an der extremen Bevölkerungszunahme in Kapstadt und der Western Cape Province, an einer überlasteten Infrastruktur, an schlechter Planung und an Missmanagement. Seit 1995 ist die Stadtbevölkerung um 79 % angestiegen, von etwa 2,4 Mio. auf geschätzte 4,3 Mio. im Jahr 2018. Im gleichen Zeitraum vergrößerten sich die Dammkapazitäten nur um 15 %. 2017 war das regenärmste Jahr seit Beginn der Wetteraufzeichnungen am Kap vor etwa 100 Jahren.

Die apokalyptische Angst vor dem Tag Null machte aber auch wieder einmal ein anderes fundamentales Problem Kapstadts deutlich: die krassen sozialen Gegensätze. Für die Hunderttausenden von Menschen, die in Blechhütten in den Townships vor der Stadt leben, ist das Schleppen von Wasser seit Jahren Alltag. Die Angst der Kapstädter vor der Stunde Null ist für sie ein Luxusproblem der Mittelklasse.

Aber einen Vorteil hatte die stressreiche Krise auf alle Fälle: Fast jeder, der hier lebt, weiß mittlerweile Wasser zu schätzen. Es ist nicht endlos vorhanden. Es ist die wohl wertvollste Resource, die wir haben. Ohne Wasser kein Leben. ∎

ICE, ICE, BABY

Kein Wunder, dass bei all der Day-Zero-Panik selbst wahnwitzige Ideen diskutiert wurden. Eisberge sollten laut Vorstellung einiger Fachleute in Kapstadts Küstennähe gebracht werden. Ein solcher Eisberg müsste mit viel Isoliermaterial umwickelt werden. Dann müssten zwei Schleppkähne den Eisberg nach Cape Columbine in der Nähe von Saldanha Bay, nordwestlich von Kapstadt, ziehen. Wasser könnte von dem Eisberg gewonnen werden, indem die Oberfläche wie eine Mine ausgebeutet wird und das Wasser der dort in der Senke schmelzenden Eisbrocken in Tanker gepumpt wird.

Kap-Fauna

Ob diese Brillenpinguine wohl Verstecken spielen? Tatsächlich dient der befestigte Pfad »Burgher's Walk« am Boulders Beach als Schutzgebiet und Rückzugsort für sie.

Pinguine und Paviane —
wer an die Tierwelt von Südafrika denkt, dem fallen meist gleich die Big Five ein. Doch das Kap bietet eine weitaus größere Vielfalt an Tieren.

Am Stadtrand Kapstadts, *urban edge* genannt, lassen sich lustige Homevideos, in denen sich Tiere in den Großstadtdschungel wagen, nicht nur auf der Mattscheibe, sondern live vor der Haustür erleben. Da wackelt schon einmal ein Pinguin durch den Garten, ein Pavian räumt die Mülltonne aus oder eine Puffotter sonnt sich neben dem Pool.

Artenvielfalt zu Lande …
Die einst üppige Tierwelt der Kapprovinz ist seit Ankunft der Weißen auch vor den Toren der Stadt stark dezimiert worden. Elefanten wurden vor allem wegen ihres wertvollen Elfenbeins geschossen. Innerhalb weniger Jahrzehnte zogen sich die letzten Dickhäuter in entlegenere Gebiete zurück und wurden fast ausgerottet. Nachkommen der Tiere, die hier schon immer beheimatet waren, findet man heute noch im nahezu undurchdringlichen Knsyna Forest. Jedoch gelingt es Menschen nur ein- bis zweimal pro Jahr, diese Wildelefanten zu sehen. Die Dickhäuter im Knysna Elephant Park sowie im Elephant Sanctuary bei Plettenberg Bay stammen dagegen aus dem Krüger National Park.

Im Bereich der Fynbos-Vegetation waren größere Säugetiere allerdings schon immer selten. Das liegt daran, dass der Nährwert der ölhaltigen, immergrünen Blätter sehr gering ist.

Typisch für die Kap-Flora-Region und recht häufig zu beobachten sind das kleine, nur im Fynbos vorkommende

Greisböckchen *(cape grysbok)* und der graue Rehbock, eine Antilope, die nicht mit unseren Rehen verwandt ist, in kleineren Herden vorkommt und beim Laufen an ihrem weißen, flauschigen Schwanz zu erkennen ist. In felsigerem Gelände sieht man andere Antilopen, die Klippspringer *(klipspringer)*, aber auch Paviane *(baboons)* und – eher selten – Luchse *(caracal)*.

Der Leopard ist das größte Raubtier, das am Kap noch in freier Wildbahn lebt. Der Nachtjäger ist allerdings so scheu, dass Besucher meist nur seine Spuren bewundern können. Vor allem in den Cederbergen leben noch viele dieser wunderschönen gefleckten Katzen. Ebenfalls Nachttiere und deshalb schwierig zu beobachten sind die weit verbreiteten Honigdachse *(honey badgers)*, Ginsterkatzen *(genets)* und Stachelschweine *(porcupines)*.

Mit Glück sehen Sie vor der Küste eine Walmutter mit ihrem Jungtier.

Besucher des Tafelberges werden auf alle Fälle mit den Klippschliefern *(rock dassies)* Bekanntschaft machen, die sich dort halbzahm sonnen (Vorsicht: scharfe Zähne!) und auf Touristenbesuch warten. Kaum zu glauben: Die meerschweinchengroßen, murmeltierähnlichen Tiere sind mit den Elefanten verwandt.

... in der Luft ...

Vogelbeobachter werden am Kap paradiesische Verhältnisse vorfinden. Bereits in den Parks von Kapstadt lassen sich typische Fynbos-Vögel entdecken: filigrane Rotbrustbuschsänger *(victorin's warbler)*, langschwänzige Kap-Honigfresser *(cape sugarbird)*, herrlich bunte Goldbrust- und Malachit-Nektarvögel *(orange breasted/malachite sunbird)*, die mit ihren langen Schnäbeln an Kolibris erinnern, Hottentottengirlitze *(cape siskin)*, die hohe, metallische Geräusche von sich geben, und scheue Proteagirlitze *(protea canary)*.

... und im Meer

Doch nicht nur kleine Singvögel erwarten den Besucher. Südlich von Simon's Town gibt es sogar eine Festlandkolonie von Brillenpinguinen *(African perguins)*, die dort einen sicheren Brutplatz gefunden haben. Am Boulders Beach, der Teil des Table Mountain National Park ist, kann man die an Land tollpatschig wirkenden Vögel von Holzstegen aus beobachten. Im Wasser bewegen sie sich hingegen blitzschnell wie Robben vorwärts.

Letztere gibt es übrigens auch zu bestaunen, allerdings sind sie fast ausschließlich auf den vorgelagerten Inseln anzutreffen. Wie z. B. auf Duiker Island bei Hout Bay, wo es vor Pelzrobben nur so wimmelt und das mit verschiedenen Chartergesellschaften vom Hafen in Hout Bay aus zu erreichen ist.

Pinguine und Robben sind die beliebtesten Snacks der vor allem in der False Bay an der Kap-Halbinsel und in der Walker Bay bei Gansbaai lebenden

Hoffen wir mal, dass der Kleine nur spielen will! Denn immer wieder kommt es vor, dass arglose Touristen von frechen Pavianen regelrecht überfallen werden.

Weißen Haie. Um Surfer zu schützen, gibt es an strategisch wichtigen, exponierten Standorten die Shark Spotter, also Haiebeobachter, die sofort Alarm schlagen, wenn eines der ›U-Boote‹ Kurs auf die Küste nimmt. Sirenen ertönen und die weißen(!) Haiflaggen werden gehisst. Was bedeutet: Sofort aus dem Wasser. Nichtsurfer behaupten, dass Surfen in Muizenberg etwa so empfehlenswert wäre wie Skateboard-Fahren im Big-Five-Wildreservat.

Eine große Attraktion sind die Wale, die alljährlich in die Buchten der Kapprovinz kommen, um sich dort zu paaren und ihre Jungen zur Welt zu bringen. Dort wo an der Kap-Halbinsel, an der Walker Bay und am Atlantik größere Gruppen von Menschen stehen, springen und prusten dann bestimmt ein paar der grauen Riesen.

Geschützt

In zahlreichen Reservaten und Nationalparks der Western Cape Province haben heute neben Steppenzebras (*Burchell's zebra*) die seltenen Bergzebras (*mountain zebra*), Springböcke (*springbok*), Elenantilopen (*eland*) sowie Buntböcke (*bontebok*) und die von Farmern fast ausgerotteten, sehr seltenen Wildhunde (*cape hunting dogs*) einen sicheren Zufluchtsort gefunden. ■

PAVIAN-WÄCHTER UND PINGUIN-RANGER

Weil die behaarten Primaten mittlerweile nicht nur Picknicks am Kap verwüsten, sondern auch Autos aufmachen, wurden von der Nationalparkbehörde uniformierte ›Baboon Guards‹ abgestellt. Da moderne Autos heute schon teilautonom unterwegs sind, scheint die Gefahr zu groß, dass die Affen mit gehijackten Mietautos Demolition Derbies am Kap fahren könnten.

Lachen jenseits der Hautfarbe

Wer ist der witzigste Südafrikaner? — nein, nicht der ehemalige Präsident Jacob Zuma. Aber der, der diesen jahrelang gekonnt und intelligent – und brüllend-komisch – auf die Schippe genommen hat: Trevor Noah.

Geben Sie »Trevor Noah« einfach bei YouTube ein, falls Sie ihn nicht kennen sollten, und lachen Sie sich tot. Der 34-Jährige ist mittlerweile weltberühmt, was vor allem daran liegt, dass er seit 2015 die amerikanische »Daily Show« sehr erfolgreich moderiert.

Born a Crime
Das Apartheidgesetz, das es Menschen verschiedener Hautfarbe bei Strafe verbot zu heiraten, führte zum Titel von Trevor Noahs 2016 veröffentlichter und mit diversen Preisen ausgezeichneter Autobiographie »Born a Crime«. Sein Vater ist Schweizer (Zitat Trevor: ›Schweizer lieben Schokolade‹), seine Mutter eine schwarze Südafrikanerin vom Stamm der Xhosa. Das Buch wird gerade verfilmt. Trev hat eine beispiellose Karriere hinter sich, wenn man bedenkt, dass er als Jugendlicher damit Geld verdiente, illegal CDs in Soweto zu verkaufen. Die Chance, ihn live in Kapstadt zu erleben, ist allerdings aufgrund seiner Popularität eher gering.

Diese Frau ist ein Mann
Einer seiner Vorreiter, der während düsterster Apartheidzeiten den Humor nicht verloren hat, sondern ihn als Protest gegen das System nutzte, war Pieter-Dirk Uys (www.evita.co.za). Der 1945 in Kapstadt als Sohn eines Afrikaner-Vaters und einer deutsch-jüdischen Mutter geborene Uys ist mit der Verkörperung Evita Bezuidenhouts zu einem von Südafrikas bekanntesten Kabarettisten geworden.

The King of Comedy: Trevor Noah – »Trump gab mir mehr Material als Zuma.«

Während der Apartheid umging Uys die Zensur, indem er sich in Evita verwandelte, die dann auf der Bühne fröhlich losplapperte. Ende der 1970er-Jahre erschien Evita erstmals in einer wöchentlichen Kolumne des Johannesburger »Sunday Express«.

Imaginäres Homeland
Das Publikum nahm die Seitenhiebe auf das Burenregime mit Begeisterungsstürmen auf. Die Mitglieder der National Party bezeichnete Pieter-Dirk einmal als seine besten Scriptwriter: »Die haben mir Material geliefert, das kein gesunder Mensch sich hätte ausdenken können. Ich war mit einer weißen Minderheit gesegnet, die absolut keinen Sinn für Humor hatte.«

Die Absurdität der südafrikanischen Homeland-Politik führte dazu, dass Uys Evita Bezuidenhout zur Botschafterin Südafrikas im imaginären Homeland Bapetikosweti ernannte. Schließlich wurde Evita auch über die Grenzen Südafrikas hinweg bekannt. Uys reiste mit ihr nach Australien, Europa und in die USA.

Seit dem demokratischen Neubeginn in Südafrika nimmt Pieter-Dirk Uys die neue ANC-Regierung auf die Schippe. Auch Staatspräsident Nelson Mandela war einst ein absoluter Evita-Fan, er hatte ›sie‹ sogar in seinem Buch »Der lange Weg zur Freiheit« verewigt. Der Kabarettist meint, dass Humor Südafrika half, den Gestank der Apartheid loszuwerden: »Wir haben uns so getrennt entwickelt, dass es 100 Jahre dauern wird, bis wir den Rest von Menschlichkeit entdecken. Aber es gibt eine Abkürzung zur Erlösung: Humor.«

Von der Kapstädter Rhodes-Universität bekam Uys 1997 die Ehrendoktorwürde verliehen. Er lebt im winzigen Örtchen Darling an der Westküste, wo er sein eigenes Theater unterhält (s. S. 138). Ansonsten tritt er ab und zu in Kapstadt auf.

Die Alternativen der komischen Art
Nic Rabinowitz (www.nicrabinowitz. co.za) gilt als der witzigste Jude Südafrikas. Er wurde auf einer Farm in Afrika geboren und wuchs eine Zeit lang dort auf. So lernte er Xhosa perfekt zu sprechen, was natürlich zum Erfolg seiner Shows enorm beiträgt. Seine Besonderheit ist nach eigenen Angaben die Tatsache, dass er erst der zweite jüdische Junge in 2000 Jahren ist, der in einem Stall geboren wurde. Sie sehen schon, politische Korrektheit ist in Nics Shows ein Fremdwort.

Marc Lottering (www.marclottering. com) mit seinem charakteristischen Afrolook ist in Kapstadt geboren und seit seinem ersten Auftritt 1997 einer der bekanntesten und mehrfach ausgezeichneten Komiker des Landes, der in seinen Shows verschiedene Charaktere spielt.

Riaad Moosa (www.riaadmoosa. co.za) ist Inder, in Kapstadt aufgewachsen und zur Uni gegangen – und der einzige ausgebildete Doktor unter Südafrikas Komikern. Ein großer Vorteil, falls sich jemand im Publikum totlachen sollte – bei seinen Gags, oft unter der Gürtellinie, nicht unwahrscheinlich.

Loyiso Gola (www.loyisogola.com) ist schließlich der Schwarze im Bunde. Er ist vom Stamm der Xhosa und im Township Gugulethu bei Kapstadt geboren und aufgewachsen. Er tritt mittlerweile weltweit auf und oft im südafrikanischen Fernsehen. ■

C

CAPE TOWN FUNNY FESTIVAL

Kapstadts Comedy Festival findet jedes Jahr im Juli/August statt. Veranstaltungen gibt es in verschiedenen Locations, u.a. The Baxter Theatre Concert Hall und Amphitheatre V&A Waterfront (Tickets T 021 425 6986, www.eddycassar.co.za).

Kap-Kaffee-Kultur

Verwöhnaroma & Steampunk — David Donde gilt als der Mr. (Coffee-)Bean am Kap und spürt die besten Bohnen der Welt auf, die er dann selbst in seinem Collosus röstet.

David Donde sieht mit seinem rasputinhaft wilden Haarwuchs eher aus wie ein Nebendarsteller in der ›Medicus‹-Verfilmung als der Besitzer eines der trendigsten Coffee-Shops der Welt.

Der Name ist Programm. Colossus heißt der gewaltige, schmiedeeiserne Trommelröster aus den 1940er-Jahren, der bei David Donde mitten im herrlichen Steampunk-Coffee-Shop steht. Hier sieht es mehr nach einer Neuverfilmung der »Zeitmaschine« (Time Machine von HG Wells) aus als nach einem Café: von den Klamotten der hypercoolen, dennoch kundigen Bedienungen bis zum Dekor, das aus alten Vintage-Stücken besteht.

Steampunk vom Feinsten

David kauft seine Bohnen in der ganzen Welt. Aber das Geheimnis für eine exzellente Tasse liegt im Röstprozess, daher der kolossale Röster im Laden. Muss starker Kaffee bitter sein? Nein, natürlich nicht. Laut David kommen verschiedene Kaffeebohnen von verschiedenen Böden. Jeder Kaffee ist ein landwirtschaftliches Produkt, abhängig vom jeweiligen Boden. Das Ziel eines jeden Mikro-Rösters ist es, diese Nuancen herauszustellen und dabei das Geschmackspotenzial zu maximieren.

Wenn ein Kaffee durch den Röstprozess geht, durchläuft er verschiedene Stadien. Geschmack und Textur entwickeln sich. Und brennen schließlich weg.

Wie weit soll man gehen? Untergerösteter Kaffee schmeckt zusammenziehend, übergerösteter bitter. Beim Rösten ›explodieren‹ Kaffeebohnen ähnlich wie Popcorn. Es gibt zwei solche Pops oder Cracks. Vor dem Rösten schmecken die grünen Kaffeebohnen wie ungekochte Pasta. Mit dem ersten Knall kommt der Kaffeegeschmack, da die Stärke in der Bohne karamellisiert.

Ein Kaffee mit beispielsweise herrlichem Blaubeer-Aroma und -Nachgeschmack verliert diese Eigenschaft, wenn um 1 Grad Celsius zu dunkel oder 2 Grad Celsius zu früh geröstet wurde. »Folge dem Geschmack«, ist die Devise des Kaffee-Gurus, »und lass den Kaffee reden.«

Und wie erkennt Mr. (Coffee-)Bean David Donde miesen Kaffee?

Es gibt immer ein paar Hinweise darauf, ob der Kaffee, den man gerade bestellen möchte, gut sein wird oder nicht. Hinweis 1: Gibt es nur Filterkaffee, dann bist du entweder in einem Kaffee-Mekka oder einer Koffein-Hölle. Der Unterschied liegt auf der Hand. Wenn die Filterkaffee-Maschine eine mit Glaskanne auf Heizplatte ist, vergiss es. Wenn jede Tasse auf Bestellung gebrüht wird, besteht etwas Hoffnung. Kaffee darf niemals aufgewärmt werden. Frisch brühen und sofort trinken.

Niemals vormahlen

Wenn es eine Espresso-Maschine gibt, checken, wie der Barista (den es hoffentlich gibt) die Mahlmaschine benutzt. Wird pro Tasse gemahlen? Oder steht da irgendwo ein Eimer mit vorgemahlenem Kaffee? Oder noch schlimmer: eine Packung mit vorgemahlenen Bohnen? David ist das Entsetzen bei dieser Vorstellung ins Gesicht geschrieben. Dann der Mahlgrad. Zu fein und der Kaffee extrahiert zu langsam, was einen bitteren Geschmack zur Folge hat. Zu kurz und er wird sauer. Kaffee schmeckt bereits ein paar Minuten nach dem Mahlen fahl.

Sind die Espresso-Portionierer in der Maschine? Liegen diese auf der Theke, kühlen sie ab und geben dem kleinen Schwarzen einen sauren Geschmack. Wie wird das Kaffeepulver gepresst? Wenn das nicht gleichmäßig passiert, unter- oder überextrahiert der Kaffee zur selben Zeit. Ergebnis: Bitter und sauer in der gleichen Tasse.

Erinnert stark an das Labor eines verrückten Professors, tatsächlich handelt es sich hier um einen der trendigsten Coffee-Shops der Welt.

Den Espresso ansehen, bevor die Milch draufkommt. Hat er eine feine, bräunliche Cremaschicht? Dann ist er perfekt extrahiert. Ist die Crema weißlich, wurde er zu lange extrahiert und wird definitiv bitter sein. Ein perfekt extrahierter Doppel-Espresso benötigt 25 Sekunden. Ein guter Kaffee hat subtile, interessante Nuancen und einen anhaltenden, delikaten Nachgeschmack. ■

KAPSTADTS BESTE KOFFEIN-TANKSTELLEN

Den ›echten‹ Italiener **Giovanni's Deliworld** gibt es mit Abstand am längsten. Italophile Selbstversorger finden hier frische Zutaten für ihre Gerichte.
Truth Coffee Roasting (www.truthcoffee.com) von David Donde röstet erlesene Bohnen in kleinen Mengen, um die Qualität gleichmäßig hoch zu halten. Die unangefochtene Nummer 1 im Land.
Der Besitzer von **Tribe 112 & Tribe Woodstock** (www.tribecoffee.co.za) hat bei Truth das Kaffeerösten gelernt und serviert nun den zweitbesten Cappuccino der Stadt.
Origin Coffee Roasting (www.originroasting.co.za) röstet, wie der Name schon andeutet, die frischen Bohnen direkt im Laden (über 20 Sorten!).
In Woodstocks Old Biscuit Mill findet sich **Espresso Lab Microroasters** (www.espressolabmicroroasters.com), wo Baristas interessante Bohnenmischungen brühen und dann kunstvoll mit geschäumter Milch veredeln.
Vida e Caffe (www.caffe.co.za) hat den Vorteil, dass es etliche der rot-weißen Filialen in Kapstadt und Umgebung gibt.

Ein Profi bei der Arbeit – die Baristas vom Espresso Lab wissen genau, was sie tun.

Perfekte Crema

Dampft die geschäumte Milch so richtig ordentlich? Dann ist sie überhitzt und verliert komplett ihre Süße. Wenn der Barista beim Erhitzen das Milchgefäß auf- und abwärts schüttelt, hat er offensichtlich keine Ahnung von dem, was er tut, und wird nie den wünschenswerten feinen Milchschaum mit Mikro-Textur hinbekommen. Gut hinhorchen. Perfekt geschäumte Milch klingt nicht wie eine Dampfmaschine oder ein startender Jet. Sie klingt wie eine Zeitungseite, die langsam zerrissen wird.

Latte-Kunst (diese charmanten Muster oben im Schaum) können ein Indiz für eine gute Tasse sein, aber kein Garant.

Keine Aschenbottles mehr

Kap der guten Tropfen — Südafrikas (landschaftlich wie klimatisch!) überaus abwechslungsreiche Weinanbaugebiete stehen heute für ein qualitativ hochwertiges Weinangebot. Zu Beginn sah das jedoch noch ganz anders aus …

Wie kam der Wein ans Kap?

Die Geschichte des südafrikanischen Weinbaus begann damit, dass die Niederländisch-Ostindische Kompanie (VOC) den jungen Kaufmann Jan van Riebeeck 1652 ans Kap strafversetzte, um dort eine Versorgungsstation für ihre Schiffe auf halbem Weg nach Indien einzurichten. Das Kap galt im 17. Jh. als unwirtlicher Ort, aber Riebeeck zog es einem Gefängnisaufenthalt in Holland vor.

Kaum angekommen, erkannte er, dass das mediterrane Klima, mit feuchten, frostfreien Wintern und langen, heißen sowie gleichmäßig temperierten Sommern, ideal für den Weinbau sein müsste. Sein Problem war, an die Reben heranzukommen, denn es galt den 17-köpfigen Rat der alten Herren in Amsterdam davon zu überzeugen, ihm diese per Schiff zukommen zu lassen. Die profitgierigen Geizhälse der VOC waren immer skeptisch, wenn einer ihrer Überseeangestellten Sonderwünsche anmeldete, und verdächtigten ihn sofort, Privatgeschäfte tätigen zu wollen. Erst eine tragische Tatsache half van Riebeeck schließlich weiter. Während die Flotten der weinproduzierenden Länder Frankreich, Spanien und Portugal fast ohne Todesfälle um die Welt segelten – ihre Seeleute bekamen täglich Rationen jungen Rotweins –, starben die Holländer reihenweise an Skorbut. Der Rotwein hatte außerdem den Vorteil, dass dieser an Bord länger genießbar blieb als Wasser.

Die Anfänge

Anderthalb Jahre nach seiner Anfrage erhielt van Riebeeck die ersten Reben. Die Zweige waren in Erde gebettet und in Leinensäckchen genäht; die Seeleute sollten sie während der Überfahrt ständig feucht halten. Das ständige Gießen übertrieben sie wohl etwas. Als die Reben in Kapstadt ankamen, waren sie alle verrottet. Weitere Monate vergingen, bis die ersten gesunden Weinpflanzen eintrafen.

Es wird heute angenommen, dass diese ersten Setzlinge aus Frankreich stammten. 1656 landeten zwei holländische Schiffe am Kap – die Dordrecht und die Pavel –, die französische Reben mit an Bord hatten. Es ist sehr wahrscheinlich, dass damals die Rebsorte Chenin Blanc eingeführt wurde. Egal aber welche Sorte – Hauptsache, die Pflanzen waren gesund. Van Riebeecks Obergärtner Hendrik Boom und sein Helfer Jacob Cloete van Kempen pflanzten die Weinreben neben das Gemüse im Company's Garden (dem heutigen Botanischen Garte<en Kapstadts: The Gardens) – mediterrane Fremdlinge unter holländischen Gurken und Tomaten.

Der Wind blies, die jungen Reben hielten stand und überlebten sogar ihre Gärtner, die wie van Riebeeck selbst keine Ahnung vom Weinbau hatten. Noch bevor die ersten Trauben gekeltert wurden, stieg dem Gouverneur der Wein zu Kopf. Immer wieder forderte er von seinen Vorgesetzten in Amsterdam neue Reben an. Rund um seine Kolonie suchte er nach neuen und besseren Lagen, um seinen Wein anzupflanzen. Am heutigen Liesbeek River, den die holländischen Siedler nach dem Fluss, der durch Amsterdam fließt, Amstel nannten, entstand die erste große Weinfarm Wijnbergen, die später in Bosheuvel umgetauft wurde.

Die Gärtnerei im Company's Garden wurde beibehalten, um neue Rebensetzlinge zu ziehen. Im August 1658 schrieb van Riebeeck in sein Tagebuch: »Mit der Hilfe freier Bürger und Sklaven haben wir einen Großteil von Bosheuvel mit jungen Weinreben bepflanzt.« Innerhalb von vier Tagen wurden 1200 Pflanzen eingesetzt.

Die ersten Winzer

Die Verträge der Arbeiter der VOC liefen nach fünf Jahren aus, danach konnten sie sie verlängern, nach Holland zurückkehren oder als freie Bürger *(free burgher)* ein Stück Land am Kap erhalten und bewirtschaften. Die ersten neun freien Bürger wurden im Jahr 1657 entlassen, ihnen folgten immer mehr. Alle bekamen Weinpflanzen aus dem Garten und pflanzten sie rechts und links des Liesbeek River an.

Am 2. Februar 1659 findet sich ein weiterer bedeutender Eintrag in van Riebeecks Tagebuch: »Heute, der Herr sei gepriesen, wurde das erste Mal Wein aus Kap-Trauben gepresst.« Über die Qualität schweigt er sich aus. Zeitgenossen berichteten von einem Geschmack nach einer Mischung aus Essig und Putzmittel.

Duck-Force: Die Schnecken-Terminatoren sind bereit zum Einsatz im Weinberg.

1662 verließ Jan van Riebeeck das Kap und segelte neuen Aufgaben im heutigen Indonesien entgegen. Der Weinbau ging weiter. Um zu vermeiden, dass die Vögel sich über die reifen Trauben hermachten, wurde immer viel zu früh geerntet, was sich verheerend auf die Weinqualität auswirkte.

Ohne van Riebeecks feste Hand brach die Organisation der Kolonie immer mehr zusammen, die VOC verlor allmählich das Interesse an ihrer Kap-Besitzung. 17 Jahre nach van Riebeeck wendete sich mit Simon van der Stel als neuem Gouverneur das Blatt. Auf einer Inspektionsreise erforschte er ein langes, grünes Tal, das ihm als gutes Farmland und ideal für eine Siedlung erschien. Im November 1679 gründete er Stellenbosch, die erste *free-burgher*-Stadt im Landesinneren und heute ein bedeutendes Weinbauzentrum.

Von Riebeecks Essig zu exzellentem Bio-Wein

Besucht man heute das **Avondale Estate,** sind die mühsamen Anfänge des Weinbaus in der Region nur sehr schwer vorstellbar. Die auf dem Weingut angebotene Eco Wine Safari macht Besucher mit dem Ethos von Avondale vertraut. ›Terra Est Vita‹ (Boden ist Leben) ist das Motto des Besitzers und Vinikulturisten Johnathan Grieve, basierend auf dem Prinzip, dass ein gesunder Boden gesunde Pflanzen produziert.

Die interaktiven Safaris nehmen Gäste auf eine informative Tour durch das Weingut mit. Sie beginnt mit dem ultra-modernen Schwerkraft-Keller, der sich drei Stockwerke unter der Erde befindet. Darauf folgt der Traktor-Anhänger-Trip über das Anwesen. Dort bekommen Besucher ein besseres Verständnis der biodynamischen landwirtschaftlichen Methoden, die die Farm anwendet, um zertifizierte Bio-Weine zu keltern.

Biodynamischer Energie-Sender

Zur Begrüßung schenkt der erfahrene Guide gleich einmal ein Glas vom frischen, lebendigen Avondale-Sekt Armila Blanc de Blanc aus – ein perfekter Toureinstieg. Auf der 300 Hektar großen Farm wird das natürliche Wasseraufbereitungssystem erklärt, das aus drei miteinander verbundenen Dämmen besteht.

Noch faszinierender ist ein von Johnathan eingesetzter biodynamischer Energie-Sender *(field broadcaster energy device),* der natürliche, kosmische Energien empfängt, bündelt und an den Boden weitergibt, um gesundes Wachsen der Weinreben zu stimulieren. (Wissenschaftlich mag das keinen Sinn machen, aber hier scheint es zu funktionieren!)

Die landschaftlich reizvollen Stopps am Weg bieten die Chance, weitere fünf Weine der Avondale-Kollektion vor ihren jeweiligen Rebstöcken zu verkosten. *Camissa*, ein Blanc de Noir, *Cyclus,* ein erfrischender, weißer Cuvée, *Anima,* ein lebendiger Chenin Blanc, *La Luna,* ein klassischer, roter Verschnitt, und *Samsara*, ein Syrah.

Gäste erfahren mehr über Avondales Bemühungen, die natürliche Fynbos-Vegetation auf der Farm zu regenerieren. Wer Glück hat, sieht einige der in den Weinbergen lebenden Vogel- und Säugetierarten, typisch für toxinfreie Bio-Güter. Selbst Stachelschweine und Luchse wurden schon gesehen, von einem Leoparden nur die Spuren.

Auch die Angus-Rinder der Farm grasen hier und hinterlassen ihre Verdauungsendprodukte als Dünger. Eine gefiederte Armee weißer Enten entfernt Reben-Schädlinge wie Schnecken auf natürliche Art und Weise und erledigt so den Rest. Mutter Natur als Weinbauer.

Ob Jan van Riebeeck es 1659 für möglich gehalten hätte, dass der Weinbau am Kap später mal so ausgefeilt sein würde? ∎

Angst vor Enteignung

25 Jahre nach Ende der Apartheid — auch heute noch gehört der Löwenanteil des Farmlands in Südafrika der weißen Minderheit. Die Regierung plant Enteignungen ohne Entschädigung. Ein Vorhaben, das Südafrika spaltet.

Fruchtbares Land, soweit das Auge reicht. Kühe grasen auf den Wiesen, in den Tälern glitzert das Wasser der Staudämme. »Eine schöne Aussicht, nicht wahr?«, sagt Landwirt James Kean, der inmitten seiner Milchkuh-Herde steht. Sein Vater hat diese Farm in den 1980er-Jahren erworben, Kean hat den Betrieb ausgebaut. »Wir haben viel investiert, um die Produktivität zu steigern. Umsonst haben wir das alles sicherlich nicht bekommen.« Er ärgert sich über die Stimmen in Südafrika, die behaupten, weiße Farmer hätten ihre Ländereien nicht wirklich verdient, ja sogar gestohlen. Ein Vorwurf, den er in der äußerst emotional geführten Debatte über eine Enteignung von Land ohne Entschädigung immer wieder hört.

Gefährlicher Populismus
Insbesondere von der linkspopulistischen Oppositionspartei EFF unter Julius Malema. »Die Gefühle der Weißen sind uns egal«, so Malema vor Anhängern in Soweto. »Wegen ihnen haben wir sehr lange gelitten. Sie sollten froh sein, dass wir nicht zu einem Genozid aufrufen. Wir nehmen nur, was uns gehört.« Die Menge jubelt.

Beim Thema Land entlädt sich die aufgestaute Frustration darüber, dass sich das Leben vieler dunkelhäutiger Südafrikaner 25 Jahre nach Ende der Apartheid nicht maßgeblich verbessert hat. Mit den Stimmen der EFF und der Regierungspartei ANC hat das südafrikanische Parlament für eine Änderung der Verfassung gestimmt, die den Weg für Enteignungen ohne Entschädigungen freimachen soll.

Kritiker halten das für verfehlt. Seit 1994 wurde zwar nur ein Bruchteil an die schwarze Bevölkerungsmehrheit umverteilt, aber Entschädigungszahlungen sind nicht der Hauptgrund für die quälend langsame Landreform.

Wer soll das Land bekommen?
Auf einer Weide ganz in der Nähe von Kean's Milchbauernbetrieb grasen die Kühe von Thube Zondi, einem jungen schwarzen Farmer, der Agrarwirtschaft studiert hat. Das Land hat er jedoch nur gepachtet. »Die Regierung hatte es einer Gemeinschaft überschrieben, die ihr historisches Besitzrecht geltend gemacht hat. Aber sie konnten es nicht richtig bewirtschaften.«

Fälle wie dieser sind eher die Regel als die Ausnahme. Viele Landreform-Projekte sind gescheitert, weil es an finanziel-

---

ZUR AUTORIN **A**

Leonie March lebt seit 2009 in ihrer Wahlheimat Südafrika und arbeitet dort als Journalistin und Schriftstellerin. Beim DuMont Reiseverlag ist 2018 ihr Buch »Mandelas Traum – Meine Reise durch Südafrika« erschienen.

»Die Farmen sollten nur an jene gehen, die sie auch bewirtschaften können.«

ler Unterstützung, landwirtschaftlichem Knowhow und einem Zugang zu Märkten mangelt. Zwar unterstützt Thube Zondi den Vorstoß für Enteignungen ohne Entschädigung, aber nur solange das Land auch sinnvoll verteilt werde. »Die Farmen sollten nur an jene gehen, die sie auch bewirtschaften können, damit das Land produktiv genutzt wird.«

Landhunger in den Städten

Die Produktivität der Landwirtschaft dürfe durch die geplante Verschärfung der Landreform nicht leiden, verspricht auch Südafrikas Präsident Cyril Ramaphosa. Enteignungen ohne Entschädigungen solle es nur in Ausnahmefällen geben, etwa wenn Land brach liegt, überschuldet ist oder Spekulationszwecken dient. Auch Farmarbeiter, die seit Generationen beispielsweise auf den Weinfarmen rund um Kapstadt leben, sollen Land erhalten.

Milchbauer James Kean glaubt Ramaphosas Worten, obwohl viele andere weiße Farmer in Panik sind, teils aufgestachelt von rechtsextremen Gruppen. »Natürlich haben viele Angst, aber wir bauen unseren Betrieb weiter aus«, meint Kean. Nüchtern betrachtet, sei der Hunger nach Land und bezahlbarem Wohnraum ohnehin rund um die Städte am größten.

Tatsächlich wachsen in den Städten informelle Siedlungen und auch illegale Besetzungen von Grundstücken nehmen zu. Noch komplexer wird die Landfrage mit Blick auf den traditionellen Gemeinschaftsbesitz in den ehemaligen Homelands. Dazu kommen die Stimmen der Ureinwohner, Khoi und San, die ebenfalls auf Landrechte pochen. All diese Aspekte müssen bei der Formulierung der geplanten Verfassungsänderung beachtet werden. Schon jetzt wird mit einer Klagewelle gerechnet. Die Landfrage wird das ohnehin zerrissene Südafrika also weiter spalten. ■

von Leonie March

Kreative Stadt der Kunst

Art in Africa — dort, wo Afrika zu Ende ist, konzentriert sich die Kunst. Erst im April 2018 hat nach dem Zeitz Museum of Contemporary Art Africa (MOCAA) in Kapstadt ein weiteres Kunst-Highlight von Weltklasseformat eröffnet.

Der beeindruckende 10 000 m² große, nachhaltige Komplex der Norval Foundation, ein Traum aus Beton und Glas, wurde von den renommierten Kapstädter DHK Architects entworfen. Im Skulpturengarten, angelegt in rehabilitiertem Sumpfland, mit Brücken, Speckbäumen und Aloen steht die sechs Meter hohe Granitstatue von Angus Taylor, die einen Kopfstand probiert. Und die Vögel aus Bronze und Edelstahl von Wim Botha fliegen praktisch aus dem Riedgras auf.

Bisher unbekannte Künstler

Es gibt weitere Skulpturen von zeitgenössischen Bildhauern zu entdecken, von William Kentridge, Gerhard Marx und Brett Murray. Innen im ›Modern Pavilion for Art‹ wird die Kunst des 20. Jh. zelebriert: mit wechselnden Ausstellungen und Exponaten, von Sydney Kumalo (1935–88) und seinem Bildhauer-Kollegen Ezrom Legae (1938–99). Die Skulpturen und Bilder dieser afrikanischen Künstler erinnern an Picasso und Henry Moore. Fast niemand kennt sie,

da über sie während der Apartheid-Ära nicht berichtet wurde. Unglaublich, wenn man heute nach ihrem Tod sieht, wie bahnbrechend und beeindruckend ihre Werke waren. Im Hintergrund durch die großen, deckenhohen Fenster steigert die natürliche Kulisse des Tafelberg-Massivs noch den Kunstgenuss.

Tonnenschweres Monstrum

Zu den Skulpturen des Italo-Südafrikaners Edoardo Villa, die zwischen 1958 und 1968 entstanden sind, gehört »Monumental Africa«, ein sieben Meter hoch aufragender, kubischer Kaktus, den er für den Union of South Africa Pavilion bei der Rand Easter Show 1960 gefertigt hatte. Das tonnenschwere Monstrum in das Museum zu bekommen war eine echte Herausforderung.

Serge Alain Nitegekas temporäre Installation füllt das gesamte Atrium von Norval aus: ein undurchdringlicher Wald aus schwarzen, durcheinander zusammengenagelten Holzplanken, in die der Künstler mit einer Kettensäge Pfade

Ein Besucher im Zeitz Museum of Contemporary Art Africa (MOCAA) fotografiert das Kunstwerk »Hanging Piece« des südafrikanischem Künstlers Kendell Geers.

geschnitten hat, was die schwierige Reise zwangsumgesiedelter Menschen symbolisieren soll. Ein weiteres konstruktivistisches Werk des in Burundi geborenen Einwanderers steht im Villa Room, mit deutlich erkennbaren Parallelen zu dessen Werken. Villa kam als italienischer Kriegsgefangener in den 1940er-Jahren nach Südafrika. Im gleichen Geist der Vernetzung verbindet eine Zeitachse geschickt die beiden Künstler-Karrieren mit denen von Kumalo und Legae und Südafrika im Allgemeinen sowie signifikanten, geschichtlichen Ereignissen, wie dem Sharpeville-Massaker (1960) und dem Soweto-Aufstand (1976). Museumsdirektorin Elana Brundyn möchte, dass die Institution mit ihren neun Galerien und der ruhigen, besinnlichen Atmosphäre das Zusammenspiel und den Einfluss unter den Künstlern hervorhebt.

Sie war auch Teil des Teams, das im September 2017 im neuen Silo District der Waterfront das architektonische

Meisterwerk des **Zeitz Museum of Contemporary Art Africa (MOCAA)** realisiert und eröffnet hat. Es teilt sich den Gebäudekomplex der alten Getreidesilos mit dem **Silo-Hotel** (s. S. 47). Das MOCAA ist zweifellos neben der Norval Foundation eines der besten Kunstmuseen Südafrikas und eines der schönsten der Welt. Die beiden neuen, kulturellen Institutionen Kapstadts konkurrieren nicht miteinander, sie ergänzen sich perfekt. Und sie liegen beide innerhalb touristischer Hotspots, zum einen in der Waterfront und zum anderen an der Constantia-Weinroute. Also beide besuchen.

Beton-Kathedrale
Zurück in die Waterfront. 12 Jahre hat es gedauert, den fast 100 Jahre alte Industrie-Komplex, der zunächst abgerissen werden sollte, zu transformieren. Vom Atrium gehen neun Stockwerke nach oben, mit 80 individuellen Galerieräumen. Für die Gestaltung des Atriums wurde ein Getreidekorn, das man in einem der Silos gefunden hatte, digital gescannt und auf eine Höhe von zehn Stockwerken vergrößert. Nach diesem Modell wurden die riesigen, röhrenförmigen Betonspeicher angeschnitten und die Schnittflächen poliert. Das geschah mit gewaltigen Diamantschleifern, Millimeter für Millimeter. So entstand eine einzigartige, kolossale Industrie-Kathedrale. Die Hommage an die agrarische Vergangenheit des Gebäudes wird somit selbst zum Kunstwerk. Das MOCAA-Museum wurde Anfang 2018 vom Wallpaper-Magazin zum schönsten öffentlichen Gebäude der Welt gekürt. Und im Verlauf des Jahres 2018 nannte das TIME-Magazin Zeitz MOCAA eine der 100 Top-Destinationen der Welt. Es zeigt die mit Abstand größte Sammlung zeitgenössischer afrikanischer Kunst in der Welt. Als das Gebäude eingeweiht wurde, zog der zeitlebens humorvolle Anti-Apartheid-Kämpfer Erzbischof Emeritus und Friedensnobelpreisträger Desmond Tutu sein Handy heraus und tat so, als würde er von dem verstorbenen Nelson Mandela aus dem Himmel angerufen werden: »Ja«, sagte Tutu zu Mandela, »genau dafür haben wir gekämpft.«

Night at the Museum
Bei Norval gibt es noch etwas ganz Besonderes: Im Komplex findet sich ein modernes Luxus-Apartment mit zwei DZ im ersten Stock, das (bis zu vier) Besucher zusammen buchen können – und somit die Möglichkeit haben, eine Nacht im Museum zu verbringen. Der Übernachtungspreis beinhaltet freien Museumseintritt sowie eine geführte Tour mit dem Kurator. Es gibt eine vollausgestattete Küche für Selbstversorger, Aircon, WLAN, SAT TV und einen großen Balkon mit Blick auf den Skulpturengarten und die Weinberge. Das Apartment kostet je nach Saison ab 21 000 Rand. Bei vier Personen wären das 5250 Rand pro Person. Teuer, aber auch absolut einzigartig. ∎

INFO

Zeitz Museum of Contemporary Art Africa (MOCAA): V&A Waterfront, Silo District, South Arm Rd., T 087 350 47 77, www.zeitzmocaa.museum, Mi–Mo 10–18 Uhr, Eintritt 180 Rand, unter 18 J. frei, jeden ersten Fr im Monat 90 Rand
Norval Foundation: 1 Ou Kaapse Weg, Steenberg Rd., gegenüber der US-Botschaft, Tokai, T 087 654 59 00, www.norvalfoundation.org, Mi–Mo 10–16.15 Uhr, Eintritt 140 Rand, unter 18 J. frei, jeden Mo Eintritt gegen eine kleine Spende
Skotnes Restaurant & Bar: 4 Steenberg Rd., T 087 654 59 02, www.norvalfoundation.org/skotnes-restaurant

Die Skulpturen und Bilder der afrikanischen Künstler Sydney Kumalo (1935–88) und Ezrom Legae (1938–99) erinnern an Picasso und Henry Moore.

In Kapstadts Trendviertel Woodstock, in der Sussex Street, hat der Argentinier JAZ »Not Eating« an die Wand gemalt. Eine große Katze frisst da gerade einen Männerkopf.

Zwei Kunstgalerien auf Weltklasse-Niveau

Wal-Heimat

Das Comeback der sanften Riesen — zwischen Juni und Oktober kommen die Wale aus den planktonreichen, eiskalten Antarktisgewässern in die subtropische, 8000 km entfernte False Bay und ihre Nachbarbuchten.

In der Walker Bay, unterhalb der Klippen in der Nähe des alten Hafens und vor dem 40 km weit entfernt liegenden Städtchen Die Kelders, befinden sich die Lieblingsplätze der Südlichen Glattwale (Southern Right Whales). Bis zu 70 von ihnen tummeln sich dort oft gleichzeitig, was Einheimische dann scherzhaft-despektierlich als ›Walsuppe‹ bezeichnen.

SEHEN UND GESEHENWERDEN **S**

Die Whale Watching Hotline ist unter T 028 312 26 29 zu erreichen. Infos zum jährlichen Walfestival: www.capetownmagazine.com/whale-watching-hermanus, www.sa-venues.com/attractionswc/capewhale-coast.htm.
Es gibt außerdem eine Liste mit allen lizenzierten Walbeobachtungsbooten entlang der Küste, die Fahrten anbieten, einzusehen beim Tourismusbüro in Hermanus (Checkers Building, Mitchel Street, T 028 312 38 46, z. B. www.hermanus-whale-cruises.co.za).

Von Wal zu Wal
Die Wale legen bestimmte Verhaltensmuster an den Tag. Schon von Weitem erkennt man die Wasserfontänen, wenn die Tiere ›ausatmen‹ *(blowing)*. Walforscher sprechen von *breaching*, wenn ein Wal rückwärts aus dem Wasser schießt und mit viel Getöse wieder auf der Wasseroberfläche landet. Dieser Vorgang, der meistens vier- bis fünfmal hintereinander zu beobachten ist, kann eine Art von Spiel oder Kommunikation sein, manchmal auch Zeichen von Agressivität. Das Schlagen der Schwanzflosse auf die Wasseroberfläche – *lobtailing* – ist viele Kilometer weit zu hören und informiert andere Wale. Um ihre Umgebung besser in Augenschein nehmen zu können, stehen die Wale manchmal senkrecht, bis zu den Flossen aus dem Wasser ragend, im Meer *(spyhopping)*.

Bei der Begattung geht es recht liberal zu. Gleich mehrere Männchen versuchen, in einer sogenannten *mating session* ein einziges Weibchen zu begatten.

Walfang gestern, Walschutz heute
Zwischen 1908 und 1925 wurden etwa 25 000 Buckelwale (seit 1963 geschützt)

Um seine Fähigkeiten zu verfeinern, nimmt der Walschreier von Hermanus jährlich an der in London stattfindenden Stadtschreier-Konferenz teil.

in den Gewässern um das südliche Afrika getötet. Auch die mittlerweile wieder häufig zu sehenden Glattwale (seit 1935 geschützt) standen einst kurz vor ihrer Ausrottung. Professionelle Walfänger jagten sie seit dem Ende des 18. Jh. gnadenlos, vor allem wegen des Trans, der als Brennstoff und als Grundlage für Arzneimittel Verwendung fand, und wegen der Barten, aus denen insbesondere Korsettstangen hergestellt wurden. Der englische Name *right whale* stammt von seinen ehemaligen Jägern: Er war der ›richtige‹ Wal zum Töten, da er langsam schwamm und dadurch leicht zu harpunieren war und zudem nach seinem Tod nicht unterging wie andere Wale, sondern an der Wasseroberfläche trieb.

Schätzungen ergaben, dass, als der Walfang verboten wurde, nur noch 10–30 geschlechtsreife Weibchen am Leben geblieben waren. Heute sind es wieder ungefähr 450, bei einer Gesamtpopulation an dieser Küste von etwa 1700 Tieren.

Ein 12 km langer Klippenpfad folgt dem Verlauf der Walküste und bietet viele gute Möglichkeiten, die majestätischen Ozeanriesen, die bis auf 10 m Entfernung ans Ufer herankommen, zu beobachten.

Kommunal-Wal

Der einzige fest angestellte Walschreier der Welt, Eric Davalala, patrouilliert stilecht mit Seetanghorn zwischen Juni und November durch die Straßen von Hermanus. Wann immer einer der Großsäuger gesichtet wird, bläst er in sein Horn und vermerkt die Location auf einer Schiefertafel. Eric ist in der Saison auch über Facebook zu verfolgen, nämlich unter Hermanus Whale Crier und Hermanus Whales.

Walbeobachtung per Schiff

Wer keine Lust mehr hat, auf den Felsen sitzend Wale zu beobachten, kann einen der in Hermanus und Gansbaai angebotenen Bootstrips buchen. Lizenzierte Tourboote dürfen bis auf 50 m an die Wale heranfahren.

Bei **Hermanus Whale Cruises** (www.hermanus-whale-cruises.co.za) werden die Ausflügler mit einem authentischen Fischerboot zur Walbeobachtung in die Walker Bay geschippert, während **Southern Right Charters** (www.southernrightcharters.co.za) nicht nur mit Walbeobachtungen, sondern auch mit einem modernen Speedboot aufwarten können.

Walsichtungsgarantie gibt es dagegen bei Rudy Hughes von Ivanhoe Sea Safaris (www.whalewatchingsa.co.za), zumindest in den Monaten August und September. ∎

Tatort Kap

Verbrechen macht sich bezahlt — Ist es wirklich wahr, dass sich Verbrechen nicht auszahlt? Fragen wir doch einfach mal vier von Südafrikas populärsten Thriller-Autoren.

In der Nacht, als sie gehijacked wurden, dinierten Roxy Palmer und ihr Mann mit einem afrikanischen Kannibalen und dessen ukrainischer Hure.« Nie werde ich diesen ersten Satz im ersten Roman, den ich von Roger Smith gelesen habe, vergessen. Es war sein zweites Buch »Wake up dead« (auf Deutsch: »Blutiges Erwachen«). Und als Leser wusste man sofort, woran man war: ein knallharter, schonungsloser Krimi-Thriller, der mal nicht in Europa oder den USA spielt, sondern in der Mother City. Jenseits vom Tafelberg liegt ein anderes Kapstadt. Eines, das geplagt wird von Bandenkriegen. Ein krasser Kontrast zur Bilderbuch-Idylle am Meer. Und, laut Roger und seinen Kollegen Michele, Deon und Andrew, die perfekte Location für mörderische Tatorte.

Was motiviert die vier Autoren, Thriller zu schreiben? Als Roger ein Kind war, hatte sein Vater immer einen Stoß Krimiromane neben seinem Stuhl gestapelt und er war etwa 12 Jahre alt, als er sich »The Hunter« schnappte, einen Parker-Roman von Richard Stark. Roger war hin und weg. Und völlig unvorbereitet auf diese amoralische Weltanschauung und den knallharten Schreibstil. Noch heute besitzt er das mittlerweile recht zerfledderte Taschenbuch. Roger schreibt, was er gerne liest.

Thriller und Bikes

Deon denkt nie nur im Genre selbst. Er liebt es, Geschichten zu erzählen. Etwa die Hälfte seiner Storys sind Krimis. »Heart of the Hunter« (Das Herz des Jägers) war ein Spionage-Thriller, »Blood Safari« (Weißer Schatten) ein politischer Roman und »Trackers« (Rote Spur) ein Spannungsroman. Und dann war da noch »Dirt Busters«, ein Handbuch für Endurofahrer. Offroad Motorrad fahren ist Deons zweite große Leidenschaft nach dem Schreiben.

Micheles Hauptinteresse gilt Südafrika, seinen Kulturen und seinem sich rapide verändernden sozialen Gefüge und den politischen Landschaften. Sie ist überzeugt, dass Krimis mehr als andere

Roger Smith

Andrew Brown

Romane in der Lage sind, praktisch jeden in der Gesellschaft anzusprechen.

Was auch fast der Ansicht von Andrew entspricht, der denkt, dass ihn Krimiromane die Schatten jeder Gesellschaft erforschen lassen. Sie geben dem Schreiber die Freiheit, etwas zu Papier zu bringen, was eine Story hat, verschiedene Charaktertypen und ein Thema. Und etwas, was den Leser hoffentlich packt.

Wie schreibt man einen Krimi?
Roger beginnt immer mit einem Bild. Etwas Lebhaftes, das aus einem tiefen, dunklen Platz kommt, ihn an der Kehle packt und zwingt zu schreiben. Er schreibt keine Gliederungen, er weiß meist überhaupt nicht, wie sein Buch enden wird. Er lässt einfach die Protagonisten auf sich zukommen und geht mit ihnen.

Bei Deon entwickelt sich so eine Story langsam im Kopf. Meist wenn er gerade noch dabei ist, einen anderen Roman zu beenden. Dann recherchiert er sehr intensiv über alles, was zum Thema gehört, um sich schließlich hinzusetzen und die Geschichte in 12 bis 18 Monaten zu schreiben.

Micheles Job ist das Schreiben und für sie ist es mehr oder weniger ein Job wie jeder andere auch. Allerdings mit längeren Arbeitszeiten und weniger Vergütung. Sie verfasst unter anderem Drehbücher (und lehrt das Schreiben derselben) und sie folgt einer täglichen Routine. Sie hat immer eine Fülle von Ideen im Kopf, die sie beschäftigen, und sie versucht, Geschichten um sie herum zu kreieren. Wie Deon recherchiert sie erst intensiv und beginnt dann zu schreiben. Ihre Romane folgen einem Handlungsfaden und ihre Strukturierung ist oft nicht ganz einfach. Dagegen hat sie mit den handelnden Personen keine Probleme. Sie erscheinen fast automatisch und die Versuchung ist groß für Michele, mehr und mehr von ihnen ins Leben zu rufen. So sind es am Ende immer zu viele Personen, die sie dann rigoros eliminieren muss.

Andrew hat immer noch ein Problem, sich als Roman-Autor zu titulieren. Für ihn ist es eher ein angenehmes Hobby als ein Job oder eine Karriere. Er schreibt, wenn er Zeit hat, und nimmt sich nicht extra Zeit zum Schreiben.

Andrew ist selbst Bulle
Andrews Recherche-Vorteil ist die Tatsache, dass er seit 18 Jahren als Polizei-Reservist arbeitet. Aus dieser Erfahrung resultieren die meisten seiner Ideen und Storys. Er liest andere Krimi-Autoren, um zu sehen, wie sie schreiben, aber am Ende schreibt er das, was aus ihm kommt, nicht das, was er bei anderen gelesen oder in Filmen gesehen hat. Als Sergeant der südafrikanischen Polizei-Reserve hat er einmal die Woche Dienst. Dann ist er vollwertiger Polizist und es gibt keinen Unterschied zwischen ihm und seinen permanenten Kollegen.

Rogers Frau Sumaya wuchs in den Cape Flats auf, versteht und spricht den Gangster-Slang Sapila – ein schnell gesprochenes Mischmasch aus Englisch, Afrikaans and Zulu – und um in diesem

Gebiet zu überleben, musste sie häufig selbst eine Waffe benutzen, um Angreifer auszuschalten. Sie konnte ihren Mann so mit sehr viel Stoff für seine Bücher aus erster Hand versorgen.

Deon denkt und schreibt jeden Tag, Tag für Tag. Er liest viele Zeitungen, Magazine, Bücher und Internet-Nachrichtenseiten.

Gib deinen normalen Job nicht auf

Michele hat viel Zeit mit der Recherche von politischen Dokumentationen und Filmen verbracht, aber sie war auch viel in Archiven, um Historisches nachzulesen. Alle diese Erfahrungen gelangen in ihre Bücher.

Wie Andrew auch folgt sie dem Rat ihres Agenten: Gib deinen normalen Job nicht auf! Beide sind überzeugt, dass Autoren, die Geld mit Krimis verdienen, die Ausnahme sind.

Roger und Deon gehören zur glücklichen Minderheit jener, die ihren Unterhalt mit Schreiben verdienen und mittlerweile ihren ›normalen‹ Job aufgegeben haben. Sie sind international bekannt. Beide haben in Deutschland bereits mehrfach Krimipreise gewonnen.

Und was ist das Beste und was das Schlimmste, wenn man Krimi-Autor ist? Das Unangenehmste für Deon ist die Tatsache, dass das Buch sein Leben 12 Monate lang dominiert. Und das Beste? Alles andere. Er sieht die Welt, trifft wunderbare Menschen und macht etwas, was er wirklich liebt.

Was Michele nicht mag, ist der konstante Druck, Bücher zu produzieren. Darunter kann die Schreibqualität leiden. Sie gibt zu, eine langsame Schreiberin zu sein, was Verleger so gar nicht mögen.

Andrew hat viel Spaß dabei, Geschichten zu finden, Menschen zu treffen und von Verbrechen zu hören. Alles, was in seine Bücher passen könnte. Das ist gleichzeitig auch das Schlimmste, sagt er: »Als Krimischreiber schaltest du nie ab.«

Michele Rowe & Deon Meyer – sie hat ihren normalen Job behalten, er lebt bereits gut vom Krimi-Schreiben

Serienmörder und Fynbos

Das Leben eines Krimi-Autors muss doch voller toller Erfahrungen und Anekdoten sein. Roger lacht. Er sagt, dass die meisten Menschen denken, dass Buchtouren glamourös seien. Und erinnert sich an eine eiskalte Nacht, vor ein paar Jahren, als er in der öffentlichen Bücherei von Wien aus einem seiner Romane vorlas und nur zwei Leute im Publikum saßen. Ein Obdachloser, der steif und fest behauptete, ein Serienmörder zu sein. Und eine ältere Dame, die die Fynbos-Tafelberg-Vegetation am Kap im Detail und auf Deutsch diskutieren wollte.

Deons Highlight war, zu hören, dass seine Bücher einen mit seiner Tochter zerstrittenen Senator in Hamburg wieder mit ihr zusammengebracht hatten.

Andrews Kollegen im Buch

Andrew liebt ganz besonders die Reaktionen seiner Polizei-Kollegen auf die Bücher. Sein letzter Roman »Good Cop, Bad Cop« verursachte viel Aufregung. Aus verschiedenen Gründen: Das Senior-Management war wenig amüsiert und wortkarg, während sich die Streifenpolizisten um die Kopien rissen, in denen sie eine Rolle spielten. Andrew hatte zwar die Namen und Beschreibungen verändert, aber es dauerte nur ein paar Sekunden, bis sie sich wiedererkannten.

Schreib einfach!

Gibt es irgendeinen Rat von den Profis für aufstrebende Schreiber, die einen Krimi verfassen wollen? Lies, lies, lies, sagt Deon. Das Genre richtig gut kennen, bevor man anfängt zu schreiben. Michele gibt nicht gerne Ratschläge, da sie selbst nie welche annimmt und die meisten Menschen sie sowieso ignorieren. Alles, was sie sagt, ist: Wenn du ein Krimi-Autor sein willst, schreib einen Krimi. Ganz einfach.

Andrew macht denselben Punkt. Schreib, schreib's einfach nieder. Mach dir keine Gedanken über den ersten Satz, den ersten Absatz, das erste Kapitel. So viele Leute bleiben auf der ersten Seite hängen und kommen nicht weiter. Vergiss die Leserschaft, schreib, was du schreiben willst, und wenn alle Wörter auf dem Bildschirm sind, kannst du zurückgehen und an der Story feilen. Und Roger bringt es mal wieder auf den Punkt: »Verdammt noch mal, das ist Südafrika. Halte deine Augen und Ohren offen. Und den Kopf unten.« ■

HOCHSPANNUNG GARANTIERT

Deon Meyer: Dead Before Dying, Dead At Daybreak, Heart of the Hunter, Devil's Peak, Blood Safari, Thirteen Hours, Trackers, 7 Days, Cobra, Icarus, Fever (www.deonmeyer.com)
Roger Smith: Mixed Blood, Wake up Dead, Dust Devils, Capture, Sacrifices, Man down, Nowhere (www.rogersmith.de)
Michele Rowe: What hidden lies, Hour of Darkness (www.penguinrandomhouse.co.za/author/michele-rowe)
Andrew Brown: Cold Sleep Lullaby, Refuge, Solace, Devil's Harvest, Good Cop, Bad Cop: Confessions of a reluctant policeman (Facebook: Andrew Brown)
Info: All diese Romane sind auch in deutscher Übersetzung erschienen.

Die Krimi-Autoren auf Deutsch gibt es bei der **Deutschen Buchhandlung Naumann,** 91 Kloof Nek, 1. Stock, T 021 423 78 32, www.buchhandlungnaumann.co.za, Mo–Fr 8–17, Sa 8–13 Uhr. Vorteil: Die deutsche Dinkel-Bäckerei (www.dinkel.co.za) befindet sich im Erdgeschoss.

Alt vor Neu: Jan van Riebeecks Statue vor dem Bürogebäude der südafrikanischen Absa Bank

Reise durch Zeit & Raum

Von Buschmännern bis zu weißen Afrikanern — Vor mehr als 30 000 Jahren siedelten bereits die ersten Menschen am Kap. Europäer kamen ab 1652 – und blieben.

Die ersten Graffiti
Vor mehr als 30 000 Jahren

Die vor mehr als 30 000 Jahren am Kap lebenden San und Khoi hinterlassen faszinierende Felsmalereien und -gravuren als Beweis ihres Daseins. Sie sind die Ureinwohner des Südlichen Afrika. Bevor die Europäer kamen, zogen sie jahrhundertelang mit ihren Schafen und Kühen ungestört durch die Winterregen-Gebiete des heutigen Südafrika. Der gebräuchlichste Name für dieses Hirtenvolk ist heute Khoikhoi, für die Jäger und Sammler San. Scherben- und Knochenfunde legen nahe, dass die Khoikhoi vor knapp 2000 Jahren aus dem heutigen Botswana mit kleinen Schafherden nach Süden vordrangen. Bevor die ersten Europäer am Kap eintrafen, lebten dort also, in Unterclans gegliedert, die Vieh züchtenden Khoikhoi und die als sozial niedriger stehend betrachteten Jäger und Sammler der San.

Zum Anschauen:
Felsmalereien in den Cederbergen, S. 158

Die ersten europäischen Besucher am Kap
Ab 1487

Der portugiesische Kapitän Bartolomeu Dias navigiert 1487 sein Segelschiff erfolgreich um das Kap der Guten Hoffnung und nennt es aufgrund seiner Erfahrungen Kap der Stürme. Zehn Jahre später segelt sein Landsmann Vasco da Gama auf dem Weg nach Indien um das südliche Ende Afrikas. Im Jahre 1503 segelt ein weiterer Portugiese, der Seefahrer Antonio de Saldanha, in die Tafelbucht und besteigt als erster europäischer ›Tourist‹ den Tafelberg.

Es dauert dann noch 150 Jahre, bis die ersten Holländer in der Tafelbucht landen. Der holländische Kaufmann Jan van Riebeeck errichtet eine Versorgungsstation für die Schiffe seines Landes, legt Gemüse- und Obstgärten an und züchtet Vieh. Aus dem temporären Etappenziel auf halbem Weg zwischen Amsterdam und Batavia wird die erste feste europäische Siedlung in Südafrika.

Zum Anschauen:
Company's Garden in Kapstadt, S. 19

Die Engländer kommen
1795–1910

Anderthalb Jahrhunderte nach den Holländern zieht es die Briten 1795 ans Kap. Sie besetzen die Umgebung von Kapstadt. Die Vormachtstellung der Holländer ist beendet. Und schon 1814 wird das Land um Kapstadt zur britischen Kronkolonie.

Die Briten schaffen 1834 die Sklaverei ab. Die Buren, Nachfahren der Holländer und Deutschen, verweigern den Gehorsam, geben ihre Farmen auf und verlassen die Kapprovinz Richtung Nordosten. Da die Buren nur durch die Ausbeutung ihrer Sklaven riesige Farmen bewirtschaften können, wird ihnen mit dem Verbot der Sklaverei die wirtschaftliche Grundlage entzogen. Auch die zunehmende Anglisierung am Kap ist ihnen ein Dorn im Auge. Sie möchten irgendwo im Landesinnern wieder ›frei‹ und unter sich sein. Während des sogenannten Großen Trecks ziehen etwa 10 000 Voortrekker in Gebiete, die seit Jahrhunderten von schwarzen Ethnien besiedelt sind. Es kommt zu blutigen Auseinandersetzungen.

Auch zwischen Buren und Engländern kommt es 1880 zum Ersten Englisch-Burischen Krieg *(First Anglo-Boer War)*.

England will weiterhin die rohstoffreichen neuen Buren-Republiken annektieren, was zwischen 1899 und 1902 zum Zweiten Englisch-Burischen Krieg (Second Anglo-Boer War) führt, den die Briten durch die Taktik der ›verbrannten Erde‹ gewinnen.

Durch den Zusammenschluss von Oranje-Freistaat, Transvaal, Natal und Kap-Kolonie entsteht 1910 die Südafrikanische Union.

Zum Anschauen:
Matjiesfontein, S. 234

Die Jahrzehnte der Apartheid
1913–1977

Die Apartheid in Südafrika beginnt 1913 mit der Homeland-Politik: Schwarze werden in unfruchtbare ›Stammesgebiete‹ zwangsumgesiedelt.

1948 gewinnt die National Party unter Daniel François Malan die (natürlich rein weißen) Wahlen. Sie macht sich daran, die Apartheid weiter gesetzlich zu verankern. Es folgt ein groteskes Apartheidgesetz nach dem anderen.

Im Januar 1953 verhängt die Regierung der National Party aufgrund der Proteste den Ausnahmezustand im Land,

um jede Opposition gegen ihre Politik im Keim zu ersticken. Doch der Widerstand wächst. Am 25. Juni 1956 verkündet der Congress of the People die Freedom Charta. Vertreter aller Rassen fordern ein demokratisches Südafrika. Als Folge werden 156 Personen wegen Hochverrats angeklagt. Die Coloureds verlieren am Kap ihr Wahlrecht.

In Panik geratene Polizisten eröffnen am 21. März 1960 in Sharpeville bei Johannesburg mit Maschinengewehren das Feuer auf Anti-Apartheid-Demonstranten und töten 69 von ihnen.

Am 5. August 1962 wird Nelson Mandela verhaftet und zusammen mit Walter Sisulu und anderen im Rivonia-Prozess erst zum Tode, dann zu lebenslanger Haft auf der Kapstadt vorgelagerten Gefängnisinsel Robben Island verurteilt.

Der Anfang vom Ende der Apartheid wird 1976 eingeleitet. Schüler demonstrieren in Soweto gegen Afrikaans als alleinige Unterrichtssprache. Die Polizei feuert in die Menge und tötet viele der Kinder. Massenproteste im ganzen Land zwingen die Regierung zu ersten Zugeständnissen.

Zum Anschauen:
District Six, S. 26

Vom Ausnahmezustand zum Ende der Apartheid
1984–1993

Politiker des ANC fordern ab 1984 die Jugend auf, Südafrika unregierbar zu machen. Über 2300 Menschen kommen bei den folgenden Auseinandersetzungen ums Leben, mehr als 50 000 werden verhaftet. Weltweite Sanktionen und die anhaltenden Proteste im Land zeigen Wirkung: Erstmals nehmen Regierungsmitglieder geheime Gespräche mit dem inhaftierten Nelson Mandela auf.

Im Februar 1989 wird Frederik Willem de Klerk Parteivorsitzender der National Party, schließlich im August dann Staatspräsident. Er verkündet umgehend das Scheitern der Apartheidpolitik, hebt das Verbot des ANC auf und entlässt am 11. Februar 1990 Mandela nach 27 Jahren aus der Haft. In seiner ersten Rede vor Hunderttausenden von Menschen ruft er zur Versöhnung auf. De Klerk verspricht die Abschaffung aller Apartheidgesetze binnen zwei Jahren und hebt den Ausnahmezustand auf. Südafrikas weltweite Isolation endet und das Land wird zum Boom-Reiseziel. Eine Mehrparteienkonferenz unter Führung von Mandelas ANC und de Klerks NP verabschiedet eine neue Verfassung mit gleichen Rechten für alle Rassen. Mandela und de Klerk erhalten am 10. Dezember 1993 gemeinsam den Friedensnobelpreis.

Zum Anschauen:
Robben Island, S. 292

Demokratischer Neubeginn bis heute
1994–2018

Ende April 1994 finden die ersten demokratischen Wahlen in Südafrika statt. *One man, one vote* ist endlich Realität. Von den 23 Mio. wahlberechtigten Südafrikanern sind 18 Mio. Schwarze. Vor den Wahllokalen bilden sich kilometerlange Warteschlangen. Wie erwartet führt Mandela den ANC, der 62,7 % der Stimmen erhält, zu einem grandiosen Wahlsieg. Mandela leistet am 10. Mai den Amtseid als erster schwarzer Staatspräsident Südafrikas. Bei den zweiten demokratischen Wahlen 1999 gewinnt wieder der ANC und Thabo Mbeki wird zum Staatspräsidenten gewählt. Wie zu erwarten, gewinnt der ANC auch die dritten demokratischen Wahlen des Landes im Jahr 2004 mit mehr als zwei Dritteln der abgegebenen Stimmen, Mbeki wird im Amt des Staatspräsidenten bestätigt.

Bei den vierten demokratischen Wahlen Südafrikas 2011 wird der umstrittene Jacob Zuma Präsident.

Nelson Mandela, einer der größten Staatsmänner der Neuzeit, stirbt nach langer Krankheit am 5. Dezember 2013 im Alter von 95 Jahren. Mit ihm stirbt auch die Idee einer friedlich zusammenlebenden Gesellschaft verschiedener ethnischer Gruppen.

Bei den fünften demokratischen Wahlen am 7. Mai 2014 verliert der ANC unter dem offen kriminellen Zuma deutlich an Stimmen, bleibt aber landesweit stärkste Partei. Die einzige nicht vom ANC regierte Provinz ist nach wie vor das Western Cape, wo die DA mit Helen Zille mit überwältigender Mehrheit gewinnt.

Nach jahrelangen Protesten gegen den zutiefst korrupten Präsidenten Jacob Zuma wird dieser am 14. Februar 2018 parteiintern zum Rücktritt gezwungen. Es drohten ihm Amtsenthebung und Verhaftung. Seither ist der erfolgreiche Geschäftsmann und Milliardär Cyril Ramaphosa fünfter demokratischer Präsident Südafrikas.

27. April 1994: Nelson Mandela bei der ersten demokratischen Wahl Südafrikas

Robben Island

Mandelas Universität — Berühmt oder besser berüchtigt ist Robben Island durch den wohl prominentesten Gefangenen der Welt geworden: Nelson Mandela. Seit Anfang 2000 zählt die Insel zum Welterbe der UNESCO.

Jahrhundertelang war Südafrikas Alcatraz eine Gefängnisinsel. Doch 1996 verließen die letzten 300 Gefangenen, 90 Wärter und 18 Killerhunde sowie Handwerker und deren Familien das Eiland, das mittlerweile zum National Monument erklärt worden ist. Einige der Insulaner hatten über 30 Jahre dort gelebt.

Ein Blick in die Gefängnisgeschichte

Schon im 16. Jh. wurde Robben Island von den Holländern als Gefängnis genutzt. Sträflinge mussten in den Schiefer- und Kalkbrüchen (engl. *quarry*) arbeiten oder Muscheln sammeln, aus denen der Verputz für den Bau des Castle und anderer Steingebäude gewonnen wird. Bei der Restaurierung des Castle 1985 wurde wieder Robben-Island-Schiefer verwendet.

1658 verbannte Kap-Gouverneur Jan van Riebeeck seinen einheimischen Dolmetscher Autshumato während des Krieges zwischen den Holländern und den Khoi nach Robben Island. Ihm soll trotz der tückischen Strömungen in einem Ruderboot die Flucht aufs Festland

gelungen sein. Makanna, der Anführer der Xhosa-Truppen, der im Vierten Grenzkrieg gegen die Engländer 10 000 Mann gegen Grahamstown führte, wurde 1819 auf Robben Island verbannt und ertrank bei einem Fluchtversuch.

1843 wurden die Sträflinge abgezogen, anschließend isolierte man hier bis 1931 Leprakranke *(Leper Colony)* und geistig Behinderte. Ein makabres Andenken aus dieser Zeit sind die Ketten im Keller des Insel-Clubhauses, die dazu dienten, die ›Wahnsinnigen‹ ruhigzustellen.

Kurz vor dem Zweiten Weltkrieg unterhielt die südafrikanische Armee eine Militärbasis auf der Insel, die in den 1950er-Jahren von der Marine übernommen wurde. 1961 ging es dann zurück zu den Anfängen: Robben Island wurde wieder zum Gefängnis, diesmal für politische Gefangene, die sich gegen das Apartheidregime gestellt hatten. Nach dem Ende der Apartheid übernahm 1997 das Department of Arts and Culture, Science and Technology die Verwaltung von Robben Island. Seither besteht die Möglichkeit zu diesem Inselbesuch, der tiefe Einblicke in die Geschichte des Landes gewährt.

›Wir sind frei‹

Das Robben-Island-Schiff legt an Kapstadts Waterfront ab, genauer gesagt am Nelson Mandela Gateway. Eine Ausstellung zeigt dort neben Fotos von Nelson Mandela auch Originalbriefe und -dokumente. Seit 2008 ersetzt die Sikhululekile (Xhosa für: Wir sind frei) die früheren Tragflächenboote. Die Seepassage kann bei Wind recht heftig werden. In der Vergangenheit liefen viele Schiffe, schon in Sichtweite der rettenden Tafelbucht, an der Inselküste auf Grund. Zwei der jüngeren Wracks sind heute noch bei der Inselrundfahrt zu sehen.

Die Sikhululekile legt im alten Hafen der Insel an, Murray's Bay Harbour, wo einst auch die Häftlinge an Land gingen. Wer Nelson Mandelas spannende Autobiografie »Der lange Weg zur Freiheit« gelesen hat, wird die Ankunft auf der Insel nicht ohne Gänsehaut erleben. 1806 wurde der hübsche, kleine Hafen zu einer Walfangstation umgebaut. 1820 stellte man den Walfang wieder ein, weil die unbewachten Schiffe eine zu große Versuchung für die Häftlinge darstellten.

Inselrundfahrt

Vom Landungspier im Hafen starten Minibusse zu etwa 45-minütigen Rundfahrten. Diese Bustouren werden manchmal noch von den wenigen überlebenden Ex-Häftlingen begleitet, die heute als Guides arbeiten. Einer von ihnen ist Lionel Davis, der im April 1964 zu sieben

Nur noch wenige der einstigen Gefangenen und Wärter leben noch, um den Besuchern auf Robben Island eine besonders authentische und eindrucksvolle Führung geben zu können.

Jahren Haft verurteilt wurde. Sabotageplanung, so lautete das Urteil. Heute lebt Lionel mit seiner Familie auf der Insel und ist Vorsitzender der Robben Island Village Association. Während der Tour spricht er offen über seine ehemaligen Wärter und die Zustände, die er 1964–71 im Robben Island Maximum Security Prison zu ertragen hatte. Guides wie er legen von Südafrikas jüngster Geschichte ein lebendiges Zeugnis ab.

Vor dem eigentlichen Gefängnisbesuch stoppt der Bus am *Limestone Quarry* (Kalksteinbruch), in dem Nelson Mandela und seine Mitgefangenen arbeiten mussten. Im Februar 1996 trafen sich hier die ehemaligen politischen Häftlinge; jeder von ihnen hob einen Stein auf und legte diesen vor dem Kalksteinbruch ab. So schufen sie ein immerwährendes Mahnmal der Geschichte.

Dann steuert man den Hochsicherheitstrakt, das *Maximum Security Prison,* an, in dem sich die wohl berühmteste Gefängniszelle der Welt befindet: die des Gefangenen mit der Nummer 46664, Nelson Mandelas winzige Zelle, in der er 18 seiner insgesamt 27 Jahre Haft verbrachte.

Von der Gefängnisinsel zum Naturdenkmal

Seit dem Verlassen der letzten Häftlinge im Jahr 1996 bildet die 7 km westlich von Bloubergstrand und 9 km nördlich von Kapstadts Hafen liegende, 574 ha (4,5 x 1,5 km) große Insel einen natürlichen Lebensraum für Vögel, Säugetiere und Pflanzen. Robben Island beherbergt also nicht nur die Mahnmale vergangener Schrecken, sondern bietet sich dem Besucher mit beeindruckender Fauna und Flora dar:

Neben den namengebenden Kap-Pelzrobben *(Seal Colony)* leben hier Pinguine *(Main Penguin Nesting Area)* und viele Seevögel, Antilopen und Klippschliefer, außerdem Hirsche,

Elen-Antilopen, Spring-, Stein- und Buntböcke. Immer mehr Seehunde kehren zurück, und die Möwen-Brutkolonie ist die größte der gesamten südlichen Hemisphäre.

Im Jahr 1654 brachte übrigens Jan van Riebeeck, der erste Kap-Gouverneur, neben Sträflingen auch Kaninchen auf die Insel, um die Nahrungsversorgung der Kap-Kolonie zu ergänzen. Da es keine natürlichen Feinde für die fruchtbaren Nager gab, vermehrten sich diese stetig. Und als James Cook gut 100 Jahre später auf der Insel landete, war er von den Tierchen so entzückt, dass er ein paar von ihnen mitnahm. So gelangten die Robben-Island-Nager nach Australien, wo katastrophale Kaninchenplagen bis heute große Teile des australischen Farmlandes zerstören. ∎

INFOS   **I**

Ticketreservierung unter T 021 413 42-00, -01, empfehlenswert: Online-Buchung vor Reiseantritt unter www.robben-island.org.za (bei schlechtem Wetter Ticket umtauschen); 300 Rand, unter 18 Jahren 160 Rand. Achtung: Um Tickets für Robben Island zu buchen, muss der Reisepass vorgelegt werden und bei Kindern die Geburtsurkunde. Am Tag der Tour genügen dann Kopien der Dokumente. Die südafrikanische Schifffahrts-Sicherheitsbehörde (SAMSA – South African Maritim Safety Authority) verlangt das. Die Fähren legen tgl. (wetterabhängig) um 9, 11, 13, 15 (Winter 14) Uhr in der V&A Waterfront vor dem Clock Tower am Nelson Mandela Gateway ab. Ratsam ist es, 30 Min. vor Tourstart vor Ort zu sein, 10 Min. vor Start letztes An-Bord-Gehen. Die Tour dauert ca. 4 Std.

Schwarzer Sommelier

Wein ist mein Leben — Als Tinashe Nyamudoka 2008 nach Kapstadt auswanderte, hatte er keine Ahnung von Wein. Heute ist er einer der respektiertesten Wein-Sommeliers Südafrikas.

Bevor Tinashe nach Kapstadt kam, arbeitete er als Buchhalter in einem Supermarkt in Simbabwe. Der einzige Job, der in Kapstadt angeboten wurde, war Bäcker in einem Supermarkt. Also gut. Zum Glück arbeitete dort auch ein Kongolese, der wusste, wie man backt. Ein Deal zwischen den beiden war schnell vereinbart: »Ich brachte ihm Englisch bei, er mir das Backen.«

Keine Ahnung von Wein

Dann suchte das edle Roundhouse-Restaurant in Camps Bay Personal. Tinashe bewarb sich mit seiner ruhigen und ehrlichen Art. Er gab zu, keinerlei Ahnung vom Restaurant-Business (und von Wein) zu haben – und wurde angestellt. Das war der Beginn seiner Karriere.

Tinashes Erfolg basiert auf Ambition, einem starken Arbeitsethos, dem Mut Risiken einzugehen, wo es notwendig ist, und der Passion für Wein. »Wein ist meine Leidenschaft. Wein ist mein Leben. Ohne Wein wäre ich nicht da, wo ich heute bin. Es ist ein faszinierendes Getränk, da es dich mit anderen Menschen verbindet. Als Sommelier versuche ich nicht den Wein zu verkaufen, sondern die Erfahrung, die Geschichte und die Liebe.« Seine derzeitige Position als Chef-Sommelier von Test Kitchen, einem der besten Restaurants der Welt, bezeichnet er als surreal. »Als ich das erste Mal in die Küche reinmarschierte und das Team traf, war ich überrascht, wie normal dort alles ablief. Klar, das Arbeitstempo war rasant und die Konzentration intensiv, aber es war ein richtig guter Vibe in der Küche. Da war zum Beispiel dieses Gefühl von Vorfreude auf Knochenmark, das perfekt acht Stunden lang geräuchert wurde. Diese Art von Leidenschaft und Hingabe färbt unvermeidlich auf dich ab. Es ist aufregend und manchmal beängstigend, aber meistens ist es herausfordernd und macht Spaß. Es ist fantastisch.«

Bester Wein-Steward

Der heute 38-Jährige arbeitete vorher bei **The Roundhouse** in Camps Bay, danach bei **Nobu** und **Reuben's** im One&Only-Hotel in der Waterfront. Und er lernte schnell. Im One & Only gewann er 2013 die Auszeichnung ›Bester Wein-Steward‹ in der *Cape Legends Inter-Hotel Challenge*. Daraufhin folgten 14 Monate im **Oyster Box Hotel** in Umhlanga Rocks. Bis ihn Rockstar-Koch Luke Dale-Roberts abwarb, um das dynamische Test-Kitchen-Team weiter zu perfektionieren. Eindeutiges Indiz dafür, was für ein Ansehen Tinashe in der Food & Wine-Industrie Südafrikas mittlerweile genießt.

Er bezeichnet sich selbst als lockeren Sommelier und besteht darauf, dass es exzellente Weine in jeder Preisklasse gibt. »Die besten von uns wollen nicht die teuerste Flasche Wein verkaufen«, sagt er, »die Herausforderung und das Vergnügen besteht darin, eine Flasche zu empfehlen, die der Kunde dann mag.« Tinashe denkt auch, dass sich Leute von der Protzigkeit des Weins lösen sollten. Wenn sie es wagen, der Mehrheit nicht mehr zu folgen, werden sie anfangen, Weine mehr zu genießen. Wein sollte nicht einschüchternd wirken. Niemand soll sich unangenehm fühlen, wenn bei einer Weinprobe nicht die vorgegebenen Geschmacksexplosionen im Mund stattfinden. Es geht um die eigene, persönliche Erfahrung. Ehrlich probieren. Die eigene Erfahrung des Weines ist die ›wahre‹.

Die richtige Weinwahl

Tinashe ist einer von elf unabhängigen Experten-Juroren, die regelmäßig blind Wein testen, der dann Wein des Monats im ›*Wine of the Month Club*‹ wird.

Sich mit Weinen gut auszukennen ist eine Sache, aber die richtigen Weine zu einem exzellenten Essen auszuwählen ist die Kunst, die ein Sommelier beherrschen muss.

»Ich bin in Simbabwe aufgewachsen mit Sadza (einem weißen Maisbrei, dem Grundnahrungsmittel in Afrika), gekochtem Rindfleisch und grünblättrigem Gemüse. Zwischendurch gab es mal gegrillten Fisch und am Wochenende als Highlight Hühnchen mit Reis«, sagt Tinashe. »Trotzdem und selbst ohne professionelle Ausbildung entwickelte ich einen Appetit für gutes Essen und eine Lust auf edle Weine.«

Im Roundhouse in Camps Bay stieß Tinashe dann erstmals auf für ihn exotische Gourmetgerichte. Zunächst einmal bestand die Herausforderung darin, die Namen richtig auszusprechen. Lachend erinnert er sich daran, wie *foie gras,* *amuse-bouche, oyster* und *beurre noisette* zum ersten Mal über seine Lippen kamen.

Im One & Only in der Waterfront lernte er das Kobe-Rind kennen. Natürlich nicht persönlich, sondern in der Küche. Er erfuhr, wie es grasgefüttert und handmassiert wird, während es klassische Musik hört. Das Fleisch schmolz im Mund, erinnert er sich. Chefkoch Reuben Riffel servierte ihm, ebenfalls im One & Only, außerdem den besten Schweinebauch *(pork belly)* seines Lebens.

Der schwarze Löwe

Und dann der kulinarische Zenit bei Test Kitchen. Die Popularität seines Arbeitsplatzes macht es recht schwierig, Tinashe live in seinem Element zu erleben. Grund genug, mit ihm an einem Montag, seinem freien Tag, zu einer exklusiven Weinprobe Richtung Stellenbosch aufzubrechen. Ziel ist der nur gegen Voranmeldung zugängliche **De Toren Private Cellar,** wo exzellente (ausschließlich rote) Tropfen gekeltert werden. Ich kann es kaum erwarten, zu erleben, wie der Weinguru Südafrikas ›probiert‹. Das Weingut, wo die Trauben tatsächlich handverlesen sind, ist berühmt für seine Roten im Bordeaux-Stil. Tinashes Nase taucht bereits in das dünnwandige, große Glas ein, er schnüffelt, probiert, schnorchelt und schmatzt sich durch die verschiedenen Geschmackserlebnisse des *Black Lion,* ein auf wenige Flaschen pro Jahr limitierter erstklassiger Wein, den er mitgelauncht hat. Die Abgabemenge ist auf vier Flaschen pro Familie beschränkt, der Preis liegt bei 2500 Rand pro Flasche. Als Wein-Juror weiß Tinashe, worauf es ankommt.

Tinashes eigener Wein

Kein Wunder, dass er 2017 seinen ersten eigenen Wein kreiert hat: **Kumusha,** was in seiner Muttersprache Shona ›Heimat‹ bedeutet. Der weiße Blend von Chenin Blanc & Sémillon ist »ein Wein, der meine Sprache spricht, eine afrikanische Spra-

»Als Sommelier versuche ich nicht den Wein zu verkaufen, sondern die Erfahrung, die Geschichte und die Liebe.«

che. Ein Wein, der mich zu meinem Zuhause und zu meinen Wurzeln und meiner Herkunft zurückführt.« Und während auf europäischen Weinetiketten meist Schlösser und Burgen zu sehen sind, entschied sich Tinashe für die Rundhütte seines Großvaters.

Selbstverständlich ist Tinashe auch Gründungsmitglied im *Black Cellars Club* (Facebook: BLACC), einer Organisation, die jungen Schwarzen in Südafrika den Einstieg in die Weinindustrie ermöglichen möchte. »Fang mit Kellnern an, ganz unten«, rät Tinashe jungen ambitionierten Schwarzen, »lern das Business von Grund auf.«

Und ist Sommelier nun der Traumjob für ihn? Tinashe lacht. »Job ist schon mal das falsche Wort, Sommelier ist kein Job, es ist ein Lifestyle. Mein Lifestyle.«

Tinashe live @ The Test Kitchen
Der britische Erfolgskoch Luke Dale-Roberts hat sich 2010 mit The Test Kitchen (www.thetestkitchen.co.za) selbstständig gemacht. Vorher kochte er angestellt beim Gourmet-Tempel La Colombe. Seither zaubert er, was er möchte, auf die Teller – mit enormem Erfolg. In der Rangliste der weltbesten Restaurants liegt The Test Kitchen derzeit in den Top 50 (www.theworlds50best.com), in Afrika ist es die Nummer 1. Sechsmal (seit 2012) wurde The Test Kitchen bereits Restaurant des Jahres. Das Ambiente des Restaurants in der alten Keksfabrik in Woodstock ist alt-industriell und die Atmosphäre trotz Gourmetqualität des Essens relaxt. Man nimmt entweder an der Theke Platz und schaut den Köchen und dem Chef direkt zu oder an kleinen Tischen. Am besten so bald wie möglich vor der Ankunft in Kapstadt online reservieren, sonst gibt es keine Chance auf einen Essplatz.

www.facebook.com/tinashe.nyamudoka
www.facebook.com: Kumusha Wines
www.de-toren.com ∎

Leckeres Kapstadt

Schlemmen Sie sich durch die unzähligen Street-Food-Märkte Kapstadts (z.B. in der Old Biscuit Mill).

Gourmet-Ziel Kap — am südlichen Ende Afrikas liegen die besten Restaurants des gesamten Kontinents. Farmfrische Zutaten, Freilandhaltung und kreative Köche sind dafür verantwortlich. Und die Preise sind überraschend günstig.

Kulturelle Vielfalt

Die Speisekarte der Kap-Küche spiegelt die kulturelle Vielfalt der Bewohner wider. Es begann mit Holländern und Deutschen, dann folgten Portugiesen, Engländer, Franzosen und Seefahrer aller möglichen Nationen, die ihre Rezepte mitbrachten. Orientalische Würze kam mit den Sklaven aus Indonesien (fr. Niederländisch-Indien), Madagaskar und Indien. Die französischen Hugenotten gaben dem Ganzen etwas Finesse, die Briten brachten *roast beef,* Puddings und den *high tea* mit Gurken-Sandwiches oder *scones.* Italienische Einwanderer steuerten nach dem Zweiten Weltkrieg ebenso Rezepte bei wie Immigranten aus Griechenland.

Mittlerweile finden sich in Kapstadt auch kantonesische, indische, chinesische, thailändische, französische und peruanische Restaurants. Da Capetonians sehr trendy sind, setzen sich Trends aus L. A., New York, Paris und London auch am Kap schnell durch. So gibt es einige Steak- und orientalische Lokale und die Delis, die immer sonnengetrocknete Tomaten und Pesto auf ihren Speisekarten haben. Cafés, Tapas- und Espressobars sowie Bistros finden sich vor allem in der Waterfront und entlang der Bree, Long und Kloof Street sowie rund um den Greenmarket Square und in der Fußgängerzone der St. George's Mall.

Essen gehen

In den meisten Restaurants am Kap empfiehlt sich eine Dinner-Reservierung. Meist wird man zu seinem Tisch geführt, d. h. schnurstracks auf einen freien Tisch zuzusteuern kommt nicht gut an. Dasselbe gilt abends für Shorts, Turnschuhe oder Sandalen. *Smart casual* (lässig-elegant) ist der Dresscode.

Bei der Rechnung ist zu beachten, dass das Service-Entgelt fast immer nicht enthalten ist, also je nach Einsatz mindestens 10 % mehr gezahlt werden sollten.

Fleisch, Fisch und Desserts

Die beliebtesten traditionellen südafrikanischen Gerichte sind *sosaties* (Fleischspießchen von Hammel und Rind), *bobotie* (Auflauf aus Lammhackfleisch mit Curry) und verschiedene Versionen von *bredie* (Eintöpfe mit Fleisch und Gemüse). Eigenwillig schmeckt der Zungenbrecher *waterblommetjie-bredie,* das mit frischen Wasserblumen zubereitet wird. Currys mit Rind, Lamm, Huhn und Fisch schmecken im kapmuslimischen Viertel Bo-Kaap besonders gut, aber dort wird leider kein Alkohol serviert.

Die oft am Straßenrand verkauften frittierten *chili bites* (Chili-Bissen) gibt es in der stark gewürzten, auf Kartoffeln basierenden indischen Version und der auf Erbsenmehl basierenden kapmalaiischen Variante.

Die noch heute gebräuchlichste Art und Weise, Fleisch haltbar zu machen, hat lange Tradition. *Biltong* ist durch kräftiges Würzen und anschließende Trocknung konserviertes Fleisch, meist von Antilopen (Springbock, Kudu, Oryx), aber auch von Rindern und Straußen, seltener von Elefanten und Büffeln. Schon die ersten Siedler schufen sich so haltbaren Reiseproviant. Auf den Wochenendmärkten in und um Kapstadt wird *biltong* an Ständen verkauft – in mundgerechte Häppchen gehackt, an denen man oft ganz schön zu kauen hat.

Berühmt ist die Kapprovinz für ihr ausgezeichnetes, immer frisches *seafood* in üppiger Auswahl. Vor allem Languste oder Felshummer (*crayfish* oder *rock lobster*) sind beliebte Delikatessen. Auf den meisten Speisekarten der *seafood*-Restaurants ist *line fish* aufgeführt. Das ist keine Fischsorte, sondern bedeutet, dass der Fang, meist Kabeljau (*cod*), *yellowtail* oder *cape salmon*, frisch aus dem Netz kommt. Etwas seltener gibt es den eiweißreichen, empfehlenswerten *butterfish*. Ebenfalls festes, weißes Fleisch – mit einem etwas kräftigeren Geschmack – bieten *white stumpnose* und *steenbras*. Zum Fisch gibt es in den meisten Fällen eine Zitronenbutter- (*lemon butter*) oder Knoblauchsoße (*garlic sauce*), Gemüse (*veggies*) und entweder eine Folienkartoffel (*baked potato*), Pommes frites (*chips*) oder kleine gekochte Kartoffeln (*baby potatoes*). Für die besten Austern (*oysters*) der Kapprovinz lohnt der Weg nach Knysna, die leckersten Muscheln (*mussels*) kommen von der Westküste.

Von den Nachspeisen seien *malva pudding* (süßer, kalorienreicher Kuchen aus Milch, Zucker, Sahne und Aprikosenmarmelade) und *melktart* (eine Art burischer Käsekuchen) empfohlen. Wem es nicht süß genug sein kann, der sollte sich an den in Sirup ›ertränkten‹, klebrigen *koeksisters* versuchen.

Kapstadt ist bekannt für ausgezeichnetes Seafood – am besten direkt an der Waterfront serviert bekommen und genießen!

Barbecue? – Braai!

Lange Tradition hat das *Braai,* das vor allem bei den weißen Afrikanern burischer Abstammung ein wichtiges Ereignis ist. Braai heißt Grill, ist ›Männersache‹ und entspricht dem amerikanischen Barbecue. Als die Voortrekker mit ihren Ochsenwagen ins Landesinnere Südafrikas vordrangen, mussten sie jagen, um zu überleben. Das Wildfleisch grillten sie über dem offenen Feuer – *braaivleis* war ›erfunden‹. Heute gehören Rind-, Schweine- und Hammelfleisch sowie die gekringelte *boerewors* (mit Koriander und anderen Gewürzen angereicherte Bratwurst) und *pap* (trockener Maisbrei) zu einem Original-Braai dazu.

Was zum Trinken?

Das Kap-Getränk ist Wein, der gleichberechtigt neben den Traditionsgewächsen der europäischen Weinbaugebiete steht.

Für Biertrinker interessant: Mehr und mehr lokale Brauereien bieten schmackhafte Alternativen zu den faden ›Chemie‹-Produkten Castle, Lion, Amstel und Carling Black Label. Aus Namibia kommen die nach dem deutschen Reinheitsgebot gebrauten Windhoek-, Hansa- und Tafel-Lager-Biere.

An Minibrauereien empfiehlt sich Mitchells in der Kapstädter Waterfront (www.mitchellsbrewery.com), Foresters aus Knysna, Birkenhead aus Stanford, Darling Brew Slow Beer (www.darlingbrew.co.za) und Union Craft Beers (www.andunion.com). Jährlich im November findet das dreitägige Cape Town Festival of Beer (www.capetownfestivalofbeer.co.za) statt, wo alle Minibrauereien ihre Produkte zapfen. Nach Meinung des (in Bayern geborenen) Autors dieses Buches sind die in unmittelbarer Nähe zur Weinstadt Paarl auf dem Spice-Route-Weingut (www.spiceroute.co.za) gebrauten Biere der Cape Brewing Company CBC (www.capebrewing.co.za) die besten am Kap: vom kristallklaren oder naturtrüben Weizen über Pilsener bis zum Lager sowie dem saisonalen Maibock und dem Oktoberfestbier. Eine der besten Bieradressen in Kapstadts City ist Beerhouse on Long in der quirligen Long Street.

Preisverdächtig dinieren

Sie gelten als die Gourmet-Oscars Südafrikas und werden jedes Jahr mit entsprechender Spannung erwartet: die **Eat Out Mercedes-Benz Restaurant Awards** (www.eatout.co.za) für die zehn besten Restaurants Südafrikas. Bei der Preisverleihung im November 2018 wurde nur ein Restaurant außerhalb von Kapstadt und Umgebung unter die Top Ten des Landes gewählt. ■

DIE TOP TEN 2018

1. The Restaurant at Waterkloof in Somerset West mit Chefkoch Gregory Czarnecki (www.waterkloofwines.co.za)
2. The Test Kitchen in Woodstock mit Promi-Chefkoch Luke Dale-Roberts (www.thetestkitchen.co.za)
3. La Colombe in Constantia mit Chefkoch James Gaag (www.lacolombe.co.za)
4. Wolfgat in Paternoster mit Chefkoch Kobus van der Merwe (www.wolfgat.co.za)
5. La Petite Colombe in Franschhoek mit Chefkoch John Norris-Rogers (www.lapetitecolombe.com)
6. Greenhouse at Cellars-Hohenort mit Chefkoch Peter Tempelhoff (www.greenhouserestaurant.co.za)
7. Mosaic at The Orient in Pretoria mit Chefkoch Chantel Dartnall (www.restaurantmosaic.com)
8. Camphors at Vergelegen mit Chefkoch Michael Cooke (www.vergelegen.co.za/camphors.html)
9. Jardine Restaurant in Stellenbosch mit Chefkoch George Jardine (www.restaurantjardine.co.za)
10. Chefs Warehouse at Beau Constantia mit Chefkoch Liam Tomlin (www.beauconstantia.com/eat)

Das zählt

Zahlen sind schnell überlesen — aber sie können die Augen öffnen. Nehmen Sie sich Zeit für ein paar überraschende Einblicke. Und lesen Sie, was in Kapstadt und Umgebung zählt.

2

Pärchen machen sich durchschnittlich jeden Tag auf dem Tafelberg einen Heiratsantrag.

21

Grad Celsius beträgt die jährliche Durchschnittstemperatur in Kapstadt.

350

Jahre beträgt das ungefähre Alter des Birnbaums, der im Company's Garden gepflanzt wurde, als Jan van Riebeeck das Kap verwaltete. Er steht heute noch da – das älteste kultivierte Gewächs im Land.

114

Kurven können Sie auf der berühmten Küstenstraße Chapman's Peak Drive, zwischen Noordhoek und Hout Bay, unter die Räder nehmen.

200

Rand ist die größte südafrikanische Banknote wert (entspricht etwa 13 Euro). Größere Beträge in bar zu bezahlen artet da leicht in Schwerarbeit aus.

216

Meter hoch ist der höchste kommerzielle Bungee-Jump der Welt – von der Bloukrans-Brücke an der Garden Route, zwischen Knysna und Plettenberg Bay.

1.085

Meter hoch ragt das Wahrzeichen von Kapstadt, der mystische Tafelberg, der zu den sieben natürlichen Weltwundern gehört, über dem Atlantik auf.

5

Grad Celsius – die niedrigste Temperatur mitten im Winter in Kapstadt. Der Vorteil der mediterranen, frostfreien Subtropen.

35.000

Teilnehmer machen die alljährlich Anfang März stattfindende Cape Town Cycle Tour zum mit Abstand größten Radrennen der Welt.

25 Mio.

Besucher zählt die Victoria & Alfred Waterfront pro Jahr. Sie ist Südafrikas Besuchermagnet Nummer 1.

62

lautet die Nummer der Straße, die Sie auf Ihrem Weg durch die Karoo unter die Räder nehmen sollten – Route 62.

104

Tage auf See unterwegs waren die ersten drei holländischen Schiffe, die 1652 in der Tafelbucht landeten.

99

Biere in der Flasche gibt es im Beer House in der Long Street in Kapstadt – und etwa 20 vom Fass.

9

von zehn Top-Restaurants Südafrikas liegen in Kapstadt und Umgebung.

2.500

Brillenpinguine leben am Boulders Beach an der Kap-Halbinsel.

3.736.000

Menschen leben im Großraum Kapstadt. Die Mother City ist damit nach Johannesburg die zweitgrößte Metropole im Land.

50

Leoparden sollen noch wild in der Berglandschaft rund um Kapstadt leben. In Bettys Bay kommen sie manchmal an den Beach, um sich einen Pinguin zu holen. Seine Fähigkeit, sich ›unsichtbar‹ zu machen, hat die wunderschöne Katze so lange so nahe am Menschen überleben lassen.

500

Mio. Rand kostete der Bau des ikonischen Zeitz MOCAA im Silo-District der Victoria & Alfred Waterfront.

33

Monate dauerte der Bau des neuen Cape Town Stadium in Green Point, das zur Fußball-WM 2010 fertiggestellt wurde.

1.771

wurde der älteste, noch Trauben tragende Weinstock in Kapstadt gepflanzt. Er findet sich im Innenhof des Heritage Square, mitten in der City.

3.000

Meeresbewohner haben im Two Oceans Aquarium in Kapstadt ein neues Zuhause gefunden – vom Hai bis zum Seepferdchen.

120

km/h erreicht der berüchtigte Southeaster in den Straßen Kapstadts schon mal im Sommer. Dann heißt es festhalten und auf umfallende Busse achten.

304 Register

A
Abseiling 13, 61, **238**
Amalienstein 222
ANC 276, 290
Apartheid 276, **290**
Art-Déco 6, 107

B
Babylonstoren 123
Bain's Kloof Pass 127
Barrydale 221
Basson, Bertus 104, 129
Betty's Bay 168
Birds of Eden 211
Bloubergstrand 137
Boland Hiking Trail 108
Bontebok National Park 185
Boschendal Estate 114
Botlierskop Private Game
　Reserve 195
Boulders Beach 81
Braai 300
Bredasdorp 177
Brown, Andrew 285
Buitenverwachting 103
Bungee-Jumping 238, 302
Buren 290
Bushmans Kloof Private Game
　Reserve 161
Butterfly World 122

C
Cage Diving 176
Calitzdorp 223
Cango Caves 229
Canopy 213
Cape Agulhas 178
Cape of Good Hope Nature
　Reserve 82, 84
Cape Point 86
Cape Town Cycle Tour 239, 302
Cederberge 150, 154
Ceres 153
Chapman's Peak Drive 3, 89
Citrusdal 156
Clanwilliam 157
Constantia 101
Constantia Glen 103
Craft Beer 130, 301

D
Dampfloks 197
Danger Point 177
Darling 138
De Hoop Nature Reserve 179
De Kelders 175
Delaire Graff Estate 114
Dias, Bartolomeu 191, 289

Die Antwoord 247
Die Hel 7, 230, 231
Diesel & Crème Diner 216,
　218, 222
Dludlu, Jimmy 247
D'Olyfboom Family Estate 129
Du Toitskloof Pass 127

E
Eat Out Awards 301
Eland's Bay 144
Elefanten 208, 211, 265
Elephant Sanctuary 211
Elgin 107
Elim 7, 177
Enteignung 276
Espresso 163, 271
Essen und Trinken 298
Evita se Perron 138

F
Fahrrad fahren 238
False Bay 71
Feiertage 18, 240
Felsenpools 85, 109, 127, 157,
　158, 162, 181, 182, 226
Felsmalereien 158
Fernkloof Nature Reserve 169
Franschhoek 107, 110
Franschhoek Pass 107, **111,** 127
Fynbos 261

G
Gansbaai 175
Garden Route 188
Genadendal 185
George 197
Geschichte 289
Gin 52, 259
Gola, Loyiso 269
Golfen 238
Gondwana Private Game
　Reserve 195
Gordon's Bay 167
Grabouw 107
Greyton 185
Grootbos Nature Reserve 175
Groot Constantia 101

H
Haie 72, 176, 267
Handicap 247
Haute Cabrière 111
Helshoogte Pass 114
Heritage Day 240
Hermanus 169
Hermanus Whale Festival 171
Hop-on-Hop-off-Busse 66

Hotel Mount Nelson 19
Hottentots Holland
　Mountains 104, 167
Hout Bay 89
– Bay Harbour Market 92
– World of Birds 89

I
Ibrahim, Abdullah 247
iVenture Card 16

J
Jazz 62, 247
Jeep-Safaris 147

K
Kaffee 163, 270
Kanonkop Estate 102
Kap der Guten Hoffnung 86
Kaphalbinsel 68
Kaphölländische
　Architektur 120
Kap-Malaien 6
Kapstadt 16
– Auwal Mosque 28
– Bo-Kaap 28
– Bree Street 25
– Cape Town International
　Convention Centre 24
– Cape Town Symphonic
　Orchestra 23
– Castle of Good Hope 28
– Chavonnes Battery 36
– Church Street 25
– City Hall 23
– Clocktower Precinct 36
– De Tuynhuys 28
– District Six 26
– Dock Road Complex 35
– Gardens 19
– Golden Acre Shopping
　Centre 23
– Grand Parade 23
– Greenmarket Square 25
– Groote Kerk 23
– Houses of Parliament 28
– Koopmans-De Wet
　House 29
– Lion's Head 41
– Long Street 25
– Museen 41, 278
– Nobel Square 36
– Port Captain's Building 36
– Roggebaai Canal 36
– Silo District 37
– St. George's Cathedral 19
– St. Georges (Krotoa)
　Mall 24

Der Haupteintrag ist **blau** hervorgehoben. **305**

– Tafelberg 41
– Townships 37
– Trafalgar Place 23
– Two Oceans Aquarium 35, 64
– V&A Market on the Wharf 35
– Victoria & Alfred
   Waterfront 33
– Victoria Wharf Shopping
   Centre 35
Karoo 216
Khoi 289
Khumalo, Nkosiyati 96
Kinder 244
Kirstenbosch Botanical
   Gardens 71
Klein Constantia 102
Klima 244
Kloofing 239
Knysna 200
Knysna Elephant Park 208
Knysna Speed Festival 200
Kogelberg Biosphere
   Reserve 168
Kolonialzeit 289
Kumalo, Sydney 278
Kunst 278
KWV Wine Emporium 128

L
Ladismith 222
Lambert's Bay 145
Langebaan 142
Lanzerac Wine Estate 120
Legae, Ezrom 278
Leoparden 266, 303
Leuchttürme 79, 86, 87, 93, 178
– Cape Point 86
– Mouille Point 93
– Roman Rock 79
– Slangkop 87
Literatur 284
Lottering, Marc 269

M
Malgas 183
Mamre 138
Mandela, Nelson 290, 292
March, Leonie 276
Matjiesfontein 234
Meerlust Estate 102, 187
Meyer, Deon 286
Mietwagen 251
Milnerton 137
Monkeyland Primate
   Sanctuary 211
Montagu 220
Montagu Pass 223
Moosa, Riaad 269

Mossel Bay 191
Motorräder 203, 251
Muizenberg 72
Mulderbosch Vineyards 102
Museen 278
Museum of Contemporary Art
   Africa (MOCAA) 278
Musik 73, 245

N
Nationalparks 249, 267
Nature's Valley 211
Nederburg Wine Estate 128
Neil Ellis Wines 102
Nelson's Creek 128
Noah, Trevor 268
Noetzie 204
Noordhoek 87
Notfälle 247
Nyamudoka, Tinashe 295

O
Otter Trail 206
Oudtshoorn 223, **227**
Outeniqua Pass 223
Overberg-Region 164
Oystercatcher Trail 192

P
Paarl 124
– Afrikaans Language
   Museum 125
– Food and Wine
   Festival 131
– Historische Pässe 126
– Oude Pastorie Museum 125
– Taal Monument 124
– Weinfest 131
Paragliding 61, 238
Paternoster 142
Paul Cluver Estate 102
Paviane 84, 265, 267
Pinguine 81, 267
Plaisir de Merle 112
Plettenberg Bay 209
Postberg Flower Trail 140
Prince Albert 232

R
Rabinowitz, Nic 269
Ramaphosa, Cyril 291
Reisezeit 244
Riebeeck, Jan van 18, 273,
   289, 292
Robben Island 292
Robertson 219
Ronnie's Sex Shop 221
Rooibos 52, 157, 159, 162, 163

Route 62 7
Rowe, Michele 286

S
Saldanha 142
San 158, 289
Sanbona Private Game
   Reserve 221
Schiffswracks 82, 177
Sea Point 93
Seven Passes Road 199
Sevilla Trail 158
Sicherheit 247
Simon's Town 79
Skeleton Gorge 70
Smith, Roger 284
Somerset West 104
Southeaster 303
Spice Route 128
Spier Wine Estate 119
Sprache 248
Stanford 172
Steenberg Wine Estate
– 101
Stellenbosch 116
– Bergville House 118
– Bergzicht-Farm 118
– Burgerhuis 117
– Coachman's Cottage 117
– Dorfsteg 118
– Dorp Street 119
– Drostdy-Herberge 117
– Erfurt House 118
– Food & Wine Festival 124
– Hofmeyrsaal 118
– Kruithuis 117
– Leipoldt House 117
– Libertas Parva 119
– Museen 120
– Oom Samie Se Winkel 119
– Rhenish Institute 117
– Stellenbosch College 118
– St. Mary's Anglican
   Church 117
Sternenbeobachtung 161
St. Helena Bay 144
Storms River 213
Strauße 86, 218, 223
Surfen 75, 239
Swartberg Hiking Trail 224
Swartberg Pass 7, **229,** 231
Swellendam 183

T
Tafelberg 41, 42
Thelema Mountain Estate 102
The Outeniqua Choo-Tjoe 197
Thesen Island 201, 202

306 Register

Tokara Wine Estate 115
Townships 37, 38
Tropfsteinhöhlen 228
Tsitsikamma 213
Tulbagh 131
Two Oceans Marathon 239

U
UNESCO 168
Uva Mira Mountain Vineyards 104
Uys, Pieter-Dirk 138, 268

V
Velskoene 162
Vergelegen Wine Estate 104
Verkehrsmittel 250

Vogelinsel 145

W
Waenhuiskrans 179
Wale 171, 180, 267, 282
Walker Bay 172
Wandern 82, 108, 140, 154, 192, 206, 224, 239
Wasserknappheit 262
Waterford Estate 102
Waterkloof Wine Estate 105
Wein 100, 273, 295
Weingüter 96, 101, 104, 111, 114, 119, 128
Weinland 98
West Coast National Park 139

Westküste 134
Whale Trail 180
Whale Watching 282
Wijnland Auto Museum 133
Wilderness 199
Wildflower Festival 138
Wupperthal 161

Y
Yzerfontein 139

Z
Zeitungen 245
Zevenwacht Wine Estate 102
Zitrusfrüchte 156
Zugfahren 197, 250
Zuma, Jacob 291

Noch mehr aktuelle Reisetipps von von Dieter Losskarn und News zum Reiseziel finden Sie auf www.dumontreise.de/kapprovinz

DAS KLIMA IM BLICK

Reisen bereichert und verbindet Menschen und Kulturen. Wer reist, erzeugt auch CO_2. Der Flugverkehr trägt mit einem Anteil von bis zu 10 % zur globalen Erwärmung bei. Wer das Klima schützen will, sollte sich für eine schonendere Reiseform (z. B. die Bahn) entscheiden – oder die Projekte von atmosfair unterstützen. Atmosfair ist eine gemeinnützige Klimaschutzorganisation. Die Idee: Flugpassagiere spenden einen kilometerabhängigen Beitrag für die von ihnen verursachten Emissionen und finanzieren damit Projekte in Entwicklungsländern, die dort den Ausstoß von Klimagasen verringern helfen. Dazu berechnet man mit dem Emissionsrechner auf www.atmosfair.de, wie viel CO_2 der Flug produziert und was es kostet, eine vergleichbare Menge Klimagase einzusparen (z. B. Berlin – London – Berlin 13 €). Atmosfair garantiert die sorgfältige Verwendung Ihres Beitrags.

Autor & Impressum

Dieter Losskarn lebt seit 1994 in Hout Bay bei Kapstadt. Er isst und trinkt gerne (in Maßen), was seinen Reportagen und Reiseführern zugutekommt, da er immer auf der Suche nach schönen Restaurants oder Weingütern ist. Er ist oft in Südafrika unterwegs, um über neue Hotels, Lodges und Aktivitäten zu berichten, was ihn zu einem intimen Kenner des Landes gemacht hat. Kein Wunder, dass die von ihm verfassten Reisebücher stets auf dem neuesten Stand sind. (Facebook: Dieter Losskarn)

Abbildungsnachweis
Dronestagram, Lyon (FR): S. 2/3 (LukeMaximoBell) **DuMont Bildarchiv,** Ostfildern: S. 14 li., 33, 86, 145, 150 re., 160, 256/257 (Tom Schulze) **Elgin Railway Market,** Elgin (SA): S. 106 **Fotolia,** New York (USA): S. 230 (Sue) **Getty Images,** München: S. 134 re., 139 (Rodger Bosch/AFP); 217 u. re. (Norbert Eisele-Hein); 113, 228 (Hoberman Collection/UIG); 85 (hphimagelibrary); 156 (Neville Lockhart); 239 (Fiona McIntosh); 153 (Neil Overy); 266 (Thoma P. Peschak); 272 (Krista Rossow); 214 (Ian Trower); 99 o. re. (Mark van Aardt) **GQ South Africa,** Cape Town (SA): S. 69 re., 97 **laif,** Köln: S. 291 (Africa Media Online); 63, 101 (Clemens Emmler); 98 re. (Stephane Frances/Le Figaro Magazine); 264, 293 (Melissa Golden/Redux); 93, 189 M. (Franck Guiziou/hemis.fr); 46, 283 (Monica Gumm); 243 (Gerald Haenel); 125 (Christian Heeb); 279 (Paul Langrock/Zenit); 45 (Gregor Lengler); 268 (David Levene/eyevine); 203 (Corinna Kern); 73 (Heiko Meyer); 148/149 (Thorsten Milse/robertharding); 18, 68 o., 81, 188 re., 262 (Jörg Modrow); Titelbild (Achim Multhaupt); 201 (Linda Yee/Xinhua/eyevine); 65 (Lulama Zenzile/Camera Press/Foto24) **Dieter Losskarn,** Hout Bay (SA): S. 7 li., 8, 31, 40, 49, 51, 54, 56, 67, 68 M., 69 M., 74, 78, 99 M., 133, 151 M., 159, 163, 174, 187, 204, 215, 216 li., 217 M., 217 o. re., 232, 235, 241, 258, 271, 274, 281 o. li., 281 re., 281 u. li., 284, 297, 307; 285, 286 o., 286 u. (Guido Schwarz) **Leonie March,** Durban (SA): 277 o., 277 u. **MATO,** Hamburg: S. 17 (Andrea Armellin); 219 (Sergio Remanz); 12/13, 191 (Richard Taylor) **Mauritius Images,** Mittenwald: S. 15 o. re, 135 re., 147, 189 o. re., 261 (AfriPics.com/Alamy); 176 (David Caravias/Alamy); 164 re. (cgi-manufaktur); 221 (Euan Cherry/Alamy); 178 (Danita Delimont Creative/Alamy); 83 (Werner Dieterich/Alamy); 98 li., 208 (Greg Balfour Evans/Alamy); 173 (FB-StockPhoto-1/Alamy); 198 (Greatstock/Alamy); 68 li., 71 (Blaine Harrington III/Alamy); 88 (imagebroker/Ulrich Doering/Alamy); 267 (imagebroker/White Star/Ryogo i Kubo); 7 re. (Images of Africa Photobank/Alamy); 164 li. (incamerastock/Alamy); 168 (Frans Lanting/Mint Images); 105 (Frans Lemmens/Alamy); 150 li. (Martin Lindsay/Alamy); 143 (Suzanne Long/Alamy); 91, 137 (Catharina Lux); 298 (Gillian Moore/Alamy); 165 M. (Eric Nathan/Alamy); 300 (Cheryl-Samantha Owen/nature picture library); 23 (Blaize Pascall/Alamy); 196 (Pearlimage/Alamy); 115, 288 (Suretha Rous/Alamy); 29 (Peter Schickert/Alamy); 212 (Maria Schiffer/Travel Collection); 123, 128 (M. Sobreira/Alamy); 15 M. (Antony Souter/Alamy); 210 (Mel Stuart/Westend61); 14 re., 162, 170, 185, 186 (Peter Titmuss/Alamy); 60, 244 (Ian Trower/Alamy); 6 li. (Ian Trower/robertharding); 37 (Johann van Tonder/Alamy); 248 (Kimberly Sue Walker/age fotostock); 130 (wanderluster/Alamy); 116 (Monica Wells/Alamy) **Shutterstock.com,** Amsterdam (NL): S. 135 M. (Abraham Badenhorst); 151 re. (Africa Rising); 167 (Ava Peattie); 99 u. re. (Berents); 15 u. re. (dive-hive); 134 li., 165 o. re. (Grobler du Preez); 236 (Hamiza Bakirci); 6 re. (LouieLea); 188 li., 193 (M.B. Madland); 43 (Moobatto); 202 (Naeblys); 165 u. re. (Phonix_a Pk.sarote); 216 re. (PhotoSky); 189 u. re. (Tong_stocker)

Umschlagfoto
Titelbild: Pinguine am Boulders Beach in Simons Town

Kartografie
DuMont Reisekartografie, Fürstenfeldbruck
© DuMont Reiseverlag, Ostfildern

Autor: Dieter Losskarn **Redaktion/Lektorat:** Michaela Jancauskas **Bildredaktion:** Michaela Jancauskas, Titelbild: Carmen Brunner **Grafisches Konzept und Umschlaggestaltung:** zmyk, Oliver Griep und Jan Spading, Hamburg

Hinweis: Autor und Verlag haben alle Informationen mit größtmöglicher Sorgfalt geprüft. Gleichwohl erfolgen alle Angaben ohne Gewähr. Bitte schreiben Sie uns! Über Ihre Rückmeldung und Ihre Verbesserungsvorschläge freuen wir uns: DuMont Reiseverlag, Postfach 3151, 73751 Ostfildern, info@dumontreise.de, www.dumontreise.de

1. Auflage 2019
© DuMont Reiseverlag, Ostfildern
Alle Rechte vorbehalten
Printed in Poland

Offene Fragen*

Warum wird Kapstadt auch ›Mother City‹ genannt?

Seite 16

Stimmt es, dass weibliche Köche den Braai verderben?

Seite 300

Ist der Southeaster-Wind so heftig, dass sich Fußgänger an Laternenpfählen festhalten müssen und dass es Busse einfach umhaut?

Seite 303

Woraus wird roter Espresso hergestellt?

Seite 163

Wo brüllen Cobras am herzzerreißendsten?

Seite 76

Sind Walkie-Talkies essbar?

Seite 38

Wie lange dauert die kürzeste Stadtrundfahrt der Welt?

Seite 235

Warum grinsen Smileys eigentlich?

Seite 38

Werden die im Nichts endenden Überführungen mitten in Kapstadt irgendwann fertiggestellt?

Seite 67

Trägt der 1771 am Heritage Square gepflanzte Rebstock noch immer Trauben?

Seite 57

Was bedeutet ›now, now‹ in Kapstadt?

Seite 17

* Fragen über Fragen – aber Ihre ist nicht dabei? Dann schreiben Sie an info@dumontreise.de. Über Anregungen für die nächste Ausgabe freuen wir uns.